未来，生于历史的脉动中，长在必然的觉醒里

破晓

中国学校十年进化史（上）

中国教育创新年会组委会 —— 主编

上海教育出版社
SHANGHAI EDUCATIONAL
PUBLISHING HOUSE

序

○ 实现第二个百年奋斗目标，教育需要不断创新[①]

顾明远

当前，我国教育走到了一个转折点上，正从数量、规模的发展，转变为质量的提高。2021 年，我们实现了第一个百年奋斗目标，同时也开启了实现第二个百年奋斗目标的新征程，教育将更加重要。

实现教育现代化，培养创新型人才是关键

今天的教育就是为实现第二个百年奋斗目标培养人才。实现教育现代化，面向未来，走向高质量发展将是下一个时代的核心内容，其重点是教育观念的现代化、人的现代化，所以我们的教育要从形式到内容进行转变，要通过教育创新，培养创新型人才。

什么样的人才是创新型人才呢？

首先，他要有奉献的精神。我们讲"立德树人"最重要的是要有奉献祖国、奉献社会的精神。有了这种精神，他的品德就会端正，人格就会良好。培养奉献精神，是培养创新型人才最首要的前提。

其次，他要有创新创造的本领，要在专业理想、专业思想上获得发展。不管做什么事，真实的本领都是基础。创新型人才既需要有理想，也需要有本领。如何培养这样的人才？归纳起来就是：培养学生的兴趣

---

① 本文据顾明远先生担任中国教育创新年会执行主席时的发言稿整理而成。

爱好，培养学生的专业思想，让学生在真实活动中成长。

什么是人才？过去我们将考试成绩作为评价人才的标准，未来我们要将学生学习能力、创造能力、实践能力等作为评价的标准。人才是多样的、多层次的，只要他们能够在不同的侧面为社会做出一定贡献，那就是人才。

当然，我们也希望培养出杰出人才，但一定不是通过牺牲大多数人的成长，以及拔苗助长的方式来培养，而是要在人人得以成才的基础上，帮助一部分学生发现远大目标，建立远大理想，逐渐发挥出潜在的能力，最终成长为杰出人才。

建立高质量的教育体系，关键在于创新

高质量的教育体系到底是什么样子？我认为就是走向创新创造的教育。要培养学生的创新思想、创新思维、创新精神、创新能力。我们这个时代就是一个创新的时代，科学技术日新月异，国际竞争日益激烈。国际竞争说到底还是人才的竞争，我们要培养有创新意识、创新能力的人才。

创新教育从小就要展开。2021年，国家提出了"双减"政策，减轻学生的作业负担，减轻校外培训负担。据我了解，"双减"后，学生不到培训机构去了，而是留在学校，但课后延时服务增加了教师负担，很多教师非常辛苦。我觉得要改变这种状况。"双减"的目的是更好地培养学生，更好地落实立德树人，不让学生天天埋头于作业当中，使他们能够主动地、有兴趣地学习。怎么能够在"双减"之下，真正让学生的负担减轻了，教师的负担也不会增加？最重要的就是把课上好。每一节课上好了，学生在课堂上听懂了、学会了，教师就可以少布置作业，负担也就减轻了。

所以，学校要根据新的形势调整课程，改善教学方法，上好每一节课。课外让学生自己活动，教师主要做一些辅导，不把课外当作第二个课堂，否则又会增加教师的负担。课后延时阶段教师主要还是指导学生，

帮助学生开展一些活动。同时，我们也可以请志愿者、社区工作人员以及非遗传承人等到学校来开展多种多样的活动，调动各种资源。这样，教师的负担就能减下来。

在新的形势下，学生学习要创新，课堂教学要创新，教师也要创新，以适应新的时代要求。

生态文明是党的二十大关键词，也是未来教育创新的母题

党的二十大总结了十年来我国教育取得的伟大成就，又为将来的发展提出了新的蓝图——全面建设社会主义现代化，建设教育强国、科技强国、人才强国，建设高质量教育体系，这给我们教育工作者提出了艰巨而光荣的任务。

2022年，第九届中国教育创新年会的主题是"重建生态"。党的二十大报告也特别强调，生态文明是社会文明程度的表现。联合国教科文组织曾经发表的报告《一起重新构想我们的未来：为教育打造新的社会契约》也非常重视生态教育。该报告提出，过去的教育内容，往往在讲人类以外的事情，其实人也属于一种生态形式，也是自然的一员，这也符合我们传统的"天人合一"思想。

因此，要在中小学开展生态教育，让孩子懂得人类也是生态的一员。我们要保护生态，保护人类自己，不仅要尊重人的生命，也要尊重各种植物、动物的生命，以及大自然中的生命，这样人类才能可持续发展。所以第九届中国教育创新年会的主题很有意义，有助于生态教育真正落地，使我们的孩子尊重自然，尊重生命。

当下在校的学生就是实现第二个百年奋斗目标和中华民族伟大复兴的新生力量。所以，我们的教育要不断创新，把他们培养成有祖国情怀、有真实本领、有担当精神、全面发展的社会主义建设者和接班人。

前 言

○ 过去十年，这些学校进化细节怎样诉说着中国教育的沧桑巨变

不经意间，中国教育创新年会已成功举办了九届，并于 2023 年 11 月底开展第十届。

十年前的盛夏，一群"创库人"坐在一个"小破杂"的会议室里，在一个问题上足足拉锯了五个小时——我们要不要以"中国教育创新年会"为名，办一场放大基础教育想象力的年度会议？这场讨论也就此奠定了蒲公英教育智库的早期决策基因：做正确的事，大于正确地做事。

五个月后，会议在各种条件不具备的情况下摇摇晃晃地起步了。2014 年 11 月，第一届中国教育创新年会首次以"未来的学校"为题，发出关于未来十年教育生态的变革追问。

十年来，在大致的方向感中，我们不断见证那些回归本质的探索和奔赴使命的生长，并越来越坚信，中国教育人有能力站在徐徐降临的新世界门前，拉开厚重而宽大的帷幕，走向系统重置，实现生态再造。

这十年，不仅是中国教育创新年会推动基础教育观念与实践更新的十年，更是无数中小学教育人站立在一个前所未有的时代，不断自我蝶变、持续进化的十年。

一些时光中的无声细节，正从各个维度，向我们诉说着过去十年中国教育走过的沧桑巨变。

目标的进化——悄悄变化的墙上的那句话

2014年冬天，第一届中国教育创新年会在重庆召开。前来参会的翔宇教育集团总校长卢志文告诉我们，翔宇经过慎重思考，决定把学校的核心理念——也就是很多学校通常刷在墙上的那句话——从"培育走向世界的现代中国人"，变更为"和整个世界站在一起"。

卢志文解释说，"走向世界"是世界在彼岸，中国在此岸，我们的眼睛要朝向那里，我们的脚步要走向那里。到了这些年，中国和世界已不再是"此岸"和"彼岸"，我们是世界重要的一部分，我们的所在，就是世界的所在。因此，翔宇决定升级学校的办学宗旨，"和整个世界站在一起"成为新的核心理念。

是的，最能代表学校教育哲学和教育目标的那句话，开始发生静悄悄的变化，"话风"正在转向诸如"让儿童站立学校正中央""以学生成长为中心""为了生命的自由生长"等的风格。

回顾这十年，可以清晰地看到，我们的教育目标正在从过度关注升学、考试、分数、排名等的工具理性，转向更多关注人、生命、素养、幸福、文明等的价值理性。

最有说服力的例子是，江苏省锡山高级中学前校长唐江澎于2021年在全国两会"委员通道"接受记者采访时说："好的教育应该是培养终身运动者、责任担当者、问题解决者和优雅生活者，培养孩子们健全而优秀的人格，赢得未来的幸福，造福国家社会。"结果一下子引起全社会的共鸣，被无数教师和家长点赞而"火出圈"。

作为主办方，我们必须深刻理解社会进步的根本需求，时代运行的底层逻辑。中国教育创新年会必须时刻守住"教育的根本目的是人的发展"这一初心。第五届中国教育创新年会更是以"重构学校——人啊人"为主题，系统讨论如何真正把人作为教育的根本目的；第九届中国教育创新年会以"你当像鸟看见你的山"为主题，推动学校"重建教育的目标感，重建教育人的意义感"。

十年来，中国教育创新年会先后邀请上百位学者和校长，共绘有关当代教育行动愿景、未来教育发展愿景的创新地图，为中国基础教育的目标进化贡献了一点绵薄之力。

学习的进化——UbD 的洛阳纸贵和马扎诺的众人皆知

这十年来，学习方面的最大进化无疑是"从教走向学"的集体转型。

如果说 2006 年"横空出世"的杜郎口中学点燃了大家"从教走向学"的勇气和希望，那么 2014 年之后的北京市十一学校则为我们示范了专业的实施路径。

仔细观察发现，十一学校的老师们千方百计地激发学生的内动力，以最大限度启动学生的"自我系统"，在每一个单元让学习者感觉所学内容"有意义、有意思"。在这背后有马扎诺《教育目标的新分类学》的理论支撑。他提出，人的学习过程涉及三个主要的系统，即自我系统、元认知系统和认知系统，其中自我系统解决的是人的学习内动力的问题，而元认知系统是解决学习的方法、策略、自我认知和监控的问题。而且，自我系统能否启动是元认知系统和认知系统能否发挥作用的前提。

和马扎诺一起"火"起来的，还有格兰特·威金斯。他提出以学习者为中心的教学方法——"追求理解的教学设计"（Understanding by Design，UbD），而他的《追求理解的教学设计》一书几乎是每位老师进行课堂变革的必备工具书。

在这些年的中国教育创新年会上，自我系统、元认知系统、UbD、深度学习、建构主义、以学习者为中心等一些概念的日渐响亮和实践的渐渐成熟，充分说明了中国一线教育人对于学习的理解，已经开始展开与过去截然不同的全新范式，已经真正有能力以自己的方式"和整个世界站在一起"。

课程的进化——"三维目标"退场，"核心素养"启动中国方案

1997 年，经济合作与发展组织（OECD）启动"素养的界定与遴选：理论和概念基础"项目后，世界各国便开展了一场"核心素养运动"的

竞逐，力争早日寻找到本土化的实施路径。

2014年，在系统研究和充分准备的基础上，我国教育部发布《关于全面深化课程改革　落实立德树人根本任务的意见》，核心素养取代之前的"三维目标"（知识与技能、过程与方法、情感态度与价值观）成为课程目标。这标志着这场席卷全球的"核心素养运动"有了中国声音、中国方案。

接下来，教育部相继颁布《普通高中课程方案（2017年版）》和《义务教育课程方案（2022年版）》，我国基础教育课程改革进入新的发展阶段——将核心素养作为课程改革的出发点和归宿，创造信息时代的课程体系，让学生们从"干中学"走向"创中学"。

与之相伴的是十年来的中国教育创新年会，一些新的学校案例开始出现——大概念、分层分类、选课走班、跨学科课程、项目化课程、融合课程、STEM课程……以素养为导向的课程哲学、课程体系、课程设计究竟该如何推进，成为这场盛会每一年都会如约而至的年度研讨。

教师的进化——清华和北大毕业生史上首次大批奔赴中小学

2019年5月，一则来自深圳中学的新闻"刷屏"了。原来，深圳中学公布了其当年拟招聘的35名教师名单，其中清华、北大的毕业生就有20人，还有1人毕业于哈佛大学，且35人均是研究生学历，其中8人是博士（3人是博士后）。

事实上，这并非昙花一现的个案，而是一个全新教育现象的出圈——以清华和北大毕业生为代表的中国最优秀的青年人才，开始大批进入各大中城市的中小学校，拿起了教鞭。

过去十年，我们对于学习的本质有了新的认识，开始实现从"以教为中心"到"以学为中心"的转型。这种转型对教师的角色、技能都提出了颠覆性的挑战。

今天，教师这个职业越来越被定义为"学术性工作""以研究为基础的工作"，以区别于那些可以仅凭重复经验就能做好的"经验性工作"。

因此，教师不仅不能有"吃老本"的想法和习惯，而且必须成为课堂和班级上的"首席学习官",带领学生们一起学习,并在这个过程中不断反思、提升自己的教学方法、教学策略,做一个真正的"反思型实践者"。

在历届中国教育创新年会上,保持着高密度的对教师进化话题的讨论。甚至第八届年会还以"重建教师"为题,系统探讨学校行为系统的进化,如何推动教师素养能力的进化。我们越来越清醒地认识到,学校管理有它的"第一性原理",那就是"助力教师发展,除此别无他途"。

校园的进化——让所有空间都具有主动育人的功能

2016年2月,刚落成的北京市中关村第三小学万柳新校区迎来了第一批1600名学生。

学生和家长们立刻爱上了这所学校,并自豪地称之为"北京魔法学院"。因为从外在建筑形态到内在教与学组织方式,它的确有太多的与众不同——

摒弃传统的四四方方,它恢宏大气、蔚为壮观的半圆形"福建土楼",颠覆了人们对学校建筑的想象;

不再一层一个年级,它跨越年级、混龄组合的"班组群""校中校",改变了人们对普通班级授课制的看法;

变形重组教室空间,因课程需要随时打开隔断,个体和组群多样学习、人际交往、生活等综合多功能区的"三室一厅",推翻了人们对传统教室的认识。

时任校长刘可钦用"3.0学校"来定义这所新学校。在她看来,"3.0学校"不同于农业社会、工业社会的学校,是生态社会的学校;是利用多样空间的组合,满足个体和群体多样化的学习需求;是师生共同学习,共同去发现一个未来的新世界。

中关村第三小学的做法引发了"链式反应",校园建设进入一个百花齐放的新阶段。青岛中学、重庆市人民小学、张家港市实验小学、上海市静安区教育学院附属学校、上海青浦平和双语学校等都成为新一代校园建设的标杆。

这些学校不光是"颜值"高。正如 DETT 教育设计研究院执行院长张莉在中国教育创新年会上评价的，它们开启了一场浩浩荡荡的"场景革命"，即从教育的根本出发，从"人"整全的角度，去做从价值选择到场景内容到空间美学到学习启动的设计，以此让所有空间都具有"主动育人"的功能。

治理的进化——家喻户晓的舱位图和青色组织愿景

2014 年 1 月 15 日，在全国教育工作会上，时任教育部部长袁贵仁提出"加快推进教育治理体系和治理能力现代化"，这标志着中国教育界的"官方话语词典"中出现了一个新词汇——"治理"。

从此，教育治理意识和水平在中国得到了极速发展。如今，"能用结构解决的问题，就不用制度；能用制度解决的问题，就不用开会"，李希贵校长的这句名言已经深入人心。同样，十一学校将学校组织结构拆分为战略高层、中层管理者、教育教学一线、支持人员和研发平台五个部分构成的新舱位图，也几乎在校长群体中"家喻户晓"。

这些年来，中国教育创新年会一直坚持对治理议题的探讨。其中，第六届中国教育创新年会以"重建生态——一锅石头汤"为主题，更是对治理问题进行了全面系统、深入具体的个案研讨，让"一锅石头汤"的现代组织观念深入人心，启动了一场学校治理体系的结构化、分工化转型。

正是经由中国教育创新年会的大力推介，比利时管理学者雷德里克·莱卢的《重塑组织》一书在中国教育界走红，其中推崇的"青色组织"也成了教育人的热门词汇。在年会现场国内外专家面对面的交流中，面向未来的学校治理成为更多教育管理者的主动选择。

技术的进化——微信群、教育新基建和 ChatGPT

只要回头看看，今天几乎无处不在的微信、二维码等，在十年前还是个刚刚诞生的新生事物，我们就不得不惊叹这十年来技术无处不在的影响和所引发的巨大变化。

这些年，大数据、云计算、5G、人工智能、ChatGPT等新技术层出不穷，不断挑战我们的教育现状，并督促我们对教育重新展开想象。一大批如希沃、科大讯飞、腾讯、阿里巴巴等企业在教育研究领域崛起，虚拟实验、在线学校、个性评价、泛在学习等——进入学校，出现了如银川市兴庆区回民第二小学的智慧教学系统、杭州市建兰中学的"建兰大脑"、东莞市松山湖北区学校的"一脑五平台"评价系统、深圳市明德实验学校的科技创新实验室等前沿样本。

如果说，2012年我国《教育信息化十年发展规划（2011—2020年）》的颁布成为一道分水岭，自此教育信息化进入了发展快车道，学校开始在教育教学、教育管理、教育评价、生活服务等方面探索信息技术的应用。那么，2020年是又一道分水岭。2020年全国两会《政府工作报告》提出，重点支持新型基础设施建设，即所谓的"新基建"。而教育新基建显然是其中的一个重要部分。可以想象，技术对我国教育的推动将会进入更深刻、更实用、更广泛的新阶段。

虽然我们已经从"电脑＋投影仪"的时代进化到"智慧黑板＋学生平板"的时代，但真正以人工智能、大数据、物联网等新技术为基础的智慧教育才刚刚起步，用教育信息化支撑引领教育现代化的目标还需风雨兼程。

学校进化史上，2014年为何不凡

中国教育创新年会诞生于2014年。

梳理1949年后的中国教育发展历程，尤其是21世纪以来的教育发展历程，可以发现，2014年是一个不平凡的年份。

2001年2月，国务院批准《基础教育课程改革纲要（试行）》，标志着我国基础教育第八次课程改革全面启动。

有人评价，第八次课改是中国基础教育真正"面向现代化、面向世界、面向未来"的重大举措，以素质教育下新课程体系的建构为核心表达，从价值取向、理论基础、课程管理、课程设置、课程内容、课程实施、课程评价等各方面进行了大幅度的革新。

打开视野的中国基础教育人，很快展示出让人耳目一新的创造力。

其中的代表，当属2006年"横空出世"的杜郎口中学。当时，尽管官方大力推动"新课程"改革，但一线校长们的兴奋点却都在课堂上。杜郎口中学时任校长崔其升如此，成名更早的江苏省洋思中学校长蔡林森也是如此。

这些课改先锋学校为第八次课改带来了一股新风。遗憾的是，不少学校并没有在它们的基础上继续创新，而是满足于简单模仿。大家一度沉迷于打造"数字化"的高效课堂，甚至喊出"一校一模式""一区一模式"的口号。这种现象在2010年前后达到高潮，并在几年后引发了对于把课改窄化为"改课"的讨论和反思。

2014年，一些新的代表学校——如北京市十一学校、重庆市谢家湾小学等——在教育人视野中的崛起，彻底改变了这种局面，把中国的课改潮流导向了今天大家熟知的方向，也标志着课改告别了表面的喧嚣，转而进入以系统建构为特征的时代。

2014年发生的影响深远的事情还包括："核心素养"取代"三维目标"成为教育目标；深度学习开始在中国被系统研究，教育部开始研究开发"深度学习"教学改进项目；新高考方案在上海、浙江两省市开始试点……

如同长江在冲出漫长的高山和峡谷后，突然变得开阔从容一样，中国的教育也开始成熟起来，在课程、课堂、教师成长、管理与治理、组织架构、教育技术应用、教育场景、后勤等几乎每一个方面肆意想象、大胆创新。

过去十年，中国教育可谓走过了最舒展、最活跃的一段历程，一线教育的激情绘就了不断创新突破的长卷。而2014年，恰恰可以看作是其起点。

过去十年，中国教育创新年会走过了怎样的逻辑闭环

2008 年汶川地震，不仅使山河摇撼，也震动了很多人的心，迫使人们自我追问生活的本质是什么，意义在哪里？

那一年，带着深思熟虑的崭新使命感，一群教育界内外媒体人创办了《校长》杂志（后更名为《新校长》），立志为中国教育的转型升级摇旗呐喊。为此，这支团队还曾"农村包围城市"，到江苏茅山的乡村里待了几年，试图"在田野里孵化理想教育"。2010 年秋天，中国教育创新年会的前身——"当代教育家沙龙"召开第一届，同样充满着激情燃烧的理想主义色彩甚至是"战斗精神"。

几年一晃而过，《校长》团队成员痛苦地发现，他们为之呐喊的教育并没有在身边发生，即便是身边的几所村小也没有什么实质性改变。更痛苦的是，团队陷入各种困境，弹尽粮绝，无以为继。

2013 年 9 月蒲公英教育智库成立，新的团队悄然完成了"思想转型"。

而这种转变，在中国教育创新年会上有着最直观的体现。十年来，它以"未来学校"为核心议题，完成了"锚定愿景—专题探索—系统行动"的逻辑闭环。

具体而言，第一届年会从"未来的教师、未来的学习、未来的课堂"的角度，探讨了未来学校的愿景。之后，年会先后从重构学习（第二届、第三届），重构学校（第四届、第五届），重建生态（第六届、第七届、第九届），重建教师（第八届）等四个专题进行了探索，并将在第十届年会上，以"重置系统——未来学校行动提案"为主题，深入探讨系统的行动方案。

回首过去的十年，我们发现，中国教育创新年会之所以能以"未来"为主题持续站立在教育现场，最大的幸运是它遇见了一个前所未有的时代。

这些年的实践，让经历了"思想转型"的我们更加深刻地理解到，创新与改良只有在具体的问题、细节的品质中如琢如磨、坚定不移地推进，才能让想得到的教育理想，变为看得见的现实风景。

而这，也是全球学校教育变革与文明转型进步的启迪。

目录

第一章　目标的进化：以价值为罗盘

◎ 智库观察

◎ 教育愿景

◎ 学校行动

第二章　学习的进化：以学习者为中心

◎ 智库观察

◎ 从教为中心走向学为中心

第三章　课程的进化：以素养为导向

◎ 智库观察

◎ 课程目标：从知识本位到素养本位

◎ 课程结构：从分科课程到融合课程

第四章　教师的进化：以行为为道路

◎ 智库观察

◎ 角色转型

第一章

目标的进化：
以价值为罗盘

○
智
库
观
察

要看清教育目标在时代中的演变，一个绝佳的角度是看看很多学校在校门口写的那句话。

十年前，我们经常可以在学校门口读到诸如"为未来育才，育未来可用之才"之类的标语。而近年来，"话风"正在转向诸如"让儿童站立学校正中央""以学生成长为中心""为了生命的自由生长"之类的风格。

一个更典型的例子是，江苏锡山高级中学唐江澎校长 2021 年在全国两会"委员通道"接受记者采访时说："好的教育应该是培养终身运动者、责任担当者、问题解决者和优雅生活者，培养孩子们健全而优秀的人格，赢得未来的幸福，造福国家社会。"没想到一下子击中全社会的痛点，被无数教师和家长点赞而"火出圈"。

事实上，回顾这十年可以清晰地看到，我们的教育目标正在从过度关注升学、考试、分数、排名等的工具理性，转向更多关注人、生命、素养、幸福、文明等的价值理性。

教育的目的除了为国家培养人才，还包括受教育者本人的幸福。单一的"人才论"把受教育者培养成社会工具，而忽略了他自己的人生。教育的目的不仅在于传授具体的知识与技能，更重要的是从心灵深处唤醒孩子们"沉睡的

未来

3

自我"，促使他们在价值观、生命感、创造力上的觉醒，以实现生命意义的自觉建构。教育的过程也不仅是要从外部解放孩子，更要唤醒孩子内在的心灵能量与人格理想，解放孩子的智慧，发展孩子的潜能。

这种教育目标的进化，自然离不开国家层面的推动。

2014年3月，教育部印发《关于全面深化课程改革 落实立德树人根本任务的意见》，"核心素养"的概念正式进入官方话语，并取代"三维目标"成为教育目标，可谓是我国教育史上一个不小的里程碑。

同样是2014年，我国新高考方案在上海、浙江两省市开始试点，目的是破解"唯分数论""一考定终身"的问题，发挥高考"指挥棒"的正确导向作用，增加学生的选择机会，分散学生的应试压力，全面推进素质教育。

值得一提的是，中国教育创新年会从创办以来，一直不忘"教育的根本目的是人"这一初心。2018年，第五届中国教育创新年会还以"重构学校，人啊人"为主题，系统讨论如何真正把人作为教育的根本目的。

目标是行动的基础，共识是动力的源泉。我们只有在教育行为的核心目标上不断自我辨析，凝聚共识，才能在学校实践的道路上不断推陈出新，行稳致远。

重建教育的目标感，重建教育人的意义感

◎ 李斌（中国教育创新年会总策划，蒲公英教育智库理事长）

2022 年，第九届中国教育创新年会筹备期间，会组委会、主办方的全体同事居家 24 天。我的同事们以小组为单位，开着线上视频会相互打气，彼此补位，完成了流程创新、平台搭建、内容准备、场景建模、视觉设计、信息发布、嘉宾对接、物料准备、在线报名、视频剪辑、云端推流等需要无缝衔接的会前准备，以及我们必须常规推进的日常工作、教育服务和居家生活。以至于我这个自我要求很高的人，也被团队的目标意识、执着精神、应变能力深深感动。是的，我们的工作符合中国教育创新年会组委会一以贯之的行为主张——"以黎明之心，且行且止，且默且歌"。在特殊时刻，以困难为契机，付出"不亚于任何人的努力"，每天攻坚克难，达成会议的更高教育价值和参会者的更好学习体验。

在一个完全有理由停滞、抱怨甚至"躺平"的时期，我们相聚在一个无比辽阔的会场，学以致用，用以致学，跨越无数的城市与乡村，校园及社区，在巨大的不确定性中，相约共同寻找中国基础教育有确定性的未来和每一个孩子有确定性的成长。

此时此刻，我想起的是八十年前更加"兵荒马乱"的抗日战争全面爆发时期，有一所"世界上最穷的大学"，叫"西南联大"。她"颠簸的课堂"曾涉遍一路西迁的几乎每一座城市和村庄，却成就了"中国教育史上珠穆朗玛峰般的高度"和"大师辈出、群星闪耀"的一代教育奇迹。西南联大校长梅贻琦曾有一句著名的话："真正好的大学，不在有大楼，而在有大师。"

我想同样如此的是：真正好的学习，不在于有看得见的人群、课桌和讲台，而在于有看不见的责任、勇气和智慧。而这看不见的责任、勇气和智慧，才是一代又一代的先生和大师们如山站立、如灯醒路的原因。

○ 看见"意义之山"

第九届中国教育创新年会的主题是"你当像鸟看见你的山"。

哲学家叔本华认为：世界上最大的监狱，不是高墙铁窗，而是人的思维意识。所以在任何时代，这才是教育人必须解答的第一道难题。杰出的教育人，一定是在人生与教育的征程中，选择看着山走、不断突破自我的人；所以好的学校教育，必须首先助力教师们有愿景去推动丰富多样的实践，有心智去展开不同价值间的对话，不断以终为始，连接创造，在任何时代背景下，都能选择以深刻的自我革命，超越时代，看见生命，奔赴责任。

那么，我们将共同看见的究竟是什么"山"？我想，它首先是一座长在人这个物种生命源头的"意义之山"。

数千年人类文明，有一个不断被解答又不断被再次追问的问题——"意义"究竟有什么意义？我是人文学科出身，对这个问题当然能整理出无数的答案。

但启发我更多的，却是科学领域一些新的发现。中国著名量子物理学家潘建伟先生在一次演讲中说道，2022 年的诺贝尔物理学奖对人类文明有一个石破天惊的揭示：这个世界对一个人而言，是由意义所调度的；因为没有意义就没有注意力，而注意力所带来的意识投射，才是真实世界发生改变的基础原因。作为中国古典文明的"发烧友"，这个科学发现打通了我对生命与世界关系的完整理解。

同样深刻启发我的，还包括全球人工智能（AI）技术的加速应用与发展。时至今日，AI 在很多领域都已经证明，通过海量数据的高效学习，对于我们这个"实然的世界"究竟是什么样子，甚至我们面对现实的最优决策应该是什么，AI 的能力都已经超过或将很快超过"人类智能"。但我对人类的命运并不感到悲观——我想人类与 AI 最大的不同，就是拥有一个能改变现实的"应然的世界"。也就是在我们心中理想的世界应该如何搭建，人类生存的价值和意义是什么，我们想要创造一个怎样的未来等领域，人类的理解、决策和选择，将永远不能被人工智能所代替。

再就是当下时局和信息环境的启示。居家期间，我最直观的感受是，觉得自己变笨了。不知道大家是不是有相同的体会：当身体处在单一的信息环境中，我们的大脑也仿佛被上了一道无形的枷锁，无法真正发挥自己对问题思考的潜力。而最终推动我努力进入思考的，还是这次年会举办所赋予的内在意义感。所以我想，意义感是什么？意义感至少让我们哪怕待在一个固定的地方，也能够和更大的、无形的、多样的信息实现有价值的连接，让我们的学习与工作变得高效而敏捷起来。

因此，站在教育实践的角度，我们越来越认识到，我们将奔赴的未来教育世界，将不能仅由知识构成，甚至也不能仅由体验、探究、挑战构成。归根结底，教与学的世界首先应该由意义构成。意义的背后才是挑战，挑战的背后才是知识。

○ 什么是教育人的"意义之山"

今天的中国，正处在百年级别的历史变局里，也正处在千年级别的文明转型中。各种困局交织，导致人人都行进在巨大的迷茫下：全球化出现历史性的退潮；企业投资出现大面积的萎缩潮；职场官场出现大面积的"躺平"潮；大学毕业生出现三十年不见的求稳潮；教育出现学校内外线上线下的"佛系"潮……

在这样的时代，一个失去意义感的人会问："这个世界会好吗？"而对一个充满意义感的人来说，他的回答总是——是的，那是肯定的。

亲爱的教师们，面对黎明前的迷茫，我们首先需要为自己的"早起"寻找一个行动的理由，那就是我们的目标；但人生和教育的道路，还需要有"目标背后的目标"，即我们"扑腾着"奔赴这个目标的意义。

我们的认识是，目标是动力的方向，意义才是动力的源头——"开启心中的泉源"，活出更有力量的人生，才是教育人的职业以及孩子们的成长最难、最大、最重要又最必要的课题。

未来

6

　　所以第九届中国教育创新年会首要的主张是，让我们看见那座属于自己的"意义之山"，并致力于培养有人生意义感的孩子；让我们看见教育终极的意义高峰，也看见当下需要冲顶的每一个"山头"。

　　那究竟是些什么"山头"？正如我们在会议前言中说到的：

　　它当然包括教育的常识规律和科学依据——能让我们在探索前行时始终踩在正确的路上，不至于用错误的方法高速奔向一个错误的目的地。

　　也包括育人的核心目标和学校愿景——这份清晰的专注才能帮助我们以恰当的智慧，有节奏地完成一线教育教学新的"编程"。

　　也包括生命的个体意义及潜在可能——让我们学会重新定义幸福和成功，才能真实贴近学生成长的基因与"脉象"：兴趣、经历、敏感点、困扰区、可能性；学会有效帮助学生看见属于自己的那座山和属于他人的各种山——当一个人知道自己为什么而学，就能接受任何一种学习。

　　还包括情感的底层动力和关系的教育价值——2022年不断地被迫封闭，我开始对这件事有了一些新的领悟：一个人为什么需要"精神的远山"？也许最大的动力，是因为那里有人类共同的价值和意义，我们可以将自己连接到一个更大的群体中；同样，孩子们为什么愿意学习成长，是因为这件事情可以与同学、老师、爸爸、妈妈产生更好的精神共振、情感共鸣，带来彼此的理解与互动；当然其中也包括与自己的关系：人的一生为什么不断地想要证明自己，因为只有这样，才能与那个不断怀疑自己的自己和解……

○ "重返教育的绿水青山"

　　今时今日，当学校教育走向"素养导向、综合育人、实践育人"，每一门学科、每一个班级、每一堂课都需要见山而行。

　　北京一位教育同人告诉我，中国基础教育目前正处在一个微妙、关键的时刻，我们仅从一线实践探索的深度、广度上，已经和全球一流的学校教育实践站在了同一起跑线上；而接下来的十年我们怎么走，走向哪里，才是决定中国教育人在全球处在什么位置的关键因素。

　　我深受触动，也深受鼓舞。顶高中国教育的空间高度，贡献世界范围的教育价值，这也是中国教育创新年会首次期待迈出的一小步。在七个场次的主题峰会中，近三百位卓越的研究者、优秀的实践者，围绕新时代教育的全球目标、国家目标、区域目标、学校目标、学科目标、班级目标、教与学的目标、教师发展目标、学生成长目标等，展开富有洞察力的思考与讨论。

其中尤其需要我们看见的是，无论是西方的教育体系，还是东方的教育体系，其实都在共同直面一个全新的时代使命，或者说攻克一个巨复杂的核心课题。我把它比喻为"重返教育的绿水青山"。这是一场对学校教育的历史困境进行结构性反思与重建的历史进程，也是从工业文明时代的教育向信息与智能文明时代的教育转型的进程，更是一场重建人的完整性以及世界完整性的教育回归行动。我们需要据此直面未来挑战，走向系统改进，担当国家责任，激活个体价值。

曾长期担任北京大学校长的蒋梦麟曾经说过这番话："理想、希望和意志，是决定一生荣枯的最重要因素。教育如果不能做这样的启发，单单强调学生的兴趣，那是舍本求末的办法。我们只有以启发理想为主，培养兴趣为辅，兴趣才能成为教育的一个重要因素。"

这说明，学生成长靠的不是海量地堆知识、灌教诲，也不是简单地激活兴趣、营造氛围，而是智慧地捋透重要的目标、核心的价值、关键的道路。唯有如此，教师们才能真正从做不完的事情中抬头，看见生命自驱的行动，学会不远不近地放手。

"山"，是我们的生命之锚，它决定了你我对现实的观念；"观念"，是我们的人生地图，它决定了你我行走的路径。山和图，共同决定了我们人生的笃定感，从而在不一样的经历中，以对目标与价值的笃定，找到属于自己的生命意义。

当然，谨守核心价值观的生活有时会遇到挑战，它不可能是一帆风顺的，有时甚至是代价高昂的。这的确是一场硬仗。但很多人依然会这样走过一生，他的人生也因此化为如山的风景，留下了全新的道路。

亲爱的教育同人，历经三年斗转星移，这个世界一夜陌生，学校教育正进入全球性突变，我们要去引导的未来人生，是我们自己不会的；我们要去参与的成长课题，也是我们从未经历的；我们面临的既要又要还要，更是孩子们一生都要面对的……

在可见的未来，教育面临的变局，对每一所学校、每一位教师、每一个班级提出的要求，远超全社会的绝大部分行业。所以，就这个举世同理的"世纪

未来

8

难题"，一路行来，我们彼此共勉，且行且止，且默且歌；我们人人"有伤"，但却生命有光。

秋深山有骨，霜降水无痕，青山不老，人间有爱，相信春天，彼此保重！

新时代基础教育的整体转型

⊗ 张志勇（北京师范大学国家高端智库教育国情调查中心主任）

○ 新时代基础教育整体转型的背景

关于新时代基础教育整体转型的背景，可以归纳为三个方面：第一，整体转型的教育基础；第二，整体转型的时代要求；第三，整体转型的国家使命。

整体转型的教育基础，可以用一句话来概括：现在，我们的基础教育普及度已经达到世界中上国家水平，在满足人民群众的入学机会上取得了巨大成就。但我们面临一个重大转型：从"有学上"到"上好学"，从"学有所教"到"学有优教"。

整体转型的时代要求是什么？首先要看到时代背景特征。我们面临着世界百年未有之大变局，中华民族伟大复兴的战略全局，科技革命汹涌澎湃的局面——一切充满了不确定性，面临技术革命的挑战。整个人类的社会、经济、职业生活，正在进入非组织化状态。过去我们说："在单位上班。"单位、机构，其背后指的是有组织化保障，现在因为我们居家工作、居家生活，本质上是人类社会、经济、职业生活出现了非组织化的趋势；人类生存方式的虚拟化和智能化，正在切断、压缩人类的实体生活空间，我们也更加感受到人类命运共同体建设发展的需要；此外，在技术革命之下，我们正在进入一个学习化社会，一个人人可学、处处可学、时时可学的新时代。

这一切给人类的经济社会生活、教育生活带来了重大挑战，教育的根本任务和主要矛盾正在发生深刻变化。对于我们教育面临的挑战，有三个质问非常有代表性。

2012 年，吕型伟先生曾经提出"德育是世界性的难题。"他说："现在是地球变暖了，人心变冷了。"

多年前的钱学森之问："为什么我们学校总是培养不出杰出人才？"

多元智能理论创始人加德纳说："我长期研究智能多元理论，但我现在关心的不是人类的智慧智能发展问题，而是人如何驾驭他的智慧。"

这三个问题，正是德性之问、创新之问、价值之问。

在这样的时代挑战面前，我很赞同李开复先生的一句话："只有人的精神个性，才是人工智能时代里人类的真正价值。"并且我认为，未来人类教育的中心舞台上，知识技能教育将会逐步让位于情感、创新与价值。

○ 新时代基础教育整体转型的政策方向

我国教育发展的重大任务是"建设高质量教育体系"，就是要实现教育价值、自身条件和治理体系的新统一。

"落实立德树人的根本任务"是教育的初心和使命，我们要培养担当民族复兴大任的时代新人，青年一代、中小学生要担当起民族复兴的大任，必须要有理想、有本领、有担当。

在这样一个大格局之下，怎样把握新时代基础教育整体转型的政策方向？

党的二十大提出，"育人的根本在于立德""促进教育公平""加快义务教育优质均衡发展和城乡一体化，优化区域教育资源配置""坚持高中阶段学校多样化发展""深化教育领域综合改革，加强教材建设和管理，完善学校管理和教育评价体系，健全学校家庭社会育人机制"。

我们要从党的二十大对基础教育做出的这一系列战略部署和要求来分析把握。我想有以下八个方面：

一、基础教育更加公益的发展之路

党的二十大报告要求降低生育成本、养育成本、教育成本，这不仅仅是基于人口战略，实际上是我国教育发展到新阶段更加强调公益属性的一个要求。

习近平总书记在审议"双减"意见的时候强调："良心的行业不能变成逐利的产业。"即是强调基础教育作为公共教育的属性，教育发展的底层逻辑必须做出深刻调整。

联合国教科文组织发布的《一起重新构想我们的未来：为教育打造新的社会契约》的报告里有一段话："我们决心把教育当作公共社会事业和共同利益，就意味着在地方、国家和全球各层面，教育治理模式必须具有包容性和参与性。政府需要加大监管力度，保护教育免受商业化的影响，制止市场进一步阻碍教育作为一项人权的实现。教育必须服务于所有人的公共利益。"

其一，要增强学前教育的公益性。最根本的措施是要为公共学前教育提供高质量教师，要保障学前教育、公办幼儿园的教师编制供给。

其二，要增强高中阶段教育的公益属性。把高中教育从公共教育向基本公共服务推进。

其三，要增强校外教育的公益性，避免校外教育更多地被市场控制，避免它破坏、危害整个教育的公共属性。

二、基础教育更加公平的发展之路

促进教育公平始终是我国教育发展的基本国策，党的二十大再次要求促进教育公平，要求我们在一个更加宏大的视野、格局下看基础教育的公平问题。

我们要致力于缩小三大差距。一是省域差距，现在，不同省的基础教育公共事业拨款水平不同，差距甚大，有 6 倍到 10 倍不等；二是城乡差距；三是校际差距。

三、基础教育更加均等的发展之路

党的二十大强调："中国式现代化是全体人民共同富裕的现代化。"到 2035 年，基本公共服务实现均等化。要求"健全基本公共服务体系，提高公共服务水平，增强均衡性和可及性，扎实推进共同富裕"。

这给我们提出了一个重大任务：要从促进共同富裕的角度看基础教育如何来发展，要强调基础教育作为公共服务的均等化发展水平。

我们应该出台公共服务清单，做强"蛋糕"，在经费投入、校舍办学条件、师资配备水平上，让每一个孩子享受到均等化的公共服务，这是我们的改革方向。

四、基础教育优质均衡的发展之路

党的二十大提出优化教育资源配置。而我们面临一个重大挑战：基础教育仍然深受重点学校制度的影响。现在呈现出校际差距很大，优质学校是少数学校，老百姓追求的是少数的优质学校，所以我们的教育陷入了一个"上好学就意味着上重点学校"的困境。

我们要实施全域优质教育发展战略，办好家门口的每一所学校，进行优质教育资源的二次分配——把长期积累下来的少数重点学校的资源，通过合理的二次分配实现更大范围的教育公平、更优质均衡的教育格局，包括集团化办学、城乡一体化办学、优秀校长教师的流动、优质高中名额指标分配。

五、基础教育更加包容的发展之路

党的二十大有一句重要的话——"促进高中阶段学校多样化发展"，我们要思考这句话传递的信号。

大家都知道，高中教育是基础教育的出口，大家都非常重视，但今天的高中教育是什么样的格局呢？我们的资源配置、招生体制和师资配置是层次化的，有所谓的省重点、市重点、县重点，还分普通公办高中、民办高中、职业教育，这个局面影响了社会阶层的流动。

联合国教科文组织在《一起重新构想我们的未来：为教育打造新的社会契约》里强调："教育体系向人们灌输了一种错误的观念，即短期的特权和舒适比长期的可持续性重要。这些观念强调个人成功、国家竞争和经济发展的价值，不利于我们围绕协作，理解我们之间的相互依存关系，以及关怀彼此与地球。"

我们要走一条更加包容的基础教育发展之路，要由竞争性生存转向共生性生存，就是要让不同的学生实现共同的发展，推进普职教育的融合发展，支持所有学生的差异发展，为每个学生提供卓越发展。

六、基础教育更有活力的发展之路

要办好基础教育，办好每一所学校，最关键在于通过治理体系改革落实中小学的办学主体义务，增强学校的发展动能，激发、调动广大校长、教师教书育人的积极性和创造性。

改革有三个方面：健全中小学办学条件，这是教育发展的基础；落实中小学办学的自主权，这是根本；建立现代学校治理体系，这是保障。

七、基础教育更加协同的发展之路

党的二十大将"健全学校家庭社会育人机制"和"加强家庭家教家风建设"写入党的政治报告。一个"健全"、一个"加强"，体现了党对新时代教育规律的深刻认识，对中华民族优秀教育传统的高度重视，进一步确立了家庭教育、社会教育在我国教育体系中的重要地位。

未来

12

重视基础教育，就是学校教育、家庭教育和社会教育要协同发展。

联合国教科文组织在《一起重新构想我们的未来：为教育打造新的社会契约》报告中强调，教育是一个发生于学生、教师、家庭和社群之间的关系性过程。

第一，要健全社会教育体系。现在的社会实践教育、社会生活教育对学生的成长越来越重要，但我们的社会教育体系是短板，社区里的党政机关、企事业单位应该成为社会教育资源的重要载体。

第二，要建立家庭教育指导公共服务体系，让家庭教育回归育人初心，回归科学轨道。

第三，要加强家庭、家教、家风的建设。家庭教育的关键不在于说教，而是家风，是环境的熏陶；家庭教育的主要载体是生活教育，是亲子共同的教育活动。

第四，要在学校、家庭、社会协同育人上下功夫。三方要共同担当促进儿童健康成长的责任，形成共同的教育价值观，奉献各方面的力量供给教育环境和教育课程，为孩子的成长创造好的教育条件，形成学校、家庭、社会协同育人的大格局。

八、基础教育更高质量的发展道路

教师是教育的第一资源。总书记强调："教师是教育工作的中坚力量。有高质量的教师，才会有高质量的教育。"联合国教科文组织强调，"教师作为知识生产者以及教育和社会变革关键人物的工作应得到认可"。

我们如何建设一支高质量的教师队伍，支撑基础教育走好高质量发展之路？我想，有四个方面。

其一，要逐步提高教师的入职门槛，提高教师的学历层次。这是高质量教育对教师队伍提出的新要求。许多国家的小学教师是本科学历，一些欧盟国家的义务教育阶段的教师，其中硕士层次的教师已经达到了 45%。

其二，要加强教师教育体系建设。无论是教师培养体系，还是中国特色的校本教研体系，都应该很好地纳入教师教育体系建设中。

其三，要优化教师资源的配置。每一所学校、每一个教育机构中的优秀教师资源都应该得到公平、公正的配置。

其四，应该进一步提高教师的政治地位、社会地位、经济地位，让教师的职业有尊严、有地位，让教师们享受到教师职业生活的幸福。办好人民满意的教育，保障教师的待遇和尊严非常重要。

新时代基础教育整体转型的学校实践

整个基础教育整体转型，最后还是要落脚在学校实践上。联合国教科文组织对未来的学校有一系列的新描述和期盼：

"学校为了实现我们的期许，必须打破僵化、统一的组织模式，这种模式在过去两个世纪中长期统治着学校。

"我们在对新的充满包容和协作的场所进行想象的时候，也许要更经常地把'室'抛在脑后。

"学生、教师和知识构成了经典的教学三角。教与学都由知识共享滋养和促进。今天，我们需要在更广阔的世界里对这一教学三角进行设想。

"我们需要有助于在世界中、与世界一起学习，并改善世界的教学法。它们应以互惠和关怀道德为基础，承认个人、群体和物种之间的相互依赖，理解将我们彼此和地球联系在一起的系统性互赖关系的重要性。"

我想，按照这些构想，新时代基础教育转型落实在学校层面时，应该大力推进学校教育的九大变革，包括质量变革、结构变革、空间变革、课程变革、育人变革、动力变革、评价变革、数字变革、治理变革。

未来

14

重建学习生态：中国式现代化的学校使命

◈ 刘希娅（重庆谢家湾教育集团党委书记、总校长）

中国式现代化的中小学校是什么样子

党的二十大报告提出，要以中国式现代化全面推进中华民族伟大复兴。中国式现代化是人口规模巨大的现代化，是全体人民共同富裕的现代化，是物质文明和精神文明相协调的现代化，是人与自然和谐共生的现代化，是走和平发展道路的现代化，是构建人类命运共同体的现代化。这是一个让全国人民充满力量感和奋斗感的新期待。

那么，中国式现代化的中小学应该是什么样子的呢？

中国式现代化的学校，不一定是最豪华、最精致的，但一定是学校不用去绞尽脑汁挖优质生源来撑门面、争荣誉的。

在中国式现代化的学校，教师有着爱生如子的仁爱、有教无类的情怀、因材施教的智慧和教书育人的幸福。家长对孩子的天赋差异都理性看待，能从容平和地陪伴、引领孩子成长。孩子们的主体地位得到充分尊重，每一个孩子的发展需求都被关注、被支持；每一个孩子都对自己有着辩证的认识和欣然的接纳，他们为了兴趣、为了理想，主动积极地专注于各种课程的学习，开心而广泛地交朋友，对未来有着美好而笃定的憧憬。

○ 中国式现代化进程中的中小学校，为什么要重建学习生态

如果大家认同这样的中国式现代化学校愿景，那么这样的学校有多少？还需要多长的时间才能达到这样的状态？

要实现这样的愿景，最重要的一个考验就是：孩子们是怎样学习的？他们为什么而学习？当前又是什么让那么多的孩子偏离了学习的本质，牺牲了童年的幸福？答案不言而喻，是孩子们的学习生态亟须改良。

党的二十大强调立德树人素质教育，党和国家持续强劲地推动"双减"落地。但是，仍有部分家长利用孩子们吃饭的时间、周末的时间，将孩子们塞进各类补习班；仍然还有不少的孩子不是在补习班，就是在去补习班的路上，仍深陷于奥数等各种竞赛的培训中。

学校之间，似乎总是害怕自己少刷一套题、少补一天课，就会因此少几个金榜题名的名校学生而没有面子、没有安全感，甚至被质问。长期的题海战术、单一的被动接受、缺乏运动和睡眠，让孩子们在透支硬撑中越来越麻木，越来越丧失对生活、对世界、对未来的意义感。

更令人担忧的是，清华大学心理学专家彭凯平教授在访谈中苦口婆心地

说，当前教育亟须制止的三件事情就是时间战术、题海战术、攀比战术。因为这些战术科学上被证明没用，生活上被证明浪费，效果上被证明消极，都是摧残孩子们的智力、健康和幸福的。问题的关键在于教育理念要改变。

然而在彭凯平教授访谈视频的留言区里，近一小半的人对此观点表示不认同、不支持，也许是基于学习科学、脑科学、心理学的认知水平差距，也许是懂得了道理，却碍于功利欲望无法自拔或者缺乏应对的定力和智慧。

世界银行发布的《2018年世界发展报告》提出了"上学不等于学习"的学习危机判断，甚至把教育领域的学习问题提到了与气候变暖、能源危机、粮食安全等宏大主题同等重要的地位。

联合国秘书长古特雷斯也曾警告，教育危机影响我们所有人。

是的，覆巢之下，安有完卵？这几年经历的非寻常事件，让我们刻骨铭心地意识到人的脆弱与关联性，谁都不可能置身事外，独善其身。

作为基础教育的校长、教师们，我们更不能只是无奈和旁观。我们需要以学校为重要平台，深刻理解和践行为党育人、为国育才的历史使命，坚守儿童立场，重建学习生态，在中国式现代化进程中建设高质量教育体系，培养创新型人才，贡献中小学校该有的基础性、系统性、全局性的责任担当。

○ 系统推进学习生态重建，提升学校治理现代化水平

那怎样重建学习生态呢？这需要系统推进，以重建学习生态，提升学校治理现代化水平。

中国式现代化的核心是人的现代化，人的现代化的核心是思想观念的现代化。

有一本绘本叫《讨厌黑夜的席奶奶》。故事主要讲的是席奶奶与黑夜奋战的过程。席奶奶因为厌恶黑夜，所以在整夜里耗尽了她所有的精力去驱赶黑夜。黎明前夕，她终于累得精疲力尽，呼呼睡去。故事中，席奶奶因为抱着必须赶走黑夜的执念，不仅错过了黎明后的灿烂，还误以为真是自己赶走了黑夜，周而复始，自我感觉还成了英雄。

所以，有一句老话说得好：观念一变天地宽。重建学校学习生态，不能停留在自我局限的局部思维范畴，要增强系统思维，以新时代新征程的自我变革

勇气，从价值观、学生观、教学观、教师观、课程观、评价观的"六观"维度一体化重建学习生态，提升学校现代化水平。

价值观：一所学校最重要的核心文化

学校价值的取向，不仅决定了全校师生员工的行动方向，也承载着孩子们的未来人生和国家民族的长远兴衰。落实党的二十大精神，就是要以人民为中心办教育，要坚持每一个学生的发展利益至上，不能为了保住少数尖子生上重点名牌学校，采用变相的重点班的方式去忽略一部分孩子。这种瞒天过海的精神放弃，其实毁掉了一个个仅在童年时期不是学霸的爱迪生、牛顿、爱因斯坦。

所以在重庆谢家湾学校，我们始终坚持把孩子的立场、体验、收获作为学校所有工作的出发点和落脚点，构建六年影响一生、红梅花儿开·朵朵放光彩、听党话跟党走、做改良世界的中国人的学校价值体系，激励教师们增强教育的敬畏感和使命感，引领孩子们对自己负责、对学习负责、对未来负责。

学生观：教育教学是两个世界平等而美好的相遇

孩子不是一张白纸，而是一个有着丰富情感、思想和生活体验的生命个体。教育教学是两个世界平等而美好的相遇，不能一厢情愿、居高临下地去灌输、去驯化。

17

早在 20 世纪初，列宁的夫人、苏联教育家克鲁普斯卡娅就极力主张，学校教育应该与沸腾的生活打成一片。她指出，死记硬背、机械训练把智力发展归结为死知识的堆积过程，这种缺失学生自主性的灌输主义就是对学生身体、智力、个性的最大摧残。

教学观：从用一种方法教几十个孩子，到用几十种方法教一个孩子

教学中最重要的原则就是要全面、全程关注全员孩子的参与，要用差异化的内容、方法、节奏去回应和支持多样化的个体需要。

20 世纪上半叶，心理学家科斯鸠克提出，要重视学生智慧活动中的自主发展。同时期的教育家杜威说，所谓成长，就是在与外部世界的互动中更新自己。我们应该尽量避免单一的枯燥灌输，要更注重培养孩子们独立思考、学以致用、从 0 到 1 的创造意识和创造能力，更应该具备从一种方法教几十个孩子到用几十种方法去教一个孩子的实践研究精神。

课程观：一切有积极影响的元素都是课程

学校要在国家课程全面落地的基础上，立足孩子需要，整合资源，为孩子营造适切的、有意义的、丰富多元的课程体系。

重庆谢家湾学校近十几年来坚持"一切有积极影响的元素都是课程"的课程观，通过学科内整合、跨学科整合、学科与生活整合，突破学科壁垒，突破教师中心、教材中心、教室中心，形成了具有选择性、实践性、情境性特点的小梅花课程，促进了每一个孩子按照自己的优势发展。

我们深刻地体会到，学校不仅要跟上国家宏观课程进阶的步调要求，有价值的学校实践经验还可以为国家课程发展做贡献。《义务教育课程方案和课程标准（2022年版）》已经出来了，如果我们的课程认知和实施能力还没有达到2001版课程标准的方案，那就误人子弟了。

而今，素养导向的新课标强调结构化、大概念、大单元教学，就是要我们更好地立足孩子们的发展立场，充分发挥孩子们的主观能动性，引领他们找到知识之间的内在联系和实践价值，体验有意义的学习，灵活运用，解决真实问题，从知道，记忆性学习到理解，实践性、创新性学习，有服务他人、社会、国家的意愿和能力，从而形成孩子们的核心素养。

18

教师观：将自己的人生与国家、民族事业发展血脉相连

优秀的教师不会"内卷"，但也绝不会"躺平"。他们爱党爱国、热爱生活，不仅具有公平、仁爱、好学、智慧等特点，还会将自己的人生与国家、民族事业发展血脉相连。

我最佩服的一位教师，是被毛泽东和宋庆龄称为"人民教育家"和"万世师表"的陶行知，他为中国教育的改造和现代化发展做出了开创性的贡献。他的"生活教育""每日四问""四颗糖的故事""人人是创造之人""教学做合一"等教育精髓都是我们学习的典范。

2022年高考之后，很多教师都在感叹："双减"后，为什么数学还考那么难？其实不是太难，是大家没有跟上新时代的教育要求。又有谁在考完之后还会带着孩子去评讲试卷，反思自己的教学呢？因为孩子们都忙着去撕书、卖试卷、卖废纸，教师们又投入新一轮的新接班级，忙着暑假补课了。

难能可贵的是，在2022年，有一位教师在说起自己刚毕业的初三学生时流泪了。她说，因为自己没有很好地领会中考精神，耽误了孩子。我们应该向

她致敬，因为这种反思精神、担当精神，愿意承认和说出来的精神，是源于对孩子深沉的爱和高度的责任感。

评价观：一直被激励，从未被判定

评价是一种重要的学习，评价总是与孩子们的学习流程协同并进。如果只是重视阶段性的分数等级评价，就会错失评价作为学习者的反思性、主体性、自我效能感体现的过程性功能。要在日常中重视及时给孩子们学习评估反馈，赋予孩子们前进的方向和动力，不断地帮助孩子们明白如何去表现自己获得的知识、理解和新思想。在重庆谢家湾学校的对话评价里，孩子们、教师们总是说他们一直被激励，从未被判定。

○ 以变革学习方式为突破口，探索轻负担、高质量育人模式

以上关于学习生态重建的"六观"要素，其实在两千多年前教育家、思想家孔子就说得很明白，那就是有教无类，因材施教；不愤不启，不悱不发；循循善诱，谆谆教诲；学而不思则罔，思而不学则殆。

而在实践中，学习方式变革会出现三种问题：

一是学习中的问题。填鸭式、灌输式、刷题式学习，容易导致学生学习兴趣不高、动力不足、负担沉重。

二是学习方式变革路径问题。有学校总是把学习方式变革，窄化为具体的一招一式的方法范畴，效果欠佳。

三是学习方式变革效果问题。学习方式变革未能有效促进学校教育减负提质。

因此，我们要结合学校的具体情况，找准突破口，牵一发而动全身，分类分层分阶段实施，协同推进，不断进阶。

重庆谢家湾学校以变革学习方式为突破口，坚守孩子们的学习立场，变革与学习方式关联的外部要素，五位一体进行系统推进：

一是形成"六年影响一生，红梅花儿开，朵朵放光彩，天天快乐，健康飞翔"的价值体系，激发学生主动学习的积极性；

二是打造"全天候没有铃声"的学习场域，通过民主包容的学习人文环境、开放交互的学习物理环境、自主自律的学习机制环境，实现时时处处

皆学；

三是构建国家课程落地转化的"小梅花融合课程"，实现情境化实践性学习；

四是探索多主体互动式教学，通过多样化学习方法增强适配性，通过学科融通、学段衔接增强贯通性，促进自主、合作、探究性学习；

五是实施对话评价，质性评价和量性评价相结合，评价主体和评价方式多元，驱动学生自信学习。

近二十年的实践探索，促进了教师们从重视怎么教到研究怎么学的转变，凝练了仁爱奉献、执着担当、创新突破、因材施教的教师精神，促进了孩子们阳光自信、生动活泼的学习，也形成了轻负担、高质量的学校素质教育办学特色。

人性的高度就是教育的高度，重建孩子们的学习生态，其实也是在优化我们的教育人生。以重建学习生态促进学校现代化水平提升，以学校的现代化为教育现代化、中国式现代化赋能，让每一个孩子的潜能都不被辜负。当我们退休的时候，回望每一个在校园里与我们有缘的孩子，我们都可以说我们是问心无愧的，我们是竭尽所能的。

让我们一起做我们该做的、能做的，改良孩子们的学习生态，开启中国式现代化学校新征程。

学校教育走向全域化，打破学校、家庭、社会教育的边界

◈ 李政涛（华东师范大学基础教育改革与发展研究所所长）

中国教育创新年会举办至今，一直坚守一个关键词——创新。事实上，中国教育时时处处需要创新。创新从哪里来呢？我觉得至少有以下两个方面的源头。

第一个源头是坚守。创新要坚守一些不变的东西来打根底，做基础。

有这么一则古希腊神话故事：名为安泰的巨人经常与别人搏斗摔跤，当他被摔倒后，他一定会做一个趴在大地上的动作。他是大地母亲之子，只要身体不离开大地，就会有源源不断的力量帮助他获胜，每次他趴在大地上，都能汲取成长站立的力量。

对教育来说，什么是不变的？最核心的就是价值观。所以，重建教育生态首先是价值观的问题，而价值观也是教育创新的力量。

那么，究竟是什么样的价值观呢？两个关键词：第一个是爱，爱学生、爱教师、爱教育；第二个是敬畏，敬畏人的生命，敬畏天地自然，敬畏社会，还有敬畏技术。

第二个源头是拓展。

每个人都有自己的视野，每个人的视野都存在边界，每个人也都有自己的格局。什么叫格局？"局"也可以理解为局限。当一个人有了格局，他就有了这个格局带给他的局限。

我们每一次探讨，每一次演说，每一次实践，其实都是一个打破原有视野边界，重塑自我格局的机遇。

未来
21

我试图找到"全域育人"的密码，以下四个方面可以展示出我的探索路径。

一、传统育人边界在哪里

过去的育人都是发生在学校、在教室，取决于教师，但现在更加关注家庭和家长，这都是传统育人边界所在地。

二、为什么需要突破传统边界

因为传统的育人边界无法满足人类的育人需要。

育人是世界上最复杂的事情之一。人一出生六七斤左右，长大成人不仅需要身体成长，更需要精神、灵魂上的成长，其复杂程度不言而喻。我们要通过教育来实现。

我曾听过一堂课，讲的是鲁迅的《阿长与〈山海经〉》。我问教师，鲁迅的这篇文章，学生们的学习难点在哪里？他说，鲁迅的世界离学生们的现实生活太远了，鲁迅的文字太晦涩了，所以它难。

我说，这是不对的。我认为，难在目标——体会鲁迅对保姆阿长那种细腻的温情。人的情感世界是复杂的，鲁迅对保姆阿长从一开始的厌烦、厌弃、畏惧到后面的愧疚、怀念，他的情感非常细腻，非常复杂。

我很喜欢董卿主持的《朗读者》，节目对人类情感世界进行了如此细腻、如此微妙、如此深刻、如此复杂的展示，实现了"人之为人"。

因为有了朗读，有了语文，有了教育，孩子们的情感世界越来越细腻，越来越丰富，越来越微妙，越来越深刻，这才叫人。

教师塑造人的灵魂，是灵魂的工程师，也是最复杂的工程师，因为他在育人。

而育人是一件与所有人都有关的事情，不只是和教师、家长有关。育人是一件需要所有人参与，并且是只有通过所有人参与才能达成目标的事情。

为什么？因为人的成长不只是在学校里发生，育人不只与教师、家长有关，它是一个非常复杂的系统工程，需要系统教育力。教育、育人和人人、事事、时时、处处都紧密关联，渗透在社会的方方面面、角角落落，甚至每个细胞里。

有一个故事让我印象特别深刻：

日本一家蛋糕店来了一个乞丐，他掏出钱交给老板，说要买一块蛋糕。老板很恭敬地双手接过钱，转身装好一块蛋糕，双手递给他，非常恭敬、尊重地说："欢迎您再次光临。"老板的小孙子站在一旁，目睹了全程。

乞丐走后，小孙子抱怨道："他不过是个乞丐，您怎么能要他的钱，而且对他这么尊重，这么恭敬，凭什么？"老板却说："今天他是拿钱买我的蛋糕，不是乞讨。如果不接他的钱，我对他就是不尊重。更重要的是，他是我的顾客，他来到我店里，既需要一块蛋糕，还需要一份尊重。"

这番话，这个场景，小孙子铭记了一辈子。他的爷爷给他上了一堂关于教养的课。

什么叫教养？真正的教养不是看到领导的尊重，看到富贵之人的恭敬，而是对底层老百姓的谦卑态度，这才是真正的教养。

所以，蛋糕店里发生了一场教育，实现了一次育人。此时此地的蛋糕店就

未来

22

是教室，老板就是教师。这样的场景也会在飞机上、在高铁上、在会场中时时、处处发生。

○ 二、育人边界要突破到哪里去

第一重突破，突破到社会世界中去

从学校走向社会，最重要的突破载体是社区。未来的学校，是学校在社区里，社区在学校中；未来的育人，一定是家庭、学校、社区协同育人；未来的育人方式，一定是学校教育力、家庭教育力和社区教育力的融合。

第二重突破，突破到自然世界中去

自然是人类最初的学校，叶澜教授曾提出一个核心观点：我们要把丢失的自然找回来。因为随着现代科技文明的发展，人类越来越远离自然，失去了对自然的依赖，失去了对自然的敬畏，失去了对自然的感知能力。

过去的诗人看到一片叶子落地了，看到雨滴雪花在飘飞了，马上就有了诗意，马上就有了触动，马上他就流泪了。诗词大家叶嘉莹先生曾讲过，中国古代的艺术家都有强大的对自然现象的感发能力，而我们现代人越来越失去对自然现象的感发能力，所以我们要把它找回来。

我希望自然能够回到学校教育的世界。自然就是育人的田野，天空就是屏幕，山水就是校园，森林就是教室。

但是，我也有一个感受：现代人还能回到原初的自然吗？

回不去了。现在的自然，是自在的自然，人在自然和我在自然已被现代科技改变了。因此，我们现在回到自然是学会与被改变的自然相处。

第三重突破，突破到虚拟世界中去

网络就是校园，移动终端就是课堂，机器就是教师。今天的校长和教师不仅要关注教育与社会的关系，教育与自然的关系，更要密切关注教育与技术的关系。

人工智能时代到来后，我们将进入双线教学、线上线下混融、双师协同育人的新时代。

双师不是指优秀教师和普通教师，不是指主教师和辅助教师，而是人师和机师，人工智能做教师。所以，未来的教师不仅要人师之间竞争，还要和机师竞争。

当然，人师与机师之间不只是竞争关系，更不是你死我活、非此即彼的关系，它应该是协同交互的关系。

四、育人边界突破需要什么

需要全力融合。包括学校教育力、社会教育力、自然教育力、技术教育力的融合，还要增加一个力——网络教育力。

需要五育融合。怎么理解五育融合？五育融合来自我们国家一个重大政策文件《中国教育现代化2035》。它明确提出，大力发展素质教育，促进德育、智育、体育、美育和劳动教育的有机融合，我们概括为五育并举、融合育人，简称"五育融合"。

它来自一直以来抑制教育发展的现实问题，比如疏德、偏智、弱体、抑美以及缺劳，长期存在着五育之间是分离的、割裂的，甚至矛盾的现象。

我认为，五育融合首先是一种育人假设：预设人的成长，不仅是全面发展，更是融合发展。

五育融合也是一种发展阶段，至少经历三个阶段：

第一阶段，并举的阶段，并举要解决的是五育缺失、不全的问题。第二阶段，五育贯通的阶段，让五育之间融通起来，避免割裂。第三阶段，五育融合进入共生的阶段，五育之间共生共长。

五育融合还是一种育人实践。五育融合与五育并举不同，并是副词，融是动词，融合就是一种教育实践。

五育融合更是一种育人思维。它打破了我们习惯的点状思维、割裂思维、二元对立的思维、非此即彼的思维，转向关联思维、融通思维、综合渗透式的思维。

如今，五育融合的理念和政策已经出台，下一步是该如何进课程、进教学、进入日常学校教育的生活当中。

这需要融合的机制，协同机制的构建，机制设计至关重要。这其中最需要的是人的改变——作为人，作为教育者，作为校长，作为教师要有边界突破力，要有协同育人力，更要有融合育人力，线上线下的融合，五育之间的融合。

未来

24

我曾观摩过一位"80后"女教师的习作课，课堂上，她全程用手机连着屏幕、连着学生们的平板电脑，不断把网上的文字、照片、视频等各种资源变为她的教学资源。线上线下的融合、切换之自如，让人惊叹。

其实这就是线上线下，五育之间的融合。现在我们备课、上课、评课，都应该带着融合的眼光来看。

我们所做的都是突破式的探索。育人边界的突破其实已经在路上了，无论是突破到社会，突破到自然，还是突破到虚拟世界，但它远远没有完成，这是一个艰难的长期工程。

我们都在路上，让我们共同为之努力，不断地突破育人的边界。

迈向"生态正义"的新人文教育：后疫情时代全球教育范式转型

◈ 彭正梅（华东师范大学国际与比较教育研究所所长）

○"生态正义"是未来教育和人类生活的核心价值观

当前，人类正处在一个非常关键的时刻，一种生态危机的时刻。用联合国教科文组织的话来说，"人类、地球危在旦夕"。

2020年，联合国教科文组织专家研究发布《学会融入世界：为了未来生存的教育》报告。在报告看来，人类必须产生一种激进的转型，从之前的经济正义、社会正义走向"生态正义"，以生态正义成为我们基本的生存原则，甚至包括认知原则。

这份报告又被称为"2050教育愿景"，报告提出了七条教育宣言。接下来，我们看看其中的三条宣言，对未来教育有什么启示。

宣言第三条说："到2050年，教育不再一味宣称人类至上主义，我们不再依靠人类的聪明才智和技术来解决环境问题。"

宣言认为，"人类最终的理性和技术会解决我们所面临的一切问题，特别是生态问题"是不靠谱的。我们现在需要学习如何将人类作为地球众多生命的参与者、塑造者，而不是人类至上，其他的生命、生物多样性都得服从于人类的利益。这是一个激进转向。

宣言第四条说："到 2050 年，个人主义的自我文化已经成为过去。我们必须学会围绕相互依存和相互联系的原则重新配置教育，培养乐于助人、善解人意的人际关系，使每个人和一切都成为地球生态社区的一部分。"

"个人主义的自我文化"，就是西方现代以来的主体性文化，二元对立的笛卡尔式的思维方式、生存方式和认知方式。换句话说，专家们认为，西方的旧人文主义和现代性必将被抛弃。

宣言第五条提到："到 2050 年，教育学不再把世界定位为学习的对象。教育最基本的主客体二元结构受到了挑战，一种生态意识将所有人类重新定位为生态圈内的人，嵌入整个生态系统之中。"也就是说，我们都是在生态系统之中活动的个体。

"2050 教育愿景"发布之后，2021 年 11 月，联合国教科文组织又发布了一个近十年最重要的文献——《一起重新构想我们的未来：为教育打造新的社会契约》。

这份报告是联合国教科文组织，包括我们国家在内的多国加入并认同的报告。报告核心关键词是"地球危在旦夕"，并把生态正义、社会正义、经济正义纳入一起。

和"2050 教育愿景"认为"经济正义、社会正义都必须服从于生态正义"相比，《一起重新构想我们的未来：为教育打造新的社会契约》报告的立场稍有缓和。

但是，两份报告有一个共同特点："生态正义"，将作为未来的教育、未来的人类生活的一个核心价值观。

这个特点，按照周易的思考方式，就是"观乎天文，以察时变；观乎人文，以化成天下"。也就是说，我们要观察天下，当事实在变化，当人类的趋势在变化，我们也必须跟着变化。

两份报告都提出，人类已经陷入笛卡尔式教育而不能自拔，主客对立、划分界线。哈佛学者亨廷顿在 20 世纪 90 年代写了一本书叫《文明的冲突》，宣扬的就是一种笛卡尔式的二元对立。他给天下画了一道斗争和冲突的愿景，认为文化冲突就是战争冲突，文化的界限就是战争开始的界限。

如果像"2050教育愿景"里所讲，要抛弃西方旧的人文主义的话，我们就需要一种新的人文主义。

重拾五种传统，理解教育新范式

如果要破除笛卡尔式的思维方式，那么新的思维方式从哪里来？我想，不是我们去重新发明一套方式，而是要在已经失去的传统和文化中去寻求。

实际上，人类在最原始的某些文化传统中，对大自然有着一种更深沉、更全面、更贴切的相互理解。

第一个传统就是西方的沉思传统，也叫冥想传统。

这一传统现在在高等教育、心灵治疗等方面越来越受到关注。它强调一种移情、利他的行为，强调一种情感的平衡。诺贝尔物理学奖获奖者亚瑟·扎荣茨教授也在推广这样一种沉思性的冥想实践。他通过科学方式证明，从脑神经或是心灵结构上有证据证明，我们可以通过沉思或者冥想来欣赏到自然不可言说的某种神秘感，让学习压力得到改善。

第二种传统是日本的"物哀意识"传统，这其实是我们文化的传统。

这个传统强调，审美有助于加深人和万物之间的关系，而不是通过数学、自然科学和技术的思维方式。通过审美观察大自然，会产生一种深度和强化性的体验，我们的灵魂受到震动，会受到感动，去感受一种中国古人称之为"天地之大，虫蚊之细"的精妙结构。我们只有通过审美之眼，才能感受到这一点。

日本将此称为"物哀意识"，也同样源于中国的文化传统，我们古代的诗歌文化就在倡导这样一种意识。

第三种传统是印度的瑜伽沉思传统。

我们通过身体的某种修炼，更容易感受到世界的一种关联性，这是对沉思传统的某种补充。

第四种传统是儒家的修身传统。

近年来，作为一种不同于西方人文主义的传统教育范式，儒家的修身传统也在国际话语体系中不断崛起，国际上大致已经把我们的文化传统视为一种修身传统。

儒家认为修身可以感受到"万物一体"，这一点从孟子的观点中可以看到。他说："尽其心者，知其性也。知其性，则知天矣。"

他还说："万物皆备于我矣，反身而诚，乐莫大焉。"王阳明进一步解释，所谓"大学"就是大人之学，"其视天下犹一家，中国犹一人焉"。如果是小人，则分你我。

像亨廷顿这种学者，在王阳明看来绝对是"小人"，因为他不仅分裂了人和自然、人和其他生命的关系，同时还在人类的群体中划分所谓"文明的界限，就是战争的界限"。

当然，在我国传统文化中，庄子更是一种生态美学或者生态正义的代表。庄子有一个说法，"禽兽可系羁而游，鸟鹊之巢可攀援而窥"。人和自然和谐的时代，我们可以感受到天地与我共生，万物与我为一。

第五种传统是非洲的乌邦图哲学，它也是一种带有浓厚的生态哲学意味的思维方式。

未来

○ 迈向"生态正义"的新人文教育

五种思维方式最终会形成人类共同的以生态正义为核心，人类未来新的认知、生存和教育的方式。

这种新人文主义教育有以下五点特征：

第一，从西方知识到全球知识。印度传统、中国传统、日本传统，包括西方的沉思传统，可以构成我们多元的认知方式和生活方式，不仅是西方现代性的知识，还是全球知识。

第二，从生存导向到每个人的更高发展。今天我们无限夸大了生存所需要的东西，特别是物质基础。实际上人类还可以过更简单的物质生活，更高的精神生活，带有审美的、精神关怀的、相对宁静的生活。

这是一种不再强调我们拥有多少物质的生活，因为工业社会的生存方式已经导致了今天地球的危机。人类需要彻底转换某种生存和认知方式，需要多元的认知方式来修补破损的地球。

第三，从基本技能到高阶能力。因为人工智能的发展，人类某些流程性工作能力最终将被代替，所以教育要关注高阶能力发展。高阶能力发展才能为高质量发展、绿色发展、环保发展、生态发展奠定基础。

第四，从个体到全球共同体。联合国教科文组织认为那种孤立的原子式的自我文化必须消除，人类必须有共同体的感觉，特别是人类的生态命运共同体。

第五，从主体到万物一体。这也是在克服现代性的危机。

我们知道，"生态文明"也是新时代中国特色社会主义建设的一个重要维度，在我看来是最重要的维度。教育必将对联合国教科文组织关于生态正义未来的呼吁做出回应，对我们国家的战略和新的发展转型进行呼应。

建设美丽中国，建设美丽世界，从关注未来教育的生态维度开始。

用美育滋养儿童的生长状态

◎ 黄莉（银川市兴庆区实验第二小学教育集团党委书记）

这样一个熠熠生辉的夜晚，注定不是寂静的。我们这些大人们，一起叽叽喳喳地讨论用什么方式带着儿童走向未来，那怎么能没有儿童呢？于是就有了这场艺术展——用一种更纯粹、更静默、更自然的方式把儿童的生长状态呈现出来。

所有的作品都来自课堂或者是兴趣班的当堂作品，甚至是孩子们随手画的小纸头，没有刻意做主题化、技法化、审美化的要求，这也是我们着力想摒弃的。

儿童的表达方式天然就是浪漫的、自然而然的：涂、抹、画、写、捏……儿童用的材料天然就是朴素的、随手可取的：纸片、石头、包装盒、快递袋……儿童表达的内容天然就是自由的、有生命力的：看到的、听到的、感知到的、想象出来的……

只要给他们足够的空间，儿童的表达方式、表达内容、表达媒介跟当代艺术"每个人都能表达，每个人都用自己的方式自由表达"的主张不谋而合。

为了更丰富地呈现当代儿童的样态，不拘于一个学校，看到更多孩子的全貌，我们征集了 17 个来自东西南北城市、乡村，甚至是国际学校的学生作品，最后由回二艺术团队的教师梳理作品，凝练主题，分类整理，用一个个儿童的微观作品，整合、重构出一个连接着传统与现代、历史与未来的给成年的教育人看的儿童艺术展。

我们尽量尊重来自儿童的感性和直觉，除了将他们的所思、所想、所面对的鲜活而蓬勃的生活场景一一呈现外，还特意关注到了儿童与生活的连接：《我自己》《你猜》《拇指画》《天书长卷》是这个年龄段天真烂漫的儿童原有的样子；《今晚八点半》是儿童在家里的样子；《教室是我的》是放大了孩子们在学校里真实的样子；《试卷》和儿童戏剧是应试教育的样子。

我们还着力还原了儿童文化成长的背景：《山海经》《贺兰山》《兵马俑》《小红人》是传统的底色；《输》《Shift》《银色城市》《我的动物朋友》是工业文明中的生命状态。

每组作品都在儿童、自然和社会中寻求连接和融洽，着力呈现背后的艺术表达和人文关怀。我和我们的教师们既是策展人，更是教育人。所以我们在致敬儿童艺术的同时更愿意从教育的角度解读这场展览。

第一，教育要走向未来必须要回到儿童，必须让儿童回到天然的系统里去得到滋养。

学校有儿童，就得有他们的思想，就得有他们的情感。这次展览与其说是艺术展，不如说展示的是儿童的表达、儿童的感知、儿童的意愿、儿童成长与现实发生的碰撞。他们不是一张张等待被书写的白纸，而是具体而丰富的，他们对情感的需求远比大人世界给予的多。

我们得不断满足他们精神发育的需求，俯下身子，去呵护他们的脆弱稚嫩；仰起头，去追寻他们的天马行空。这俯仰之间，就是教育人能给孩子成长的时空，能给孩子的宽度和厚度。

艺术是培养儿童感知力的最佳手段。天生就是艺术家的儿童，需要不断在摸一摸、捏一捏、造一造中用自己最质朴、最纯粹的表达和这个世界建立联系。他们不应该被禁锢在像工厂一样的学校里，不应该被困在高楼林立的逼仄空间中，在这样一个和机器人抢夺未来的时代，作为自然之子的儿童必须回到精神的发源地去得到滋养。

教育更是如此，虽然时代主题发生了变化，但人性是亘古不变的，所以核心的育人价值观不会改变。我们所追求的真、善、美，都是来自宇宙自然的真理。这些至高无上又微妙至深的大道，都渗透在微乎其微的自然细节里。只有让儿童返回生命的本源，打通自然与生命的连接，领悟自然之道内化于万物万象的真谛，才能放大人性的光辉，才能在未来让人性的光辉驾驭人工智能的发展。

第二，借当代艺术多元的表达方式呈现我们对教育的反思。

我们之所以策划当代儿童艺术展，其实是想借"当代"这个词传递一个观念：作为教育者，我们愿意站在当下，直面现实，反思现实，改造现实。

我们不回避这个时代教育的问题，甚至在这次艺术展中特意用先锋戏剧的方式把孩子们在作业堆中、在升学的独木桥上、在机器生产的流水线上等场景用艺术的手法抽离出来，这样抽离出来的强震撼场景，让所有人意识到改变教育的刻不容缓。

我们一直觉得在当下的语境中，教育人必须要发出自己的声音，要坚持用专业的方式传递教育的理念，坚持用专业的态度和力量赢得帮助，就像李斌先生要熬的"一锅石头汤"一样，融入重塑教育生态的力量越强大，教育改善的步伐就越快。

第三，艺术是帮助教育从工具性走向人文性的路径。

教育和艺术的关系大吗？非常大。我们一直说教育是一门艺术，但是工业时代的学校留给我们的烙印太深了，学校变成工厂，教师变成工匠，孩子变成机器，标准化、机械化禁锢了我们的观念、意识、思维，虽然人工智能的发展不断在敲响警钟，教育也开始走向拐点，但要突破同质和平庸依然不是件容易的事。

学校在寻找教育突破口时，美育不失为一种理想的路径。

我们可以通过艺术教育发展创造性思维，让儿童在快乐的、愉悦的、生动的学习过程中，通过一系列视觉、听觉、动觉来表达自己的想法、意见和建议，从而逐步形成富有个性的、独特的、稳定的、统整的行为模式、思维模式和情绪模式，来完成培养未来人才的使命。

当代艺术之所以贴近儿童，原因就在于它不是强迫的，是通过艺术活动调动人的兴趣，打动人的感情，让人愉快地受到教育，是脱离"机械"和"匠气"的，能突破功利色彩、撼动以理性工具为基础的教育大厦。这不正是学校转型的方向吗？

在这样一个复杂、多维、遵从个性化和独立性的时代，所有人将会呈现出更多的差异化和更多的不同。

能够让这万千差异达成共识，其实只有美能完成。不管什么时代，不管什么地区，人类对美的共同追求是完全一致的，这也是我们教育人可以用审美的原则去改造我们自己的教育内容与形式的原因。

美好美好，最终要因美而好。

为幸福而教育，为尊严而教育，为意义而教育

未来

32

◈ 干国祥（全人之美课程总设计）

这个学期以来，连续几个月，我都在一个省会城市的一所优秀中学帮助班主任们做德育工作。这是一所非常好的中学，学生们已经考到了第一，教师们的工作态度也很好，但是校长觉得还不满足。她说，学生学习处于被动，幸福感还不够；教师的工作太机械，创造力还不够，所以请干老师帮忙诊疗一下。

○ "学会生存"，还是"学会生活"

每次见面会上，一些班主任讲着讲着就一把鼻涕一把泪。为什么？因为每个班总是避免不了有一些问题学生，而这些学生，其中大多数会被我们称之为未来社会"戾气"的制造者。

其实本来并不是这样的。有这样一个学生，教师总是耐心地教导他，循循

善诱，想要他努力学习，结果他就是不努力学习，每次考试总考在第十名左右。这个教师非常悲愤地说："这么聪明，为什么不学习？"我替这个学生回答："我为什么要学习？我聪明就必须学习吗？"

也许这个学生是学校里唯——个没有被环境左右的学生，但是他并没有找到自己，而且他的这种迷失还可能无限地延续下去。我自己就是这样，我从18岁开始教书，到现在教了30多年，可27岁前却没有认真教书。为什么？因为觉得没有意义。那个学生为什么不认真读书？因为他感觉没有意义。

《学会生存》这本书大家不陌生，终身学习的概念就是这本书最早提出来的。我提到这本书是想追问：为什么这本书被翻译成《学会生存》，而不是《学会生活》呢？我觉得这是集体无意识，这是我们时代的精神在这本书上留下的烙印。

学会生存和学会生活是两种姿态，我们决定把孩子往哪个方向培养，就意味着在两种文化、两种教育哲学之间做选择。学会生存的背后是一种有问题的、过时的时代精神，我个人认为，这种时代精神的过度滞留，正是社会戾气日渐弥漫的原因。

○ 为成功，还是为幸福

大家会说，有戾气是因为社会不公正。社会不公是可以改善但永远消灭不了的，理想的未来设定它可以被消灭，只是为了引导我们去努力奋斗。事实上，人类的发展需要不公，因为社会的差异是人类进步的动力。正因为社会有高低差异，所以那些处于底层的人奋斗努力后，一部分人成功了，他们就是改造社会的力量；而另一部分人失败了，他们或者沉寂下去，或者成了冲击社会的负能量——也就是戾气。以上无论哪一种，都是社会进化必需的养料。

戾气产生的另外一个原因是教育被异化了，导致孩子们的心理产生了一些问题，但是我们却拯救不了，为什么？因为从鸦片战争以来，救亡与启蒙的矛盾一直存在，我们为什么会学习？我们建学校、做教师、搞教育为了谁？为了创建一个富强的社会，还是为了个体获得幸福？这一对矛盾是当前教育最重要的矛盾。

教育是为了个体的成功，还是社会的成功？国家的危机依然存在，正是因为意识到危机的存在，所以我们的教育把启蒙忘记了，把个人幸福忘记了，把这些最重要的教育目的无限地延续了下去。人慢慢地成了工具，人不再是教育的唯一目的，而是应对危机时的大数据之一。

当我们丧失这一切的时候，六年小学生活的目的是什么？答曰：考上重点中学。六年中学生活的目的是什么？答曰：考上重点大学。那么考不上大学，或者不想考大学，六年中学生活意义何在？教师六年是为什么而教？扪心自问，当整个教育目的被异化，必然导致学生负面情绪暴增。当教育目的产生偏移，异化是必然的。它像空气一样无所不在，弥漫在每一个教育角落。

○ 如何做到"良性教学循环"

为了更好地理解异化，我引进了一个健康的教学模式，这是我们团队在研究的过程中提出的一个概念，叫"良性教学循环"。我们不呈现某个结论，而是呈现整个过程。一个具体的学生如何成为一个大写的"我"，如何在他内心根植下做好人的愿望呢？必然是通过他在学校里的精神生活，通过语文、数学、英语等学习活动。

在这个过程中，他要克服困难，获得成就。困难越大，克服之后，他的意志力就越强、责任感越重。人的意志力从哪里来的？它是培养出来的，是在克服困难的过程中养成的。怎么让学生有意志力？克服困难的过程增强了意志力和责任感，而获得的成就增强了他的信心。他获得了自尊，他渴望着继续学习，甚至会热爱学习本身。热爱从哪里来？从经验中来。通过学习，他获得的成就不仅是一个道德良好的"我"，还是一个知识结构、经验结构也发展良好的"我"。

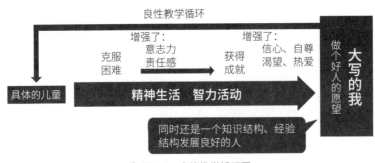

◎图1-1　良性教学循环图

那么这样的一个"我"，面对下一步学习任务的时候，就会产生一种"我要学习"的愿望，这就是意义的回馈。在这个过程中还有很多细则，每一次学习都决定着一生，每一次学习都增加或减少了他一生的成就感，而学习的核心目标都不是知识本身，而是这个孩子的自我认知。

学习是育人本身，而不是在教机械的知识，比知识更重要的是让学生明白自己是谁，能做什么。学习的过程，成功与失败，对人一生意义深远。学习的难度和成就感成正比，所以我特别喜欢挑战学生。我做教师的秘诀就是让学生感觉到不可能，所以很多学生会跟在我后面，去做一些不可能的事情。

轻松的学习没有多大意义，我们现在很多学校就学校任务而言是太沉重了，但就脑力挑战而言是太轻松了，或许师生都默认需要从学习以外去寻找快乐。请记住，成就感内在于学习本身，不要在学习外面找。意志、责任、动机都是学习过程的副产品，不能要求一个学生在学习之前拥有这一切再去学习，你只能在过程中增强或削弱这一切。

这里最重要的一条是学生如果遇到了挫败，原因不是他真的失败，而是教师的评价让他感受到了挫败。挫败源于评价而非事实。一个学生失败了，我们只要说一句："哇，这么厉害，当初我失败了五次，你差点就要成功了。"这样，失败就成了表扬。

同样地，一个学生如果考了95分，教师如果这样说："全班平均分97分，你就是最差的几个之一！"这样，学生马上就堕落到失败的深渊中了。教师的评价是学生觉得成功或失败、是否有意义的唯一标准。

但我们的教育是为了淘汰，是为了选择，是为了把符合社会要求的人选出来，而不是无条件地为每一个孩子的幸福而奋斗。当我们违反教育铁律的时候，我们就进入了另外一个恶性循环。学生被困难打败，不是因为他做某件事情失败，而是因为我们采取了以欠缺、淘汰为标准和目的的评价，学生被困难打败是理所当然的，至少有90%的学生会被困难打败。当学生在学习过程中品尝到了挫败感、失落感之后，就加剧了他的沮丧、畏惧，他厌学，他逃避。同时因为道德尺度内在于评价的过程之中，所以过多的失败还将导致他对社会的不信任，对他人的不信任。

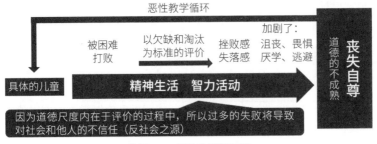

◎ 图1-2 恶性教学循环图

这就是异化的根源，因为个体的人不再成为教育的目的，而变成强大的工具。人在这样的教育中会感到压抑、羞辱，可能会采取破败的行为对抗既定的一切——为什么不呢？

什么时候我们能拥有为幸福而教育（学习），为尊严而教育（学习），为意义而教育（学习）的教育生活呢？这是一种教育的美好状态，它还很不现实，但我愿意站在这里，对大家说，我对时间和生命有信心，愿意付出最后的"热"和"爱"。

在动荡不安的时代，回到生命与文明的"锚点"

◈ 李斌（中国教育创新年会总策划，蒲公英教育智库理事长）

党的十九届五中全会审议通过的《中共中央关于制定国民经济和社会发展第十四个五年规划和二〇三五年远景目标的建议》中有一句话和我们的议题息息相关："坚持创新在我国现代化建设全局中的核心地位"。这是改革开放四十多年来，我们党编制五年规划建议历史上第一次把"创新"定义为大国战略的"核心"，摆在各项规划任务的首位。由此可见，今天和未来的世界，"抱残守缺、因循守旧"的行为，正在各行各业被快速折旧；以创新谋改革，越来越成为破解一切发展难题的根本出路。在这个背景下的中国教育创新年会，就有了更清晰的使命和价值。

这是一场特别的年份、特别的时刻我们共同的学习。第七届中国教育创新年会和您的办学实践一样，我们也在致力于完成一场没有人经历和熟悉的复杂创新和深刻转型。

这场线上线下立体同步、分层分类、长达 28 天的会议，经历重重困难终于开幕，我想要表达的是：在动荡不安的时代，面对模糊不清的未来，我们尤其需要回到生命与文明的"锚点"。

这个"锚点"由四个关键词构成，同时这也是第七届年会向您发出的四个邀请——走向一条"生命河"，读懂一份"文明谱"，解答一道"现代题"，洞察一场"未来秀"。

○ 走向一条"生命河"

"动荡不安"四个字，让人想起历史上的很多关键时刻，比如轴心文明时期的春秋战国。

在那个时代，伟大的教育家、思想家孔子历经无数次颠沛流离，以行动的智慧影响着文明的走向，他曾经这样自我评价——我资质并不特别，十户人里，必有人资质不亚于我，只是他们"不如丘之好学"。

在这个不确定的时代，我们拿什么去确保理想中的未来？怎样才能做一个确定的自己？孔子告诉我们，是每一个生命个体建立终身学习的习惯。

有人说，每一个终身学习者，都在渴望生命的波澜壮阔。我曾经想象，如果自己有机会设计一座世上最完美的图书馆，馆名就应该叫"生命河"——它是我们人类这个特殊的生命向宇宙不断叩问，又不断自问自答的结晶，是一座那些最波澜壮阔的生命在历史的远方向我们流淌而至的"真人图书馆"。

这个独属于人类的"生命之河"，对我们究竟有什么意义？我自己的感受是，这一年多，很多教育人包括我自己都身心俱疲，差点耗尽了全部的力气。然而面对高变量、巨复杂的时代，很多时候我们依然沉不下来，也走不出去，更想不明白。面对无数的课题、难题、超纲题，我们有一种源于生命内在的提升认知维度的渴望——在具体的一事一议之外，在教育的策略方法和技巧背后，回到生命的原点，去探究这些问题的来龙去脉，探讨它们的本质和规律。

所以第七届中国教育创新年会，无论是会议现场设计的主题，还是每一位演讲嘉宾的话题，都试图在帮助您走进这间"真人图书馆"，去发现那一本本不能错过的"好书"，去重温一个个已经被回答或者等待完善的命题。我们将一同踏进这条"河流"，站在文明的全部生态中去发现、洞察、浸泡、反思。我们会发现，这条"河流"的每一座丰碑已经昭示，教育也好，生活也好，政治、经济、科学、社会也好，只有做到哲学级的洞察，才会有原理级的解决方案。

我们认为，这是一次必须推动教育人站得更高、看得更远、想得更多的会议，这是中国教育创新年会一以贯之的责任。

溯源在这条"生命河"上，看见了无数的事实对文明进步的启迪，所以我们越来越知晓，人类的生命原来是这样一个奇特的存在，原来"放飞我们的认知，才能夯实我们的学习"，原来科学腾飞的背后是人文艺术的基础；学科理解的背后是生活厚积的体验；流行病学的判断背后，众多医学智者对文化、制度、人性的通晓和理解……原来，越是"无用"的学习，才越是对人生有大用。

所以第七届中国教育创新年会才会致力于让每一个学习者的感知、经验、思考、视野，既扎根日常办学的"土壤"，又追溯远离日常的"源头"，也伸展到尚未抵达的未来。

38

○ 读懂一份"文明谱"

第七届中国教育创新年会的现场设计和话题设计暗含一条"文明"的主线。

在这个科学与蒙昧、理性与极端、爱与冷漠、进步与怀疑交织的时代，学校仿佛对很多的事情都失去了准绳，无数的认知、价值都变得模糊不清，很多教育人处在迷途的边缘。所以我们认为，回到文明的底层逻辑，看见文明的支点及可能，才是教育人借以超越时代迷宫的精神和价值指南。

洞察整个人类史，文明演进的基本规律从未远离，始终如"江河"滋养两岸。在学习中，我们有这样几个看见：

人类文明的发展总是在悖论中推进，而弥合这些看似冲突的"悖论"，就是教育的责任。比如，人类如果不拥有自由，他们就几乎失去创造，乃至于无力在任何劫难前自我保护；但如果拥有了自由，他们就会在创造发展守护自己的力量同时，也创造毁灭自己的力量。

放在今天的中国，这个问题还可以演绎为，学校教育如果不激活每个人的创造力，华为这样的企业就没有后继之力；如果简单激活，就会带出失控的人性和学校管理的顾此失彼，以及社会资源的无力承载……怎么办？站在"生命河"边，注目流淌的"文明"，其中的故事告诉我们：人类永远是在强化社会基础运行规则的前提下，不断追求更高程度的个性化和自由。

又比如，文明的进步有赖于创新和变革，然而一切变革都会遇见"抗解效应"，即所有为社会带来繁荣的技术与文化引擎，又总是会伴随程度不一的负面效果。当人们越来越放大社会病症所带来的痛苦，就很难看见社会治理的整体好转，这让他们倾向于一场浪漫的颠覆式变革。

于是，"生命河"里的科学与理性精神告诉我们，面对这个矛盾的世界，我们需要系统、整体、渐进地变革：通过推理提出问题，通过实证解决问题，通过思辨消解问题；也需要中庸之道、理性精神的回归：学会对当下的接纳，对趋势的清醒，对未来的理解，才是必要的"止痛剂"；在此基础上，人类还需要适度的浪漫主义，作为对社会发展失序的调节：可以持有，却不能完全依靠，可以运用，却不可绝对和极端……

还比如，随着文明的繁荣，人文科学社会财富的爆炸式增长，社会分工与分层必将日益严重；而且似乎只有加大分工与分层，才能更完整地托起和通透地驾驭全部文明。怎么办？"生命河里的智者"告诉我们，出路在于根基稳固、系统串联前提下的"理性分工 + 良性分层"，并借助人类共同的人文情感扩大共识。

精神的共振、善良的知识、爱的行动、健康与幸福……就是文明所孵化的人文情感。它规划了人类彼此相处的现在与未来——所以这个世界越来越呈现跨文化、跨专业、跨年龄、跨圈层的相互理解，和平相处，又自得其乐；也越来越构成全球性的文化圈层各自精进，又彼此协同，迎接共同的挑战。

当然，还有更多的"文明基因"，一点点释放着人类与世界和谐相处的潜力，代表着教育和人类创新发展的方向：以奥运精神为代表的身体挖潜；以历代人文艺术经典为代表的文化与心灵挖潜；以全部科学成果为代表的科技进步挖潜；以传统与现代教育为代表的大脑与心智挖潜……

所有这一切人类文明共同的价值，都构成第七届中国教育创新年会对未来教育展开想象与表达的基本框架。

解答一道"现代题"

2020 年，在不断见证历史的时候，很多教育人也在书写着历史。

五千年华夏文脉，上百年救亡图存，四十年摆脱宿命，21 世纪我们迎来了难得的复兴机遇，教育该如何作为？

这是时代发出的最清晰的呼唤：无论家国情怀下的中华文明复兴，还是全球视野下的"人类命运共同体"，一定首先发生在"中小学教师的讲台上"；教育向时代提出的转型要求，成为中央地方、社会各界、全民上下、学校内外正在生成的共同行动。

四十年来第一次，中华民族一边对自己的文化拥有了笃定和自信，一边同时产生了强烈的危机感和开放心态——我们需要缩短成长的时间，我们需要弯道超车高质量发展，我们需要在成长中尽量回避发达国家已经和正在直面的那些冲突，而一切的可能，蕴藏于教育——我们在这个领域"挖矿"越深，能量越足。

40

我们看见，中国社会观念的升级，已经成为一场无形而普遍的精神涌动；中国教育走到了必须学会创造与输出"完整素养、健康身心"的历史时期；无数已经拥有和正在生成的教育价值观、科学方法论、技术工具包……将会再一次重组学校形态；重建面向未来的教育生态，正在生成极为难得的"道路共识"……

我们能抓住中国教育转型升级的最好时机吗？这是历史给每一位中国教育人出的一道"现代题"。第七届中国教育创新年会也致力于发出这样的倡议，向美好教育致敬的方式，是我们亲手在明天把它创造出来。

洞察一场"未来秀"

明天有什么？我们邀您一起洞察一场"未来秀"。

一流的教育人，选择与当下使命为伍，坚持有长期价值的事。所谓长期的价值，就是我们和孩子们未来的所爱。

作家刘亮程写道："人心中都有自己的早晨，时候到了会自然醒来。"在未来，我们已经建构出这样的教育场：在真正的价值生根、观念破冰、人文复兴、科学精神基础上，实现了教育范式的根本转型，推动着各领域人才的批量产出，以及全社会幸福指数的整体提升。

未来进入智能时代，那里已经有成熟的数字社会的生活方式、学习场景和工作协同；有以政府为引导、学校为主体、家庭为基础、社会为支撑的终身学习与教育创新生态体系。

在未来，我们真正在培养和陪伴这样的下一代："德智体美劳"全面发展又个性充分，"知识、技能、思维、情感、意义"齐头并进且内心强大。或者正如李政涛教授所说，培养智能时代的"理想新人"，它是对已有核心素养和关键能力的整合式表达。这样的人，是"能够控制机器，而不是被机器控制的人"。

同时我们相信，归根结底，也许未来被我们这一代人留下的，是这样一个"21 世纪文明"，全社会已经充分建立起这样的新文化：看得见只讲"集体主义"将失去活力；看得见完全的人性自我管理会不可持续；也看得见文化族群与专业社群滋生的"利益堡垒"……人类社会经过反复博弈，走向了个人、家庭、组织、族群、传统、未来、国家、人类、生态的兼容与平衡。

文明是什么？正如《中国青年报》这段话所说："文明就是一代人为另一代人考虑，只有掌握话语权的这一代人，为曾经呵护他们，但如今失去话语权的上一代人考虑，文明才能绵延不断生生不息。文明就是多数人为少数人考虑：只有当处于强势地位的多数人，不断为处于弱势地位的少数人考虑，文明才能宽广浩瀚强健有力。"

我们相信，在未来，中华文明的成熟与繁荣，必将发生在对人的重新发现中：从生命到精神；从学习到创造；从责任到权利；从这一代到下一代……

哲学家说，"未来，是人心当中伟大愿景的复刻"。而我们知道，低级的欲望通过放纵就可获得，高级的愿望通过自律方可获得，顶级的愿景通过"煎熬与合作"才可赢得。

面对未来的愿景，需要中国乃至全球教育人一场堪称伟大的"煎熬与合作"。

我们还有时间，愿我们一起努力！

时光、童年、房子——我理想中的学校面孔

◈ 蓝继红（成都市草堂小学校长）

什么是我理想的学校面孔

什么是我理想的学校面孔呢？这一问让我能够抽身审视：我早已习惯了每天步入学校，童声、书声杂然其间、次第回旋的朝朝暮暮，语文、数学、戏剧、诗歌各门课程轮番登临教室，学生、教师、家长、专家、学者来来往往的校园常态。当我审视这些常态的时候，我反复追问当年出发的初心、教育的原点，重新开始关于儿童、关于学校的寻找。

我收到一封二十几年前教的学生来信。他说："很感谢当时的您没有非要我这个不举手的孩子起来回答问题，当时的我并不太懂这个举动后面的含义。"可是今天，当这个孩子过了二十多年拿起笔给我写信的时候，他回忆不害怕上课这件事情，对当时的他而言意义重大。

孩子来信的语言很朴素，但是却让我感受到一个孩子所经历的美好的教育情境，会历经十多个潮汐，慢慢地以独有的方式沉淀为流水般的生命成长动力，成为他应对成长问题的基本办事态度。他所表达的对于那种没有恐惧的课堂的深深眷恋，会鼓舞着我去思考应该怎样去看待学生世界的真相，应该怎样去寻找生命的土壤，去触摸理想学校的面孔。

我理想中学校的基本气质该如何定位

一、回到儿童

首先是回到儿童，定位学校面孔的童年气质。我相信学校教育的价值基础，是让孩子当下的校园生活变得美好，让孩子没有恐惧地过好每一天。

现在大多数人无比重视"教育"的根源是因为恐惧，是对未来的担心，是整个社会人心既不能活在当下，也不能预见未来的结果。其实明日生活的美好，一定也总是基于生命的当下花开。所以，从儿童生命成长的真实需要出发去设计真

实的教育，照应真实的生活，才能使学校"适度压力可以有，无边恐惧不能生"。

我们不基于恐惧而行动，要基于爱而作为。任何年龄的儿童今天都能判断什么是好的生活。他轻松的表情、自在的表现，唱着歌儿行走的得意，陶醉阅读或演算的忘情，他挑战困难的果敢，面对压力的从容，以及遭受挫折的释然。他高兴的本身就是成长的标志。孩子是在当下的幸福中获得成长力量的，也只有在当下的幸福中，孩子才会在探问世界中研究世界，在改变世界中真正理解世界，这种理解会触发孩子探索学习的原动力，把艰苦的学习也变成孜孜以求的勇气之旅。

这一过程中，孩子与环境中的人、物、事在相遇中建立关系，并在关系中立体式地长大。我们要尊重儿童生而学习的天赋，尊重儿童以全方位的感官，用各种学习方式探索世界的本能，建构更好的知识情境，让孩子们在鲜活、生动、丰富的挑战中，激发学习潜力，实现立体生长。

当我读到杜威"学校活动的核心，应该到作业中间去寻求，而不是到传统的所谓学科中去寻求"的著名阐述时，一种久违的成长气息揉进我的内心。我理想的校园生活应该是一种"生产作业的状态"。

孩子们必须亲自去动手、去操作、去尝试、去创造。听了看了以后不一定理解，做了才会理解，孩子们要亲历，学校要创造让孩子去亲历、去改变周围环境的机会。今天他去理解周围环境，明天就会去理解世界；今天使发现问题、解决问题成为常识，明天发现问题、解决问题就会成为习惯，成为他们担当和享受人生的一种生活方式。

43

二、追求智慧

追求智慧，这是学校的文化气质。随着互联网的日益普及，地球已演变为"村落"，一切天涯，近如咫尺。世界是一个完整的整体，而东方文化、西方文化其实是人类整体文化的组成部分。未来世界公民的思维不应再被地域所局限，两种文化的意识与思维互补融合已成为必然需求……这需要我们在学校空间与课程情境中，致力于中华传统文化和全球现代文明的相互叠加乃至有机整合，帮助孩子的学习走向东西方文化素养浑然一体的交融与彼此支撑的运用。

在这里我们思考最多的是：孩子们当下在哪里？将走向哪里？他们会创造出一个什么样的世界？需要具备什么样的能力？

我理想的学校，东西方文化在这里交融，如溪流汇入江河，江河归于海洋，汇成一个完备的"人类文明混合体"，以立体多元的方式呈现于孩子们面前。

我理想的学生，将深植中华文明底蕴，拥有中国人的价值观，又能够工作与生活在全世界的每一个地方，能承受任何肤色、任何领域人才的竞争与合作，能在不同文化背景中获得幸福的生活，能在任何时空情境下找到人生的意义……这就是我想给予孩子的一个值得向往的朝向，如同生命中的光亮，引导孩子们在生命的河流中漫溯，向着世界出发。

化用木心先生的一首诗：向世界出发，流亡，千山万水，天涯海角，一直流亡到祖国、故乡……这其实是每一个人的境遇，经过漫长的流亡，我们的孩子不会迷失，最终回到故乡，思想的故乡、精神的故乡、情感的故乡、灵魂的故乡。回到精神的故土并诗意栖居，这样的教育辽阔而"田园"，这样的教育充满生命力量，如一首自由的牧歌，让孩子有独立思想和终身学习的能力，不沦为精神上的瞎子摸象。

三、朝向未来

朝向未来，定位学校面孔的科学气质，核心在于能否处理好面向未来的学校教育中人与技术、人与工具、人与资源的关系。

合理并高效运用技术工具，运用线上线下的资源，是学校教育打破"围墙与天花板"，激发教育潜力，走向更大可能性的必然选择，也是"互联网原住民"一代的最好学习方式。同时我们要理解，技术工具、人工智能越是大规模地运用，人的"软实力"培养越不可或缺：共情力、表达力、创造力、娱乐力、审美力、关系处理的能力、寻找意义的能力……这一切都指向教育最根本的领域，即人与自己、人与他人、人与世界的和谐。这个过程，人要学会拥抱技术进步，更要学会驾驭技术进步——人要成为工具的主人，技术要有人文的温度。

我理想的学校要致力于依托技术进步，学习工具运用，优化管理平台、流程设计，引进国际共学资源，优选城乡立体资源，梳理专业阅读资源，建构学校情境资源，引流家长专业资源……要研究未来社会的发展状态，研究儿童生命的发展规律，吸纳先进科技为孩子服务，创造全新的面向未来的教育范式。

一所理想的学校不是仅仅建一堆摆满课桌的房子，而是要写一本关于校园的"新书"——是在城市与天地中，因为那个我们必将奔赴的未来，为孩子、教师和家长，用砖瓦水泥、桌椅板凳、课程流程描绘的一本"理想教育立体书"。

未来

44

○ 我理想的学校会有怎样的房子，怎样的童年故事

我想，最重要的是让校园环境和学习环境、学校生态与育人目标如同中国

传统建筑当中的卯榫一般结合，于人与自然之间建构助力成长的天趣。

房子里，我们创造人与空间更好的互动方式，感受空间的温度，让孩子来填满空间的故事，让空间来记录孩子们来过、走过、玩过、学过的痕迹，空间必将与孩子一起长大，并充满孩子童年时光的物证，甚至它本身就是童年物证。他们将在这里感受到充满现代气息的建筑。

感受中国源自周天子最古老的辟雍的传承。孩子们来到学校，他们将逐水而学。水孕育人类、孕育思想、孕育教育，也必将培养他们。每一处"水"都让孩子们"任性妄为"，赤着双脚在水渠边戏水，挽起裤腿蹚着水前进……孩子们就在自由的环境里长大，把童年里所有的美好记忆都融入校园的每一处细节。不要试图约束孩子，也不用担心孩子会受伤，自由自在地探索，是他们认识世界最好的方式。于是，当他们沿着上学的时间，走进校园的求学空间：春有樱花绽放，夏有竹影萧萧，秋有杏叶翻飞，冬有菩提葱茏。

孩子们会遇到这样的课程模块——项目式学习课程体系：它是一种建构取向的学习，提供孩子们高度严谨且具有真实性的专题计划，帮助孩子展开"找出问题——设计主题——规划行动方案——收集资料——执行问题解决——建立决策行动——完成探究历程——呈现作品——完成过程评价"的学习流程。它高度统整以下课程模块：

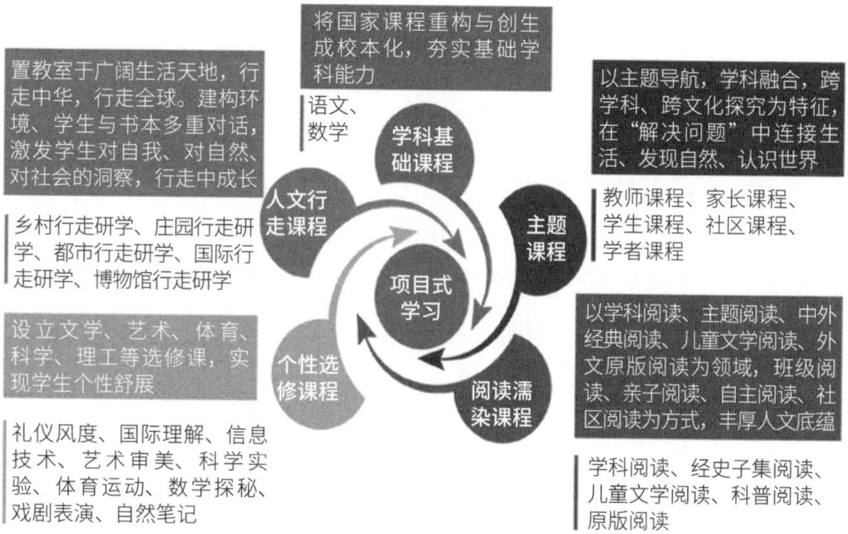

未来
45

将国家课程重构与创生成校本化，夯实基础学科能力
语文、数学
学科基础课程

置教室于广阔生活天地，行走中华，行走全球。建构环境、学生与书本多重对话，激发学生对自我、对自然、对社会的洞察，行走中成长

以主题导航，学科融合，跨学科、跨文化探究为特征，在"解决问题"中连接生活、发现自然、认识世界

乡村行走研学、庄园行走研学、都市行走研学、国际行走研学、博物馆行走研学

人文行走课程

主题课程

教师课程、家长课程、学生课程、社区课程、学者课程

项目式学习

设立文学、艺术、体育、科学、理工等选修课，实现学生个性舒展

个性选修课程

阅读濡染课程

以学科阅读、主题阅读、中外经典阅读、儿童文学阅读、外文原版阅读为领域，班级阅读、亲子阅读、自主阅读、社区阅读为方式，丰厚人文底蕴

礼仪风度、国际理解、信息技术、艺术审美、科学实验、体育运动、数学探秘、戏剧表演、自然笔记

学科阅读、经史子集阅读、儿童文学阅读、科普阅读、原版阅读

◎ 图1-3 项目式学习课程体系

这个课程不展开详述，但是当我们站在孩子们成长需要的角度来思考的时候，孩子是不是需要学科基础课程、个性选修课程、人文行走课程以整合的形式进入他们的生命当中，而不是简单地缝补和叠加呢？

一、学习可以是固态的

孩子们会有相对固定的教师、教材、学习生活教室，也应该有学习氛围浓厚的家。每一个家都应该有自己的名字：太白家、子美家、浩然家。有学习区，专注求知；有实验区，随时探索；有阅读区，如入书房；有生活区，休闲娱乐；有阳台，种花养草，情趣盎然；有开放式走廊、客厅，朋友满座、交流合作，其乐融融。每一个家都有自己的小厨房，全班孩子聚会、活动。学校既有学习，又不缺乏生活。知识、事情、合作、生活都不是名词，而是动词、是探究。

二、学习也可以是液态的

统整课程，融通各学科，在不同知识领域、智慧领域自然切换、自发流动。在课程的实施中，孩子的思维不会再仅仅局限于一个单科狭窄的思维轨道上，而是流动驰骋于统整课程这一片广阔的原野。整个学校就是孩子们公共学习的大空间，让孩子在虚拟的空间去体验，有交易中心、发布中心、VR/AR体验空间。

三、学习还可以是气态的

在知识与智慧的自然切换中，在孩子思维的流动中，悄然孕育着生命本源的力量，孕育着孩子们对生命的蓬勃热情、对知识的渴求、对世界的惊奇……所有的情感会在流动中被点燃、激发。如同太极的能量气场，弥漫在校园内外，更充盈着孩子的生命。

于是，走进这样的学校，你会发现有故事的桥、会说话的椅子、随处可以聆听的世界……孩子可以安下心来坐在屋檐之下静静地听雨，去研究和雨有关的项目课程，去探索他想了解的世界的另一面。当他想读书的时候，他可以在房子里读，也可以离开这个封闭的空间，来到我们学校任何一个地方，甚至是一个地洞里。在那里，他可以遇见自己需要的书，开启一场神奇的相遇和畅谈。

这里的房子既是校园景观，又是建筑空间，还是交往空间，童年在其间生长，既有童年环境的生长，又有探寻知识的生长，还有人的生长。

在这里，玩、读、动、静、成、败、得、失，皆是学习的手段；四季、五感、六艺、习惯、规则、关系、好奇心、想象力、原问题，等等，均为学习的起点。

其实，面孔是一个动词，始终在变化中。在我们看来，《易经》从来不待读者，庄子从来不觅知音。教育改变一个人，人改变世界，世界又改变一个人。人在变化中，时而有面貌，时而没有面貌，因为我们的灵魂在成长，面貌在变化，学校的面孔又何尝不是这样？

孩子们是停在房子上的一朵云，在云起云落间学习做一朵云，然后他终将挥别这一所房子去远行，在未来迸发出无穷的风云变幻。而那时候，学校是他体内的水滴，从容惬意。每一群孩子都会因学校而改变，也会给学校带来改变。

> 房子已然在那里，
> 猎猎的风将它吹旧，
> 它，
> 在时光里改变着自己的面孔。
> 老师已然在那里，
> 经年的太阳将我们晒老，
> 童年，
> 让思想、情感历久弥新，
> 让永恒的学校面孔之美永恒。
> 唯教育，
> 让我们永远谦卑。

未来

47

小树林边的教育梦

◎ 杨瑞清（中国教育学会副会长，南京行知教育集团总校长）

1978 年，我初中毕业，幸运地赶上国家恢复中考，成为南京晓庄师范的一名中师生。从此，晓庄师范创办人、伟大的人民教育家陶行知先生像一座灯塔，照亮了我的生命旅程。

1981年，我志愿到南京长江北岸的村小任教，包班带教一年级，这个班后来成了行知实验班。

1985年，学校更名为行知小学，也有了附属的行知幼儿园，我开始任校长。我跟村长要下来学校南面的一块地，和教师、同学们一起栽树，一边栽一边盘算着，等到树长大了，就用来更新课桌凳。那一年，我们在小树林边度过了第一个教师节。后来，我们终究没有用得着砍树，那片小树林便成为校园里的一道亮丽风景。春天发芽，冬天落叶，树上的果实引来众多鸟儿，两个喜鹊窝先后搭在了树顶上。

1994年，我们挂牌成立行知基地，一批又一批城市学生来到小树林边体验乡村生活。

后来，政府在小树林东面建起了徽州民居风格的教学楼，周边8所村小并入行知小学。

2005年开始，一拨又一拨国外师生来到小树林边，学习中国文化。

再后来，政府在小树林周边为我们扩建校舍，幼儿园和基地有了全新的办学条件，建设中学迁入行知校园并更名为行知中学。

作家王一梅来到小树林边做深度访谈，创作了纪实儿童小说《一片小树林》，由江苏少年儿童出版社出版，获冰心奖，入选中宣部弘扬社会主义核心价值观重点出版物。

2015年，在行知小学命名30年之际，我们将小树林周边的幼儿园、小学、初中和基地组建成行知教育集团。

在小树林的见证下，累计有3000余名农家子弟接受了精彩的生活体验教育，有近40万城市学生开展了迷人的社会实践活动，有来自100多个国家的1万多名境外师生体验了丰富的文化浸濡活动。

2016年，我们在小树林南面安放了一尊陶行知先生雕塑。全身铜像加上基座55分米高，暗合了陶行知先生55岁寿辰。那是1945年10月11日的陶行知，是走在嘉陵江边的陶行知。那一天，陶先生代表民盟中央，到重庆机场为毛泽东主席回延安送行。我们想象，陶先生送走毛主席后，回自己创办的重庆育才学校，嘉陵江边的风吹着先生的长袍向身后飘去。先生一边大步流星，一边兴奋地思忖：日本侵略者终于被赶走了，国共开始合作了，这下好了，可以安心为国育才了。但是，先生的教育梦想并没有变成现实，内战爆发，悲愤交加的陶先生不幸英年早逝！

小树林边的行知广场，镌刻着先生的名言："千教万教教人求真，千学万学学做真人""捧着一颗心来，不带半根草去""爱满天下"。前两句话在习近平总书记2014年第三十个教师节同北京师范大学师生代表座谈时被引用，以引导教师做有理想信念、有道德情操的好教师。在谈到好教师要有扎实学识的时候，总书记还引用了陶先生另一句名言"出世便是破蒙，进棺材才算毕业"。在谈到好教师要有仁爱之心时，虽然没有引用陶先生原话，但是，一句"爱满天下"道出了仁爱之心的真谛。我真切地感受到，改革开放四十年来，从实现"双基"，到推行课程改革，实施素质教育，我国教育事业获得了巨大的发展，陶行知先生的教育梦想正在变成现实。

2018年教师节，小树林边传来全国教育大会胜利召开的好消息。大会对加快推进教育现代化，建设教育强国做出总体部署和战略设计，明确提出了构建德智体美劳全面培养的教育体系，培养社会主义建设者和接班人的时代要求。

全国教育大会讨论的根本问题是培养什么人、怎样培养人、为谁培养人。第五届中国教育创新年会，积极回应全国教育大会精神，将主题概括为"重构学校——人啊人"，要展开一场学校教育面向未来的"寻人启事"。

"生命如何才能在场？""生命以什么状态在场？"……这些问题问得好啊！

蒲公英教育智库研究人员给我出了一个思考题，问我担任校长三十多年最困扰的问题，如果总结为三个，会是哪三个呢？后来我勉强做了这样的回复：曾经最困扰我的问题，一是办学条件长期得不到改善，二是教师队伍长期得不到稳定，三是分数至上的倾向长期得不到扭转。现在，办学条件落后和优秀教师流失的问题已经从根本上得到扭转，教育面临着新的困扰：一是许多学生因追逐名校而陷入被动，二是许多教师因争当名师而陷入被动，三是许多校长因创建名校而陷入被动。

这三个被动，还导致了许多家长也跟着被动。生命是不能以被动的状态在场的，长久的被动，必然导致生命的逃离，导致教育的根本失败。

被动的根源是教育文化的功利导向，是以分为本，以利为本，以名为本，而不是以人为本。人啊人，人没了，还办什么教育？

公平而优质的教育一定要变被动为主动，让每个学生成为求学的主人，让每个教师成为教学的主人，让每个校长成为办学的主人。改变被动的局面，校长、教师是关键。争当名师、名校长是教育人应有的追求，但是，我们不能把眼睛只盯着名师、名校长，好像当不成名师、名校长就不是好教师、好校长。我常和教师们这样勉励自己：不是我们不够好，是名师的名额太少；我们要立足做良师，力争做名师。

我常想，发现人，究其根本是要发现价值，发现意义。自古以来，人们习惯地认为"吃得苦中苦，方为人上人"，没有人愿意做"人下人"。但是，"人上人"和"人下人"本质上都是扭曲的人格，陶行知先生提倡做"人中人"，其人格特质才是平等的、自信的、舒展的、主动的、有尊严的。选择做教师、当校长，可能一辈子也升不了官、发不了财、出不了名，但这并不代表没有出息，没有价值。做了这么多年教师，我终于懂得了一个最重要的道理：每个生命都是无价的，教育的根本使命就是要唤醒每个生命的内在尊严感和价值感，落实立德树人的根本任务，就是要把功夫下在教人做人，做"人中人"上。

站在小树林边，我又看见了十几年前向守志将军为我们题写的校训"还能更精彩"。我想，有全国教育大会描绘的宏伟蓝图，有众多大国良师的辛勤耕耘，有各位教育同人的共同努力，我们的教育一定能更好地发现人，培养人，建设教育强国的梦想一定能实现。

走进新时代，还能更精彩！

"人啊人"理应是教育界永远的"国际歌"

◈ 杨九俊（江苏省教育学会会长）

第五届中国教育创新年会高举"人"的旗帜，而且用"人啊人"这样一个表达，可能是感叹，可能是强调，也可能是无奈的注释。

　　这样一个主题，使我想起20世纪80年代中国一群顶尖的哲学家。有一天他们当中的两位在一起交流时，就问对方："我们在干什么？"其中一位经过认真的思考，回答："我们是在干什么？我们是在慨叹人，'人'是我们的国际歌。"

　　那么，我的一个感叹就是，人永远是教育、教育者的国际歌。对于这样一个主题，我想说四个方面的意思。

　　第一是要向往未来。教育最本源的问题是培养人的问题。培养什么样的人，作为教育工作者的我们应该有合理的想象。我们应该想象可以把孩子带到一个什么地方去，我们是为社会创造什么样的新人。对"新人"的合理想象，是我们的第一责任。

　　以我现在的理解，我们期盼的"新人"，是人格完整、道德高尚的人，这就是我们今天讲的立德树人，这有着中国传统文化的深厚渊源。

　　中国学问的传统是儒学，就是"维子之学"。孔子当年就可以"古之学者为己，今之学者为人"。中国古代的读书人都为了自己，为了自己人格的丰满，为了自己道德的提升，围绕自己做一个君子，为了自己首先做一个人，所以学人才能成立。

　　孔子所谓的"今天"，现在也是2000多年以前了。如今，读书已经被异化了，是为了别人怎么看自己，为了那些功利性的东西而读。

　　第二要有胜任力。就是人走向社会或者他的终身发展，能够适应基本的胜任力，这就是西方语境里面讲的核心素养。

　　这个核心素养就是应对社会的变化、科技的变化时他的适应能力和胜任力。我们培养人不仅有空间的视角，还要有时间的维度；往未来看，他要走得下去，要越走越是阳光漫天，那么这就要激活孩子的好奇心，激活他的创造性，使他永远具有终身发展的能力。我想，向往未来是我们关于"人"首先要做的。

　　第三是要接受教育的纯粹。教育有那么多问题，用一句话形容就是"教育不纯粹了"，教育病很多缘于被功利性的遮蔽，那么在讨论学校特色的时候，我的观点是学校的问题是共性不共，个性不够。应该被共同接受的教育的纯粹的东西，没有能够被大家接受，当然也有个性不够的问题。但是，恐怕首先是共同的纯粹，这应该接受的东西可能丢掉了。

　　我用三个"合"来说明教育的纯粹。

要接受教育的纯粹，第一个要合法，要办合法的教育，按照国家的法律、国家的法治精神、国家颁布的标准去办学。

第二个"合"是合理，要按照教育的基本规律去办，要努力去探索教育的本质的东西。

第三个"合"是要呼应时代的要求。比如从"知识本位"走到"能力本位"，走到"三维目标"，走到"核心素养"这样一个时代的进步当中，知识就是对教育最本质的规律的探索。比如信息化、全球化，这都是时代的一些挑战。

最后，我想说，面对这样一个主题，我们也需要"认识你自己"。如果中国的儒学传统，它的主题是"为己之学"，那么整个西方思想史的主题就是一句话"认识你自己"。

也就是说，我们要认识优秀的文化传统。"我们从哪里来？"我们传统文化当中哪些是积极或者本身就是教育本质、教育规律的东西，在今天这样一个时代语境里面仍然充满着活力，仍有价值，需要我们记住、需要我们去传承？

要认识我们的地域文化。一方水土养一方人，对我们熟悉的周边一切，包括对百姓的日常生活的了解，这都是我们办好教育、培养人的重要资源。

要认识我们师生这样一个群体的特征，我们的学校有一个什么样的定位，我们是一些什么人，我们自己有什么样的性格，我们才能办好跟性格相契合的"人"的教育。

最后就是要让创新文化落地生根。

首先是要整体设计。对于文化，对学校文化的创新，不能零敲碎打，要有整体的顶层设计。其次要关注儿童的成长。数来数去就是四个要素构成——教学、课程、活动、环境。再次就是要扎根实际。就像杨瑞清校长一样，在这里坚持就是一辈子，他才能把一件平凡的事情做到"伟大"。最后是做了以后也要总结推广。我们对创新的成果要不断地去凝练、去总结、去分享，这样才可以使更多的同人互相汲取营养，共同去创造新的教育。

未来

蓬勃的组织生命力，永远是在时代的难题中不断再生

◈ 陈忠（伊顿纪德品牌创始人，《优教育》杂志主编）

○ 面对时代的难题

2021 年底，我漫步在钟山半山湖边，望见一只鹰在烟雨苍茫中飞起，我想，那像是一只日暮独飞的信念之鸟，望见了山，低吟出歌……正如管理学大师德鲁克在《动荡时代的管理》中所讲，处于一个动荡的时代，人们往往难以用过往的计划和逻辑做今天的事……

今天，全社会各方角色都被卷入了这个巨浪大潮。一些校长朋友在交流中也说，太多的既要又要还要更要……不过这纷繁驳杂的迷象当口，其实我们每个人都在参与，也都在生成这总体的历史进程。面对势不可当的力量，爱因斯坦曾说："不管时代与社会潮流如何，人可以凭借自己，超脱时代与社会，走上正确的路。"我理解，这是在短暂中见恒久，于特殊中见普遍，望得见头顶星光闪耀，看得见远方"绝对的地平线"，以自身克服时代。

有时我们凝望歧路阻隔，还是可以更清醒、更准确地去理解历史长河中的变与不变，去守护真实可信的文明价值。教育也可以在超越中预见未来。正如哈佛大学校长福斯特在学生毕业典礼上所表达的——确保培养学生辨别是非的判断力。我想，这也包含了如何思考时代的大问题，生活在真实中，面对教育的难题，让价值理性趋向美善，让工具理性保持新鲜。

在 2021 年 8 月的南京钟山湖畔，《優教育》编辑部举办了"再见那闪耀的群星"教育思想力聚会，几位教师的讲演给数十位校长带来鼓舞，千百年来诗哲们所酿成的"这一坛蜜"，让我们品味得甜，得以再见杜甫的悲悯、孔子的精神、行知的思想，历史长河中一位位"行动的诗人"和"诗人般的行动家"，如恒久闪耀的星辰，使得疫情当下的现实难题和历史长河中的崎岖山道一样，因精神之光也变得敞亮一些。

2021 年 10 月，我有幸参加了王铁军先生教育思想研讨会，聆听近二十位

教育人内涵丰富的主旨讲演，王老师以心治学，开拓性研究校长成长规律，他的学术魅力、人格魅力和"摆渡人"的教育境界，以及从一路承续而来的力学笃行、厚德图本的教育人群体风范，都使我深受教益。

在诸多经济学家迎合潮流的路上，我们还看到张维迎老师及其光华学院，坚持做一个说实话的教育家，不懈地普及经济学常识。

一直以来坚持初心的，还有在如此挑战下连续九年举办的中国教育创新年会，我们也借此看见更多的优秀教育人和他们蓬勃的学校，如何在时代难题中不断再生。

蓬勃的组织生命力如何再生

品读2022年《新校长》杂志"十一学校"专辑，我深深地感到，中国基础教育中的一流组织，既具备了教育观念的高度，也完整洞察了教育生态的症结，回答了教育人的职业以及志业问题，回答着当下基础教育迈向未来最核心的课题。这样的学校正以自己的行为相互促进，自我涌现，在立体饱满的学校生态细微处，自然显现着学校的高度。

教育需要直面认知的升维，成长需要奔赴思维的高阶。然而很多时候，我们又会因固有观念在前，难以认识事实真相。所以真正的教育是一场节奏多变、人性幽微、充满复杂性的事业，是"本能脑、情绪脑、理智脑"的交互演进，需要更好地发挥"理智"，需要更多的教育包容，需要保持教育的温度，需要学会转移目光看向"长板"，需要把握分寸发现潜能，需要管理人性的弱点激活人性的美善……

优秀学校的化育力，发生在教育生活的真实中，是指向学生终身成长，是教会学生自己学习；是自主地奔跑，独立地思考与行动，是建构面对世界可迁移的核心素养。教育需要培养新时代的青年自主自发，开放开创，一千次的说教不如一次唤醒，自燃内驱以放飞师生教育理想。

真实教育的发生也需要回答，在真实情境中解决复杂问题的高阶系统思维和有效行动能力。单向标化的学习和评价，难以胜任复杂世界的复杂关系。知识并不直接产生智慧，只有嵌入了自身思维过程与经验体认，可迁移调用的"活性知识"，才具备了处理复杂性问题递归、还原、同构、杠杆解、概率

未来

54

分布等高阶思维回路和逻辑使用价值；真实沉浸的深度学习，发生于个体热情与自驱创作的心流中，赞赏多元思维方式，包容"猜想与反驳"的科学精神，尊重不同的思考与答案，从参与项目中提炼大观念范式，迁徙运用于下一个项目的统筹主导……这样的教育，帮助学生成为行动并创造意义的实践者，也帮助教师创造性工作，一面教，一面思，一面学，教学相长成就最好的自己。

蓬勃的组织来源于组织中的协同与合作，这是更面向未来、更为重要与可贵的能力。这样的学校拥有自己独特的"行为学"，表现出的是诚信、利他，以及共生价值观下的心灵转换，是将自己转变为"我与你"，体验生命的内在互通性，以及与社会、世界相连接的文明自觉性。卡尔·波普尔在《开放社会及其敌人》中揭示了组织的封闭现象，这不分国界的人类"返祖现象"伴随着人类史，昭示了文明与野蛮的分野。物理学中的熵增定律则启迪、封闭系统导致"热寂"，开放协同走向共生并茂。三套的马车相较单匹能走得更快更远，付出的是"夹角分力"的必要代价；整体协同大于部分算术之和，则常见于中华文明整体论的经典论述；也如"科斯定律"阐释的知识创新型组织，高阶协同的异质专业化分工，大于机械化的集中式管理。

○ 以教育人的姿态，飞过那座山

一百年前，蔡元培校长倡导"兼容并包，思想自由"的北大精神。八十年前，西南联大自觉的学术共同体，都指向理想组织的核心：原则底线保持基准水位，教育协同价值链彼此互为主体，各有着力点、协力点、合力点、边界开放，包容差异，交响谐振，在规范与解放之间获得一种发展的创造张力，自主推动复杂问题的解决。我们也看见，今天的全球卓越学校，往往都是形成了能量有效摄取、过程蓄积、合理投放的群体无意识，教育能效才能获得提升，组织成长才能有无限潜能。

一方池塘善于诱导万物的生长，好的教育仿佛森林的模样……生命教育哲学指向的教育场景自带学习力，学校"有准备的环境"成为一种性质，渗透在每一个片段情景经验中，知情意融贯，我与你在时光中"美美相遇"，师生安居于可辨识的意义家园里，这时时处处的课堂，凝练成了师生的气质与风格，触及了大自然美的存在，满足人类灵魂爱美的欲望。

切近当下，校长们面临"动荡化时代"复杂对象与复杂性超纲难题，如何优雅传达棘手问题？如何巧妙地化解紧张的局面？面对疫情应急救援、校园安全风险源辨识与预案准备的难题，线性看待事物，条件反射应对，是一种虚假的应对。复杂性问题往往在逻辑长度、知识密度、时间梯度的三维图景中展开。有时对于基本事实，需要区分于厘定事实层面的事实，意见习惯的事实，还有观念层面的事实，以形成负责任的判断；需要有识别危机波段与信号的警觉，在直觉与深思熟虑之间，形成解释框架，确定决策框架；有时则需要从现象面给定条件下精确化处理问题，升维至改变问题条件本身，付诸环环相扣的措施与密切关联的有效行动。

我们也相信，那种深深嵌入在人们理智与良心中互助友爱的情感，是经由人类整个的历史进化过程得出的结果，也是教育力量本身。

我们处守在教育一角，努力仰望燕京大学式的人文精神指向，将知美达美渗透于组织管理方方面面行为中，服务立德树人、人民满意的教育事业。"伊顿纪德"四个字，意图显现东西融会，情理会通的价值。在中国文化精神中，所谓伊人，在水一方；顿，"感悟、领悟、体悟、顿悟"四进阶的教育过程，是伊顿关于"悟"的教育理想；纪，指向"纲纪、原则"，追求人类共同的善美教育价值；德，"大学之道，在明明德"，也即洛克所言"教育目的最有价值，最难的一部分，是德行"。

以教育人的姿态，飞过那座山，世事明晦，人才盛衰，不必等候炬火。看一个民族的未来，即看它今天的教育——这社会特有的更新与再生系统，它的力量如静笃而"好低骛高"的植物性力量，向下沉潜扎入暗黑造就深层的灵魂，经历生命力的阻滞，再生出生命力的喷涌，向上飞扬，期待光明，映照了当下尘世与时光里的那段距离。看见苍凉，依然深情，天空中没有留下飞鸟的痕迹，但它欣喜，自己的心灵曾经抵达；当它飞临山巅，在这一高度上获得巨大的视野，闪着悲悯的泪晶，俯瞰平野幽谷，看见的是少年中国和中国少年，忽隐忽现的心脏和灵魂……

用真情的努力改善教育，以微小的力量推动文明

◈ 王伟（北京海嘉学校理事长）

我分享四个方面的内容。第一，理想：远方的山；第二，团队：成群的鸟；第三，征途：鸟飞向山；第四，结局：不忘初心。

○ 理想：远方的山

教育是理想的事业

教育是理想的事业。人创造了教育，教育又造就了人。人和教育之间的互动，推动着人类文明的进程。教育是清晰的又是模糊的，教育是现实化的又是超现实化的。如王维的诗："江流天地外，山色有无中。"

教育不只是回应现实世界，更要在心中建立一个理想世界。没有理想就没有教育，或者说没有理想的教育根本就不是教育。所以，充满理想的学校，不只是知识的殿堂，更是心灵的港湾，还是理想的家园。

教育是理想主义者的工作

教育工作是理想主义者的工作，教育不只是一份工作，它是一桩事业，是一桩安顿灵魂的理想工作。教师应该是理想主义者，根植于现实的大地，不断求道、布道，过有意义的生活。同时通过自己的影响，帮助更多的人心怀理想，过有意义的生活。

从事教育工作，它不只是生活需要，也是生命需要。我们在工作的过程当中，不仅收获到生活所需要的物质食粮，同时也能收获到灵魂所需要的精神食粮。如米塞斯所说，劳动者从劳动支付得到的直接满足会是双重的，一方面是劳动的结果给他的满足，另外一方面是劳动本身给他的满足。而教育工作无疑就是这样的劳动。

理想是远方的山

理想是远方的山，理想当高远、敬畏如远方的高山。教育的本质是生命教

育，对教育敬畏就是对生命敬畏，而崇高的教育理念就是生命的形而上学。优秀的学校是生命自我成就的沃土，它不仅用知识和思想为学生赋能，同时也用价值和理想为教师赋能。

以理性的理想主义精神和道法自然的敬畏之心办教育，利而不害，为而不争。一切美好的理想都永远不会消逝，它们虽然有时会像冰一样凝结，但总有一天会像花一样绽放。"我见青山多妩媚，料青山见我应如是。"我们和我们的理想心心相印。

○ 团队：成群的鸟

文化理念是团队建设的基石

文化理念是团队建设的基石。人群就是一个系统，一个思想载体，一个敏感的信息场，他们不断地进行着能量交换，每个人都有所念、所想。而集体是什么？就是我们的文化理念在现实当中的一种投射。

赫拉利在《人类简史》当中认为，人类跟其他高等动物相比，其实并没有太多优势，但人类能取得这么大的成就，就是因为能够群体合作。之所以能够群体合作，是因为人有想象力，别的动物只生活在客观现实当中，人类却同时生活在客观现实和虚拟现实当中，所以只有人类才能有思想。

人的意识不仅是存在的反应，还能超越存在，改造存在。之所以能够改造存在，是因为理念具有能动性。人类不断地分享和借鉴彼此的理念，所以文化理念是团队建设的基石，也是人类最高级的组织行为。每个人都活在自己的观念里面，团队建设的方向，就是提高个人观念和集体理念的吻合程度。

一个人的价值理念反映了他对客观现实的认知，一所学校的文化理念也反映了它对教育世界的认知。要把理念的教育世界投射到现实的教育世界里面，用文化理念的确定性去克服教育环境的不确定性。

理念是一种文化共识，共识是人心的最大公约数。理念是可以有载体的，这种共识也可以有载体的，比如我们的《海嘉理念手册》。我们不能发明教育规律，我们只是教育规律的仆人，教育规律的底层规律一定程度上是人心和人性的发展规律。

沈从文说："我想建一座希腊小庙，精致结实又匀称，这是我的理想建筑，供奉的是人性。"海嘉学校也希望有一座这样的建筑，聚善化恶，安放心灵，让里边的人释放人性的光辉，共同致力于办爱与幸福的教育。

海嘉的"三弄""四 R"和"五常"

海嘉的文化理念有"三弄""四 R"和"五常"。

"海嘉三弄"是关于教育生态的环境建设。第一，把人弄对；第二，把体制弄顺；第三，把生态弄好。对劲的人加上顺畅的体制就是好的教育生态。在好的教育生态里面，组织和个体就可以自我进化，自我成长，持续地提高人才的浓度。人才不是竞争力，培养人才、吸纳人才的生态系统才是竞争力。

海嘉有个"四 R 准则"：尊重、责任、努力、友情，这几个词的英文首字母都是"R"。"四 R 准则"针对学校全体学生和教职工，希望他们共同遵守、共同建设这样一个大社区。

海嘉的"五常"，也就是学院（House）体系。海嘉首创把西方的 House（学院）体系与中国的儒家五常结合起来，把全体师生分为五个名为"仁、义、礼、智、信"的学院，通过显性课程与隐性课程的实施，增加学生及教师的跨年级互动学习体验，促进国际教育与中华文化的融合，努力使这些品德和培养目标得到强化和落实，化为海嘉人的内在修养。

海嘉文化理念的浸润：每日打卡和每日嘉言

海嘉的文化理念浸润里面，我们有"每日打卡"和"每日嘉言"。

教师是在学生心尖上跳舞的人，教育就是教师的生命状态。生命状态是由生态文化土壤培育的，我们要努力守护教师的安身立命，守护学生的幸福成长，努力保证师生良好的生命状态。教育是教书，但更重要的是教人，把教育工作持续做好，从根本上靠的是团队建设和文化建设。成年人不需要被教育，但可以被提醒，可能被影响，而这种可能的影响，靠的是润物无声的浸润。如诗云："山路元无雨，空翠湿人衣。"

海嘉的同事参加与盛和塾合作开办的"六项精进研修"，倡导开展"每日打卡"。

稻盛和夫说，"六项精进"是每个人一生中重要的修炼，是度过美好人生必须遵守的基本条件。在"每日打卡"的基础上，我们又发展了"每日嘉言"。"每日嘉言"选自《海嘉文化理念资料汇编》和《海嘉微言》。每天早晨 6 点钟准时发出的"海嘉微言"，特别是在疫情之下，给海嘉人带来一缕温暖的陪伴，帮助更多同事成为对自己的生命有更高要求的人，成为温暖有力量的人，相互感染，让人温暖。

征途：鸟飞向山

长出翅膀：自由意志

长出翅膀，靠的是自由意志。哈耶克用尽一生向人们证明，人类的繁荣、幸福和尊严来自个人自由，而不是集体主义。庄子的逍遥是心灵的自由，是创造性的自由。你想飞，从鱼变成鸟，你长出翅膀就成了逍遥。

我们要创造内心自由的环境，释放人的自由意志，帮助大家发现自己有一双隐形的翅膀，留一个愿望让自己想象。我们工作的目的，是为了生命的绽放，为了人性充满道德的光辉，愉快地玩耍，幸福地创造，尊重人性，提高幸福感。

想飞：内在动机

要让大家想飞，这要靠内在动机。这个时代不需要管理，而需要自我管理的复兴。内在动机的研究通过扎实的实验告诉我们，人的行为只有来自自己的真正选择，也就是从心里理解并接受的自主决定，才是真正想做的。对有内驱力的人，自主性才能带来积极性和创造性。

人之所以为人，就是在面对可能性时做出不同的选择。人的一生都在选择和被选择，从这个角度上说，人也是可能性的存在，特别是在这个价值多元又有些价值虚无的时代，只有依靠内在动机才能激发出大家内心想飞的愿望。

在笼子里长大的鸟，认为飞翔是一种病；在森林里长大的鸟，不让飞翔是要它的命。让自己成为自己的主人，用自己的生命意志去创造，追求自己生命力量的增长和完满。

好的教育生态，有赖于众多个体的觉醒，创造为所有人做更好自己的空间。学校不要成为笼子，而要成为森林。好的学校管理，不应该问我们要如何激励他人，而应该问如何做才能让人们自己激励自己。

飞的征途：同方向＋自组织

飞的征途，就是共同的方向加上适当的自组织。

"朝霞开宿雾，众鸟相与飞。"大山不向我们走来，我们就向大山飞去。人生是一趟旅程，教育是一场修行，幸福的人生过程就是奔赴理想的征途，而用教育理想发出的光，就能为我们的教育征途导航。

稻盛和夫把人分为自燃型、可燃型和不燃型。自燃型按"二八原理"就是那20%，多一些自组织的主动飞翔，来带动更多的团队一起飞翔。人生就是一个自我迭代的过程，就是不断地选择与谁同行。而人类的厉害之处就是既能自我行动，又能群体合作，前提是我们有共同的方向和价值观。

彼得·圣吉讲，领导者要做三种角色：设计师、仆人和教师。领导，就是要带领和陪伴大家，从现在的地方去到他们没有去过的地方。当组织向目标进发，就是最需要领导力的时候，需要带领和陪伴大家奔赴理想的远方。

○ 结局：不忘初心

人类真正的成熟，是在运用理性的同时，以强健的自由意志，勇敢地与不确定性共存。

也许如我们所愿，飞到了远方的山，"会当凌绝顶，一览众山小"。但是，如果我们深刻认识到人的有限性，也许并不如我们所愿，可能我们组成不了想飞的鸟群，可能我们飞不到山，可能我们费尽九牛二虎之力，只飞到了山底。

我们能组成想飞的鸟群吗

人类因为理性而伟大，因为知道理性的局限而成熟，我们的规划设想未必奏效，工具理性和终极理想之间未必能够协调。蝴蝶振动的翅膀可能改变不了亚马逊的气候，也改变不了整个世界的气候。

哈耶克在《致命的自负》中说，理性自负之所以致命，就是我们很难摆脱一种欲望，就是用理性做整体设计这一种期望。用整体的规划去摆脱现代社会的高度不确定性带来的焦虑和不安，但这是一个虚幻的期望。人是理性的动物，但人除了理性还有情绪、偏好、意志、欲望，所以人是最大、最难、最不确定的变量，而组织是既牢固又脆弱的。

因此，我们要逃离理性的自负，放下想要规划一切的欲望，在自发成长和适度规划之间找到平衡。我们可能还是处在洞穴里，或是刚刚走出洞穴见到一小点光明，被人的有限性深深地束缚着，无法像康德那样为自己立法，更无法像尼采那样运用权力意志成为超人。

我们能飞到山吗

"政入万山围子里，一山放出一山拦。"我们可能根本就不是庄子《逍遥游》中的大鹏，不能振翅扶摇九万里。我们可能只是一只小小鸟，想要飞却怎么也飞不到。但飞向山，我们是美的，我们是坚定的。我们会在飞向山的旅途当中成为自己，飞向山的旅途，就如唐僧取经的路。

《瓦尔登湖》里有一句话说，当你实现你的梦想的时候，关键不是你得到了什么，而是在追求的过程当中，你变成了什么样的人。我们在追求理想的过程当中，就变成了更好的人，变成了我们希望成为的那样的人。所以，理想有的时候不是用来实现的，是用来追求的。

山远远其修远兮，我们边飞边求索。

我们能飞到山顶吗

也许经过万番努力，我们只到达了山底。我们也许要像西西弗斯那样推着石头走向山顶，用推石上山的搏斗去充实我们的心。我们应该想象一下幸福的西西弗斯。

加缪在获诺贝尔奖的颁奖词里特别提到他的荒谬哲学，把人生是否值得去活的问题，变成了要如何去活的问题。如果现实是有些荒谬的，我们就必须直面荒谬。我们被什么驱动，什么就是我们的命。

"采菊东篱下，悠然见南山。山气日夕佳，飞鸟相与还。此中有真意，欲辨已忘言。"

无论何时，都要有隐形的翅膀，都要有心中的远山；无论何地，我们都当像鸟，飞向我们的山。那是我们工作的目标，那是我们人生的意义。用真情的努力改善教育，以微小的力量推动文明，像长了翅膀的鸟，飞向我们心中的山，这是我们人性的光辉，是我们生命的救赎。

一代人有一代人的使命，一代人有一代人的宿命。"人生到处知何似，应似飞鸿踏雪泥。"如萨特所言，现在这一刹那只能做一件事情，就是向未来投射。

未来

学校行动

探索更适合学习者的学校

◈ 王铮（北京大学附属中学原校长）

63

中国学生在没有激发学习兴趣的前提下仍然取得好成绩，背后的问题是什么

国际学生评估项目（PISA）测试大家非常熟悉，我以上海市的学校参加2009年PISA测试拿到很多第一为例，来看一看这背后的东西。

第十五届全国心理学术会议的一篇论文，分析了2009年PISA测试中学生的学业兴趣与其学习成绩的相关性。分析发现，在西方国家，学业兴趣与学习成绩的相关性是比较高的，比如芬兰、加拿大，基本上是兴趣越高成绩越好，成绩越好，他的兴趣也越来越高。

但是，中国香港和上海就相对比较低，也就是说中国的学生无论他是否有兴趣，成绩都非常好，这就是中国厉害的地方。亚洲的学生很少会通过兴趣驱动学习，却能保持很好的成绩，这也是中国学生的特点：民族基因传下来的吃苦耐劳。

再看另外一份调查。这是对2012年PISA测试的分析，中国学生的课业负担压力世界第一，每周的平均作业时间是世界平均值的两倍，在家里的作业时间，包括课外培训也是第一。

我们的学生在没有兴趣的情况下，花很多时间用功取得优秀的成绩，但这些成绩是不是我们教育应该得到的？未来的学生也应该这样吗？或者说，优秀的成绩能否满足未来大学的招生期待？能否赋予孩子能力去应对未来那些充满挑战性的工作？

有一本书名叫《全新思维》，书中谈到决胜未来的六大能力：设计感、故事力、交响力、共情力、娱乐感、意义感，这些好像跟分数不相关的能力显得非常另类，却是我们现在必须要思考和革新的内容。

中国学生的考试压力确实很大，把时间和兴趣都挤占了，我们的学生确实又很强，在这样的压力下取得那么好的成绩。但是在这个成绩的背后，或者说他以后的发展和对社会的支撑是不是能一直这样持续下去？恐怕未必。

过去我们希望把学生的考试压力减轻一些，结果大家立即就动脑筋想如何把这空闲填充起来；现在学校减轻了压力，结果学生又跑到培训机构去了。周一到周五减轻了，周六、周日又把它加回来，成了一种死循环。

○ 把学生的时间抢救回来，就要提供一个充盈的学校生活

北京大学附属中学（以下简称"北大附中"）就是从上述这些角度来思考，设计更多的内容来填充学生的生活，而不是把人当机器来使，或者把人培养成机器，毕竟未来社会机器在很多方面比人都强。

那么，人应该怎么做？如果要为学生的现实生活和未来生活打基础，学校必须首当其冲站出来给学生创造条件。

我们要培养学生的自主学习能力。以前的学生学习是被动的，学校用工厂式、模式化来塑造一样的学生。现在我们要激发学生的自主学习意识，让他们能够顺应个性发展。

我们把人与人之间的个性差异当作一种优势和资源来看待，而不是用一把尺子去丈量。如果你看到的是差距，想着要弥补要追赶，就变成一样的；如果你承认它的丰富性，承认它的个性意义和价值，就得发展学生的自主学习能力。

我们还要搭建多元的知识结构。社会的发展正在多元化，而北大附中也正

在形成多元体系。

我们的书院跟学科的课程学习是没有太大关系的，它更多是生活，是一个生活的载体。我们实际上是想培养学生达成这样一个目标："培养个性鲜明、充满自信、敢于负责，具有思想力、领导力、创造力的杰出公民。他们无论身在何处，都能热忱服务社会，并表现出对自然的尊重和对他人的关爱。"

我们把"个性鲜明"作为第一个内容提出来，就是希望学生能够认同和坚信个性，发展个性。只有自信的人才是真正的人，否则可能就成为一个工具。

思想力、领导力、创造力这些能力，实际上是自然形成的，是人与人之间相互影响和作用的。以领导力为例，这项能力不是靠权力和职位去领导去控制别人，而是他有思想，能跟别人合作，能为别人服务，具有亲和力，具有感召力，这才是领导力。我们教育的落脚点就是培养一个有责任感、有认知能力，能为自己幸福和发展服务的杰出公民。

后面提到的"服务社会、尊重自然、关爱他人"的世界观大家是认同的，但有一个重要的定语——"无论身在何处"，即多元丰富，并不是说只有上一流名校才能做到这一点，这应该是一个完整的培养目标。

未来
65

○ 我们的书院制不是学科教育，而是学习社区

北大附中的书院制到底是怎么回事？

目前从小学到高中的学校教育长达十二年，学校普遍采用行政班级制，学生都是班级人的概念，跟行政班捆绑在一起，大家上一样的课，在一起生活，在这个狭窄领域内交往，从小学一年级到高三都是这种结构。

但这种结构不是跟人的发展、适应以及交往范围结合在一起的，到了高中他必然就不应该再局限在一个班，他至少是一个学校人，再逐步走向社会。

班级虽然好，大家非常亲密，有归属感，有安全感，但是不够，一个事情做到极致就走向反面了，阻碍和限制就来了，所以到高中十八岁要成人走向社会的时候，学生应该有更大的交往范围。

以前的行政班跟教学班混在一起，所以行政班也有很多活动，但是现在的书院跟上课是没有关系的，是上课以外的学生交往、活动、生活在一起的单位，它的一个特点就是高低年级混搭，学生在一起生活、切磋是非常重要的，

所以这种自制、活动和学长制的传承是一个新的模式。

书院是学生社区，实行自主管理，管理要满足多数人的意见，同时又照顾少数人的特殊需求，他们自己组织起来，创造每个书院自己的文化，自己的管理制度，自主发展和解决问题。

现在北大附中的八个书院，相当于把高一、高二的学生纵向分成了八个群体，八个社区。他们之间的艺术体育活动都是通过书院来进行的。

它很像行政班的某些功能，但又不是。行政班有很强的管理功能，书院基本上自治；行政班没有上下传承，书院有学长制；行政班是学生们在一起学习，书院是在一起活动。另外，书院的规模比行政班更大、更丰富，里面还有很多小型组织。书院比起行政班来，其多样性和丰富性就表现出来了。

北大附中还有几个中心。这些中心都跟高考无关，而是艺术、体育、实践、技术等对学生身心健康发展特别重要的内容。于是，学生到学校的意义变了，变成大家在一起，寻求团队合作，增进感情交流，相互影响。所以学校很多活动逐渐都会发展成多人合作的集体活动。学生们做任何一个项目之前，首先考虑的是，如何把它整合成一个大家一起合作的项目，共同参与的项目。

我们认为，学校能不能跟社会产生更多沟通，让生活和学习真正有意义，特别重要。如果学生每天完成作业给教师看，教师再打一个分，就扔到纸篓变成垃圾，还能看到学习的意义吗？所以，我们尽可能地让学生去做有意义的事情，从深度和广度去扩展学习，让积极的学习状态不断发生。

北大附中的学科教育在哪里实现？

我们以前大多课程建设的维度是以学科来划分的，但是北大附中现在把这些课程变成不同的性质和方向，让学生自主选择。所以北大附中就把教师都放到各个书院里面，让教师自己建设不同方向的课程。

所有的学生，不管属于哪个书院，都可以在这四类课程中跨书院去选择组合，组成专属于自己独有的学习计划。一个课程本身定位和方向是多元的，再让学生做充分选择，学科教育就更丰富了。

在这个过程中，学生选的课程跟考试并不直接相关，更多是一种通识教育。它是可以跨学科的、人文的，比如读经典原著，就是进行大的主题或者一整本书的研读。在书院不是学知识点，而是要通过讨论、分享、合作等方式对学生的思想认识和人文素养进行碰撞提升，这样的学习不是指向专业和职业，

未来

66

而是提升学生的素养和认知。

社会发展变化太快了，我们怎么追都有点力不从心。既然如此，我们为什么不放手让学生自己来创造？所以北大附中的书院，是学生自己创造的书院。

我们鼓励学生主动接洽社会资源和科技力量，打破学校的围墙和大门，将内心所想和亲身体验与设计师、艺术家们碰撞，将全世界的前沿知识和传统知识结合起来去发挥创造，去追寻更多可能。

学习的根本意义，在于抵达一个独特而素养平衡的人生

◎ 冯晨（杭州云谷学校小学部、初中部校长）

○ 教育是面向人的事业

我曾收到一份申请入读云谷学校的学生家长的来信。在信中，这位家长重温了自己的成长历程：

> 重理轻文的教育让我无暇领悟地理的奇妙、历史的悠长、社会发展的曲折，音乐、艺术则几乎不曾存在于我的世界。为了冲过高考的独木桥，我花费了大量的时间来练就解题技巧而不是学习新知识。应试教育的原罪在于过度强调准确性和速度，它导致我的十二年学习生涯留下了太多空白和遗憾。

因此，他不想让自己的孩子重蹈覆辙。而同样的痛，也发生在许多家长身上，包括我们自己。

教育的目的究竟是为了升学、生存，还是为了帮助孩子获得幸福的人生？这成为云谷人自创校之初便反复叩问自己的问题。

未来

67

如果把成长需要经历的过程，如考试、升学等，当作目标来追求，自然是本末倒置。而教育目标的偏离，会进一步带来人的发展失衡。

云谷人坚信，教育的意义绝非知识的堆积，也不仅在于帮助孩子们升入高一级学校，或者满足日后的生计，而是要为创造人生的意义做好准备，让受教育者具有健全的人格、有趣的灵魂以及获得幸福的能力。

简言之，教育是面向人的事业，其目的在于帮助人成为更好的自己，拥有完整而幸福的人生；学习的根本意义，在于抵达一个独特而素养平衡的人生。

素养平衡是底色，独特是亮色

如何兼顾"独特"和"平衡"？首先，我们需要理解两者的内涵。

中国古代典籍中有不少关于平衡的论述，如《论语·先进》里的"过犹不及"，《后汉书·仲长统传》里的"矫枉过正"，《中庸》里的"致中和，天地位焉，万物育焉"，《素问·生气通天论》里的"阴平阳秘，精神乃治"等。古人的经验告诉我们，既不要"过"，也不要"不及"，既不能太"进"，也不能太"退"。

教育亦是如此。近代教育家蔡元培先生提出的"五育并举"（"军国民教育、实利主义教育、公民道德教育、世界观教育、美感教育皆近日之教育所不可偏废"），陶行知先生提出的"育才二十三常能"（分为"初级十六常能"和"高级七常能"），还有中华人民共和国成立后提倡的"德智体美劳"全面发展，都指向了一个社会人或独立个体所需的多方面综合素养。

68

素养平衡让孩子成为和谐、完整的人，素养失衡则带来生命发展的失衡。研究数据显示，我国4—16岁儿童心理行为问题的发生率高达13.9%，其中抑郁症呈现低龄化倾向，2017年青少年患病率达4%—8%。过重的升学压力和心理压力，导致许多孩子发展失衡。

再来看"独特"的内涵。人天生就有差异，体现在认知发展、认知风格和智力等方面。有研究指出，性别、社会经济地位，甚至在家庭中的出生顺序都会带来人的差异。

早在两千多年前，孔子便提出"因材施教"，有的放矢地进行有差别的教学，使每个学生都能扬长避短，获得最佳发展。到20世纪80年代，美国心理学家加德纳博士提出多元智能理论，认为智能是多元的，人的身上至少有七项智能，且每个人的智能存在差异。这些都给差异教育、个性化教育带来了重要的理论支撑。

值得注意的是，孩子身上的独特性，会因为某些外围环境而被掩盖和压制，最终"独特"会变成"趋同"。

所以，云谷学校强调，理想的教育应该珍视每一个孩子的差异性和独特性，学习不是把"不同"变成"相同"，而是让每一个"独特"都熠熠生辉。

可见，要成为一个完整的人，知识、技能、情感、价值观缺一不可，只有达成内在的平衡状态，才会有满足感、幸福感。在保持个体平衡的基础上，教育要看见个体的特质，尊重差异，发展优势，抵达平衡又独特的人生。

我们认为，素养的平衡发展就像人生的底色，而每一个个体的独特，则是底色上的亮色。先有底色再有亮色。底色让生命更加完整、幸福，亮色让人生精彩纷呈。

兼顾平衡与独特的云谷实践

云谷学校如何帮助孩子获得平衡又独特的发展呢？

首先，云谷秉承"视人为人"的核心价值观。人不是学习的机器、流水线上的产品，也不是父母用于炫耀的资本。每个人都是独特、鲜活的生命个体，是社会的组成部分。所以，人应该被看到、被尊重，同时也要被要求、被教养。

基于此，学校设立了"培养具有仁爱精神、独立意志、社会担当、终身学习力和幸福感的地球公民"的目标，搭建了学生核心素养框架，包含两大核心

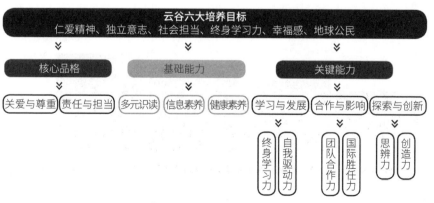

◎图1-4　云谷学生素养框架

品格、三大基础能力、三大关键能力。

培养目标和素养框架有着一致的底层逻辑——向内、向外、向未来，即帮助孩子们解决好与自己、与他人和社会的问题，自信地面对未来。

在这一顶层建构之下，云谷的教育做到了有的放矢：把孩子在学校的一切经历和体验，无论课堂、课间还是课外，都进行课程化设计；没有传统意义上的主科和副科之分，学校开设的所有学科都是核心学科，不可偏颇；在小学部，孩子们每天来到学校的第一件事是奔向操场运动、撒欢，让沉睡了一夜的身体得到复苏；在学校里，任何课程都不能被挤占，即便在中考的前一天，学生们还沉浸在音、体、美课程带来的愉悦中……

如果说培养目标和素养框架是底色，那个性化教育则是底色之上的亮色。

云谷以"让每一位孩子成为最好的自己"为使命，希望每一位孩子能保有自己的独特。

过去三年，我们在个性化教育上进行了积极的探索，"导师制"就是其中之一。

在云谷，每个孩子都有自己的专属导师。在小学的"新班级制"下，一群导师看到一群孩子，导师动态轮换，在每周的导师例会"聊聊孩子"，多视角地看到一个完整的孩子；在初中和高中，导师相对固定，以亦师亦友的身份追随孩子三年的成长。

同时，我们创建了初中生三年发展阶梯图，从自我探索到自我管理、自我驱动、自我发展，让每一个孩子的成长都得到导师的支持。

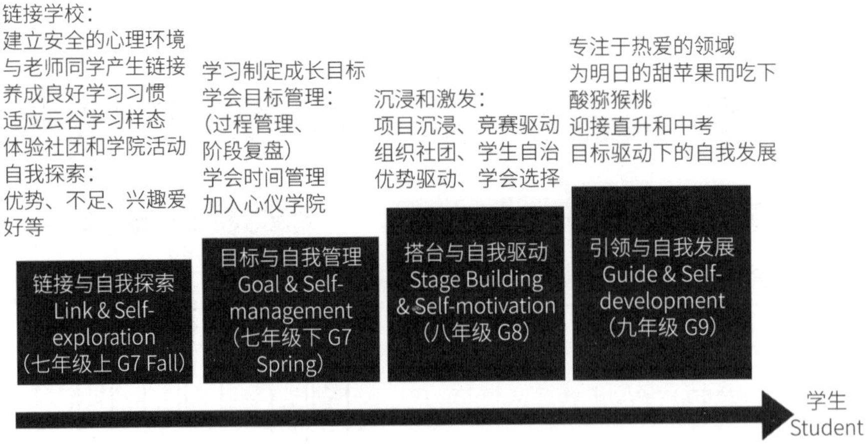

未来

链接学校：
建立安全的心理环境
与老师同学产生链接
养成良好学习习惯
适应云谷学习样态
体验社团和学院活动
自我探索：
优势、不足、兴趣爱好等

学习制定成长目标
学会目标管理：
（过程管理、阶段复盘）
学会时间管理
加入心仪学院

沉浸和激发：
项目沉浸、竞赛驱动
组织社团、学生自治
优势驱动、学会选择

专注于热爱的领域
为明日的甜苹果而吃下酸猕猴桃
迎接直升和中考
目标驱动下的自我发展

链接与自我探索
Link & Self-exploration
（七年级上 G7 Fall）

目标与自我管理
Goal & Self-management
（七年级下 G7 Spring）

搭台与自我驱动
Stage Building & Self-motivation
（八年级 G8）

引领与自我发展
Guide & Self-development
（九年级 G9）

学生
Student

◎ 图1-5　云谷学生发展阶梯图

创建机制是一方面，但另一方面，教师有没有爱孩子的心、有没有发现差异的眼睛也很重要。如果教师心里有孩子，他会看到孩子成长中点点滴滴的不同，且愿意支持和珍视这种不同，将其作为一种财富和教育契机。

所以，在云谷学校，教师兼具三重身份：导师、学科教师、云谷人。三种身份的完美融合，便可以唤醒教师的意识，让教师真正做到"眼中有人"，让每一个孩子被尊重、被教养，个体差异被挖掘和鼓励。

这几年，我们看到云谷学校孩子们的特质被放大，内心的小宇宙被点爆，好的品质得到迁移。孩子们一天天地变化，坚定了云谷人探索的脚步。我们相信，平衡的底色加上闪烁的亮色，孩子们的人生必将完整幸福且熠熠生辉。

让教育回归本源，是人的呼唤，教育应该帮助人抵达独特而素养平衡的人生；让教育面向未来，是时代的呼唤，今天的学习应该为未来的幸福生活奠基。

未来
71

听不见上下课铃声的谢家湾小学

◈ 刘希娅（重庆谢家湾教育集团党委书记、总校长）

2019 年，我们都在热议国际学生评估项目（PISA）测试结果，中国学生获得了三个世界第一。一是在阅读、数学、科学三个领域的平均成绩分别为555 分、591 分、590 分，在参测国家（地区）中均排第一；二是基础素养达标率居全球第一——在阅读、数学、科学素养测试中达到水平二级以上的比例在 95% 左右，在参测国家（地区）中均排第一；三是三个测试领域均达高水平的学生数量较多，占参测国家（地区）全面发展学生的四分之一，排名第一。

不过，三个第一并不意味着我国 31 个省市自治区作为整体参加 PISA 仍能取得第一。基于 PISA 数据，我国教育公平仍然存在一些突出问题。第一是教育效能，我们的认知水平、知识能力非常好，但是社会情绪能力不一定好；

第二，孩子们对学习的满意度、兴趣指数排倒数第七位；第三，我们的教师发展水平存在巨大差异，比如，城乡教师短缺指数分别是 0.44、0.98，而且不乐教、不善教的情况比较突出。

经济合作与发展组织教育技能司司长安德里亚斯·斯莱彻指出：卓越的学校体系要在整个系统中提供高质量的教育，还要使每个学生都能从优质的教学中受益。所以在新时代，我们可能需要发展更有质量、更加公平的基础教育。今天，我就以"听不见上下课铃声的谢家湾小学"为题，跟大家一起来探讨，如何从课程的角度探索更有质量、更加公平的基础教育。

○ 为什么谢家湾小学听不见上下课铃声

谢家湾小学没有上下课铃声，是因为我们没有统一的上下课放学时间，孩子们可以在上课的时候自由地去喝水、上洗手间。上午上课，下午是社团和专题活动时间，学校希望孩子们能够在这样的状态中理解学习与生活的直接关系和价值回应。学校也没有统一的大课间操，每个班有各种自编操，因为这样的机制，大家实现了跨学科、跨年级，整个冬天因为他们的创意而跃动和温暖。

同时，学校也没有统一的休息、就餐时间，全校师生实现自主排队就餐。我也一样，在和孩子们排队取餐、就餐过程中，他们会问我许多问题，或拍着我的肩说："希娅，吃饭的时候别玩手机。"孩子们从一年级开始学会使用一整套餐具、按规则排队，学会收拾、整理。

没有上下课铃声的谢家湾小学，我们邀请家长全天候驻校观察，给他们办公室，让他们沉浸到每一个环节中；没有上下课铃声的谢家湾小学，还有一群迷恋他人成长的教师，在节假日里、休息期间纷纷来到学校，一起研究孩子、研究课程，让孩子们动起来时阳光而自信，静下来时睿智而专注。

我们不想把孩子看作一张白纸，因为教育是两个世界的相遇。谢家湾小学不崇尚让孩子们模仿成年人的样子，人类之所以进步，主要是下一代不怎么听上一代的话，我们希望在校园生活中减少管控，让孩子们在自在中自信，在自主中自律。

听不见铃声的谢家湾小学，我们希望每个孩子都能按照自己的优势发展，红梅花儿开，朵朵放光彩，而个性化成长所依托的就是校园生活和校本课程。

课程依赖什么？紧跟党的教育方针，忠诚党的教育事业。

○ 没有铃声的谢家湾小学课程怎样实施

我们认为，最好的教育不是让孩子们都考上双一流大学，而是让他们都能找到自己的路径，并接受这样的目标和路径，为此付出积极努力。最重要的是，我们要让所有的目标、方法和结果，与每一位孩子高度相关，让他们能够利用知识、技能、态度与情感价值观，面对不确定的未来，让他们在参与社会、国家与世界发展中发展主体性，具备中国责任、世界视野和人类情怀。这就是我们说的六年影响一生，培养改良世界的中国人。

所以，课程是谢家湾小学校园生活的核心，一切有积极影响的元素都是课程。

2001 年以来，我们致力于课程变革，培育孩子们积极的学习态度，培育孩子们能够真正实现均衡性、综合性、选择性的学习。2014 年，教育部下发《关于全面深化课程改革落实立德树人根本任务的意见》（以下简称"《意见》"），围绕《意见》，我们的课程改革开始进一步深化，从三个方面推动课程落地：

73

第一是教学目标。《意见》提出："遵循国家课程标准，落实平均水平标准，关注个性化发展标准"。围绕这一标准，之后三年，我们让每一个学科的课标细化到每一节课，落实到每一天，优化教学内容。我们研究了能找到的所有版本的教材，创新校本课程丛书，完成了大约 400 万字的两套丛书，研发了 517个专题。同时，学校还成立了 200 多个社团，让孩子们在选择的过程中思考人生。

第二，每一节课怎么上？2019 年我们出版"谢家湾小学教学建议"丛书，论述每一节课怎样回应国家目标和课程。在课程管理中，尽可能让孩子们的观点、经验、情感成为课程资源，回归课程生活。

第三，在课程管理中实行长短课模式，努力实现书本知识向生活世界回归，回归儿童生活，尊重学生个人感受和独特见解，让学生在开放、真实的环境中学习、实践，增加师生始料未及的体验，使学习过程成为师生富有个性化的成长过程。

教育强国——从上好每一节课开始

丘吉尔说过，他总是愿意学习，却不愿意被教导。古人也说："不愤不启，不悱不发，有教无类，因材施教。"在谢家湾小学，我们期待孩子们天天快乐、健康飞翔。各级各类质量监测对比分析表明，孩子们越放松，越主动投入。被动接受、背诵记忆、机械操练等低阶学习，远不如主动参与、体验实践、理解思辨、转化迁移、运用创新等高阶学习效果好。孩子们在各种测试中的优异成绩给了我们信心，也给了家长信心，我们确信，素质教育一样不惧怕科学的考试。

曾经，教育部原副部长朱之文、教材局局长田慧生、基教司原司长吕玉刚，还有华东师范大学袁振国教授来我们学校。他们说，谢家湾小学提供了可借鉴的课程改革经验，比如深度学习、启发式学习、探究学习，谢家湾小学很好地回答了什么是素质教育。

推行素质教育迄今已有二十年了，从观念提出到推进到发展，这是一条从规模数量到质量内涵发展的转型求索之路。学校如何在目标课程策略层面回应素质教育，如何把握好整体性、全面性、发展性、差异性呢？特别是差异性需求，这是我们面临的最大考验和课题，所以学校在国家课程全面保障的前提下，突破教师中心、教材中心、教室中心，回归孩子立场。比如，我们通过"小梅花整合课程"，为孩子们的学习生活营建更加真实的情境，整合更加丰富的学习资源，运用科学多元的教与学方式，让孩子们获得独立思考、体验建构、提出分析解决问题、合作探究、实践创新、转化迁移等能力。

未来，我们继续探索素质教育的落地方向。没有好的教育就没有国家的安全，更没有人民美好的生活。教育报国、教育强国一定要从上好每一节课开始。今天，我只是从课程角度给大家汇报我们的战略、组织和创新。每一所学校都有自己的发展路径，但是我们没有权力让这些路径太过私人化。我们必须让自己的价值，孩子们的价值和国家民族的价值，世界发展的价值协同起来。

今天，还有很多朋友存有种种抱怨。我们有的家长也在抱怨，说高考不改，我能怎么办？看到了吗，PISA测试的结果正在引发世界瞩目，正在引领未来教育的方向，我们的观念必须改变——从传统的知识记忆、被动学习、重复训练，到以思维能力运用、转化、迁移为主的高阶能力的改变。

未来

况且，高考已经在发生改变，我们有多少人跟上了改变？中国很大，中国教育的规模很大。抱怨没有用，最重要的是行动。我们去拜访任正非的时候，曾问他："你会为什么样的教育点赞呢？"他说："现在我们需要素质教育，要差异化地培养人才，差异化地培养孩子。"

亲爱的伙伴们，在这"一锅石头汤"里，不管我们来自何方，我们一定要有一个共同方向，那就是落实党的教育方针，忠诚党的教育事业，全心全意发展素质教育。最后，我送大家一句话：让更优秀的我们培养更优秀的孩子。

乡村学校最需要的创建，是对生命的唤醒

◈ 肖诗坚（贵州田字格兴隆实验小学校长）

75

○ 我们的乡村教育究竟需要做什么

中国的贫困山区有许多留守儿童，他们的父母长期在外地务工，家里只有年长的爷爷、奶奶。孩子们往往认为自己的视野太狭窄，所处环境太闭塞，离城市、离外面的世界太远。

很多家长和孩子，甚至部分教师，都对农村教育不抱希望，想要揭下"农村"的标签。曾经，贵州兴隆小学有300名学生，当田字格志愿服务社接手时，只剩80名了。

如果一个人否定了自己的家乡和"根"，那他的自信从何而来？他如何去认识这个世界？如何与他人和谐相处？

我们需要让他们发现自己所在的土地和身边的一切都是有价值的，让他们自己去听、去看、去感受，启发他们提问："老师，你知道这是什么吗？"

于是，田字格志愿服务社接手兴隆小学后，主张让身边的一切都成为孩子们的学习资源。

比如，带孩子们去茶园农场，去百草园，去听风听雨，观察植物、动物，甚至去采访留守的老人、村委会的干部。

比如，我们通过混龄教学让不同年龄的孩子互相合作、学习，让孩子们感受到温暖，也学会如何相互帮助。

此外，教师会和孩子们一起讨论，甚至辩论在学校发现的每一个问题，并提出解决方案。

孩子们自主选课、提问，规划学习，创造作品，策划展览；热爱自然，敬畏天地，善于沟通表达，也能关爱他人、社会。最重要的是，他们懂得家乡的价值，懂得自我的价值，也懂得感恩。

当他们发现土地和他们身边的一切都是有价值的，他们也就能进一步发现，在这片土地上生长的自己也是有价值的：可以立足于大山，也可以走向未来。

如何才能让教育离乡村近一些

田字格兴隆实验小学拍过一个视频。其中，有一位拿着喇叭的小姑娘，她叫小艳子，来自一个普通农民家庭，父母在外地务工。2017年初，我和我的团队来到了正安县，开启乡村教育探索之旅，便遇见了小艳子。那时，她正读小学四年级，教师在讲台上讲课，她坐在教室角落，神态中传递着一个讯息——好无聊，学这些跟我有什么关系。

作为一个在教育公益领域奔波十余年的人，我能读懂小艳子在跟我说什么：我们的教育离乡村孩子的生命和生活太遥远了。

许多校长和教师常常说："教育远离了我们的生命和生活。"而当我们走进乡村才会发现，教育甚至无法与乡村孩子产生联结——我们所使用的教材，甚至考试、学习方法，都是基于城市环境的。

乡村学校的生源也非常复杂，既有留守儿童，也有很多家庭不完整的儿童。

然而，经过田字格兴隆实验小学三年多的乡村教育探索，在校学生人数不但没有大幅减少，还有学生从城市和县城转来入学。

我们究竟是如何一起学习、生活的呢？

根据中国乡村的特点，以及中国乡村儿童的切实需要，我们团队建立了"乡土人本"的教育理念和课程体系，即从乡土、自然、人本和未来四个维度展开，旨在培养出立足乡土、敬爱自然、回归人本、走向未来的孩子。

以小艳子为例，她在过去三年学习第一类主题教学课程"乡土课"时，完成了"大山梦工厂""大商家"和"兴隆留守人"三个课题，每个课题都进行了一个学期。进行课题时，她不仅要走出村庄，走进县城的博物馆，也要立足乡村，调查村里的留守老人数量和他们的想法，以及他们自己作为留守儿童又是怎么想的，留守老人和留守儿童的想法是否有区别，等等。

小艳子去县城上初中后，再次回到学校，很骄傲地和我说："肖老师你知道吗，我是我们班唯一一个来自农村的学生。"她的语气非常自豪，就像在说："怎么样，我就是跟你们不一样，你看我多了不起呀！"那一刻，我知道小艳子获得了自信，找到了乡村孩子的自我价值。

乡村孩子的根就在乡土当中，我们要做的是把它埋在孩子的心里。当你发现"根"已经埋在孩子心里的时候，孩子的那份自信也就自然而然地生长出来了。

77

所以，最重要的是，我们要让他们知道自己从哪里来。

○ 让天地万物成为乡村孩子们的生命力量

乡村的孩子打小就生活在天然的自然博物馆中，但因为他们早已习惯乡间生活，也就不那么在意身边的花花草草了。

如今，我们尝试着告诉孩子们花花草草其实也是很有趣的事物。在引导他们说出植物名字的过程中，还有了意外的收获：光在校园里，就有97种不同的植物。于是，我们给学校起了一个别称——"兴隆植物园"。

更进一步地，孩子们在学校不仅要学习身边花、鸟、鱼、虫的概念和特点，还要学习它们的内在力量，把它们当作自己的老师。事实上，哪怕是植物和动物也都是有智慧的生命的，对孩子们的学习来说，更重要的是从大自然中汲取自己生命的力量。

其实，乡土与自然给予孩子们的力量就在他们的生命、血脉中，教师要做的，只是轻轻撩一下，唤醒他们的生命力，孩子们创作和展示的力量会自然而然地迸发出来。

在兴隆，孩子们最擅长的就是写诗，全校精选的诗就有上百首，所以我准备给他们出一本诗集。

这其实也是乡村教育的另一个维度，即"人本教育"。"人本教育"是在研究"人"，研究"我们是谁"。你会慢慢发现，我们追求的东西与孩子追求的东西其实是一样的。

围绕"人本教育"，我们还开设了生命研究课。课题归为三类：

一部分课题比较接地气，比如宝宝在妈妈肚子里怎么排泄；一部分课题比较"高大上"，比如氧气消失5秒地球将会怎样；也有一部分课题维度较高，关于人生的终极问题，比如人死后会去哪里。

这是孩子们最喜欢的课程。孩子们立题以后，会统一开展自主研究，研究完成后，要在全校进行答辩，嘉宾可以对学生进行提问。有一次，教育局副局长也参加了现场答辩。

很多学校都在做这样的课程，可能会觉得这类课题研究没什么特别的。但我们的实际情况很不一样，在农村，这些孩子的研究要么没有父母参与，要么家长不识字。在我们学校，一个教师带二十几个学生，任务也比较重，所以从输入到排版，所有工作全部由学生自己完成，也更考验学生自主研究的能力。

我们也很注重培养孩子们善良的本性。我们希望孩子们与世界建立联系，于是带孩子们举办各式各样的活动。

我们拍摄了一个小短片。短片里，我们用10种语言向世界问候。因为，我们在研究"什么是人"的过程中发现，一切要从让孩子有一颗关怀天下的心开始。

○ 面对大浪淘沙的未来，让孩子们学会生活

我认为，不应该让孩子离开学校后才开始学习如何生活，而是要让他们在校园中成长、生活。

所以，学校还开设了一个特色课程——"共同生活课"。

"共同生活课"覆盖方方面面，其核心是"公共议事课"。课程基于这样一个观点开设：当我们说孩子是一个生命时，极为重要的一点在于你能否"听"

到他，而不仅仅只是"看"到他。要听到孩子的意见，就要让孩子们参与学校的公共事务管理。

我们学校开展了大概几十个提案表决，比如学生不能在教学区域吃零食，如有学生违反，教师可以取消学生的兴趣课。提案通过以后的执行问题，我们将之归入学生会工作中。如果学生之间发生矛盾、不知如何裁决，则由学生法庭来解决。

在我看来，学校也要最大限度地模拟各种社会形态，让孩子尝试扮演他即将成为的社会角色。

所以，学校里有很多志愿岗位，具体分两种：勤工俭学岗、志愿岗。

志愿岗是指"有义务为这所学校乃至整所学校师生服务"。比如，学生当店小二后没有工资入账，他通过交易商品得到的钱可以用来帮助全校学生：一些学生所在家庭非常贫困，他可以为他们购买午餐。

这一点同样重要，因为当我们唤醒孩子生命时，必须考虑究竟要赋予他们怎样的精神。

很多人来到我们学校会觉得感动，其实我觉得，让他们感动的不是那些丰富多彩的课程，也不是新颖的教学方式，而是一种独属于兴隆的文化。简单来说，就是共同学习、共同生活、共同劳动的文化。

在我们学校，从农场到茶园都是师生共建的。因为，我们希望通过和教师共同建设，让学生真真切切地感受到他可以改变学校；让他在改变学校时，也获得在未来改变世界的勇气。

许多农村父母会花很多钱送孩子去县城读书，希望他通过"鲤鱼跳龙门"的形式改变命运。但数据告诉我们，这种情况发生的概率并不大。

我认为，一个教育工作者还需要认真思考的是：我们究竟是要培养更多的鲤鱼，还是要让生命大河里也存在很多小鱼、小虾、小泥鳅；我们要如何引导乡村的孩子们去面对他们有可能被生活大浪淘沙的事实？

小艳子曾和我说，村里有一个传统，当有生命离开时就会放鞭炮。这些年，我们放鞭炮的频率越来越高，这意味着离开我们的生命也越来越多。村庄里最有生机的地方，就是我们这所学校。

没有学校的村庄，就是没有未来的村庄，而没有未来的村庄，也就是没有未来的中国。

时代需要对生命的呼唤，那么究竟是谁来呼唤？是教育来呼唤生命吗？我觉得，是生命在呼唤教育。

我们应该想起生命的存在，并邀请他们进入我们的殿堂。那些生命不一定都是跳龙门的鲤鱼，他们可能是那些小鱼、小虾、小泥鳅。我希望教育工作者都能被生命唤醒，能看见生命、看见人。

希望更多农村孩子能够在他们的家乡享有属于他们的好教育，并且，那是一种能够看见生命的教育。

未来学校的育人模型
——从"T型"能力到"鼎型"素养

⊗ 陈罡（无锡SK海力士幸福外国语小学校长）

未来

○ 能力是什么

什么是能力？谈到能力的时候，我们通常还会提及两个概念：知识和技能。

知识、技能和能力是不一样的。知识，是被证实的、真的、被相信的东西。技能，是主体在已有的知识和经验基础上，经过练习形成的对待某种任务的活动形式。而能力，实际上是一个人在完成一项目标和任务的时候，所展现的一种综合素质。

我是数学老师，就拿一道很简单的数学题来谈一谈我对知识、技能和能力的看法。比如"$5+x=10$"这个方程，知识、技能、能力都包含在教学当中。

在这道题中，"什么是方程？""为什么要用到方程？""方程究竟如何解？"这些都是教学中非常重要的知识点，是教学必须要完成的内容。

那技能是什么？是要教会孩子运用方法去解方程，这是我们要达到的技能目标。

能力，则是在学习过程中，孩子观察力、理解力得到培养，以及掌握方程相关知识和技能的水平，甚至通过学习形成方程思维。

这就是知识、技能和能力的差别。同时，它们之间也存在以下关系：

第一，知识和技能是能力的基础，没有知识和技能，空谈能力没有意义。

第二，能力的形成与发展依赖于知识和技能的获得。

第三，能力的高低又会影响到掌握知识与技能的水平。

因此，我得出第一个结论：能力表现在所从事的活动当中，并且在活动中得到发展。

这是我对能力的基本认识和判断。

○"T型"能力是什么

"T型"能力是什么？做调查时，我找到两篇相关文献。

第一篇是谭镜星先生2005年发表在《高等教育研究》上的《论高职T型人才培养模式的构建》，是关于高等职业教育中T型人才培养模式的研究。文章展示了一张高职教育"T型"能力目标图。

图中"T型"的"横"，包括继续学习（核心能力）、合作管理、职业道德与心理素质、身体素质、表达交流等能力，职业教育特别强调那一"横"。而"T型"的"竖"，包括首次就业能力、转岗能力、创新创业能力。

不过，这篇文章并没有很好地解答我想寻求的"T型"的概念和意义。于是，我进一步找到第二篇，林崇德先生2001年发表在《北京师范大学学报》上的《融东西方教育模式，培养"T型"人才》。

文章谈到的"T型"人才模式，"横"包括知识面宽、创造力、适应性、独立性和实践能力，"竖"包括逻辑思维、知识深度、理解水平、统一规范和集体主义。

可以看到，"T型"中的"横"更多的可能是西方教育中要追求的教育目标，而"竖"可能更像传统东方教育所追求的教育目的。林崇德认为，要强调教育中"横"与"竖"的融合。

因此，我们可以把"T型"能力的"横""竖"看作知识的广度和专业的深度。我们这代教师、校长很多都是普通的师范毕业生，在师范教育中有个非常重要的概念叫"一专多能"，它强调的就是深度和宽度。

我还读到蒲公英教育智库总裁李斌先生对知识的广度和专业的深度的阐述。他说："知识的广度，是有能力跨越行业壁垒，进行宏观架构与整合式设计；专业的深度，是在所在行业像'工程师'一样专业生根、操作无碍。"

于是，我有了第二个结论："T型"能力是未来人才非常重要的能力标准，或者能力模型。

○ 素养是什么

素养是什么？2020年诺贝尔化学奖获得者之一，法国女科学家埃玛纽埃勒·沙尔庞捷曾说："好奇心、求知欲和理解力一直是我生命里强大的驱动力。"

好奇心、求知欲和理解力是能力吗？我认为更应该把它看成是素养。好奇心本身就是创造性人才的重要特征，求知欲表现为人们坚持不懈探索知识的活动，而理解力包括洞察、想象、类比、直觉、解释、分析等，它们似乎超出了能力的定义范畴。

82

2019年新校创办，我在一次大学招聘线上宣讲的时候，谈到需要什么样的教师。我讲了4句话：

能力重要，但爱教育更重要。一个大学生毕业后如果想从事教师工作，他（她）是不是发自真心地爱教育，是我考察的第一点。

学历重要，但学习力更重要。我们看中的是一个人终身学习的能力。

形象重要，但好奇心更重要。一位优秀的教师，永远对教育，永远对学生的成长，永远对学校里面发生的任何一切保持好奇心，这一点非常重要。

最后一句，气质重要，但善合作更重要。

以上这些条件，不能简单将其归结为能力，它们好像也是素养。

2019年7月22日，我女儿收到大学录取通知书。7月21日晚上我写了一封信给她，信中有两个建议。

第一，"永远不放弃向前行，但要坦然悦纳自己的平凡"。在信中我真实地告诉女儿，要接受自己其实就是一个平凡而普通的人。我们一定要努力往前走，但要接受自己的平凡。

第二，"永远保持纯真善良，但要拥有保护自己的力量"。这是任何一个父亲都会对女儿说的话。

女儿在大学里参加了学校通讯社。2020 年 5 月，她计划采访一位劳动模范，因为居家期间不便外出，她就问能不能采访我。她让我写一写，在以往的工作经历中，有哪些经验可以跟大学生分享。

我当时写了一封很长的信给她，其中有三个观点：利他、专注、专业。

在我的人生信条当中，利他摆在第一位。比如我们谈幸福，幸福如果是基于得到，永远不可能有真正的幸福。真正的幸福是利他的，能够帮助他人成长，就像教师一样。教师要迷恋每一个学生的成长，这种利他主义才可能给我们带来真正教育生活的美好。

第二是专注，唯有专注才能耐住寂寞。

第三就是专业。我告诉女儿，专业主义永远是要追求的目标，如此我们才能不断地精进。

永不放弃前行，永远保持纯真，利他、专注、专业，我给女儿的建议和分享的观点，好像也不是能力。

大家都很熟悉冰山模型。有人会说，素养只是水面下的东西。而我认为，整座冰山其实就是素养，水面之上是能力的表现，但更多的是在水面之下。

所以，我有了第三个结论：素养是超越知识和技能的。

○ 素养究竟是什么

我们继续思考，素养究竟是什么？我做了文献查阅，在中国知网上输入"素养"，搜出 16 万多篇资料。

有人说，素养＝知识＋能力＋态度。

经济合作与发展组织的一份报告当中提到过：素养不只是知识与技能。它是在特定情境中，通过利用和调动心理社会资源，以满足复杂需要的能力。"素养不只是知识和技能"，当中还有另外一层意思，素养可能也包括知识和技能。

中国的研究报告认为，学生发展核心素养是指学生应具备的、能够适应终身发展和社会发展需要的必备品格和关键能力。可以概括为：素养是必备品格和关键能力。

爱因斯坦曾在演讲中提到一位哲人的话，"当你把学校里学到的东西都忘掉以后，剩下的就是教育"。那可否认为，忘记了在学校所学的一切之后，剩下的东西就是素养。

综上，我认为素养具有综合性、跨领域、多功能的特点，它跟能力、知识、技能不一样。我也有了第四个结论：素养是一种更复杂、更高级、更综合的能力。

严格意义上说，素养还是能力，它没有超越能力概念的范畴。

"鼎型"素养——未来学校育人素养模型

2019年，我在无锡创办SK海力士幸福外国语小学（以下简称"SK学校"），在学校筹建过程中遇到很多挑战和困惑。这所学校本身是世界500强企业SK海力士举办，希望能更好地实现企业的价值。

最初，我把学校的使命确定为两个字：博喻。

"博喻"出自《礼记·学记》，"君子知至学之难易，而知其美恶，然后能博喻"，即多方启发、诱导的意思。我把"博喻"引申为"因材施教"，因材施教是每所学校都极力追求的目标，也是非常困难的目标。同时，我把学校校训确定为"共进"。

在"博喻"基础上"共进"，是整个学校的核心价值。我们的愿景是办一所品质一流、特色鲜明、国际融合的博喻书院。

那么问题来了，究竟这所学校要培养什么人？为谁培养人？

从大的方面说，学校当然是为党育人、为国育才，要培养德智体美劳全面发展的社会主义事业建设者和接班人。但就我们这所学校而言，育人目标究竟是什么？育人目标背后，学生的素养究竟是什么？作为支柱，又有哪些核心素养呢？

经过长期的思考和讨论，我们把学校育人目标的核心素养确定为四个方面，分别是文化理解、审辨思维、自主学习和创新素养。

文化理解，不仅是对于本国本民族文化的一种传承，还包含对跨文化的理解、尊重、包容。这是未来学生非常重要的能力和素养。

审辨思维，毋庸置疑，今天我们更需要每个人都带着审辨思维看待当下的事情。

自主学习、创新素养，也是必备素养。

除了学校核心素养，其他素养同样重要。在国家核心素养要求之下，学校素养与其他多种素养（如美国、欧盟、经济合作与发展组织等各自不同框架的素养）一起，最终构成"鼎型"的素养模型。

学校提出的文化理解、审辨思维、自主学习、创新素养，我们将其看作"鼎型"素养模型的 4 个核心支柱，而其他素养在教育过程中自然会培养、习得，成为鼎型的承纳。具体表现为：学生有国际视野、学业优良、个性鲜明和全面发展。

这就是"从'T 型'能力到'鼎型'素养"给我带来的现实意义，它解释了我在学校创办当中所确定的育人目标的素养模型。

85

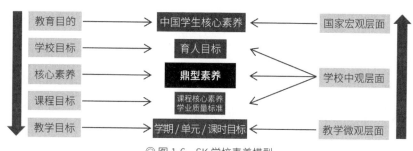

◎图 1-6 SK 学校素养模型

上面这张图，可以呈现我的整个思考过程。

我们首先要思考教育的目的，它来自国家的宏观层面，包括中国学生核心素养。接着，我们要考虑学校的育人目标，以及学校的学生核心素养。在学校中观层面，我们用"鼎型"素养模型来表现和表达。接下来是学校课程，相比学科核心素养，我更愿意用课程核心素养来表达（包含学生学业质量标准）。最终，落实到微观教育教学层面（包括学期、单元、课时的目标）。

这样的思考让我更清晰地了解到，"鼎型"素养在教育的宏观和微观之间起到了非常重要的支撑作用。

在文明的长河中，教育的根本目的是培养文明的孩子

◈ 刘慧（张家港市实验小学教育集团总校长）

生命锚点如果站在教育的长河中思索根本目的，你的答案是什么？

百余年前，思想家梁启超的答案是，"做一个不惑、不忧、不惧的完整的人"。

今天，诺贝尔奖获得者布罗茨基所著的《文明的孩子》给了我启发，我的回答是：教育的目的是培养文明的孩子。

文明的孩子，要有健康的身体，健全的心智，有对真、善、美的追求，对未来充满想象，凡事能独立思考，能做出独立判断……

然而，在诸多要素中，有一个尚未被足够重视的素养：与世界对话的能力。它与语言紧密相关。追根究底，对它的忽视源于对语言的忽视。

当下，我们的社会语言、家庭语言、网络语言环境不尽如人意，连学校里也是如此。我们需要重新认识语言的力量。

◌ 我们身边的语言有着怎样的力量

我想先从两个关于语言的故事说起。

"山川异域，风月同天"

"山川异域，风月同天。"我们都被这句诗打动过，之后，中国也向世界各国捐献了大批物资，其中的标语堪称"诗词大汇"。

中国—日本：青山一道，同担风雨。

中国—德国：山和山不相遇，人和人要相逢。

中国—法国：千里同好，坚于金石。

中国—意大利：消失吧，黑夜！黎明时我们将获胜！（配上了一段曲谱）

中国—印度：尼莲正东流，西树几千秋。

中国—韩国：肝胆每相照，冰壶映寒月。

每句诗词的后面，都有一个世界。这，是词语的世界，是中国文化的世界，是民族精神的世界。

语言对整个社会生活产生巨大的塑造作用。所谓的现实世界，可以说，就是人类根据自己的语言系统建构起来的。

"除了春天，禁止入内"

几年前，在我们校园一条小路尽头有这样一块牌子：禁止入内。

每次路过这块牌子，我看着总觉得不舒服。事实上，在我们城市的广场、街道、公园，"禁止"这样的词语随处可见。

"禁止"，这是一道严厉的命令，隐含着语言的粗暴。表面上我们看似用一种告示，试图唤醒人们的文明意识，试图规范一种行为的文明。其实，恰恰是在用不够文明的语言，来号召大家的文明行为。效果可想而知。

给人留下更深印象的，往往是语言本身所暗含的东西。粗暴的语言，让人感受到一个校园、一座城市寸步难行。身体寸步难行，精神就会寸步难行。

语言的环境实际上就是我们生活的环境，我们居住在什么样的语言里，就居住在什么样的环境里。从这个意义上来讲，语言就是我们的生活。

所以，我决定对这块牌子进行改造。

87

这次改造把严厉变成了温柔。一个孩子路过的时候，从被呵斥、被阻拦、被拒之门外，变成感受到自然万物的召唤和心灵的邀请；他感受到的是鼓励，而不是纪律；他感受到的是一首诗，而不是一句警告。

这个标语就像草地里的一朵花，美化了孩子们的视线。

目光舒服，心灵就舒服。如果，我们校园里的点点滴滴，都是这样的语言所构成的生活环境，那它就会变成孩子心灵发育和语言成长的一个教育环境。

一个在温情中接受了爱抚的孩子，说话就会变得优雅，行为就会变得文明，性格就没有那么暴躁。他会对语言产生好奇，会自然延伸出行动——去改造家庭、教室的语言。

所以，我们不仅需要诗意的物理空间，还需要诗意的语言空间。

并且，在某种意义上，我们去设计和搭建语言美学的环境，最重要的目的就是让诗意的语言能够脱口而出，让语言像草木一样生长，像风一样弥漫在校园，仿佛在空气中就能抓到无数的东西。

○ 让一所校园拥有缠绕语言美学的环境

从学校教育的角度来讲，要培养与世界对话的能力，提供文明的语言是基础，至少要做好两点：一是让语言优雅、精致起来；二是让语言建立起合理的逻辑，用逻辑指导语言。

如果说中学、大学更侧重语言的逻辑，那小学侧重的是语言的诗意。

我们把重点放在一座校园的语言生长与语言美学环境的塑造上，和伟大的汉语文化传统相匹配，和儿童天生的诗性精神相匹配。

用优雅精致的语言，舒展孩子们的五感

张家港市实验小学对自身有一个设计和比喻："小径分岔的花园"。

这座花园拥有着大自然丰富的语言，不仅用艺术和伦理的语言写成，还用科学的、逻辑的语言编撰。

走廊、洗手间，乃至每一个垃圾箱盖上，视线抵达的地方，都能看见优雅精致的语言。

疫情复课后的一天，校园的银杏树上悬挂了鸟儿，树下出现了狄金森的一句诗："我的花园里，小鸟在行驶。"

到目前为止，我也不知道究竟是谁创造了这起浪漫的事件。唯一能确信的是，这样一个即兴行为，是学校诗性存在的表达与象征。

听到的声音。一亩花田的风铃声、大白鹅的引吭高歌、水滴的"滴答"、木芙蓉的花朵扑击小窗声，这些丰富有趣的校园背景声，让人领悟到任何一种生存都只是与时空的偶然相遇。

闻到的气息。春天的香樟、夏天的薄荷、秋天的桂花、冬天的蜡梅，四季的香水月季、小径深处青苔的气味半睡半醒。

有位诗人说，童年时代的雪，呼吸到了"玫瑰与盐的气味"。假如我们理解了这句话，就理解了气味在童年中、在一生中可谓是无限大的细节。

冬天、秋天、太阳、夏天的雨，都是完整的季节的根源。当我们深入这些季节的纯粹中，五感全部打开的辽阔，提供给正在扩张的童年各种天地，童年的季节即成为诗人的季节。

重拾诗歌，滋养孩子们的心灵和生活

诗歌在这个时代是被冷落的。

未来

88

2020 年诺贝尔文学奖颁给了诗歌，在我看来，是在试图拉住一个不断逝去的东西。它在提醒人类，诗歌的存在，诗人的存在，诗意的重要。诗，表达着语言的最高理想和生命的最纯粹区域。

我们每个人都生活在两个世界里：一个是现实世界，并不纯然美好；另一个是意义世界。而进入这个意义世界最好的路径，就是用诗歌的方式来生活。

2020 年诺贝尔文学奖公开的当天下午，"金蔷薇"诗社的文艺黑板上，就出现了获奖诗人露易丝·格丽克的诗句，我和孩子们在诗社朗读了格丽克的诗。

"金蔷薇"诗社取自巴乌斯托夫斯基的作品《金蔷薇》，社内珍藏着 400 余册诗歌作品。

踏进"金蔷薇"诗社，就不是一个人在孤零零地面对世界，而是和数千年来跨越不同文明区域的巨人们站在一起。从《诗经》到《荷马史诗》，从海子到雪莱，人类的想象、智慧和美都在这里。

在这里可以看到，怀有身孕的教师，一只手抚摸着隆起的腹部，另一只手托着一卷诗集，并且捎带一册诗集回家。临睡前随性读一读，已成为许多教师生活的日常。

读诗滋养了心灵，丰富了语言，就能反哺我们的课堂。

在《铺满金色巴掌的小路》这堂语文课中，陈锋老师和孩子们展开了"与树叶的对话"——

师："一片落叶落下来，要几秒钟？"

生："五秒。""一秒。""三秒。"

师："你有没有花短短的一秒钟看过落叶飘落？"

生："没看过……"

师："太可惜！太可惜！太可惜！"

师："与树叶对话，不仅要靠近日本画家东山魁夷那颗敏感而柔软的心灵，还要倾听泰戈尔的诉说，生如夏花之绚烂，死如秋叶之静美。"

师："安静的美好，有时只要花一秒钟，这是时间的玫瑰……"

又如，邵老师和她的童诗课，一个持续了六年的童诗班课程。孩子们毕业了，但我相信，因为诗，他们的心灵已经有了日出。

一个孩子在疫情期间创作了大量的儿童诗。在六一儿童节，我们为他举办了"私人定制展——可乐先生的诗"。这也是他送给自己最好的礼物。

阅读是塑造语言的密码。在百草园诗会里，我们坚持了五年的"夜读"，星空下，阅读—朗诵—吟诵。

为什么要吟诵？正如叶嘉莹先生担忧的，"吟诵"即将失传，而吟诵却是中国独有的文化现象，也是"复活"诗歌灵魂的方法。

我们还认为，真正好听的声音是从灵魂深处释放出来的，准确、深刻、动情的汉语语音，启蒙着孩子们的声音美学。

诗意，还需要守卫孩子的闲暇

诗意的校园空间，也需要深度消费，深情对话。

凌霄花下，孩子们看花、闻花、捡拾落花，一天，花架下就出现了一个孩子的诗：

"这六月的凌霄花啊，是夏天调皮的小口哨。"[四（3）班姜宜辛]

花的声音我们成年人能听到吗？听不到的，但孩子听到了。只有儿童，才能听到从心里传到耳朵里的声音。

孩子不仅参与了语言环境的设计，孩子本身也是语言的生长者。孩子的水、孩子的火、孩子的树、孩子的春天与花朵，都是对世界的一次开启，一次对话，一次进入世界的邀请。儿童的精神体质和诗歌的灵魂是吻合的。

其实，小到一个校园，大到一座城市，甚至整个时代，我们的语言环境，我们与世界对话的能力，都还有极大可能提升的空间。

优雅、精致的语言，是文明的孩子可以携带一生的表情。爱惜语言，就是爱惜我们的童年。呵护语言，就是呵护我们的生活。

撒切尔夫人曾经说过一段话：请注意你的语言，你的语言会变成你的行动，你的行动会变成你的习惯，你的习惯会变成你的性格，你的性格会决定你的命运。

或许我们也可以这样说，语言的命运，就是我们的命运。

营造校园安全感：看见师生、捧起欢畅、接住忧伤

❂ 李建华（河南省郑州市艾瑞德国际学校校长）

○ 纵观文明长河，人的安全感到底来自哪里

纵观历史长河，人类文明进步的脉络其实与人类不断追寻安全感的过程相暗合。

从直立行走到开始使用工具，从寻求食物来源的农业文明时代，到满足住宿、交通需求的工业文明时代，都是对安全感的追寻驱使人类向前。当我们进入一个全新的时代，世界的经济与科技如烈火熊熊，内心的热爱与安宁却闪烁不定，我们常说"在不确定的时代做确定的自己"，依然是在寻找安全感。

正是因为我们对安全感在不同发展阶段有不同的需求，才推动了整个人类文明滚滚向前——寻找安全感，是社会进步的车轮。

那么，"安全感"究竟意味着什么？

"安全"的英文单词是 Safe。如果允许我重新解读，也许它正代表了安全感对于我们的意义。

"S"是 Steady，稳定。大到国家，小到家庭，都需要底盘稳定带来的踏实感，它给予我们基本的自尊与自信。

"A"是 Alive，活跃。死气沉沉和鸦雀无声不会有真正的安全感。我们需要热带雨林般的生态，那里人情活跃、思维跳跃。

"F"是 Free，自由。我对自由的理解就是对时间的轻松把握，对空间的随意抵达。而这需要足够安全感支撑。

"E"是 Equal，平等。这是对人格的托举，它决定了精神的站立。站着呐喊永远要比跪着吃饭让人感到安全，因为决定未来的是视域的远近，而不是碗的大小。

稳定、活跃、自由、平等，也许就是我们站在当下的坐标点上，真正能带给我们安全感的力量源泉，能为我们营造一个最终走向自我实现的环境。

那么，人类是如何获得安全感的？

文明进步与人生奋斗是获得安全感的重要源泉。

春秋战国成就了诸子百家，抗日战争诞生了西南联大——越是动荡时代，我们越要看见恒常，那是产生安全感的内生力量：唯有奋斗才有安全感，唯有付出才有安全感，唯有发展才有安全感。

具体而言，我们可以参看这些词条，将它们作为获得安全感的坐标：刻意练习、一万小时定律、时间颗粒度、终身学习、自驱型成长、跨越能力陷阱……

安全感，最终还要回归到自我价值的体认与追寻，需要个体建构高水平的自我调适系统。而教育就是帮助师生完成这种"回归"，促成这种"建构"。

另一方面，我们还需要思考一个问题：对于学校和教育，有安全感是指什么？

○ 学校的安全感哲学：看见师生、捧起欢畅、接住忧伤

我所在的学校，很多教师是"80后"，他们推荐给我一首歌，是陈奕迅的《稳稳的幸福》，这首歌给了我启发：

> 有一天，开始从平淡日子感受快乐。看到了明明白白的远方，我要的幸福。我要稳稳的幸福，能用双手去碰触。每次伸手入怀中，有你的温度。我要稳稳的幸福，能用生命做长度。无论我身在何处，都不会迷途。

我们还可以透过一份非正式"检讨书"看到答案——说它非正式，不是学校要求的检讨，而是学生自发的行为。

> 2019年1月4日，星期五，天气阴。这是2019年的第一场雪后，今天早上吃完早饭，跟着同班同学来到了操场，看见了李校长。不知道谁先拿了个大雪球，向校长扔了过去，我也拿了一个雪球向李校长扔了过去，扔完之后意犹未尽，于是又追着李校长，找到他之后又一个雪球扔了过

去，扔完之后又团了一个雪球也扔了过去，扔完之后又扔了一个……

李校长在我们每次扔他之后，都宽容地笑一笑，只是这笑中似乎也夹杂着几分无奈、几分尴尬吧。

如果一群一二年级的小朋友向李校长扔雪球，那可以视为一种可爱。而像我们现在，已经是六年级的人了，那就是一种无知、幼稚，还有点可笑。试想，如果李校长没有耐心，那么他一定会像我们一样扔来扔去，但是李校长他有耐心，有知识，很成熟。

同时，李校长他一定是度量极大的校长，俗话说"宰相肚里能撑船"。而我们，没有李校长的那种度量，没有李校长的知识渊博，所以我们才会一而再再而三地向李校长扔雪球，李校长还能在被扔完之后一笑而过，他一定是大人不计小人过的君子啊……他温和大度，怪不得能管好一所学校呢。

我至今还记得这件事，这个用雪球扔我的学生是被班上学生校长助理"逼"着写检讨的，写完后他们一起送到我办公室，然后嘻嘻哈哈而去。

大家不妨想想身边的事物：斑马线。它无法真正解决安全问题，它解决的是安全感的问题。它创造了一种情景，形成了一种秩序，让过马路的人内心妥帖。

答案呼之欲出：一个有安全感的学校应该能看得见师生的模样，捧得起师生的欢畅，接得住师生的忧伤。

而我想，接住那个扔过来的雪球也许就是"捧起欢畅"，微笑对待这份"检讨书"大概就是"接住忧伤"，如此一来，孩子与我都能彼此"看见模样"。

○ 一座校园如何于无声处营造安全感

那么，如何才能让我们的学校变成充盈着安全的"笑"园、"甜"园？我想从郑州艾瑞德国际学校一直践行的三个方面来分享我们的想法和做法。

建立爱与被爱的关系，铺满爱的土壤

孙浩哲是我们学校一个腿脚不太方便的孩子。2017 年开运动会，他没办

法参加。我有意地创造了一个无意的相遇，很自然地牵着他的手在操场上走了一圈。

后来又一届运动会开幕式上，孙浩哲有了特别的出场方式。他的班主任王顺平老师为他搞到了一辆小车，在班级方阵的最前面。孩子当时脸上洋溢的只有骄傲，你看不到他因为身体原因产生的不安全感。

再后来，我在学校读书广场遇见了他，他的脸上都是满满的自信。

有个小男孩叫石昕航，他从我们学校幼儿园毕业后升入了一年级，刚开始他不适应，总是想念以前幼儿园的班主任老师王倩，而王老师去了另外一所幼儿园任职。

有一天，石昕航看到了教师墙上王老师的照片，忍不住哭了起来。王倩老师知道后，特意在一个周末去石昕航家里看望了他，还带他出去转一转，给他一些安慰。

为了这个孩子更好地适应小学生活，石昕航一年级的班主任黄冬燕老师常常陪着石昕航在校园里散步，和他聊天，放学后还常常给他补习功课。

对石昕航来说，安全感就是不再抱着过去照片的"她"，而是因为有了同样爱他的"你"。

爱会让人有安全感。拥有爱和创造的能力正是人类文明进步的 DNA，也是人类在 AI 时代永远不会被机器替代的原因。

舒展人际关系，需要促成每一份细小的善意

2019 年有一天，我的校长信箱收到一封来信。写这封信的小朋友是一(3) 班的张若渔，信的内容是：

"李校长，您好！我想问您一个问题，您每天都那么早下班，为什么我妈妈不能早点下班？"

她妈妈是谁呢？是我们学校校长助理刘浩然老师。这是我遇到的最难回复的一封信，于是我求助万能的朋友圈。

回复如潮。比如三年级马竞老师回复：你妈妈努力工作是为了当校长，当校长就可以早下班。

乃殿雄老师回复：校长助理是校长＋助理，做完了校长的工作后还需要完成助理的工作，所以下班会晚一点。

白露露老师更是堪称神回复：李校长姓"李"（离），所以可以早点离开，你妈妈姓"刘"（留），所以要留下来迟点。

从中我们是否可窥师生之间、同伴之间、干群之间的安全感呢？

我在居家期间开通了线上"校长 60 秒"，已经坚持了 275 天。每天一分钟，最后都以为当天过生日的师生送上祝福作为结束。而这个 60 秒，启发了我们膳食中心开发了一款"生日面"，成了过生日教师的"特供"。

安全感，其实就是在特定的时间里感觉自己被偏爱。当教师被温度"惯坏"，校园才能被安全感"灌溉"。

教育，不是铸造高深的大道理，而是促成实在的小善意。雷夫用"没有恐惧"造就了 56 号教室的奇迹。苏霍姆林斯基"在每一个角落种哪种花木都要经过师生精心考虑"，从而有了"可以栖息善良情感"的帕夫雷什中学。陶行知先生四颗糖的故事，诠释了"和风细雨常常润物无声"。

安全感，还来自此地与远方的连接

我们还会考虑，如何也让家长对学校、对教育有安全感？

我们学校的家长观是：每一位家长都是重要的链接。所以，我们增加了与家长之间有益的互动，让家长与学校建立关系和联系。

2017 年，我们开启了"新生家长智慧父母课堂"，孩子没开学，父母先上学，为期三天。因为认真对待"初识"，家长才会更好达成"共识"。

学校的很多岗位，比如运动会裁判、外出研学联络、校门口交通疏导等，都能看到家长的身影。

2020 年我们学校学生运动会为火炬传递采集火种的，就是学生代表杜美瑾和她的爸爸妈妈，这个家庭被评为 2020 全国抗疫最美家庭。运动会结束后，我们为全体家长志愿者保留下珍贵的瞬间。

因为了解，所以安心；只有走近，才会热爱。

我们学校留存有一张 15 对双胞胎的合影，全校有 184 位堂表兄弟姐妹在学校就读，而且还是"前赴后继"来我校。

什么叫有安全感？人们常说，"不要把鸡蛋放在同一个篮子里"，可是我们家长却愿意把最珍贵的宝贝都放进艾瑞德这一个"篮子"里。

关系和联系，可以是你和我之间。比如在我们学校通往三层报告厅楼梯两侧，挂满了曾在这个报告厅为我们做过报告的专家照片。他们人离开了学校，可是把精神留下了。有教师说，每次上楼梯看到这些照片，想起这些台阶都是专家们踩过的，心里就觉得幸福和自豪。

关系和联系，可以是现在和未来之间。比如我们每届学生校长助理上岗前的宣誓，和国家领导人宣誓很像。教育就是让孩子面对未来不害怕、不陌生、不彷徨。

关系和联系，可以是此地和远方之间。比如我们学校"瑞德大使"出国交流，都会带一份由我们学校书法老师亲手写的"校书"，由孩子们和教师郑重交给国外友好学校，当孩子们回来了，"校书"还留在那里，我们从此有了联系，孩子们从此对那片土地有了情感。

寻找安全感的路上，愿我们都有为他人画斑马线的善意，也有顺利过马路的能力。

学校应该成为激活师生生命的赋能场

◈ 李晓琦（北京市海淀区中关村第四小学校长）

96

2018 年，中国教育创新年会的主题是"人啊人"。这一主题给我留下了深刻的思考：我们要培养什么样的人？他们从哪里来？到哪里去？我以"身后那束光"，这个富有诗意的题目和大家展开探讨，分享很多发生在不同时空的小故事，其中有我自己的逻辑，也希望您，可以建立属于你们的逻辑。

我们大家都有不同时段的"有生之年"（这里特指有学生之年），但是每个人的"有生之年"的开始却是不尽相同的。有一张照片就是我"有生之年"的开始。

那是我当教师的第八天，面前的三十多个孩子也是第一次当小学生，我特别感谢拍下这张照片的教师，他可能也没有想到，二十年过去了，这张照片还有这么多值得解读的空间。蒲公英教育智库总裁李斌说，每个人都不应该回避自己的缺陷，每次对缺陷的反思也是一次成长的机会。我想带着大家一起去反思这个情景。

当时所有的孩子都在认真听课吗？我身后的那个孩子他在干什么？我当时为什么把他晾在一边呢？有的孩子冲着镜头居然做了鬼脸，这可以吗？这些孩子八天后就可以乖乖坐着听课，他们在真实地学习吗？这些反思让今天的我仍然可以找到改进的空间。

细细去体察每个"人"，才有可能把教育的功能发挥到极致。

看见以前没看到的自己

2018年教师节，几个已经就读高中的学生回到学校，我特别好奇地问他们："你们认为，当年在中关村四小学习到的本领中，哪些是最重要的？"我给了他们一分钟的思考时间，这一分钟，其实考验的是他们本能的回答。孩子们的回答是什么呢？他们提出了四点：独立的思想、解决问题的能力、豁达的心态和对自我的控制。

这个答案让我既欣慰又沉思，欣慰的是孩子可以被教育真正赋能，沉思的是常态教育有多少时候还在强行灌输。

有一本书，叫作《一个称作学校的地方》，其中有段话："我们生活的时代有着无限的机会可以获得信息，但是我们思索的机会、与他人交往的机会、澄清自己对这个时代和环境看法的机会却是受到限制的。"这番话，今天看起来依旧引人深省。

学校不是一间大工厂，尽管只有规模大、办得好的学校才能招到更多的教师和学生，但是衡量学校的价值还有另一个指标，那就是"小"，所谓的"小"就是看每一个个体在学校空间里得到了多大的支持和鼓励。

2016年，我们请所有的教师拿起手机，捕捉一百个被感动的精彩瞬间。于是教师们把孩子的面容、感受、当下的故事都记录下来，并分享给了身边的同伴。在分享过程中我们发现，原来只有学校如此地关注每一个生命，生命才会变得富有活力。我们忽略了那些辉煌的场景，回到了一所学校最根本的要做的事情。

慢慢地，我们把问题还给学生，开始去想孩子会怎么想。如果一个学生在学校里知道自己的兴趣是什么，可以做出决定并知道怎样做出决定，知道怎样对自己的选择负责，知道怎样从失败中获得学习的机会和能力……那他一定是个自由的人，他有自己的空间可以想象，有无限的机会去创造可能。

　　小陈是一个四年级的学生，他特别喜欢和电脑、信息技术打交道，但他不太善于和别人交往。有时他会苦恼地对教师说："我不知道怎么和同伴交朋友。"

　　怎么帮助他呢？教师发现，他的梦想是成为"程序大咖"，于是教师全力支持他的兴趣发展，帮他联系各种资源，而不是一味帮他弥补短板。就这样，后来小陈同学成为学校公众号的编辑人员，和教师团队共同完成了学校公众号的运营。因而，所谓的赋能其实并不是单向地给予，而是帮助人看到那个之前没有看到的自己。

　　小陈在这个过程中领悟了，原来每个人有不同的兴趣，有不同的意愿，他可以找到不同的方式去和别人关联。小陈在潜移默化地优化自己跟别人打交道的方式，这就是赋能。

○ 学生发起，成人帮助决策

　　再进一步思考把问题还给学生，就是要站在学生的角度，去发现他们关心的问题。我们把这些问题用二维矩阵进行了分类。

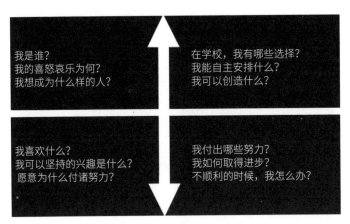

我是谁？
我的喜怒哀乐为何？
我想成为什么样的人？

在学校，我有哪些选择？
我能自主安排什么？
我可以创造什么？

我喜欢什么？
我可以坚持的兴趣是什么？
愿意为什么付诸努力？

我付出哪些努力？
我如何取得进步？
不顺利的时候，我怎么办？

◎ 图1-7　学生最关心的问题

　　以上问题在不断引发孩子思考：我可能在哪里成长。这个空间不仅仅是他的教室、他的课堂、他的学校，还有他真实的生活。

◎ 图1-8 我可能在哪里成长

那么，通过何种渠道，或者在何种可能性下，才能让孩子用行动去解决这些问题，回应这些问题？我们找到这样一个框架，也希望和大家一起去反思。

来源：［英］罗杰 A.哈特.儿童参与 ［M］.北京：科学出版社，2000：37.有改动.

◎ 图1-9 儿童发起金字塔框架

在大家熟悉的空间里，学生是装饰品吗？他们为何存在？为何发声？他们有可能只是一种象征性的参与吗？如果再往上升一个层次，我们是不是能邀请学生一起参与决策？而顶端的层次，能否单独由学生发起，成人只作为参与者、伙伴？我相信每个人心中都有不同的答案，也大概会有一个百分比，我们希望最上层的百分比能逐渐扩大，也就是说学生应该成为发起者，成人帮助其进行决策。

在中关村四小"书窝日"的操场上，每个孩子都可以创造一个属于自己的窝，然后在窝里选择自己喜欢的书籍，于是我们看到了五花八门的创造。每位教师和孩子一起阅读时，还会拍下孩子们阅读的照片——

一年级的小豆包，字都不识几个，当天却从妈妈的书架里选择了字特别多的书，津津有味地读起来，读到酣畅淋漓时把袜子都脱掉了，妈妈和教师特别惊讶，他是如此享受读书。

一个小姑娘，把所有对艺术的感觉都融在了她的创作当中，每个作品都是她内心世界的表达，她的书窝叫"破茧成蝶"，寓意不断突破自己。

还有一个小男孩，戴着自己发明的眼镜躺在操场上，我们不知道他是谁，但这张照片一直在告诉他的学弟学妹，创造并不是特别复杂的事情，有时一副眼镜就会带给别人无限的启发。

○ 用成长型思维向儿童学习

"书窝日"是怎么来的呢？这本不在学校的工作计划里，我们完全可以按部就班开展读书节，直到三个学生到图书馆表达了他们的想法：原有的读书节太无聊了，也没有我们可以参与的空间，不如让我们自己策划一个读书节吧。图书馆馆长恰巧正在发愁如何设计一个更完美的方案，于是果断把他们三个作为"书窝日"的倡导者，以此来组织策划。

"书窝日"是什么呢？这天不仅要读书，还要亲手打造一个属于自己的小窝。所有详细的规则都由策划小组的同学制定。大家可以想象，如果身为当时的教师，会有什么样的想法？会放心让孩子们去做这件事情吗？如果出现了安全问题怎么办？如果噪声太大怎么办？是的，大人的脑海里冒出了好多好多小问号，可这些小问号并不出现在孩子的世界里，他们想得更多的是尽其所能解决这些问题。当我们回归到一个生命最完整的状态，人生的路何尝不是由各种问题组成的呢，只是大人更容易吓唬自己。

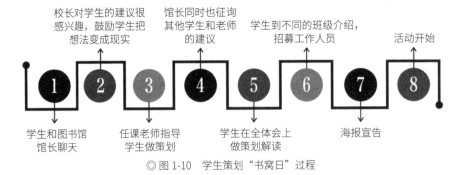

◎ 图 1-10　学生策划"书窝日"过程

可不可以有"书窝日"？可不可以那天不上课？可不可以没有铃声？当我

们看到孩子的书窝时，反而去感慨，为什么不可以呢？书窝搭建过程中，孩子们有那么多创意释放，有那么多灵感迸发，这不就是我们教育所期待的样子吗？

这个故事不仅启发了孩子，更启发了成人。我们究竟应该在怎样的思维方式下去思考人的成长？赋能不是成人给予儿童的，恰恰是成人从儿童身上学习的。成人那些吓唬自己的问题之所以没有出现在孩子们的世界里，是因为他们相信自己可以不断拓展自己的能力，高度保持热情去实践，在困境当中坚持不放弃。当我们用成长型思维向儿童学习时，才能真正成为教育者。

当然，思维方式和行动方式的改变，不能仅仅表现为支持有创意、有想法的孩子，还要体现在那些制造麻烦的孩子身上。正如蓝继红校长所提到的，往往统一的方式并不能够满足每一个孩子的需求。那个制造麻烦的孩子，他的成长空间在哪里？如果用成长型思维方式考虑的话，我们就会多想一想，那个制造麻烦的人或许正在麻烦当中，需要我们帮助。

真正的赋能，是一种生态赋能

在另一所学校，有个孩子在班级里"打遍天下无敌手"，校长、教师、家长都拿他没辙。该校校长与我商量：咱们两所学校一起培养这个孩子，可以吗？于是这个孩子转到了中关村四小。刚开始大家对他也基本上束手无策，后来我们想到一个策略，由每个和他打交道的教师为他留下一张照片，而这张照片反映的是他在学校的生活状态。

后来，当教师把这个孩子所有的照片汇聚起来时发现，这个"打遍天下无敌手"的同学，可以在图书馆办画展，可以把自己的作品送给学弟学妹，可以在天文小组扮演非常重要的角色。

真正的赋能，是一种生态的赋能，是成人和儿童都可以找到"我可能在哪里成长"。中关村四小的孩子可以把他们对于教师的见解画在一面墙上，也可以去出售自己的日历。我们都希望学校是一种赋能的生态，那么它一定是一间学习的大教室，每个角落、每种状态都能成为学生"学"和教师"教"的资源。

办一所"心灵不打结"的学校

◈ 赵桂霞（蒲公英教育智库实验联盟总校长、山东潍坊歌尔教育集团原总校长）

○ 为什么要办一所"心灵不打结"的学校

我这个命题作文是：办一所"心灵不打结"的学校。虽然是命题作文，确实也引发了我系统的思考。我在想：为什么要办一所"心灵不打结"的学校？我忽然发现，从对教育的本质理解中，我们就能找到答案。

苏格拉底说："教育不是灌输，而是点燃火焰。"

蒙台梭利说："教育就是激发生命，充实生命，协助孩子们用自己的力量生存下去，并帮助他们发展这种精神。"

费希特说："教育不是首先着眼于实用性的，不是首先去传授知识和技能的，而是要去唤醒学生的力量。"

叶芝说："教育不是注满一桶水，而是点燃一把火。"

雅斯贝尔斯说："教育是人的灵魂的教育，而非理性知识和认识的堆积。"

马克思说："教育绝非单纯的文化传递，教育之为教育，正是在于它是一种人格心灵的唤醒。"

再一次读这些教育家、哲学家、思想家关于教育的理解，我们读到了什么？

2016年的世界经济论坛发布"未来工作"的报告，这份报告中这样表达：2016年入读小学的全世界儿童，未来要有65%的孩子从事现在不存在的工作。

当这样的未来来到我们面前的时候，我们教育人该做怎样的回答？他们一生当中要换五到七份工作，要横跨两三个行业，不确定性、模糊性、可变性是未来的三大特征。应对这样的未来，教育到底应该怎么做？

其实，越是未来，越是本来。教育本来就是要唤醒一个人内在生长的力量。正如印度哲学家克里希那穆提简洁地表达：教育就是解放心灵。他进一步说："我非常希望通过这些信件来传达学校应该是什么样的，并且告诉那些对学校负有责任的人，这些学校不仅要在学业上非常出色，而且要关心对人的全面培养，必须帮助学生和教师自然地绽放。"

回看我们的教育实践，学业出色，我们一直在追求；全面培养，我们现在正在关注；而师生心灵的绽放，我们好像离它很远。教育本来的样子，就是实现师生心灵的绽放。我们要做的面向未来的教育，一定也应该是这个样子。

什么样的学校是"心灵不打结"的学校

2019年，歌尔教育集团旗下的幼儿园、小学和中学依次进入招生运营阶段。非常奇怪的是，9月份的开学季，听不到幼儿园孩子入园时的哭闹声，相反，孩子每天盼着来园，周末不愿意回家，最渴望的就是星期一。

小冉的妈妈在给孩子每周一信中这样表达："你来到了一所有魔法的幼儿园，你告诉我你爱这里的一切。"牟歌对她妈妈说："您能不能别每天都来接我，我想住校！"是什么样的魔力让孩子有这样的期待？因为在这个园里，我们尊重孩子的一切，接纳孩子所有的不同，允许孩子在这里做他想做的任何事。顺着孩子的天性生长，这是办园的基本宗旨。

小香可特别喜欢秋千，但是她一直不敢荡起来。教师不会去推她，而是问她："需要我推一推你吗？""不用、不用，我自己推。"我们相信她一定能靠自己的力量推动起来。果然，在10月底教师给小香可的观察记录中，我们看到了这样的表达："小香可已经荡起来了，而且飞得很高。"这个时候的她，有一种从内而外的喜悦感。有了这样一份喜悦，孩子对未来就敢于去突破一切的挑战，这就是我们理解的教育。

我们放下教导和改变，坚持"儿童在前，教师在后"，循着儿童的生长节律，让孩子自然生长。在这个园所里，孩子一个上午是在246种工作里自主选择、自我发展、自我完善、自我形成的。教师则观察和记录孩子的状态，发现孩子的需要，创造有准备的环境。每天，孩子们用画笔记录下自己一天的经历，回家讲给爸爸妈妈听。爸爸妈妈记录下来，就成了一本本"看图说话"，它连接了亲子关系，也让我们从中读懂了孩子。

这就是我们认为的"心灵不打结"的学校。

正如卢梭所说，最好的教育就是无所作为的教育。学生看不到教育的发生，却实实在在地对孩子产生了影响，帮助他们发挥了潜能，这才是天底下最好的教育。

○ 怎样办一所"心灵不打结"的学校

一所"心灵不打结"的学校，一定是通透的、不扭曲的、舒展孩子心灵的学校。其背后一定是遵循教育教学规律，遵循学生的成长规律，遵循教师发展规律。更一定是以"立德树人"为指向，担当起"为中华民族伟大复兴而育"的使命的学校。

在今天的中国，在 AI 时代的教育背景之下，一个又一个关于教育改革文件发布的背景之下，我们教育人一定要思考：面向未来的教育应该怎么做？

好的教育自然是遵循这三个规律来做。

一是遵循教育教学规律

教育教学规律在哪里？如果简单地理解，就是让每个孩子找到适合自己的跑道，然后舒展地奔跑。所以，学校里必须有丰富多元的课程供他选择，必须有愉悦生动的课堂助力奔跑。

在歌尔小学开学的那一天，"小林校长"在门口迎接孩子们，他送给每个孩子一包彩色的种子，同时有一封亲笔信。他告诉孩子们，请你种下这包种子，仔细地呵护，观察它从破土到生长的全过程。孩子带着好奇种下了这包种子，也带着好奇开启了小学阶段的新生活。

这是《你好，学校》主题探究课程里的第一个篇章，接下来，其他四个篇章依次开设：彩绘蝴蝶我的家、走遍校园找到 TA、致一年后的自己、踏歌入学。主题探究课程给了孩子什么？孩子们在生活中学习，学习不再局限于教材，世界成了他们的教科书；数学不再是数字的简单相加，而是在玩游戏中，在师生互动中，在学生与学生的交流中，完成了知识的学习。

以一年级为例，主题探究课程包括：你好，学校；会变的月亮；不一样的国庆；身体的秘密；诗情画意遇见秋；发现春天。从生活中来，到生活中去，在做中学，在体验当中生长，这是教育要追求的东西。

在歌尔中学部，同样要满足不同孩子的发展需要。中学阶段孩子差异大，我们开发了基本课程、分项课程、综合课程、特色课程以及引擎课程的"翱翔

未来
104

课程"。我们希望每个孩子都能找到满足成长需要的课程，能够翱翔起来。中学部目前开发的课程达 288 门，丰富而多元。同样是上体育课，学生可以选择不同的项目，因为是学生喜欢的，就特别愿意参与其中。因为满足孩子的需要，我们就有了一个人的课堂，三个人的教室；因为满足孩子的需要，我们就能把一节课自然分成五个学习形态，五个学习区域。每个孩子找到了属于自己的跑道，他自然是快乐地奔跑。

二是遵循学生的成长规律

学生成长在哪里？一定是成长在生命里。我们始终坚定地认为，成长比成功更加重要。成功是对过往的总结，关注的是外在的结果；而成长是对未来的希冀，关注的是内在的生长。只有生命成长才是孩子鼎立于天地之间的根本，才能拥抱一个不确定的未来。

怎样进行生命成长？生命成长一定是在孩子的每日生活当中。他在校园里的生活接触最多的、交往最深的，一定是他的教师。所以毫无疑问，"良好的师生关系是生命成长的重要基石"。在这里，营造安全、开放、包容、接纳、理解、尊重的气场，拥抱着每一个孩子。

教师的言行更可以点燃孩子的火花。小鑫在小学的时候，他的一双眼睛被教师这样说过："你瞪着一双傻傻的眼睛。"到了中学，教师说："你那水汪汪的大眼睛里总是透露着善良。"从此孩子就变了。我们可以用这样的语言去告诉孩子："你记笔记的样子很认真，而且边写边思考。""你分享的时候很用心，这份真诚让我们很感动。"等等。教师的每一句话都能点醒我们的孩子。

如果孩子已经有心结了，就需要特别支持。在歌尔教育集团，我们通过调研找到了学生需要突破的 6 个维度（心结），创造了"歌尔少年的六维成长图"，包括主动成长、自尊自信、理解他人、自我管理、责任担当、坚定意志。每个孩子找到他需要突破的成长点，用生命成长锻炼营的方式，开启每个孩子的生命成长之旅。在这里，我们看到了不敢登台演讲的孩子大胆地展示自己；不做作业的孩子有了做作业的习惯。也从此，回到课堂上，我们看到了一个个鲜活起来的孩子。

三是遵循教师发展规律

办一所"心灵不打结"的学校，最重要的就是遵循教师发展规律。在当下教育背景下，教师要发展什么？在我们看来，有三项非常重要的能力应该成为教师发展的应有之义，那就是化解情绪的能力、热爱职业的情感、树立远大理想的教育情怀。情绪、情感、情怀应该成为校长助力教师生长的三大要素。

每个人行动背后都有一套思想体系，它是由信念、价值和规则组成。这些体系因为由过去的经历带来，所以伴随着我们。而且一旦遇到相同的情境，就会自动运行这套系统。

因为人与人思想体系的不同，教师就会出现"心结"。帮助教师打开"心结"，是校长的职责所在。因此，教师的成长不再是简单的教育教学成长，而是把生命成长、文化熔炼和教育教学成长三位一体进行融合，构建三维度的成长系统。而且，在这三个维度中，生命成长是第一位的，只有生命成长，才有教育教学成长的渴望。我们的做法是：

突破自身生命成长的藩篱。什么叫生命成长？四个关键词：开放、成长、感通、成全。让每个教师打开自己、敞开心扉；一旦开放自己，他自然就在成长，并且他能感通到别人；一旦别人的价值体系跟他的价值体系相遇的时候，都来彼此成全。我们看到好多教师经过生命成长锻炼营之后的改变。

彭老师 2018 年刚来学校的时候，他穿的衣服当中总有一点红色，如果衣服上没有，他的鞋子一定是红的；如果全身没有，他一定戴一个红色的围巾。在生命成长锻炼营当中，他揭开了秘密，那是在初中阶段一个男老师对他的打压。他离不开红色，因为这代表火焰，代表一种力量，他只有靠这点红才能生活。这是一个不敢去触碰过往伤痛的教师，生命成长锻炼营之后，他身上终于可以没有红色了。生命成长锻炼营让他的内在生命得到了生长。

只靠锻炼营行吗？当然不行，真正的改变必须在行动当中。

王老师被评为学校 11 月份的"月度人物"，理由很简单，他用一个月的时间家访了班里所有的孩子。学校没有统一安排，他为什么主动家访？因为他在生命成长锻炼营里发现了他的局限——情绪失控。他想当一个情绪控制的高手，但他发现刻意地控制情绪很难，他必须理解每一个孩子，于是他走到每一个家庭里，发现每个家庭的故事，从此他真的成为情绪管控的高手。

构建生长学术的组织架构。在一个关注师生心灵生长的学校里，组织架构

未来

106

必须支持每个教师学术的生长。因为行政管控是束缚人的, 学术组织才能创造学术的力量。在歌尔学校, 我们构建了学院制组织结构。把所有的学科分解、聚合, 构建起人文学院、数理学院、艺体技学院, 然后再把学生成长的那一部分构建为知行学院、四大学院、两大中心(行政服务中心、教学服务中心)。学院制从学科出发, 尊重了每位教师, 让学术滋养生命, 所以才有了今天的双师双导课堂。因为教师有时间和精力去做学术研究, 于是有更多的教师走向个性化的辅导。我们也看到, 跨学科的综合课程一个接一个地被开发出来; 更看到了, 学科教师装扮他的学科教室成了本该有的样子。用学术滋养教师的生命, 教师得到了最大的尊重。

营造追梦理想的文化场域。想要世界变成什么, 你先要变成什么。教师是什么? 教师是在中华民族伟大复兴的过程当中担当创造历史的人, 我们必须有这样的梦想。于是我们把原来的组织评价变更为自我评价, 在自我评价当中, 我们看到了教师慎重地对自己做出评价, 不会过高, 也不会过低, 这样的评价成了教师的自我诊断, 他会走向自我改进。丹尼尔·戈尔曼说过: "自我觉察是至关重要的基本技能。那些准确的自我评价技能, 能够让人们意识到自身的力量和弱点。他们通过经验进行学习, 这种经验包括各种各样的反思、开放性的反馈、新建议以及新视野。"

校园里各种各样的学术平台, 也不断地给教师创造着属于他的成就。"泥土里生长出来的微专题"一周一次, 教师们自主申报; 还有家长沙龙、名师讲堂、工作坊、项目研究等, 每个教师能找到属于自己的舞台, 绽放光彩。它更重要的意义在于, 在教师队伍里, 许多熟练的、能干的、被誉为优秀的教师, 在遇到问题的时候并不愿意主动寻求帮助, 即使他的确需要援助。而在学术平台里, 能够支持到每个教师, 包括这样一些优秀的教师。

还有, 不断地发现教师的阳光故事, 通过月度人物、发现阳光的海报进行传播, 在校园里倡导正能量。

最后我想说, 办一所"心灵不打结"的学校, 它的价值在哪里? 面向未来, 我们的师生应该有自信、坚强、无畏未知的状态。

未来

107

人性向善也趋恶，这份不确定给教育带来了什么

◈ 李海林（上海新纪元双语学校校长）

教育的背后，藏着人性假设

学校里每天都会发生许多事，与校长有关，与教师有关。

看似平常，其实我们做这些事背后有着深刻的原因——对人性的假设。我们认为人性是怎样的，就会做怎样的事，或者会以怎样的方式去做事。这就是人性在教育里的含义，是教育的人性假设。

西方教师乐于表扬学生，理由很简单，他们认为人性本恶，小孩子都是坏蛋，但这个孩子今天坏得还不那么厉害，可以表扬。所以西方教师坚信"皮格马利翁效应"，孩子被表扬多了，就自然成为你所表扬的那样的人。

相对西方教师，中国教师更喜欢批评学生。因为中国人相信人性本善，人应该是非常好的人，不过这个孩子今天好得还不那么厉害，应该批评。我们常说"棍棒之下出孝子"，就是这个原因。

简单的表扬和批评背后，藏着深刻的人性假设。对人性的假设和理解，又暗暗决定着每位校长、教师每天做什么事，以及用怎样的方式做事。

中西方教育的不同，在于人性假设

中国传统的教学组织形式，我们称之为"行政班授课制"。它具备三个特征：统一排课；学生坐在教室里；学年制（一年一年往上读）。

为什么是这样的教学组织形式？因为我们认定，人性的理想状态是完整，关键是无短板。在我们传统的教育中，无短板是至高无上的。

再看西方的教学组织形式，我们称之为"选课走班制"。它同样具备三个特征：学校不排课，而是选课；学生不是坐班，而是走班；学校使用学分制。

为什么？因为在西方国家，好的人性不是所谓完美发展，而是强调优势。

短板不重要，长板才重要。西方关于人性的理想状态和我们不一样，教学组织形式也不一样。

40 年，我的四个教育准则

迄今为止，关于人性被大家普遍接受的理论是，"人性有善也有恶，人性中善恶并存"。这里所说的"人性的善"是指人的社会性，"人性的恶"指向人的生物性的本源。

人本质上是生物。那么，教育的功能、目的、使命毫无疑问是抑恶扬善。教育并不否认人的生物性，否则，很容易将孩子培养成一个假人。

教育要抑恶

20 世纪 90 年代，我曾到国内一所以升学率高著称的名校参观。刚走进教室，我看到教室里赫然挂着两双鞋，一双皮鞋，一双草鞋。意思是，如果不好好学习，就可能成为穿草鞋的人，好好学习就能成为穿皮鞋的人。难道人的价值仅在于脚上的一双鞋吗？

20 多年过去，原以为已经不存在这样的现象，没想到又看到这样一则视频。视频内容是一个初中班级发生的教师鼓励学生好好学习的片段。

教师问同学："如果不好好学习就会怎么样？"

孩子们回答："收头发、回收旧手机，旧手机换菜刀、换剪子……"

这是什么样的人性假设？难道做这些工作的就低人一等吗？这样的教育会坏掉人心，也许有一定效果，但不能这样做。

教育要扬善

有一天，我们学校寝室里发生了一件小事。一个孩子走到其他寝室，发现桌上有包打开的薯片。他拿起来就吃，一片接一片，最后全部吃光了。宿管阿姨批评这个同学，说这叫作"偷"。事实好像没有什么错误，但我认为是不合适的。

我们应当最大限度地保护孩子们的善意。看见同学桌子上有一包薯片想吃，吃一片不够吃两片，这是人的天性。这叫作"不问自取"，虽不合适但不是"偷"，不能贴标签。

我们的教育教学行为，如果不从人性的角度、哲学的角度思考，不会发现什么问题。但拿着哲学的放大镜一看，就会知道不合适。我们要最大限度地保护孩子们心中的那一点善意，不去破坏它。

教育不要试图把人培养成神

网络上曾经流行过一张照片——一个戴"5道杠"的学生。学校通常是"3道杠"，这个学生戴"5道杠"是因为他任学校某项大事的总大队长。"5道杠"本身没什么问题，孩子愿意进步很好。有意思的是，不管是这个孩子及其家长，还是学校教师、校长都大力宣传这个孩子的"特别之处"——所有小孩子喜欢玩的他都不玩，他喜欢的都是大人的事情。

这是想把孩子培养成神，这种教育不合适，不可取。

教育不要违背孩子天性

孩子最宝贵的是他的童真，教育不应该违背孩子的天性。

我们学校是一所寄宿制学校。通常寄宿制学校会面临一个问题，星期天返校孩子们不想回来。但我们学校不存在这个问题，原因很简单，学校每个星期天晚餐是"周末大餐"。"周末大餐"只有100份牛排，因此很多孩子星期天一起床，就催着爸爸妈妈送自己回学校。有的孩子上午就来学校了，一到下午4:30就去排队吃大餐。

想吃好吃的自然就来了，这是孩子的天性，教育不要违背孩子的天性。

爸爸妈妈最喜欢孩子的时候是怎么表达的？发奖状吗？奖励钱吗？都不是，而是带孩子出去吃一顿。

在我们学校每个月都会评选出6个阅读量最大的孩子。有什么奖励？校长陪他们吃饭，吃澳洲龙虾，每一次必有龙虾。一开始，有孩子真的会为了吃龙虾去读那么多书，可读着读着就会发现书里的美味佳肴比龙虾好吃多了。这就是不违背孩子天性的教育。

一个学校现实问题的理论探讨：学生早恋

"教育要扬善、教育要抑恶、教育不要试图把人培养成'完人'、教育不要违背孩子天性"，这就是我从事教育工作近40年的教育宣言，或者教育准则。

教育要扬善：教育要有自己的人性理想，教育的使命是给孩子一种人性的底色。

未来

110

教育要抑恶：教育要有底线，教育不要坏人心，哪怕这样做可能带来实际好处，也不能这样做。

教育不要试图把人培养成神：教育是有界限的，教育的界限是人不是神。超越了人的教育，不是好的教育，也不会成功。

教育不要违背孩子天性：孩子的天性是教育的资源，不是要改造的对象。在教育领域里，无害即是善。

我想用这四个我所谓的教育准则，来分析一个学校实际问题：学生早恋怎么办？

许多校长被孩子们的早恋所困扰。孩子早恋，不能不管，但管得不好也会后患无穷。好多校长束手无策，但在我看来一点也不复杂。

第一，什么叫早恋？孩子们进入青春期以后会对异性有感觉，这是人的天性。

第二，不要逼孩子成为神，神才对别人没感觉。试图扼杀青春期孩子对异性的那一点点感觉，不是教育的使命。

第三，教育要扬善。孩子们对异性的那点感觉中的"善"是指什么？健康、安全、负责任。孩子们有感觉，想去发展、拥抱这种感觉是可以的，学校只需要提醒他们好好地拥抱（健康、安全、负责任是宗旨），陪伴他们走过这个特殊的季节就行了。

第四，教育要抑恶。要告诉孩子，在处理异性关系的时候，不要那么丑、那么恶、那么假。培养孩子正确的爱情观：爱情是人与人之间的最大善意，它的核心是相互欣赏和关怀。

不管你相信不相信，教育人都是哲学家。

不管你知道不知道，面对诸多教育理论和信念，指导我们教育教学实践的还是内心的本性。

不管你愿意不愿意，教育人的命都是注定的：吃粉笔灰的命，操全人类的心。

你知道全世界的学校今天在如何进化吗

⊗ 钱志龙（独立教育学者）

在我做校长的时候有几个问题一直困惑着我：教育的本质是什么？教育的未来是什么？教育创新的本质是什么？2016年的时候，我终于卸下了校长的帽子，挣脱了校长的枷锁，然后走上了一条长征之路——探访6个国家和地区的200多所学校。这200多所学校中，给我带来最多启发的并不是学校发生的改变，而是学校里那些曾经不被当成教育工作者的人。所以走完这一圈之后，我印象最深刻的一句话是：未来已来，而我们没有准备好。

那么，世界已经变成了什么样子呢？

或许有人会提到AlphaGo的案例，但是AlphaGo和AlphaGo Zero的本质区别是，AlphaGo打败了人类这件事情还没有那么可怕，最可怕的是AlphaGo Zero学会了下棋。现在的人工智能玩的是"换人游戏"，我们把那些人类不想做的事情交给机器人去做，但在未来的20年之内，它们或许将取代人类大部分的工作。

在过去的20年里，以我们的父母为代表的重复性体力劳动者受到猛烈冲击。在未来的20年里，以律师、医师和注册会计师等为代表的重复性脑力工作者或许也将受到一定冲击。2013年我做了一个眼睛的矫正手术，当时确实有医生在场，但他做的唯一一件事情就是打开我的眼睛，剩下的事情全部都是由机器完成的，而且我并不介意这一点。

这种局势下，我们的很多家长和教师都还活在旧时代逻辑里面：考一个好分数，上一个好中学，上一个好大学，找一份好工作，娶个好媳妇生个好孩子，然后再上一所好学校。那些以为把孩子送出国去拿一个洋学历就能躲过高考的激烈竞争，就能拿到诺亚方舟船票的家长，可能不知道美国大学生的辍学率并不低。我们辛辛苦苦地挣钱，把孩子送去美国，结果将近一半的美国学生在六年之内还没拿到美国学历就离开了校园，这是为什么？

我们可以尝试使用你3年前或者5年前用过的手机，你可能无法忍受它的速度、它的样式或者它的形状和大小，但是这个教育体制我们用了一百多年，却好像还没有觉得有什么不对劲。我们还在用那种老的、流水线的方式进行教育，在同一个时间里用同样的套路去对待 50 个天分不一样、兴趣不一样、努力程度不一样的孩子，给他们教同一个知识，这件事情真的是不可持续了！世界和学校之间的鸿沟已经越来越大，我们不可以不正视它。整个教育系统迭代的时刻已经到来。

什么叫系统迭代？苹果手机 iPhone 7 到 iPhone 8 不叫系统迭代，这只是升级了一个版本，但是当智能手机出现的时候，曾经人手一台的诺基亚手机就消失了，这就是系统迭代。

今天我们使用"进化"而非"变革"这个词。细想一下，进化和变革的区别在哪里？变革有可能成功也有可能失败，但进化就是当海水涌过来的时候，你还没有长出会划水的鳍，那么你就会死去。这就是进化的严酷和不可阻挡。

当我们还在沉睡的时候，世界的学校在如何进化？高科技高中（HTH）学校已经火了，他们用了 18 年的时间向世人证明，用项目制方式学习的孩子跟用传统方式学习的孩子一样棒，而且更棒！这所学校是一所平民学校，绝大部分的学生靠抽签进校，进校的学生都可以上大学，虽然我并不认为上大学是衡量一个学校的唯一标准。

美国的大学也在发生改变。中小学有着一百多年的历史，但许多大学有五六百年的历史，它们也很旧了，所以美国的创新大学正在颠覆美国的高等教育，我相信潮水涌到中国的时间也不会太久。

巴厘岛有一所"绿色"学校，整个校园是用竹子盖的，没有用一砖一瓦。在学校的理念中，没有什么化学课、物理课，学校只有一件事情，他们全校人都关注人的"可持续发展"。

在芬兰，人从出生的那一天起就知道他们不一定要去上大学，在芬兰没有"万般皆下品，唯有读书高"这句话。芬兰还做了一件很了不起的事情，他们取消了督导制，这是什么意思？这代表着他们不相信一群五六十岁的退休校长有资格去教导一群三四十岁的年富力强的校长，去带领一群二三十岁的年轻教师来为十几岁的孩子打造一个面向未来的学校。而加拿大比他们更狠一点，他们直接取消了教育部。

我们的邻居日本又有一所学校火了，N 高中，他们全部用手机上课，教师跟孩子一起玩手机。

刚才提到的学校可能都有一些特殊的地方，我们没办法全部都参考，但是世界教育发展的规律是有迹可循的。

上学形态的多元化。以前都是就近上学，这件事情现在已经不复存在，家长们是有选择的——只要你想选择的话，谁说读完高中一定要上大学？

求学路径被打乱。年轻人在高中毕业以后先花一年的时间去看一看世界，这种间歇年的方式已经越来越得到大家的认可。还有一些高中生毕业就直接就业了，或者他们也不就业，他们创业了，这些都是上学的路径被打乱的一种迹象。

学历通胀且无关。学历跟货币一样有通胀，当屋子里的所有人都有1000万的时候，1000万只能买一本书。所以当满大街的人都拥有高学历文凭的时候，你就知道什么叫学历通胀。但是比学历通胀更可怕的事情是什么？是跟学历无关。2017年，哈佛大学中国教育论坛邀请了一个只有高中学历的人，这个人就是探月学院的创始人王熙乔，他1997年出生，高中学历，不对，他们国际班的还没有文凭，所以是初中学历。

所以这个时代已经变了。随着学习场景的变化，有一件事情也发生了微妙的变化。我们曾经只有在固定的地方才可以买到我们所需要的物品，但在今天，即使我们并没有去购物中心，我们也没有一天停止购物。同理可得，学校已经不再是唯一的学习中心，学习的中心已经转移到了每一个孩子手里，每一个孩子就是一所学校。

请允许我冒昧地改写仓央嘉措的一句话：无论你教与不教，知识就在那里，不增不减。所以当学习发生了变化，学生发生了变化，我们的教师还不变，还以为我们是知识的分发者的话，真的会被世界淘汰。

很多人不愿意接受教育创新，最大借口是"最后他们还得要考试"，无论是美国的能力素养成绩单联盟（MTC）还是中国的新高考，都在吹响标准化考试论英雄的时代结束的号角。能力素养成绩单联盟（MTC）在美国掀起的轩然大波已经波及了高中、波及了大学，以常春藤大学为代表的学校们已经开始接受这一张不一样的成绩单。

我们大部分人都知道，在不确定的未来，我们战胜这个世界的唯一可能是拥有这些软实力，而不是你的高考成绩。但是我们拒绝去接受它，因为它不容易测量，我们就选择不去测量，因为它不容易教，我们就不去教，这件事情是不对的！

现在无论是中国还是美国，已经有一些大胆的学校开始以核心素养为起点来设计学校、设计课程。但是光重构学校是不够的，现在是整个教育生态出了问题，这跟有机种植一样，再好的种子，如果土壤不对，还是种不出甜美的瓜果来。如果家长甚至社会都在追求这样的价值观——让学生去考试去刷题，去做课外班的补习，无异于在伤害着教育这块土壤的生态。

重构教育生态需要家庭、学校、社会三大板块的同时启动，光靠校长们努力去做教育创新是得不到我们想要的结果的。在英国教育家肯·罗宾逊的教育创新五部曲的最后一部收官之作《你，你的孩子和学校》里面有一句话让我非常震撼，他说："我们搞混了教育、上学和学习之间的联系、差别和逻辑。"我们误以为靠一部《义务教育法》就可以保障每个学生受教育的权利，但很多孩子恰恰是在上学的过程中失去了对学习的兴趣和原动力。

我不光去了那些教育创新科技领先的国家和学校，我也去了一些很特殊的学校，比如尼泊尔的沙弥学校，肯尼亚的贫民窟里那些孩子都不知道第二顿饭从哪来的学校，印度加德满都的孤儿院，我从教的百年职校。我突然被两件事情惊喜到：第一，这四个地方的学生脸上有着我平时在中国的学生的眼睛里看不见的光芒和孩子般的天真；第二，这四个学校有一个共同特征——家长不来捣乱。

我发现我们在那么辛苦地做教育创新，但在很多所谓的名校，很多已经得到社会承认的学校却很难接受教育创新，因为他们面对的敌人是既得利益者——那些学霸和学霸的家长们，恰恰是那些一贫如洗的家庭，孩子反而爆发出了疯狂的想象力和创造力。所以我认为教育创新可以推动教育公平，而且教育公平又在教育创新的过程中一不小心就实现了。

我每年都会问自己这一个问题：教育的本质到底是什么？2018年我用了一个关键词叫"Liberal Education"，大部分人把它翻译成了"博雅教育""通才教育"和"通识教育"。但是有一天我突然灵光一现，为什么我们不用本意来表达呢？Liberal的意思是什么？是自由。如果我们让每一个校长、每一个教师都能够自由地生长成他们想要的样子，围绕在他们身边的孩子怎么会不长成他们想要的样子呢？"自由教育"，教育的本质不就是这四个字吗？

这些话说起来容易，做起来却不容易，在教育生态环境不够良好的情况下，我们只能用信念来支持我们前行。希望大家跟我一起为改良中国的教育生态出一点点力，哪怕只影响你身边的一个人，我们的未来都会变得特别的好，特别的有希望和有力量！

毕业生形象：关于育人目标的想象与刻画

◈ 唐江澎（江苏省锡山高级中学校长）

在日常生活中，我们会发现一种文化现象：人们常用"一望而知""出自某所学校""像某所学校毕业的毕业生"来评价一个个具体的学生。这种直觉性的模糊评价背后，其实是对一所学校毕业生形象的清晰感受。毕业生身上总会有形无形地带有这所学校教育熏陶的痕迹，总会留下这所学校文化濡染的印记。

培养什么人、怎样培养人、为谁培养人是教育的三个根本之问。教育是有目的、有计划地影响人的社会活动，毕业生就是展现这种影响结果的具体形象。今天提出的"毕业生形象"这个概念，就是学校育人目标的一种清晰化、具体化、形象化的表述，是一种国家育人目标、国家情怀的学校表达，它体现着贯彻党的教育方针的行动自觉。

每所学校都应该对教育对象在完成三年教育、成为毕业生时的形象与样貌有合理的想象，对烙印于毕业生的"培养目标"达成状况有清晰的描述，对体现于毕业生的"人才规格"有形象的刻画。

国内外许多名校选择用"毕业生形象"来表述育人目标，通常会选择几个关键概念来描述学生特征，追求育人目标以具体化、形象化、可评鉴的语言形式呈现。张伯苓先生当年所订立的《南开镜箴》，提出了学生的颜色宜合、宜静、宜庄和气象勿傲、勿暴、勿殆，要求学生以外在的容止气象来体现内在的修养和气质。周恩来总理等一批杰出的南开学子，用他们的谦和庄重、内敛勤勉的人格特征佐证了《南开镜箴》教化影响的深远。他们践行着、塑造着，也展现着南开的毕业生形象。这可以视为我国教育史上毕业生形象涵育的典范。早年，江苏省扬州中学也用朱自清先生写的校歌里的几句话来描述他们的毕业生形象：人格健全、学术健全、自动自治、体育兼重。一代一代扬州中学的毕业生身上也展现着这样一种形象。

2021 年 3 月，在全国政协十三届四次会议期间，我在"委员通道"上提出："好的教育应该是培养终身运动者、责任担当者、问题解决者和优雅生活者。"一时成为全社会热议的教育话题，掀起对时代新人形象的广泛社会讨论。实际上，这四个"者"也并不是我的即兴回答，而是历经了二十多年深入思考，在广泛地听取了师生、校友、家长和社会关系人、专家学者意见的基础上，经过系统地研究，反复地斟酌，不断地完善，才形成并发布的我校毕业生形象。

我们是从校史研究、国际比较和政策学习三个方面来研究毕业生形象的。

○ 校史研究

首先想和大家谈一谈我们对历史文化的梳理。我们系统地研究了学校的历史文化，了解在时代发展中毕业生形象的变迁过程。1927 年，我校的前身私立匡村中学就确立了"养成健全人格、发展个人才能"的教育主旨，从道德、学业、才能、身体四个方面确立了训育标准，并以外显的行为动词的方式刻画了毕业生形象样貌特征。这是我们学校历史上首次对毕业生形象的刻画，它对培养目标和人才规格的表述形式，为我们现在提出来的四个"者"的内涵特质与表述形式勾画了一个初始的轮廓。

到了 1932 年，四大训育标准扩展为十大训育标准。它将"锻炼健康强健之体魄"放在首位，在道德的维度上确认了言行一致、志公廉洁、舍身为国、服从团队、谦恭温和五大目标。它从动脑与动手的角度提出了第七条"灵敏精密之头脑"和第八条"增加生产之技能"。显然，是把 1927 年提出来的"充裕知识"提升到了"活跃智慧"的层面，也增加了第九条"节俭耐苦之习惯"和第十条"活泼愉快之态度"。

十大训育标准前六条可归于身心与道德方面，后四条指向了智慧和情感的发展。所以我们最终把十大训育标准阐释、归纳为"关注人的整体发展"，也就是身心、道德、智慧和情感四个方面活跃地、整体地成长。

在解读和阐释的过程中，我们不断明确了对学校教育哲学的凝练。

1992 年，我们学校（当时叫"无锡县中学"）以"做站直了的现代中国人"的崭新形式来表述学校的育人目标，这一表述个性突出，有较强的冲击力、辨识度，也在那个时代的学生心里留下了深刻印象。但这种表述也有教育理念流于口号化的一般特征，号召力强而建构力不足。

后来，我们在探索开发校本课程的过程中尝试将这一目标具体化。在课程专家的指导下，全体教师参与问卷调查，我们要求能写出"站直了的现代中国人"的关键特质的语词。最后，凝聚在六个关键概念上——自信心、民族性、创新、现代化、健康和坚毅，并据此确定了校本课程的目标：学会交往，增强自信，学会探究，要养成一项健身的技能和闲暇的技能，要具有现代中国人的意识。

这可以看作是我校历史上首次以育人目标来统摄建构课程体系。它为将育人目标落实于课程载体，进而转化为毕业生素养积累了经验。但是，这六个关键词毕竟是教师群体的主观感受，它的内涵难免交叉重叠，缺少像 1927 年和 1932 年提出的训育标准那种清晰的内在逻辑，它在学理上还需要进一步推敲。

118

2006 年，学校搬入新校区后，我们也迎来了学校百年华诞，一批珍贵的校史资料在新的历史时代背景下焕发了生机，更新文化传统、构建学校价值体系有了更多史料支撑。我们试图以一训三风来体现百年学府厚重的文化，明确校风为谦恭厚重、大气恢宏，并据此来刻画毕业生形象，不仅要养成恭敬温和、不放诞张扬的容止，更应具有谦逊谨慎、内敛主静的涵养，追求恢宏旷达、志在天下的境界。于是，我们就用 16 个字来描述：体貌谦恭、学养厚重、襟怀旷达、志趣高远。

随着时间流变，随着梳理学校训育标准、育人目标的不断深入，我们最终形成的是这 16 个字：生命旺盛、精神高贵、智慧卓越、情感丰满。把"对人生命的成全"确定为我们学校教育追求的终极价值，并让这种价值的光芒照亮每一个教育的细节，使教育回归立德树人这一原点。

根据 16 个字的育人目标，我们也整体构建了学校的课程体系，创新了育人实践。这一成果曾获得首届基础教育国家级教学成果奖一等奖。应该说，这

16 个字的表述内涵全面，但仔细推敲，仍有笼统和概念化的问题，它还是不够具体形象，还是没有呈现出清晰可感的样态。

○ 国际比较

与此同时，我们还展开了国际比较，要对全球视野下学生胜任力进行一种中国化表述——高中教育不单纯是大学预科，应该瞄准全球教育目标，培养能够胜任未来社会的一代新人。

各个国家在研究高中教育目标时，都全员参与了有关高中毕业生形象的讨论。美国将高中教育的目标定义在心智成熟、知性社会化、自我实现、社会实践等要素上；韩国要培养具有世界公民意识和态度的高中学生；法国提出高中生应该成为现代社会警醒的公民。

我们也参照经济合作与发展组织核心素养的框架，参考自动性素养、互动性素养的研究成果，将"互动地使用工具""能够在意志团体中互动和主动地行动""有助于实现成功生活和积极社会参与"的核心素养，吸纳进毕业生形象的内涵体系。

我们还借鉴了美国积极心理学创始人塞利格曼的研究成果。积极心理学认为，智慧和知识、勇气、仁爱、正义、自制以及超越自我的卓越精神是被广泛认同能够让人获得幸福的六大美德。

与六大美德对应，还有 24 种优秀品格。他们的研究指出，这些优秀的品

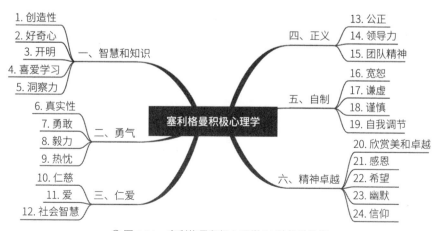

◎ 图 1-11　塞利格曼积极心理学 24 种优秀品格

未来
119

质如果能较早体现于儿童身上，就有可能使儿童成为具有优秀品质的杰出人才，成为在人类发展关键点上的坐标式人物。这些研究成果也启发我们，在刻画毕业生形象的时候，必须高度关注学生必备品格的养成。

○ 政策学习

最重要的是学习和领会党的教育方针和育人目标。进入新时代，我们深刻地领悟到，教育要培养担当民族复兴大任的时代新人。这样的育人目标也对中国学生发展的核心素养进行了校本化描述。2013 年，教育部启动了普通高中课程的修订工作，在最终形成的方案中，普通高中的培养目标明确为"在义务教育的基础上，进一步提升学生综合素养，着力发展学生的核心素养，使学生成为有理想、有本领、有担当的时代新人"，并且从具有理想信念和社会责任感、具有科学文化素养和终身学习能力、具有自主发展的能力和沟通合作能力三大方面提出了全面而具体的目标要求。

2016 年 9 月，中国学生发展核心素养的研究成果发布，从中观层面回答了"培养什么样的人"的根本问题，引领课程改革和育人模式变革。

中国学生发展核心素养													
文化基础					自主发展					社会参与			
人文底蕴			科学精神		学会学习			健康生活		责任担当		实践创新	
人文积淀	人文情怀	审美情趣	理性思维	批判质疑	用于探究	乐学善学	勤于反思	信息意识	珍爱生命	健全人格	自我管理	社会责任	国家认同

◎图 1-12　学校关系图谱

如果核心素养体系的研制力图构建起我们宏观的教育理念、培养目标与具体的教学实践的中间环节，一所学校的毕业生形象的研制，要构建通往学校教育实践的"最后一公里"基础环节。刻画毕业生形象，是从学校层面具体回答"培养什么样的人"的根本问题，是形成育人目标分层次表述体系的重要环节。

　　我们基于历史、国际、政策三个层面的研究，最终凝练成"四个者"的培养目标。我在全国政协十三届四次会议"委员通道"上所说的，实际上是经过我们学生最后认可的"四个者"。学校版本是身心健康者、使命担当者、终身学习者和优雅生活者；学生版本是终身运动者、责任担当者、问题解决者和优雅生活者。"四个者"对我们学校"培养什么样的人"做出了一个清晰回答，引领着我们整体设计、点点突破，在课程、教学、活动、环境等细分领域协同探索"怎样培养人"的路径。

　　以毕业生形象的含义为实施路径，以解决真实情境中的复杂问题为导向，我们整体构建了 7 个毕业生形象涵育的项目，设计了 10 项"百分百行动"的评价体系——所有的评价均以培养"四个者"的内涵为指向，将过程性评价与结果性评价相结合，所有学生在完成了国家课程方案所规定的 144 个学分，并且 10 项"百分百行动"考核合格之后，才能获得学校的毕业证。

　　通过历史梳理、国际比较、政策研究，我们深刻地体会到，一所具体的学校对于"培养什么样的人"的回答越是清晰、具体、形象，就越有统摄力、建构力，就越能凝聚广泛的共识，引领学校将其遵从与称说的教育价值转化成具体可感的教育细节。

第二章

学习的进化：
以学习者为中心

智库观察

"以学习者为中心"，是由美国教育家杜威"以儿童为中心"的理念转换而来。

当时，填鸭式、灌输式等以教师为主体的传统教学因其弊端引起教育界反思，"以儿童为中心"的思想一经提出就引发极大反响。在被进一步运用到中学和大学教学的过程中，"以学习者为中心"的教学观念逐步形成并影响至深。

到今天，"以学习者为中心"也成为越来越多中国教育人的共识。如果将这一理念在国内的发展历程拉一条时间线，会看到这样几个关键时刻：

早在 1981 年，顾明远先生就提出"学生既是教育的客体，也是教育的主体"，引发关于"学生教育主体"的大讨论。到 1992 年，王道俊、郭文安正式提出"主体教育"，标志着教育要以"学生为主体"在我国教育界基本形成共识。同年，刘可钦所在的河南安阳人民大道小学开始尝试"主体教育"，开启中国基础教育界第一批"以学习者为中心"的学校转型。

2003 年，山东杜郎口中学以小组合作学习、导学案和课堂展示等方式，打响课堂教学从教师"教"为中心向学生"学"为中心转变的第一枪。其教学改革经验和声名走向全国，"三三六"自主学习模式成为无数学校效仿和借鉴的对象。

2013 年，学习方式变革在我国进入一个更高维的阶段。此时，我国基础教育课程改革已经转向"全面深化"阶段，教学改革受到前所未有的重视，正在向"让学生真正成为学习的主人""让学习真实发生"推进。2013 年底，为落实立德树人根本任务，推进课程改革向纵深发展，教育部启动"深度学习"教学改进项目，以培育学生核心素养为教学目标，对学科知识进行深度加工，促进教与学方式的根本转变。"深度学习"正式进入官方话语。

2014 年，北京市十一学校获得首届国家基础教育教学成果奖特等奖。同年，十一学校启动"二次成长"——课堂教学改革，彻底实现从教走向学的课堂变革。十一学校以"创造适合每一位学生发展的教育"为愿景，十多年持续变革，其育人模式创新和学校变革实践研究已经成为基础教育新的标杆。

125

中国教育创新年会自 2014 年创办以来，一直保持着对学习方式变革的关注和讨论。纵观国内中小学近十年的实践探索，学习方式正在经历这样的变革：

我们在从"教为中心"向"学为中心"转型。学生从被动接受者变为积极探索者，教师变为引导者和辅助者，提供支架帮助学生根据自己的兴趣、节奏和风格学习，实现更深层次的理解。

我们在从专注知识走向聚焦素养。在课堂上习得的知识无法再应付一切。解决问题的能力，对知识的创新应用，是新时代学生必备的核心素养。

我们在从以教材为世界走向以世界为教材。只有在更大的世界、更真实的环境中，通过实践和探索，学生才能收获完整的学习。

我们在从浅层学习走向深度学习。通过理解、应用，探寻知识背后的逻辑，学生才能真正掌握并运用知识。

教育评价方式也在发生改变，从分数评价走向素养共生。每个学生都是独特的，其能力、兴趣和潜力远超分数所能反映。教育应该看见的，是学生全面成长的素养。

从教为中心走向学为中心

未来课堂特征：承认学生主体地位，促进学习真正发生

◈ 郭华（北京师范大学教育学部教授，教育部义务教育课程修订综合组核心成员）

未来

126

无论是普通高中课程方案和课程标准（2017 年版），还是义务教育课程方案和课程标准（2022 年版），都有一个共同指向：课程是为育人的，是为未来育人的。这也描绘了新课标下课堂的形态和内涵：教师，应该想象学生未来的样子，用"以终为始"的态度上课；学生，应该能在课堂上感受到"我想要成为一个什么样的人"，思考"我将来想到哪里去"。

我们如何让学生在课堂上能看见未来，如何让教师能根据学生未来的样子来上这节课？我想通过三个部分的梳理，帮助大家找到答案。

○ 义务教育课程标准的课程目标表述对课堂教学改革的启示

首先聚焦一个问题：什么是课程目标？

课程目标是对某一教育结束时学生学习本课程应达到的学业成就的预设或期待。这次的课程目标有一个鲜明的特点，就是把人的发展明确表述出来了。过去，我们在目标表述的时候会说：让学生掌握什么，知道什么，会做什么。

这些是不是目标呢？当然也是目标。但是，仅仅是掌握了什么，知道了什么，会做什么，并不是活生生的人的全部，而只是人的某些能力。新课标的课程目标则把"掌握""知道""会做"作为目标的一部分，或者目标外化的表现来对待，最终是指向人的发展。也就是说，新课标的课程目标指向的是人的素养。

以历史课程为例。历史课程要培养五个方面的核心素养：唯物史观、时空观念、史料实证、历史解释、家国情怀。历史课程的课程目标，就对应着这五个核心素养来表述。

我们再以其中的"史料实证"素养为例，来讨论课程目标是指向人的素养，而不仅仅是知道什么，会做什么，掌握了什么。"史料实证"素养在课程目标中表述为"初步学会依靠可信史料来了解和认识历史"。要达到此目标，学生必得学习历史这门学科的基本内容与基本方法，才可能知道什么是"史料"，判别出什么是"可信史料"；在掌握知识、形成技能的过程中，形成运用"史料"去了解和认识历史的态度和意识，而非人云亦云，满足于八卦野史，能够"初步学会"运用所学习的知识和技能去"了解和认识历史"。这样的目标表述，清晰地展现了一个完整的人的形象以及这个形象的形成过程，既包含了这门课程的基础知识与基本技能、基本思想、基本方法、基本价值观，还包含了如何通过教学活动将课程内容转化为学生的必备品格、关键能力及正确的价值观。

如此的课程目标表述，就是为了引导课堂教学将学科、学生、社会生活融合在一起，去培育完整的、活生生的人，既掌握学科知识技能，又具备相应的品格、情感、态度、价值观，形成自己的立场、思想和方法。

这种表述还有另一个非常重要的意义：引导课堂教学努力做到融合学生、学科和社会生活，自觉地滋养学生、塑造学生，让他们朝着要达到的样子发展；把静态的知识变成鲜活的思想；把课堂活动转化为解决实际问题的能力。

所谓"一沙一世界，一树一菩提"，"一滴水能够映照见大千世界"。课堂，就是映照教育的那一滴水。所有的教育理论、教育变革，最终都要落实到课堂上。学生未来是什么样的，就在他们所经历的每一节课上。

○ 未来的课堂应该是什么样

现实世界中的课堂有万千形态，但唯有学生的思想和灵魂闪动的课堂，才是真正的课堂。要实现学生思维和灵魂闪动的课堂有两个基本条件：一是承认学生的主体地位；二是促进学生学习真正发生。

承认学生主体地位，就是要真正让教学成为引导学生学习的过程，而不是教师讲授知识的活动；学生学习真正发生了，就意味着学生成为教学的主体了。所以，这两个条件是一个条件，只是从不同角度所做的不同表述而已。

学生作为主体的课堂上的学习，是学生动手、动脑、动心的学习活动，是学生全情投入的过程。

这里为大家介绍北京师范大学第二附属中学的高中舞蹈课堂教学。

为什么要介绍舞蹈课堂？舞蹈课程在学校里是边缘的、不受重视的，是可有可无的，至多把它看作是体现素质教育的点缀、是花边课程。在学校实践中，舞蹈课程或者是形体训练课（低阶形体或高阶形体），没有思想、没有灵魂，只是动作训练；或者是对舞蹈片段的模仿、呈现，只得其形不得其神；再或者选拔少数人做专业舞蹈训练，为学校争光，但并不面向全体学生。这类舞蹈课都不是好的舞蹈课，它不是教育，只是训练。

北京师范大学第二附属中学的舞蹈课，让我们看到真正的舞蹈课应该是什么样的。他们的舞蹈课有基本素养、有赏析、有创编、有身心整合；从学生发自内心的喜悦里，我们能看出他们是动心动情的；舞蹈课也不只是身体的训练，为了创编有意义的舞蹈，你要动脑，去查阅资料、反复讨论；舞蹈也不再是女生的专利，男生一样喜欢舞蹈；这样的舞蹈课，学生当然是主体。他们不是为了去表演获奖，不是只训练形体，学生不是工具，也不是被人操纵的机器人；他们是身心自由的舞者。舞蹈成为每一个学生表达自己对周遭世界感受的另一种独特的语言。

在这样的舞蹈课上，我们能看得到活生生的、有自信走向未来的人。正如你以怎样的方式行走决定着你能走多远一样，学生在课堂上活动的方式，便是他成长的方式，也决定着他能成为什么样的人。

学校如何助力教师去探索善好的课堂教学形态

那么，怎么才能让每一个教师都去探索、实践让学生有独立思想、灵魂自由闪动的课堂？再介绍一下浙江省金华师范学校附属小学的教学管理改革。这所学校的校训是：保持善良、保持努力。学校相信，学生和教师本来都是善良、努力的，学校所做的，就是让他们能够保持善良、保持努力，不断进步。

这项教学管理改革是针对学校考试中班级排名的通常做法提出来的。假设一个年级有七个班，那么，一般情况下，考试之后就要排出来第一到第七名，第一名当然只能有一个班，而且一定会有最后一名。由于只能有一个第一名，为了自己得第一名，就不能让别人得第一名，排名第一的教师可能会不愿意分享自己的成功经验，教师之间的关系可能是表面和气其实是相互排斥的竞争。只要是这样的制度安排，班级以及教师之间的合作就很难开展。学校无论怎么号召都没用。

而且，不仅班级之间的合作难有，还会"内卷"到学生身上。为了拿到分数上的第一，教师会给学生布置越来越多的作业，训练他们达到自动化。学生的思想、情感、兴趣，他们在课堂上的幸福感以及长远的发展，在争第一的游戏中就会被忽视。

于是，学校慢慢就形成一种恶性循环，人们努力争第一，但第一只有一名，于是每个人会变得越来越狭窄甚至变得不善良。

怎么才能改变这种情况？怎么才能让每个人都积极起来，让教师之间能够合作起来？金华师范学校附属小学采用这样一个办法：假设七个班的平均分是 90，这个平均分以及平均分的 +3 和 −3 之间就形成一个区域，所有在这个区域的班级都是优秀。也就是说，从 87 到 93 都是优秀。这个区域的 +3 和 −3 所形成的两个区则为良，即 94—96 为良，84—86 也是良，以此类推，97—99 只是合格。

显然，这项改革跟我们日常所见是相反的，它彻底颠覆了个人追求第一的博弈情境，而是形成一种相互合作、共同进步的机制。当你有成功的经验时，你要分享给大家，帮助其他人一起提高分数，你的高分数才能变成优秀；也就是说，当其他班级的分数也提高到 99 分的时候，你才能成为优秀。而那种仅仅用大量的时间反复让学生做题的做法，是羞于拿出来分享的。

通过这样一个制度，在老师们合作的氛围中，不再盯着抽象的分数，而是督促教师们关注学生的课堂生活，去追求能够让学生思考、判断，让他们灵魂闪光的善好的教学形态，教师和学生一起去追求智慧，创造更美好的未来。

马克思说："最蹩脚的建筑师从一开始就比最灵巧的蜜蜂高明的地方，是他在用蜂蜡建筑蜂房以前，已经在自己的头脑中把它建成了。"

教学教育更是这样。"采菊东篱下，悠然见南山。"在每一节课上，我们的每一步都向着那座山。

总之，课堂教学的学生发展目标，教师要看得见。教师要引导、激发学生自己飞往那个目标。学生的成长是抵达一个又一个"山顶"的过程。教师带领学生飞往目标的旅程，也是教师实现个人理想形象的过程。

为学生装配动力，让学习变得有意思、有意义、有可能

◈ 沈祖芸（中国新学校研究会副会长、学校战略研究专家）

学校是什么？学校不是让孩子掌握分数、成绩高，学得满腹知识的地方，学校存在的意义是让学生走上社会前先活一遍。这样未来可能会经历的东西，他在学校里已经试错了、经历了，真正走向社会的时候才不会害怕。

在学校里我们学什么？学校不是仅仅教知识，而是把社会中最经典的职业、学习方式、学习内容浓缩并进行结构化之后成为学校里的课程体系。

所以，我们知道学校真正的价值了——"学校是让学生走上社会之前先活一遍，学校里学习的应该是经典社会的浓缩"。

◌ 面向未来的 K12 学习蓝图

在这种思路的引导下，我和李希贵校长以及我们的团队接受教育部委托，从 2019 年开始研究面向未来的 K12 学习蓝图，能够贯通幼儿园到高中的学习蓝图，把在学校里应该学什么、怎么学、学到什么程度，通过学习蓝图和新课标很好地契合在一起，为教师所用。

未来

130

◎ 图 2-1　K12 学习蓝图

　　学习蓝图是这样一个模型。中间是以"学生的学习"为中心，围绕着学生的灰色内圈是认识世界的五大方式：模式——能够建模；归因——了解问题的本质；联系——与他人和世界产生联系；变化——抓住变化的规律；视角——学会切换不同的视角。

　　认识世界之后，要改造世界需具备七大关键能力：沟通与多样表达、设计与创造价值、适应与协同共存、审辨与持续反思、选择与负责任决策、目标与自我调节、创新与迁移应用。

　　在培养改造世界关键能力的过程中，学生要相伴相生四个必备品格：爱国、责任、诚信、友善。

　　认识世界、改造世界，必备品格靠什么来承载？就是课程设计。

　　小学的课程模型，我们称之为"超学科"，由五大领域构成：我与我们、我们与社会、我们与未来、我们与世界、我们与自然。初中的课程模型称之为"领域学科"，由相关学科领域组合在一起，把领域内的所有内容整合起来学习，比如语言文学与艺术领域，不再是单一的语言、文学和艺术学科。

　　现在的根本问题是，世界各国都有自己的课程体系，为什么我们还在破解育人模式这道世界难题？是因为我们发现，要让学习蓝图转动起来，要靠三根指针：学习者目标、一致性评估和表现性任务。这三根指针就是为了给每一个学生装配学习的动力系统。

　　全球课程体系的研究很多，可能是 21 世纪技能，可能是这个罗盘、那个导航……各种模型基本上殊途同归，培养的都是素养，成就的是人之为人的本性。《世界是平的》一书作者托马斯·弗里德曼说过一句话："比技术鸿沟更难以去攻破的，值得我们去研究的，是动力鸿沟。"

如何为学生的学习装配动力

学习蓝图有了，接下来的难点在于如何为每一个学生的学习装配动力。

要装配动力，我们就得研究学习动力是怎么产生的。美国教学设计专家马扎诺在他的理论体系中有一个很好的模型，告诉我们：当一个人接受一项新任务，首先由自我做出决定，要不要干这件事，这件事对自己有没有意义，有没有能力去干成它，有没有挑战性，做完后是不是特别开心。

如果我们接受新任务，说"Yes"，就往下走，学习就开启了。如果面对新任务我们说"No"，不愿意去做，就会继续现有行为。

有时候家长让孩子做作业他不做，让孩子上课认真听讲他不干，就要打游戏。正是因为孩子的自我系统觉得游戏更有意思，想干自己喜欢的事，而不是学习。要让孩子觉得学习是有意思的，愿意投入进去，才能打开他的动力开关。

在学习蓝图的课程设计下，我们还要去重点研究装配动力赋予能量的问题。核心就是通过三根指针让学习任务变得更有意思，然后孩子在完成任务的过程中感觉有意义，完成任务后又发现了自己新的可能。

因此，设计一个有意思、有意义、有可能的、好的学习任务去承载，就能给学生装配好动力，赋予他能量。

给学生学习赋能的三条路径

接下来给大家分享为学生装配动力赋予能量的三条路径。

路径一：真实

第一条路径是真实。真实就是看学习任务设计得是否真实。

目前我们已经设计完成一些学习任务，称之为"真实性任务"。从20世纪90年代以来，PBL（项目式学习）、STEM（科学、技术、工程和数学教育）、STEAM（科学、技术、工程、艺术和数学教育）在国内中小学逐步盛行。这类学习有一个先天性的条件，就是不断到真实世界里面捕捉真实的情境，设计真实的任务。但是，在今天的中国，要一步走向完全彻底的真实情境和真实任务有一定难度。

而在这个循序渐进的推动过程中，我们发现"真实性任务"的撬动力特别强。

看看下面两个学习任务。

1. 帮助视障者看电影

在视障者看不清屏幕的时候，要带着他一块看电影。你用什么方式来帮助他理解这部电影，仅仅靠语言吗？还是要有触摸的道具？这需要你创新。

2. 如何让放养的麋鹿不吃校园植物

北京市十一未来城学校养了两只小麋鹿。小麋鹿平日里还要去听课，或者在运动场上和你一起跑步。校园里种了很多它们喜欢吃的植物，但我们不希望它们来吃。你怎么处理这个冲突？

第一个任务：作为"电影院的义工解说员"，如何帮助视障者看电影？

这个任务中，学生必须把自己代换为义工解说员来帮助视障者，他需要了解视觉系统被遮蔽后的感受，再解决如何看电影这个问题。同时，他还要开启同理心、对象感等。

第二个任务：作为"驯鹿员"，如何让放养的麋鹿不吃校园里的植物？

这个任务有两个限定条件：一是不能圈养麋鹿，要让它在校园里有自由，二是自由的同时不能让麋鹿饿着，也不能让它破坏校园中的植物。

当学生将自己代入一个真实的职业，去解决一个真实的问题，他所完成任务真实的程度，就可以产生教育的力量，达到给学习装配动力的目标。

我们在借鉴了 UbD（Understanding by Design，基于理解的教学设计）的一些脚手架之后，列出了 100 个角色和受众。在学习蓝图的设计中，每一位小学生在他的每一个学年里，要经历 6 组角色与受众，每一位中学生每一年要经历 3 ～ 4 组角色与受众。

当学生不断了解这些角色与受众的感受，理解其职业特点，然后将之放置于一定的真实情境中解决问题的时候，也许这并不是完全开放的真实，但任务中的真实性元素同样能够培养学生面对真实世界、解决真实问题的能力。

那么，我们如何用"真实性任务"撬动杠杆，打通基本任务和真实任务之间的连接？

在《道德与法治》的一个单元中，我们设定了基本任务：让学生看小说《男生贾里女生贾梅》，以及一系列同年代的小说文本。

撬动点是真实性任务：作为《小欢喜》中的一个人物，约上《十七岁不哭》的某个同学，给遭受挫折的贾里或贾梅写一封信。

学生要完成这个真实性任务，肯定绕不开阅读文本的基本任务。教师平时最担心的问题——学生做完任务后忽略了平时需要刻意练习的内容——就得到解决。就这样，我们通过真实性任务拉动了基本任务，同时还可以继续往前奔赴，完成一项真实任务，比如办一场"联盟学校的同伴关系论坛"。

概括"基本任务—真实性任务—真实任务"的关系就是：通过真实性任务撬动学生，让学生绕不开阅读、训练、打卡等基本任务，面对真实任务的能力培养也全部到位，甚至可以更进一步，还原到完全真实的学校场景中去解决真实问题。

因此，真实性任务所串联的内在关系，就把任务的能量点激发出来了。而且，这是在完全真实的常态教学过程中可以实现的。

路径二：挑战

给学生动力系统赋予能量的第二条路径是挑战。能否让学生产生学习动力，挑战的设计非常重要。

研究和实践过程中，我们参考DOK（知识深度理论）深度学习的框架，建立了一个能够激发学生挑战的基本模型，从最低阶的回忆与再现，到最高阶的思维迁移与创造，分为四级。

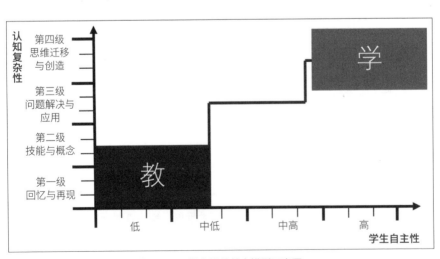

◎ 图 2-2　学生挑战基本模型示意图

从模型来看，如果都在教师教的层面，学的东西全靠背默和记忆，学生的自主性就很低。认知所需的思维含量和能力层级越高，学生的自主性才越强，学的含量就高，挑战性就大。这样才最能激发学生的动力系统。

那么，该用怎样的任务增强挑战性？有教师通过设计学习任务九宫格得以实现。

以阅读《傲慢与偏见》任务为例。要达成小说《傲慢与偏见》的整本书阅读任务，这位老师设计了九个任务。不是全部任务都需要完成，除了中间部分的"团队产品"必须完成外，学生可以从左上角到右下角画三个任务，也可以从右上角到左下方画三个，可以中间横向画三个，也可以纵向画三个。

学生只要在四周时间里完成自己所选的那一套任务组合，也就完成了课程标准所要求的任务目标。这样的任务设计，既达到了课程标准，又尊重了学生的选择，自主成分高，认知要求进阶性强，学生的挑战性就大，动力系统就会更强。

未来

135

如果让你增加 2000 字，你决定在简化后的英文版上增加哪些情节？为什么？	用韦恩图分析每一个人身上傲慢与偏见的差异表现。	如果你开了家咖啡厅，你将分配每个人物做什么岗位，各自薪酬待遇如何设计？
如果去掉原著中的五女儿莉迪亚，故事会成为怎样的结局？	【团队产品】给戏剧老师期末上演《傲慢与偏见》话剧提供选角参考意见。	你要给妈妈/爸爸/二年级的小学生（选一个角色）讲这个故事，你会怎么讲？
假如你进入故事的第一卷23章和第二卷19章，故事会发生怎样的变化？	如果发生在今天，生日聚会上你会怎么选择音乐、舞蹈和给每个人的礼物？	围绕整本书，请你出一份会被老师采纳的语文试题。

◎ 图 2-3 《傲慢与偏见》学习任务设计

路径三：合作

给学生动力系统赋予能量的第三个路径是合作。

长期以来，围绕在学生周围的考试排名、奥数竞赛、学号排序、周考月考段考、艺术考级、歌手大赛等活动，都和竞争有关。因为以前的社会全部都靠竞争产生动力，但是未来社会不再如此，而是靠合作产生动力。

那么，如何从竞争产生动力变成合作产生动力？仍然要用学习任务来继续承载。经过研究和实践，我们发现"设计团队产品"最能帮助学生之间很好地实现合作。

通常，课堂上会采用小组方式达成合作，但小组合作依然解决不了学生动力系统的问题。因为小组往往是教师的拉郎配，小组到底要以什么为目标可能并不一致。学生间的不同优势因缺乏一致的目标而无法协同和互补。

于是，小组合作成为课堂能够展示出来的一个插件，"接下来到了小组合作环节，这位同学干什么，那位同学干什么……""小组合作结束，有成果吗？请上台展示。"……

事实上，在教师强管理下进行的小组合作，学生并不会感受到太大的意义。真正的合作产生是靠"团队产品"。团队产品，也就是学生的小团队最后要"真刀真枪"产出的产品。团队目标聚焦，当学生个人目标和团队目标达成一致，"团队产出能够落地为产品"这件事就能撬动合作、产生动力。了解不同学生擅长什么，能不能互相配合，才能在规划时间内以最快的速度完成目标。

136

我们实践发现，"团队产品"通常具备六个要素：一是成功标准，要设定有目标感的成功标准；二是定义任务，小组团队成员至少要明确任务的前三步，规划了前三步就成功了一半；三是管理冲突，要有效管理冲突；四是提供最新进展、分享团队知识，事情研究具体到什么程度，要及时分享；五是有领导力，可以庆祝成功，但不要急于宣布胜利；六是评价团队，教师不能评价个人，甚至不能给每个人排名，而是只评价团队。拥有这几个要素就会发现，学习中真正的合作产生了。

接下来分享两个小学生的"团队产品"。

第一个产品来自北京未来城学校，小学一年级学生面对一个真实问题：学校里冬天没地方放置外套，怎么办？

于是，学生四人一组设计制作出可以挂放多件外套的衣架，满足了全年级学生的需要。这款衣架就是团队产品。

第二个产品来自上海市世界外国语小学，给学生的真实性任务是：流浪地球，什么样的飞行器能够帮助我们转移到外星球空间？

学生一起合作设计制作了可以在外星使用的星球车，合作过程中，教师也成为合作成员，不再是过去高高在上的"我教你听"，而是充满了欣赏的眼光，师生角色关系也发生了变化。

无论是多用途的衣架，还是星球车，这样的合作和真实社会有较强的对接。合作中，知识不再是学习的目的，而是为了某项任务的需要调用知识，因此学生"把知识作为自己的关键资源"。同时，要取得胜利完成团队产品，要靠个人和团队的不断学习，因此学生"把学习作为团队的关键能力"。这个时候学习就成为动力系统。

概括来讲，要赋予学生学习动力系统能量有三个能量棒：要真实、要有挑战、要产生合作。

我们围绕 K12 学习蓝图正在做的，就是基于国家课程标准，转化为教学指南，确定每一个适合学生的学习目标，进而设计有意思、有意义、有可能的表现性学习任务，让学生在完成学习任务的过程中不断调用已知、学习新知，以形成每个人不一样的个人知识系统。

整个表现性任务又完成了一致性评估，到最后检验新课标是否落地，所有目标是否在学习任务中可被评估。当然，这条路非常艰难，但是我想说，"最难的事情，最容易成功"。

教学的逻辑，必须基于学习的逻辑

◈ 李大圣（重庆市江北区教师进修学院院长）

教学的逻辑必须基于学习的逻辑

学习是一个非常复杂的系统，它包含了驱动性因素，比如动机、情绪、任务、流程与管理等；也包含了支持性因素，比如学习资源、学习支架、学习伙伴等；还有引领性因素，比如学习目标、高阶思维、表现性评价；以及贯穿始终的过程性因素，例如学生自主持续的探索、师生交往互动的实践以及教师的指导策略。

学习的复杂性要求我们在推动教学活动的时候一定要追问三个问题：为什么学？学什么？到底该怎么学？

关于"为什么学"，大家都知道，聚焦运用知识、创新知识而学习，为具备社会生存的能力，包括解决问题、与他人协作的能力而学习，也为具备社会价值而学习。学习的内容无外乎包含学科知识、跨学科知识、知识的应用能力以及 21 世纪核心素养。

关于"到底该怎么学"，大家越来越有一种共识，那就是一定要力求做中得学，知行合一，真正让学生在真实的任务和情境当中，通过对学习过程的认知，加深对学习的理解，获得学习的素养。

当下的中国教育问题主要不是知识的深度和广度的问题，而是学习方式的问题。我们看到的是较多解答习题的学习，较少解决问题的学习；较多分科割裂的知识记忆，较少学科联系的综合运用。所以，如何促使知识传递的学习向主题探究的学习转变，促进获得确定性知识的学习转向开放、协同、探索的发现学习，是基础教育需要面对的问题。

138

新课程教学是基于素养导向的学习逻辑

记得在《福尔摩斯探案集》当中，福尔摩斯对华生说："你在此，但你没有感知；你似乎在听，但倾听并没有发生；你似乎在看，但没有真正意义上的观察。"我们的教育怎样回应这样一些问题呢？

《义务教育课程方案和课程标准（2022 年版）》（以下简称"新课标"）就对这样的问题有了一个明确的指向：课程教学一定要基于素养导向的学习逻辑。

新课标有三个基本原则，它是怎么体现素养导向的学习逻辑的？第一，坚持全面发展，育人为本；第二，面向全体学生，因材施教；第三，聚焦核心素养，面向未来。在课程和教学方面，特别强调要加强课程的综合，注重关联，变革育人方式，突出实践。

在这样的原则指导下，课程内容有三个很重要的立场。

首先，要基于培养学生核心素养的要求去确定课程的内容。其次，要注重课程内容与学生经验、社会生活和社会实践的深度关联。最后，要实现课程内容的统整及结构化，加强综合课程的建设，比如以主题、项目、任务为单位组织课程内容，统筹设计综合课程和跨学科的主题学习，明确各门课程将不少于10% 的课时用于跨学科的主题学习。

与之相应的教学实施，首先强调学科实践要在真实的情境当中，让学生做中学、用中学和创中学；其次要大力推进综合学习，强调用大单元教学、主题化学习和项目式学习来组织推动学习活动；最后要落实因材施教，通过开展差异化教学，进行个别化指导，来满足学生多样化的学习需求。

○ 新课程教学改革聚焦学习方式变革

不难发现，新课标有个非常重要的焦点问题，就是通过学习方式的变革来实现育人方式的深层次转型。这一直是新课程改革以来的一个焦点问题，也是一个没有突破的难点。我现在来给大家捋一捋。

立德树人的根本任务一定要通过育人方式的深度变革来实现；育人方式的变革一定要通过学习方式的变革来真正落地。这就意味着教师在教学活动中要把书中学、用中学、做中学和创中学真正意义上结合起来，着眼学习，倡导真实情境当中的问题解决，通过综合性、研究性和实践性的方式来落实学生的核心素养。教师通过学科实践和跨学科的教学来实现激发学生内在的学习热情，关注知识的深度关联，发展学生的综合思维，提升学生问题解决的能力，涵养学生的社会责任，最终落实立德树人的根本任务。

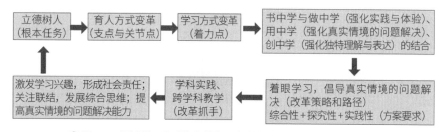

◎ 图 2-4　通过学习方式的变革实现育人方式深层次转型的流程闭环

在这样的闭环中，育人方式的变革是关节点，学习方式的变革是着力点，学科实践和跨学科教学是改革的抓手。

我举两个例子，看看学科实践活动和跨学科主题学习有哪些基本的立场和共同的指向。

在语文学科实践当中，有人设计了一个"整理家族历史"的活动，学生深度参与四个前后相连的活动。首先是寻根采风，了解自己家族的历史。学生要去查阅资料，要去采访，要去记录，要去整理笔记，阅读九篇参考文章，对如何写家族小史进行思考归纳，最后自己写家族小史，边写边改，边改边写。完成写作之后，在家庭、小组和班级进行交流和分享。

整个过程是一个地道的语文学习，体现了听、说、读、写技能的提升，同时也真正意义上关注学生核心素养的发展，学生协作、交流、分享、信息素养、审美等都会在其中得以实现。所以它是基于学科的多学科协同的实践活动，是真正意义上的做中学、用中学和创中学的跨学科主题学习。

上海市教育委员会教学研究室的徐淀芳主任曾经做过一个跨学科主题学习示意图，跨学科主题学习包含了四个前后相连的环节。

第一个环节是确定跨学科学习的主题，包括确定内容的范畴，注重关联，明晰能力和方法，注重迁移，凝练育人价值，确立学习目标。接下来就是主题学习的信息获取，包含网络资源、场馆资源等各种资源的多渠道获得。第三个环节就是主题学习的信息加工，要着眼建立内容联结，着眼手脑并用的创作，着眼问题解决的过程，让学生在过程当中亲历，在亲历当中加深对学习的理解，产出学习的成果。最后一个环节就是主题学习的结果输出，包括多种符号、多种表现形式和多元主体。

140

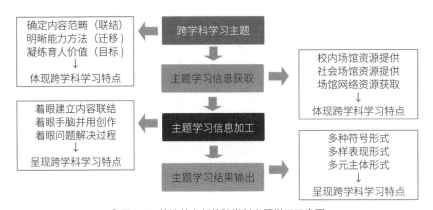

◎ 图 2-5　徐淀芳主任的跨学科主题学习示意图

这个跨学科主题学习示意图，体现的是学科之间的融通，体现了学习方式的做中学、创中学、用中学。

无论是学科实践活动还是跨学科的主题学习活动, 都有一个非常重要的取向, 就是整合取向, 它体现了学科知识的整合、儿童经验的整合和社会生活的整合。它对传统教学当中知识与知识之间的割裂、知识与生活之间的割裂、知识与儿童经验的割裂进行了有针对性的纠偏。

○ 展望课程教学的未来图景

接下来, 我们来展望一下未来教师对学科教学和跨学科教学应该有的视野。

第一, 我们需要更完整地理解课程。课程不仅包含"课", 也强调"程"的意义和价值。过程本身也是学习的一部分, 它的程序、规程、流程对于发展学生的核心素养至关重要。学生通过亲历、反思、总结、力行, 加深对学习的认知, 学会学习。这就要求我们在日常的教学当中, 从结果思维变为过程思维, 从认知的逻辑逐渐走向做事的逻辑。

第二, 我们要重新审视课堂的概念。课堂一定不是一个封闭的时空, 课堂的基本内涵应该是学习及其支持系统, 它包含了学习的场所、流程、规则、资源和学习组织等。课堂一定是一个无边界的、泛在的、体现了互动协作的场域, 它可以为学生的个性化和多样化的发展提供无限可能。

第三, 我们需要更全面地理解学习的形态及其价值。我们要去了解接受学习、应用学习、实践学习、项目学习、综合学习、设计学习和表现学习不一样的地方, 也要去理解学习对于学生发展的真正意义上的突破口和效用的实现。同时, 教师需要更多地学习理论和教育基本理论的滋养。

我们在建构主义、实用主义、发现学习和社会学习的理论浸染当中, 就能够从知道分子变成智识分子。我们不仅要知其然, 更要知其所以然。我们就会进一步地确认在复杂的系统当中, 在急剧变化的社会现实当中, 我们学生的学习为什么一定要从储备性的学习走向应用性的学习, 我们就能够更深刻地去理解学科实践和跨学科主题学习的意义和价值。

第四, 我个人认为, 未来的课程教学一定会更多地聚焦项目式学习 (PBL), 以推动学科实践和跨学科主题学习的落地。

原因在于, 首先, PBL 是推动学生开展学科实践和跨学科主题学习的有效方式。在 PBL 当中，学生通过提出问题、建立联系、深度卷入和个性化表达，实现学习品质、学习能力和身心健康的深度融通。同时，在这个过程当中，学生学习的主动性和调控性也得到充分发展。

其次，PBL 可以有效提升教师开展学科实践和跨学科教学的能力。经过 20 多年的课程改革，教师接受了很多新鲜概念，比如项目式学习、研究性学习、综合实践活动、问题解决、学科实践、跨学科主题学习等。教师在不同维度、不同层面、不同重心强调的相互交错的概念当中常常会迷失方向。如果仅仅是用概念轰炸的方式去推动教师的教学改革，是很成问题的；我们需要用化繁为简的方式去促进教师对课程教学改革的理解。在我看来，PBL 就是一个非常好的方式。

通过设计实施 PBL 的项目，教师会更好地理解课程内容的关联与统整，理解什么叫问题解决能力，理解什么叫做中学、创中学和用中学；教师也会更加深切地理解无论是项目式学习、研究性学习，还是学科实践、跨学科主题学习，本质上都是强调问题的驱动性、育人的综合性以及参与的开放性和学生发展的可持续性。

尤其是教师最畏怯的学科实践和跨学科主题学习，其实可以通过 PBL 这样的形式对教师进行培训，通过教师对学生 PBL 的指导来实现能力提升。我坚信，项目式学习将成为学校生活的常态，这就意味着 PBL 的学习将涵盖全部师生、全部学科、全部课型和全部学段。

第五，未来的课程教学一定会更加聚焦培养自我导向的学习者，让学习者能够建构起宽厚而灵活的知识基础，能够发展有效的问题解决的技能，能够发展自主学习和终身学习的技能，能够成为有效的合作者，激发学生学习的内部动机。

关于"自我导向的学习者"有很多种表达，其中有这样一些特征：能够有意识地反思自己的学习方式；能够明确自己一段时间内的学习需求；能够尝试建立对自己有效的学习模式；能够为自己设置一定范围内的学习目标；能够确定对自己有用的学习资源；能够合理评价自己的学业成就；能够充满好奇，永不满足；能够对自己的学习策略和行为负责；能够把学习经历变成一个愉快的履历；能够拥抱错误，善于回顾，具有自尊和认知上的韧性。

当然，这是一个非常理想的目标。但无论怎么说，生而为人，自我反思、自我定义、自我筹划和行动的学习意志是天生就有的，如同肌肉与生俱来。它唯一需要的是通过运用来拓展范围，激发潜能。作为教育者，我们最重要的就是成为陪伴学生锻炼学习意志的人，让他们成为自由心智的智识分子。

在课程教学改革新征程上，我们需要明白，教学的逻辑要基于学习的逻辑；素养导向的学习逻辑意味着要更加聚焦学生学习方式的变革，全面理解课程、教学、课堂和学习的目标，然后去付诸行动。

从教到学，归根结底是价值、目标和流程在动

⊗ 庄惠芬（常州市武进区星河实验小学教育集团总校长）

○ 风向标，在更大的坐标中眺望教学价值

《义务教育课程方案和课程标准（2022 年版）》的发布，相信每个教育人都已经触摸到了立德树人的风向标，更触摸到了学科育人的智慧导向。那么在国家颁布的文件、标准，提出新的要求的当下，我们是等风来还是追风去？

毫无疑问，需要教育人追风而去，那就是在国家的"天气"和我们追求的"地气"之间架接"天线"。关于时代新人的培育，我们要融入学科育人的顶层设计当中，把民族复兴的大任融入教学实践的价值当中。而在这个过程里，教师是非常重要的变量，因为教师的素养决定着学科育人的成效。要知道，我们每个人都需要入场，更需要思考清楚到底是学什么，怎么学，以及为什么要学。

无论是教师，还是家长，经常都会问孩子这样的问题：今天你学了什么知识？问题背后折射出的就是学什么。我们也经常听犹太人问孩子：你今天提出了什么好问题？今天提出的问题有没有让老师回答不上来？他们背后的逻辑是怎么学。到底是学好还是好学呢？很显然，好奇是好学的第一要素，因为好学源于好奇，好思是好学的核心，而好问是质疑既有知识探求未知的起点。

当然，我们还要思考一个问题，为什么学？到底是育才还是育人？其实两

者并不冲突，只是在我看来，育才时，我们会把重心放在他的创造力、分析力和领导力上；育人时，我们更观照孩子的世界观、人生观、价值观。所以我认为，育人比育才更根本。既然入场了，教师就要清楚地知道在干什么。

除了入场，还需要在场，也就是教学的"为人性"和教学的"人为性"。"为人性"指教学人之为人，秉持儿童为本，以素养为导向，以实践为手段，利用有限的课堂教学及课后服务时间设计与组织教学活动，实现教学意义。"人为性"指在教学内容的选择、学习方式的变革以及教学评价的改革中摆脱知识符号的限制，实现知识意义的生成，教学完成对知识获得的思考与反省使知识"意义化"。所以在场学习，学生更多的是激活、理解以及连接。

当我们知道了在场应有的含义，就要去观照教学的知识意义，更要在心理意义和生活意义、社会化意义中关注学生的生存现实，在交织中创造课堂的新境界、新意义。也就是说，学科核心素养，它一定一头连接着国家标准，一头连接着成长需要。

有了在场，还要出场。在把学科素养融入学习过程时，教师需从课程细节到内容脉络，到学生的风格指向，再到单元的目标，包括知识意义的目标、概念理解的目标、迁移运用的目标，最后走向学习过程，涵盖核心任务设计，学科工具的研发，以及素养导向的评价等。

我们学校把国家课程标准转化成每个学科的期待和要求，并研制出一种通俗易懂的方式。比如语文的要求是"一手好字，一篇好作文，一副好口才，一生好积累"。再比如综合实践的要求是"问题的解决，工具的思维，创造的能力以及协作能力"等。

梳理好每个学科，教师心中就有了"纲"，然后再进行贯通，共同提出两个维度。一个维度是三个"全"，即全科阅读、全科思维、全科习惯；另一个维度是抓住学习的基本要素，即逻辑、理解、表达和精细动作，每个要素都会影响每个学科的学业质量。

抓住了"纲"，紧接着深入实践。比如学习"三角形的内角和"，在学习研究单的设计上，我们通过选一选、分一分、看一看、做一做、想一想，给学生提供探究的线索，让学生自主探究。我们不仅提供线索，还呈现出一种学习方式的设计，里面更蕴含了学习共同体的建设。我们希望学生在参与的过程中激活他们的能量。同时，将学习目标设计在基础阶段和拓展阶段，基础阶段的目标考查学生是课前、课中，还是课后获得的能力，而在推进中，教师还要观察学生拓展出了哪些目标。

这样一来，学生有了目标的导向。他们所在的学习场则形成一种结构化的影响力，那就是通过知、情、思、创、行达到场的效应。促进每一个孩子更多地激发思维的模块，形成相似的结构。

成长盘，在更高的攀登中确定教学目标

望远镜：课程标准与育人目标相结合

如何把科学精神、人文素养、实践创新、学会学习等宏大目标跟日常的每一个学科的课时目标做更好的衔接、匹配和关联？

第一，可以借助经济合作与发展组织（OECD）发布的《学习罗盘 2030》，设计学科的学习罗盘。例如我们学校设计的"做数学"学习罗盘，以数学精神、思维方式、关键能力以及数学情感作为指针，然后把"做数学"作为载体，让学生在做的时空、做的效果、做的方式、做的内容当中，形成一个行动路径，把学科目标和育人目标融为一体。

第二，可以梳理学科育人的坐标轴。横轴包括动手操作、具身体验、数学实验、综合实践四个数学学科思想；竖轴包括数学的情感、眼光、思维、语言。横向成列按照年段递进，纵向成序按照要素进阶，最终形成低、中、高的育人目标。在每一个要素维度中，教师清楚地知道所要抵达的方向，心中有了轴，自然就有了进阶的梯，实践起来更能够有抓手。

还以数学学科为例，我们在此基础上梳理了数学核心知识的图谱，让教师抓住相应的大概念进行实践，还提炼出基本路径：（1）学科核心知识的界定、筛选与体系建构；（2）核心知识链及其起点、节点和拐点在各学段的呈现顺序和形式；（3）教学内容的简约化处理、整合和重组，非核心知识点与核心知识点之间的联系；（4）核心知识教学要求、原则、策略和方法；（5）学科核心知识与关键能力有机结合；（6）核心知识教与学的一致性、中小学核心知识教学衔接的一致性；（7）素养导向的教学评一致性。

然后定制出"学科关键能力发展循环圈"，把学习的共同体、探究的探究泵、情感的体验场、实践的工具箱都打开，设计跟孩子智力背景、认知方式、

学习风格相匹配的支持体系，促进孩子形成学科的独特气质。

方向盘：单元目标与学习系统相贯通

崔允漷教授在《如何依据核心素养开展单元设计》中明确提出："一个单元就是一个指向素养的、相对独立的、体现完整教学过程的课程细胞。"所以要把握这个细胞的关键、结构和核心，建构相应的学习群。以主题任务为载体，通过情境、内容方式、资源的整合形成知识系统、方法系统和思维系统。

比如部编版语文一（上）大单元设计，我们团队把原来单篇的教学，变成一个整体的大单元，通过情境（主题）任务，让学生在一定情境之下展开，同时归类分成相应的活动单元、经验单元、项目单元、主题单元等，这样整个单元就具备了贯通性和联动性，使学生把住方向盘行走。

除此之外，我们还为学生设计了一辆"学习自行车"。"学习自行车"让学生在教师引领的目标、方向、速度、工具、资源等引导和支持下，形成学习共同体，在双轮驱动下，通过单元学习的再设计，将课程目标细化、落实到可感、可实践的学与教的过程中，促进儿童实现自我建构。

指南针：学科目标与认知风格相观照

不过这辆"自行车"是否匹配每一个学生呢？于是，我们又设计了一把指南针，也就是把学科目标和认知风格相关联，促进教学实施的一致性。所以从教到学，需要基于学科目标的设计需要，观照"儿童认知风格"，让教学适合儿童认知风格，更好地构建学习环境，提升育人效果。

在整体设计过程中，我们设计了前学单、合学单、评价单，然后在教学目标层下进行实践，以此促进学科育人。虽然正确的学习方式有很多风格，有的可能是听觉，有的是动觉，有的是视觉，有的是读写型，但我们可以总结成一种，那就是按照记忆曲线间隔学 + 不同场景用不同方式变换学同一个内容 + 自我测试提取反馈学 + 新旧连接建构学 = 高成效。我们希望高成效的学习匹配每个学生，让他们最终自我建构一种适合自己的学习风格。

罗马路，在更宽的行走中探索普适路径

罗马路，指在更宽的行走中探索普适的价值。这要求我们给学生配制"万向型"自我导航钥匙，以"做中学"为指导，突出实践活动经验积累、学生创

新意识和探究能力。从适配的过程中撬动课堂学与教的转型，促使核心素养的落地。

所以我们通过定制气质（建构"身心灵合一"的学科表达）、定制方式（形成"做学玩一体"的学习范式）、定制学习（完善"学用评一致"的学习链条），促进学生情境脉络的学习，实践共同体的学习。

定制气质：建构"身心灵合一"的学科表达

看起来简单的一句学科宣言，一个学科追求的表达，背后蕴含着育人的价值。我们要求每个学科谱写纲领性共识的学科"宣言"，宣言用最简约的语言表明对本学科教育价值的理解。学科宣言是共同讨论、研制中思考学科教育价值，考量学科知识对人的智慧提升、情感丰盈、精神成长具有的重要价值。

然后形成学科名片表达。学科名片就是教师群体的专业信念，它不仅引导了教师专业的发展，还引导了课程结构的调整、教学方式的变革、学生成才方式的拓展等。比如我们学校有自然英语，让学生在自然生态的英语国度里自由、自在、自主地表达言语。有思维张力的语文，让学生有逻辑地思考、会系统地学习、能清晰地表达。但是这些学习效度是怎样的呢？

有一个数据是 15.87%，是熟悉（旧知）和意外（新知）的比值，我们称之为学习的甜蜜度。学习的建构过程分为舒适区、学习区、恐慌区，我们需要在学习的焦虑和无聊中找到学生的心流，从而达成熟悉 + 意外 = 喜欢，开启学生的学习兴趣。

定制方式：形成"做学玩一体"的学习范式

我们提供学习资源圈供给、学伴共同体组织、自适应学习建构、多线并联式机制，促进"四单式链条""四部曲成体"学习范式的形成。

以"车轮为什么是圆的"这个学习主题为例，通过猜测假设、操作实验、合作探究、互动交流等，自主建构出一个玩数学"应有尽有"的空间，一个做数学"即时即地"的地方，一个学数学"无处不在"的平台。让学生在应有尽有的玩数学空间和平台里，经历一个圆的世界构造和跟生活的连接。

定制效度：完善"学用评一致"的学习链条

我们还建立起自适应学习群落，以体验式、情境式、发现式、项目式的学习方式，完善学用评一致的学习链条，带领学生真切地感受我爱学、我在学、我会学、我全学、我能用、我能学。

最后设计评价目标制定策略，评估学生的知识掌握程度。而评价目标制定策略的背后，由学习目标对应拆解法和思维进阶对应达成法支撑。例如"圆的世界"的评价目标，可从评价的指向、评价的内容、评价的类型中形成评价效应。接着，我们再去定制效度，并建构相应的能量手册、个性导单、场景地图，让评价跟生活关联，与学生交往相关联，不再机械，从而变得生动。这样素养评价就有了更好的载体。

所以，从教到学我们需要去抓住五个要素：首先是轨迹，学与教的过程就是师生共同"造场"的过程；然后抓住核心，基于认知建构儿童在场学习，让学生有不同发展；接着形成三环，内圈是大脑、中圈是课程、外圈是生活情境；还要学会流转，那就是学生的学习在知、情、思、创、行五个场循环运动；最终形成一个气象，那就是动态的思维，不是静态的叠加。

通过这样一种方式，大家可以更好地形成自己的风向、行动和路径。

未来

从专注知识走向聚焦素养

把未来放在合适的位置

◈ 李希贵（北京第一实验学校校长、新学校研究会会长）

未来在哪里？2023年的一年级小学生到2050年时是35岁，2023年的高三学生到2050年时是46岁。我们要教给他们什么，才能让他们在这样的黄金时代、关键年龄可以应对世界的挑战？

未来在哪里？作为教育人，我们必须把未来安放到合适的位置，安放到今天的校园中、教室里、课堂上。

面向未来，必须让孩子学会解决问题

什么叫领导力？领导力为什么如此重要？看看下面这个模型。

◎ 图2-6 领导力模型图

模型告诉我们，职位处在不同层级，领导力对所在岗位的要求也不同。作为基层领导，你必须拥有帮助他人解决问题的能力，帮助团队、下属解决问题；升到中层领导，你必须拥有辅导他人解决问题的能力，要教给别人方法去解决问题；当处在组织高层，那你要通过推动组织变革去解决问题。

不同层级领导力的核心有所不同，但最后都要落到"解决问题"上。可见，解决问题是领导力的核心。根据未来思维能力模型，从基础思维到复杂综合思维，所有能力最后也同样都聚焦在解决问题上。

因此，要培养面向未来的学生，就必须让他们学会解决问题。解决问题可以分解为三个要素：定义问题、突破限制和平衡关系。接下来围绕三个要素谈谈我们的一些探索和思考。

定义问题

不对问题进行定义，我们就不清楚是什么问题。

很多学校经常给学生非常明确的问题，比如：新学期开学了，请你为学校食堂制订一周的食谱。

但是，今天我们给学生的不应再是上述问题，而是这样：新学期开学，学校引进了一家新食堂，同学们对他们的饭菜很不满意，有的认为品种太少，有的认为营养不好，大部分同学感觉口味不佳，食堂主管却感觉委屈，打算辞职，假设让你担任食堂主管，你怎么办？

这到底是个什么问题？前面是让学生"制订一周的食谱"，问题非常清晰。而学生接到后面的问题，必须对问题进行定义：这是学生口味的问题，是营养结构的问题，是食堂的内部管理问题，还是食堂主管的能力问题？……问题不能定义，就无法解决。

厘清问题四要素

问题往往可以分为两类：结构良好的问题和不良结构的问题。过去教材和老师告诉学生的题目，大都是结构良好的问题，解决问题的要素清晰，用完题目给出的已知条件，即可得出结论。

但是走出校门，我们再也遇不到这种结构良好的问题了。面对纷繁芜杂的社会，我们遇到的问题常常缺已知条件，或者面对大量的已知条件、繁杂信息无所适从，这就是不良结构的问题。我们需要把不良结构的问题转化为结构良好的问题，这样才能解决。

一个结构良好的问题有四个要素：一是要知道问题的初始状态；二是要知

道解决问题后我们希望的目标状态；三是厘清从初始状态到目标状态的限制条件；四是理出实现路径。

只有具备这四个要素，才叫结构良好的问题。因此，当我们遇到信息复杂的不良结构的问题时，厘清它的初始状态、目标状态、限制条件和实现路径，就能够将其转化成结构良好的问题。

可是，往往今天的校园里、课堂上教给学生的都是早被设计好的、已知条件和求证目标非常清晰的问题，而当学生走出学校，面对充斥着不良结构问题的世界，尝试理出四要素的时候，他们会面临巨大的困惑，因为我们没有教给他们定义问题的能力。

以前面的食堂问题为例，怎么厘清它的四个要素？

初始状态——有些同学认为品种太少（具体有多少种），有的认为营养不好，大部分感觉口味不佳（全校学生都来自哪些地方），目前食堂饭菜状况……需要我们将所有需求、情况全部汇集分析，这就是初始状态。

目标状态——有了对上述情况的研究，才能确立目标状态。关于食堂的问题，我们把目标状态确立在什么程度？是希望不同地域的学生都满意，还是希望在学生的不同口味间能相互妥协、调和？是仅仅考虑学生口味，还是要考虑营养结构、品种选择？……确定目标到底是什么。

限制条件——弄清将目标状态设定在什么地方，我们才知道到底是缺食材，还是厨师少，或是厨师做地域风格饭菜水平欠佳，或是厨具缺少自动化设备……明确限制条件。

实现路径——当厘清初始状态、目标状态和限制条件三个方面，实现路径通常就比较容易找到。

讲前面这些是希望大家清楚，我们再也不能在校园中、课堂里、教材上仅仅教给学生那些结构良好的问题，我们的题目再也不能给学生足够的、恰到好处的已知条件，让学生用明确的信息求证得出我们心里早就清楚的结论。这样的教育无法应对未来，我们要"让学生在不良结构问题的大海里学会游泳"。

新读写能力

不过，当我们把学生放进不良结构问题的汪洋大海时，可能会遇到这样的问题：对学生的阅读能力和写作能力要求，变得跟过去传统教育不一样了。

传统教育中，阅读能力和写作能力基本上是提取信息、处理信息和编码信息，今天则需要通过大量的信息提取去构建新知，在实践中验证新知。

过去之所以可以让学生放心大胆地提取、处理、编码信息，是因为印刷年代信息基本上都是真实的、可信的。可今天的网络信息异常驳杂，大量虚假、矛盾、歧义的信息需要去驾驭，各式各样的多元观点需要去分辨。

因此，构建知识，并进一步用模型和实践验证知识的可信度，成为一种重要能力，我们叫它"新读写能力"，跟过去的阅读能力和写作能力完全不同。

这是谁的问题

遇到问题后，首先要明白是谁的问题。是我的、你的，还是他的问题？这是在定义问题时首先必须明确的。

这是我们给二年级学生的题目：

在一年级教室里已经为你们的学弟学妹准备了 206 本绘本，你作为已经升入二年级的学生，请你帮助一年级的同学把这些绘本进行分类，并使各类图书数量大体相当；另外选择目录中没有而你认为应该增加的 6 本图书，替换掉目录中的 6 本，并说明理由。

这是学生本人的问题吗？不是，这是学弟学妹的问题，学生是要帮助学弟学妹解决问题。因此，分类的时候，他需要回想自己刚上一年级时在图书分类上遇到的挑战，自己曾感觉到的方便或者不便的地方，都能够帮到马上升入一年级的学弟学妹。

152

学生还要研究为什么要替换 6 本书。是他的问题吗？不是，这是学弟学妹的问题。学弟学妹的书为什么要去掉另外 6 本，加上他的 6 本？在说明理由的时候是说自己喜欢，还是刚入学一年级时学弟学妹需要？等等。这就要解决"是谁的问题"。

有句话说得很对，"解决问题的途径通常在于你如何解决别人的问题"。当你要解决自己的问题，天天想着自己可能永远无法解决。当你帮助别人解决了别人的问题的时候，你的问题反而可能得到解决。

十一学校和联盟学校里的孩子，同伴在他们心目中的位置越来越高，能不能交到朋友对他们来说是天大的事。他们也在交往中慢慢明白，想交到朋友，想解决自己的问题，必须帮别人解决别人的问题。只有帮助别人，才能交到朋友。想解决自己的问题，反而通过解决别人的问题，最后解决了自己的问题。这就是认识"是谁的问题"的一条重要定律。

写作：你在解决谁的问题

所有的写作，事实上都是为了读者，是在解决他们的问题。你自己已有的想法，写不写出来对你来说都已经解决了。之所以要发表，你是希望告诉更多的人，帮助更多的人，解决别人的问题。

那么，我们在研究写作标准的时候，就应该告诉学生，写作的关键是要处理好一个关系：你想说或想写的和别人想听或想看的之间的关系。二者的交集越来越大，说明文章越来越成熟。

寻找问题背后的问题

很多时候我们容易把现象当成问题，其实真正的问题往往藏在现象背后。举个迟到现象的例子。

1995 年我来到老家高密一中做校长，遇到的第一个问题就是大量的学生迟到。政教处主任提出来，校长你到教学楼前面站着，学生就不敢迟到了，过去老校长就是这样抓迟到的。

我说不用去站着，学生迟到一定有原因。后来政教处做统计发现，迟到的全都是住校内公寓的学生，住得远的学生反而没迟到。这个现象引起了他们的警觉。

逐个原因分析下来才发现，原来学生公寓洗手间的水龙头坏了，每个楼层本来有十几个，最后只剩下一两个还出水。学生午休时间长，一般都进入了深睡期，起床后必须洗把脸清醒清醒才能去上课。结果学生等洗脸排队一直排到打铃，才急匆匆地去上课，这才导致大量的学生迟到。

所以，迟到是现象，不是问题，问题是水龙头坏了。修好了水龙头，就没学生迟到了。

问题到底在哪里？传统观念认为，从现有状态到应有状态的差距就是问题，其实这是现象。造成现有状态到应有状态之间差距的各种影响因素才是问题。

我们必须把这种寻找问题的思维方式教给学生。在教会学生解决问题的过程中，教学生怎么区别现象和原因是至关重要的。

怎样养成学生透过现象寻找原因的思维方式？不能等到未来学生走出学校后自然地长出这样的本事，而要把这种能力放到今天的课堂里去慢慢帮助学生长成。

于是，我们学校的作业就开始有了这样的任务——

1. 记载家族迁移的情况，追踪不断迁移的原因，即将家族上推三代、四代，甚至六代、七代，他们是从哪里迁移过来的？每一次迁移背后的原因是什么？

2. 为"死去"的元素写一份讣告，解释该元素流失所带来的影响，从影响力倒推元素流失的原因。

目标感

定义问题还有一个概念叫"目标感"。我们常说不忘初心，就是始终有目标感，始终不被一些繁杂的问题带偏，始终笃定，始终坚守。但是，我们常常会将任务和目标混淆，好像完成了任务，目标就实现了，其实不是这样。

过去北京市十一学校刚刚开始举办泼水节的时候，由于有些年级没有弄清泼水节的目标，把泼水节当作一项任务。利用一个下午的时间，全年级400个学生完成了一个泼水节。

办泼水节的目标是润滑师生关系，通过老师和学生同乐，一起互相泼水，来构建一种平等的、和谐的、亲密的师生关系。结果有些年级只有学生参加，老师只是去现场帮助学生服务。有些老教师觉得不好意思，有些女老师觉得衣服不方便，都没有参与其中。结果任务是完成了，但润滑师生关系的目标没有实现。所以，我们始终要想着目标是什么，不能忘记。

看一个初中学生的任务：《简·爱》作者夏洛蒂·勃朗特认为简·奥斯汀的《傲慢与偏见》对人物的内心世界描写不够。两位作家发生论战，纷纷在《文学评论》杂志上发表文章，你作为杂志主编，需要在这个论战栏目写一个编者按，如何写？

当学生是杂志主编的时候，他就不是参加论战的作者。他的目标跟奥斯汀、勃朗特的目标不一样，跟参与论战的其他作家也不一样。他是要通过编者按继续推动这场论战向纵深发展，还是想叫它偃旗息鼓？想各打五十大板，还是有所倾向？想挑起下一轮更深入、激烈的论战，还是想尽快结束？学生必须把目标弄清才能写出编者按，编者按不是一篇1000字的文章，它带着作者强烈的目标感。

未来
154

○ 突破限制

定义问题后又该怎么解决问题？有很多方法。我们尤其要教给学生一个重要的方法：突破限制。

只要是"问题"，一定没有现成的、足够的资源条件去解决。当摆在面前的又是一个不良结构的问题时，它更是缺少资源和要素，有限制条件的。那么，如何突破限制是应该教给学生的一项非常重要的思维方式和能力。

路径依赖

限制有很多种，排在第一的是路径依赖。解决问题的时候我们常常依赖过去的传统做法、既有资源、已经形成的思维方式。但是，面对不确定的世界，这几乎是不可能的。

我曾遇到过下面的问题——

由于学校院墙过矮，不少同学爬墙外出购买生活用品，为此，总务处制订了一个增加院墙高度的方案。对此，有些人认为没有必要，在原有院墙上加一个红外线装置就可以了，还有的认为增加摄像监控装置成本更低。对此，你有什么建议？

这个案例中的路径依赖有几个层次：总务处的路径依赖在过去资源的使用上，院墙低了就加高。有些人建议安装红外线装置，建议增加监控，后面两种尽管看上去打破了加高的路径，但依然停留在过去限制学生的路径里。

其实，从"不少同学爬墙外出购买生活用品"可以看出，校园里没有地方能让学生解决生活用品的需求。学校里开一个便利店，问题可能就解决了。

自我设限

还有些时候，我们自己会画地为牢，自我设限，导致无法寻求各个方面的帮助。竭尽全力，就是打破自己，让整个世界想办法。

这是我们给小学生提供的一个作业：

为受伤的大象造一个有用的人工鼻子。动物园的园长打来电话："我们救下了一头可怜的大象，它的鼻子受了伤，断了一截，生活很不方便。我听说你们是专业的动物医生，希望你们能帮助这头大象，让它能生活得好一点。"

这个问题给孩子赋予了一个新岗位"动物医生"，但孩子又不是真正的动物医生，这个时候怎么办？单纯依靠他自己的力量肯定不行，肯定要买一些关于动物救治的专业书籍，查找一些专业资源，把自己慢慢变成"动物医生"。如果还不够，就请教真正的动物医生。

如果学生无法打开自己的思维，只局限在过去的自己，一个小学三年级学生，肯定无法解决这样的问题。打破自我设限，很多时候就需要从一个人到一个世界。

未来
155

在校园里，我们可以给学生提供五个维度来寻找资源、解决问题：人员、机械设备、环境、原材料和方法机制。如果能从这五个维度打开视野、打开世界，去寻求更多帮助，就会找出更多的解决问题的路径。

在日常学习中，用这些题目给学生做一些训练，会比较容易打破学生的路径依赖，打破自我设限，给他们更开阔的世界、更大的想象空间来解决问题。

要素增减

解决问题要突破的第三个限制是要素增减。通过增减要素，做加法和减法，我们可以解决一些问题。有句话叫"限制激发创新"，对此我们做了这样的任务设计。

任务1：帮助视障者看电影

在视障者看不清屏幕的时候，要带着他一块看电影。你用什么方式来帮助他理解这部电影？仅仅靠语言吗？还是要有触摸的道具？这需要你创新。

任务2：如何让放养的麋鹿不吃校园植物

北京十一未来城学校养了两只小麋鹿，不是圈养，而是把它们放在校园里。小麋鹿平日里还要去听课，或者在运动场上和你一起跑步。校园里种了很多它们喜欢吃的植物，但我们不希望它们来吃。你怎么处理这个冲突？

教学生突破限制，更重要的是在今天的校园里给他们埋下种子，让他们知道，"没有什么东西可以限制我"。

平衡关系

最后我们还要告诫学生问题解决的第三个要素：平衡关系。不是一切都可以突破，平衡好各方面的利益、各方面的感受、各方面的关系，也是解决问题中必不可少的。

平衡关系有五个关键因素：自我与他人、个体与群体、当下与未来、理想与目标、既要与也要。

自我与他人

第一个是关于平衡自我与他人。

当面对设计家庭食谱的任务时，学生仅仅知道营养结构的金字塔，明白营养结构、营养均衡的道理是不行的。他们必须将爸爸妈妈、爷爷奶奶、外公外

未来

156

婆等家庭成员的年龄、身体状况、所需营养甚至口味都思考到位。如果只从自己的需求出发设计食谱，根本无法平衡自我和他人的关系。

这样的食谱设计过程，也帮助学生清楚了同理心的重要性。中小学教育将同理心的培养作为一个重要维度，正是因为同理心是解决好各种关系的一项基础。

个体与群体

第二个要平衡的关系是个体与群体的关系。

2022 年世界杯期间，不少学校由于沙特阿拉伯和阿根廷的足球比赛都停课了，因为有些学生喜欢看梅西。据说，网上还一片好评。其实，这件事本身并没有处理好个体与群体的关系。不是所有学生都喜欢梅西，甚至不是所有学生都喜欢看足球直播。如果所有空间都在播放足球比赛，那么我们就冷落了或者排斥了另一些学生的需求。

北京市十一学校在 2016 年曾经遇到过类似的情况，NBA 球星科比的退役比赛。很多学生是科比的球迷，他们提出能不能全校一起放比赛直播，评估之后我们觉得这不合适。因为还有相当一部分学生对这事没有兴趣。最后我们决定，教室里照常保持安静，学生可以进行自习，但是学校报告厅、电影院、剧场播放直播，喜欢看比赛的同学可以去看，喜欢学习的同学可以在教室学习，喜欢社团活动的可以在公共空间开展社团活动。我们给了学生各种选择的自由，关注到了每一个个体和群体的关系。

解决任何问题的时候，照顾到各方面的需求都很重要。

当下与未来

第三个关系是当下与未来的关系。在学校，我们不断地给学生强化一个公式——"10/10/10"公式。当学生做出任何一个决策，解决任何一个问题，必须考虑到 10 分钟之后会发生什么，10 个小时之后会发生什么，10 天之后会发生什么。对于持续性问题，则要考虑到 10 天、10 个月、10 年之后会发生什么。

中小学生更关心当下，有时想不到那么远的未来。因此，我们就要不断地帮助他们解决当下与未来的关系。

在初中一年级《道德与法治》中，北京第一实验学校的老师们设计了这样的学习任务：作为 2022 年的贾里或者贾梅，给 2003 年书中遭遇挫折的对方写一封信。

这个作业就是在解决当下与未来的关系。从 19 年后回看当初那个感到绝望、不可救药的青春花季，会让学生跳出时间来看待这项任务。类似的学习任务，将不断强化孩子们注重平衡当下与未来的关系。

理想与目标

第四个关系是理想与目标的关系。确立目标状态的时候，我们是确立一个理想状态，还是确立能够实现的目标状态？

任何问题的解决，一定要考虑到有限目标，而不要考虑到十分理想的目标。理想的目标往往难以实现、老有挫折甚至中途搁浅，反而对问题解决造成巨大的伤害。而这也是我们在学习任务的设计中，在教育学生的事业中需要不断去考虑、迁移的。

思维方式：既要与也要

平衡关系还有一个重要的思维方式：既要与也要，即在问题解决中考虑到各方面因素。

比如布置给小学二年级学生的任务：你是一位插画师，《四季》绘本编辑部希望你能画一幅插画，既能帮助小朋友认识颜色，又能帮助他们认识四季（通过颜色表达同时还要让孩子对颜色有所辨别；不是仅仅认识四季，也不是仅仅认识颜色）。

未来

158

以及这样的任务：今年暑期的家庭旅游方案由你负责规划，这次旅游团成员不仅有恰逢结婚 20 年纪念日的爸爸妈妈，还有身体健康状况不是很好的外公外婆，你刚好进入初三，暑期的作业也比较多，请你思考，这次方案设计需要考虑哪些问题？

前面所讲是想告诉大家，迎接不确定的世界，孩子未来能力的核心就是解决问题，它是所有处在不同层级的领导力当中的关键能力。而如何解决问题、定义问题、突破限制和平衡关系又是其中三个最为重要的能力，值得我们重视。

○ 面向未来，课程逻辑正在如何变化

当解决问题成为学生面向未来挑战的关键能力之一，也带来一个新的问题：今天学校里的课程逻辑亟须变化。

过去，我们一直在不断做加法，随着世界的变化不断增加学科。开始学校只教哲学，后来增加了历史、人文，慢慢又有了数学、科学，甚至到今天又有

了技术、人工智能这样的学科。这种用不断增加学科知识来增加学校课程体系内容的方式，在过去农业经济和工业经济这种发展相对较缓慢的确定性的世界里，是效率最高的一种方式。

但是，今天的世界越来越不确定，遇到的问题越来越具有挑战性。这时候我们就会发现，全世界范围的学校正在从问题出发来组织自己的知识，调用自己需要的能力。这种变化是时代的趋势，也是面向未来，我们在今天的校园里、课堂上需要做出的选择。

理想的学习变革，是一场不断滋养师生成长的律动

◈ 黄莉（银川市兴庆区实验第二小学教育集团党委书记）

159

2014 年至 2022 年，我们学校在内外部各种要素的作用下完成蜕变。回望来路，促使学校真正发生蜕变的，不是偶然的事件，也不是重复事件的积累，而是得益于那些不间断的、小步推进的改良。当改良积累到一定量时，变革的势能也就蓄积起来，学校自然就出现了新的样态。

○ 学习变革 1.0：博雅 4A 智慧课堂模型

2014 年，我们的学校是这样的场景：主题墙上有卢梭的话，"大自然希望儿童在成人以前就要像儿童的样子"；教师墙上有这样的寄语，"我希望老师们的语言是经过选择的，声音与声调是正确的、有吸引力的，举止是文雅的、优美的。所有的谈话题目都是振奋人心的，有教育的；心灵的慈祥，是永久保持的"。学校的各项教育教学活动都能让学生激动不已、乐此不疲、由衷赞叹。这一切都是心灵意识的建构，希望在这样的语言暗示下，营造出的博雅教育氛围越来越浓。

我们不厌其烦地推敲校园里微不足道的细节，精心打造每一间教室，努力把功能性、实用性和艺术性结合起来。因为我们知道，学生今天眼里看到的东西都会停留在他的生命里，你要许他美好未来，就得先为他创造出今天的美好校园。

在这样的空间里，我们开始尝试在音乐、美术、科学这些学科中进行学科内的整合，打破课时结构，采用两节课连排，给学生充裕的时间去感受、体验、实践。强化综合实践课程，全校学生一起走秀的"帽子节"和一起参与的"迷你奥运会"等活动，就是我们搭建给学生最好的成长平台。

我们意识到，满堂灌的、知识传授的课堂已经不能适应未来需求。为了让课堂发生变革，推出了博雅4A智慧课堂模型，以学定教，基于学生的问题，设计探究的环节，搭建解决的途径，是我们课堂变革的主要流程。课堂上学生开始小组合作，任务驱动的自主探究成为课堂的主要学习方式。

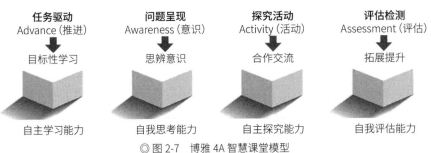

◎ 图2-7 博雅4A智慧课堂模型

学校场景背后，不经意流露的是一所学校的教育观和儿童观。我们从一间间教室的改造做起，设施都是为学生服务的，空间都是为学生营造的，活动都是让学生参与的，课堂是平等交互的。宽松、愉悦的环境和氛围给了师生足够的安全感和信心，成长自然而然也就发生了。

学习变革2.0："物—器—道"跨学科学习模型

2017年，我们开始打破空间的围墙。占地800多平方米的智慧魔方科技体验中心给学生带来更多美好的学习体验。万物启蒙课程中心也开始运行，进入黄沙、芦苇、石头、枸杞这些专有教室，在地元素扑面而来。我们期望课程能激活学生目之所及的元素，让这些曾经被熟视无睹的物象，带着古老的文化传统融入学生的生命血脉里。

未来

160

这样打破隔墙、重组学习空间，支持新的学习方式使得课程也开始打破学科界限，科学、数学、劳动、信息技术课程重组，形成任务群，借由新的学习工具，在智慧魔方科技体验中心常态推进。万物启蒙课程"物—器—道"认知主线对应着科学板块、人文板块、艺术板块，不同学科的教师合作完成主题任务，课程团队里学科的边界变得模糊，学科的边界被打开。

为了让这样的跨学科学习走向深入，万物启蒙研究院在我们实践的基础上，升维了"物—器—道"格物致知的认知三阶，并结合当代认知思维研究成果，用"定义、形式、变化、功能、原因、联结、观点、表达、关系"九大概念定位九个探究视角，驱动问的环节。从"检索、提取、整合、理解、分析、实证、归纳、演绎、总结"形成思维九法，让思维进阶看得见，并以范畴作为辩证讨论的工具。这套结构化的问思辨教学范式与可视化的思维支架，成为师生日常教育教学的高效能思维工具。

未来
161

◎ 图 2-8 "物—器—道"跨学科学习模型

这一轮学校内外部场景改造，与其说我们在破空间的墙，不如说我们在破思维的墙，它的过程是撕裂的、痛苦的，特别像现实教育体系的我们。面对时代的变革，我们需要不断地打破、反思、重建教育价值。依靠感性和情怀构建的美好支撑不了成长，学校的发展需要理性思辨。教育人经历现实的鞭挞，内心层层剥茧后依然葆有对理想教育的向往，并且愿意不断求索，这种力量才能鼓舞师生呈现出乐观向上、一往无前的生命状态。

○ 学习变革 3.0：问思辨课堂范式

2019 年，全新的 700 多平方米的人工智能学习空间在我们学校亮相。自动借阅的智慧图书借阅系统、自动录播的智慧教室，用智能的感知、智能的管控、智能的响应服务呈现学习环境的智能化。智慧课堂评价系统、VR 虚拟实验室、自学陪伴机器人，通过数据对学生的知识结构、能力结构进行表征，使得学习过程越来越智能化。

学校开始从物理空间走向网络空间。分布在校园里 370 多个不同功能的摄像头 24 小时反馈各个区域的情况，师生刷脸入校，多个通道口辅助学校的安全管理。校（班）门口的电子班牌实时滚动播出学校新闻和各班管理数据，物防开始替代人防。我们开始搭建云上数字学校，云平台上可以听取任意一间教室的授课，在线平台可以同屏六个校区实时在线课堂，不同校区的教师直接在线教研，物联网开始在学校的管理中心发挥作用。

常规课堂也开始在智慧环境下进行，五年级每个学生一个终端，学情数据实时记载，教师研判不再基于经验而是开始走向精准分析。为了让更优秀的课程惠及更多学生，我们开始打造"传统 + 未来""线上 + 线下"双场景课程。在地方风物课程以任务驱动段式逻辑设计课堂，每节课都以高质量视频课的方式呈现，通过线上教师和线下教师互动，达到良好的学生真实参与和动手实践，实现高效能素养转化。

为了让技术更好地发挥作用，再次升维模型。将原有的国家课程实施中的 4A 智慧模型和跨学科学习中的"物—器—道"进行整合，对《中庸》中的"博学之，审问之，慎思之，明辨之，笃行之"学习流程进行创新转化，结合当代认知思维研究成果，形成一套思维框架解决国家课程、校本课程的思路，用一套结构化"问思辨"教学体系和可视化思维支架支撑课堂教学，并通过基于这种课堂结构的标准化资源建设和使用，催生集团大面积课堂变革。

未来
162

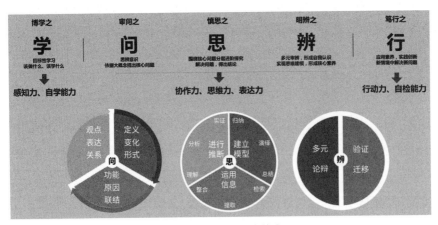

◎ 图 2-9　问思辨课堂范式

学校在升维过程中碰到的最大的问题是对未知的恐惧，但探索和创造是人类永恒的主题。工具的改进、技术的使用、思维的迭代催生的学校变革，其目的是更好地促进人的发展。越是在巨大的变迁中，越能清楚地看到那些至善、至真、至美的亘古追求才是教育永恒的主题。

○ 学习变革4.0："SMART"智慧课堂精准教学实践体系

2022年，我们秉持"让儿童站在社区中央"的育人理念，将臻园校区的功能教室改造成复合型的儿童友好馆，馆内集合了阅读、生活、手作、邻里、艺术、自成长六大空间，以儿童视角将学校办学文化与社区营造活态呈现，并通过文化友好行动、社区友好行动、课程友好行动，打造了儿童友好社区的共享模式，作为学校办学窗口面向街区开放，打造社会化办学的新名片。

六大友好空间支持六大友好课程群行动，红色基因课程群、社区小主人课程群、创客工坊课程群、宁夏在地风物课程群、社区多元课程群、民间艺术课程群、生活实践课程群让学习内容变得更加多样。授课人员除了线上线下的老师，民艺匠人、非遗传承人、艺术家、学者随时在儿童友好馆授课。每个课程群都连接整合社区资源，让学生站在社区中央，参与社区治理，模拟社区议事，成为学生打开理解社区、参与社区、建设社区的窗口。创建的无边界社会化学习场域，将学校教育向课后服务、节假日、寒暑假延伸，呈现出学习的完整生态。

我们更是将多年的课堂变革探索总结凝练，形成了以"结构化课堂教学、标准化资源共享、数据化评价育人"为核心的基于数据驱动的"SMART"智慧课堂精准教学实践体系，即以问思辨智慧课堂标准化资源（Resource）为基础，在此基础之上附加一个基于数据驱动的"学—问—思—辨—行"结构化智慧课堂模型（Model）和一套智慧课堂教学评价体系（Assessment），通过一套大数据学情分析系统（System）——采集、集中和分析与评价体系相对应的数据维度——实现每位学生学习数据的累积和评价，最后让企业为学校研发的成果专门定制技术服务产品（Technology），打破了过去由企业技术产品捆绑教学，重新构建起以人的发展为本的智慧课堂教学新模式，此模式得到了华中师范大学吴砥博士团队的肯定。

以学校为核心的社区学习场景构建，打开了学校和社会的壁垒，构建起学校、社区、辖区合力的学生生活教育的场景，成为学生理解真实社会、触发真实感受的社会通道。这样的社区学习场景有效地连接起辖区多部门、多个社会群体、多个服务团队、多个社会群体，共同促成"儿童更好的发展"。

九年时间，从打破教室围墙、打破校园围墙、打破三维空间，到营造社会化场景，背后是学习方式的变革；学科内整合、跨学科学习、"线上＋线下"混合式学习，直至社会化学习，学校空间形态变革都是为了支持教育教学方式的变革。学校内外部场景后面更是教育价值观的裂变：从单一学科教师的个体认知，到多学科教师的团队认知，直至社会化学习背后的群体性认知，是一条由感性认知到理性思考的学校实践之路。

九年时间，我们的学校也在观念的不断迭代中达成了基于相同价值的共识，支撑着学校完成了从一所学校到六所学校的蝶变。把远处的、朦胧的、隐约可见的理想教育这座山，变成了扎根在心里、一步一个台阶可以攀登和攻克的现实之路。

学生素养如何在学习中落地

◈ 刘艳萍（北京市十一学校一分校校长）

◯ 你的课程为何停留在浅层

什么是深度学习？这个问题一直很难回答，我们不妨先看一看什么是浅层学习。

2014 年，一分校开始了一场课程探索，形成了 1.0 版的"龙娃课程"。

我们围绕着认识自己、认识自然和认识社会三大学习领域，用主题来架构了我们的课程：一、二年级实施跨学科主题课程；三到五年级延续了主题课程，但课程结构变为"分科＋综合"；六到九年级，虽然课程中也有主题牵引，但依照孩子们的个性差异，不同程度地实行分层分类的选课走班。

以下仅就小学低段的跨学科主题课程进行讨论。什么是跨学科主题课程？我们的课程实施指南中有一个简短的概括——从儿童的生活体验出发，尊重儿童整体感知世界的认知特点，弱化学科界限，将儿童生活卷入，通过系列主题下的跨学科教学，引领儿童深刻体验。

我们一、二年级依据这样的指南，设计了 11 个大的主题，每个主题下还有多个探究单元。

怎么来实施课程呢？教师花了很多精力，自行研发了 16 册跨学科校内读本。以自然领域·秋天课程当中的"瓜果香"为例，教师把这样一个小的探究单元分成神奇的瓜果、数学果园、瓜果秀、舌尖上的瓜果和诗画里的瓜果五个探究模块，每个模块分成多个课程活动进行推进，各个课程背后是所有学科的无痕融合。

从学生的课堂表现来看，丰富多彩的课程激活了每个学生的学习动力，他们全身心地参与，作品层出不穷，也得到了家长的赞许。但是一片欢天喜地中，我们老师也开始了自我批判和反思……

这样的课程优点非常突出，它弱化学科界限，与生活紧密编织；尊重儿童天性，游戏化、做中学；还能够激发学生潜能，鼓励学生差异化地表达，让每个学生一入学就有初步美好的学习体验。

但是我们也很快发现了这类课程的缺陷，比如因为跨学科而丢了学科，造成学科拼盘，这是很多学校开始探索时最常遇到的一个问题。此外还有因主题化而荟萃过多内容，模糊了学习目标；因游戏化而忽略思维进阶，缺少高级思维训练；等等。

之所以造成这样的缺陷，是因为我们过度重视了低段课程的浪漫化色彩，过于随意，而缺少对标准的遵循。于是，我们开始探索基于标准更有深度的教和学。

《深度学习：走向核心素养》是一本引发我们很多思考的著作。国内一批顶尖的课程专家在系统研究了国内外关于深度学习的理论和实践之后，在书中对深度学习的概念做出了界定。

所谓深度学习，就是指在教师引领下，学生围绕着具有挑战性的学习主题，全身心积极参与、体验成功、获得发展的有意义的学习过程。在这个过程中，学生掌握学科的核心知识，理解学习的过程，把握科学的本质及思想方法，形成积极的内在学习动机、高级的社会性情感、积极的态度、正确的价值观，成为既具有独立性、批判性、创造性，又有合作精神，基础扎实的优秀的学习者，成为未来社会历史实践的主人。

就概念来看，1.0 版的课程实践有很多优点，比如说让学生全身心地参与，有成功的体验，整个学习过程富有意义，并且也掌握了一定的学科核心知识。但是在设置阶梯形的挑战性任务，引领孩子们理解学习过程，把握学科的本质和思想方法等方面则做得严重不足，以至于很难引领学生抵达核心素养的目标。

所以，在 2.0 版的"龙娃课程"中，我们首先的切入点就是寻找课程设计实施的标准。

○ "大概念"引爆课程深度发生

一个课程设计实施的逻辑起点在哪里？我们一致认为是培养目标，即弄清楚你要培养什么样的人。我们花大力气研究了国内外各个权威机构关于未来人才素养的系列研究成果，并进行系统梳理，最后聚焦为九大核心素养，将其作为一分校的培养目标，我们把它命名为"龙娃成长标准"。

166

接下来，教师们对九大核心素养的内涵又进行了深入研究，将其具体表现拆分到一至九年级，作为我们每个阶段课程建设与学生成长的指南。

有了培养目标，课程的设计和实施就一定要与培养目标紧密呼应。在这个过程中，明确学习目标是灵魂关键点。我们认为一位优秀的教育教学工作者，应用至少 60% 的时间来从事对目标的设计。而一个好的学习目标的明确，首先得深度研究学科核心素养、课程内容标准，进而明确单元学习目标，最后拆分到每个课时的学习目标。

目标明确了，如何实现？学生素养又如何落地？其关键就是要寻找到学科知识背后的学科观点，这也是整个课程设计实施的重中之重，学界称之为"大概念"。它是课程内容通往核心素养的阶梯，也是核心素养揳入具体知识的固定锚点，是连起素养与知识之间的关键一环。

为了有效落实"大概念"，我们需要进行单元设计。这是一个非常难的课题。怎么做？仍以自然领域·秋天课程作为案例来进行分析。

1.0版的秋天课程包括落叶舞、瓜果香、豆豆逗、秋风吹、云朵飘和游学行六个模块，这些主题非常诗意化，但其问题在于背后逻辑不清，目标模糊，更关键是任务间的梯度性设计非常薄弱。

在2.0版当中，我们升级为品秋、探秋和赞秋三个子任务，简单从主题比较，就能得知上述问题得到了一定程度的克服。接下来，教师又梳理了单元学习目标，并提炼出了"大概念"——四季更迭造就自然万物不同的美。这是跨学科的一个观点，由此支撑着整个单元教学的推进。

自然领域·秋天课程的单元学习目标

1. 识字写字：认识85个常用汉字，能够正确书写41个汉字。

2. 阅读：能正确、流利、有感情地朗读课文，诵读、积累浅近的古诗，展开想象，感受语言的优美。

3. 口语交际：能按照时间、地点、是什么、怎么样的逻辑讲述自己的所见所闻，能说出自己的想法。

4. 能够在具体情境中比较两个物体的大小、多少、长短、高矮、轻重，体验并积累一些简单的比较方法。

167

5. 培养好奇心，观察并能简单描述秋天各类事物的外部主要特征；能从具体现象与事物的观察、比较中提出感兴趣的问题；根据生成的问题做出简单的猜想；通过简单的推理活动，发展初步的推理能力和探究意识。

6. 愿意倾听他人的信息，敢于表达自己的观点，并与同伴分享解决问题的过程。

7. 在学习过程中能够感知美、鉴赏美、创造美，逐步理解四季更迭造就了自然万物不同的美，要热爱大自然，保护大自然。

目前变更了几版，还在实践当中不断优化。对于"四季更迭造就了自然万物不同的美"这个大概念，不少教师会说很抽象。没错，大概念旨在统领整个单元，让教师做到心中有数，但面对学生，你必须对它进行一个转化，变成学生可以看得懂的核心问题，推动他们不断地去思考，在思考和回答的过程当中，不断地去理解这个大概念。

所以，对于自然领域·秋天课程我们提出的核心问题就是，"秋天里，你发现了什么样的美？"应该说大概念和核心问题是一个硬币的两面。问题中的

"发现"二字是教师进行思维进阶的一个设计——感知、认知、理解、创造。而核心问题的回答则需要依靠核心任务的驱动。

教师为学生设计的核心任务是"金秋作品拍卖展，捐赠海棠爱基金"，学生所有的课程作品都要参与学校的爱心义卖活动，拍卖所得则用于资助西部的留守儿童。

值得注意的是，核心任务必须具备一致性、真实性、驱动性、复杂性和可评估性五大特质。其一致性表现为与核心问题、大概念、学习目标的相互呼应，同时它必须具有真实性，才可能具有良好的驱动性，而一定的挑战性和复杂性会让学生更愿意参与且乐此不疲。最关键的是还需要对课程的整个实施过程做出评价。

在实际的实施过程中，核心任务要分解为一个个子任务去完成，子任务又可以拆分成各个课时。具体到每一个单元，都会形成课程实施图谱。

于是，当我们看到这些课堂活动时，会发现其背后都有学习目标的引领，每一堂课都围绕着核心素养落地在发力；当我们看到学生精彩纷呈的作品时，也能够看到作品背后的课程逻辑。

168

在学生不断抵达学习目标的过程中，教师会提供工具、策略、脚手架，帮助学生一步步去实现。比如，每一个课程活动推进中，都会有量规帮助学生自我诊断，帮助老师去评价每一个学生，他们程度如何，需要怎样个性化的帮助。

总之，这样一个课程实践的过程都是基于对国家课程标准的深入的研读，基于对核心素养的深度的理解，提出明确的单元目标，提炼出能够推动整个课程实践的"大概念"，并将其翻转成学生可以看得懂的，能够在学前、学中、学后不断去回答的一个核心问题，然后设计一个核心任务，推动学生在不断完成任务的过程中去回答核心问题，去持续理解大概念，而核心任务要靠一个个子任务的完成去达成，并且把它拆分成各个学习活动。

就是借助这样一个课程逻辑链条，我们推动了一个单元又一个单元教学的实践。在这样的课程实践当中，目标也在逐步达成，主要表现为学生的思维进阶、能力递增和素养培育。但是，目前我们仍然面临着很多挑战，其中一个最大的挑战就是我们原有的课程体系是从话题而非概念出发来设计的。这就为我们进行大单元教学带来了很多现实的挑战和冲突。

于是，我们启动了 3.0 版的"龙娃课程"，希望基于大概念来重构课程。但这是一个特别难的事情，仅依靠一所学校的力量很难实现，目前我们与十一学校体系的联盟校达成合作，共同对 K12 课程进行探索。

新版课程探索的起点，就是系统梳理 K12 课程背后的整体逻辑框架，以概念来重新架构我们的课程。课程所学习的领域也由原来的三大领域，扩展到现在"我与我们、我与社会、我与未来、我与世界、我与自然"五大领域。

怎样帮助学生更立体地掌握重难点

⊗ 刘善娜（宁波市奉化区新城实验小学校长）

从学科目标到单元目标，怎样才能帮助学生更立体地掌握重难点？我的答案是设计探究性作业。

○ 理解学科目标的真正含义

先从学科目标开始。众所周知，新课标中提出，数学学科的目标可以归结为"三会"：学生会用数学的眼光观察现实世界，会用数学的思维思考现实世界，会用数学的语言表达现实世界。

这三句话其实对应的是抽象、推理和模型。如果进行具体的描述，其实也可以分为三部分。

第一部分是我们非常熟悉的"四基"，即数学基础知识、基本技能、基本思想、基本活动经验。

第二部分是体会知识之间的联系，学会融合性地解决问题。其中的联系包括知识之间的联系、数学学科与其他学科之间的联系以及数学与生活之间的联系。我们希望学生能够在真实的情境中感受这种关系，从而发现问题，提出问题，运用数学和其他学科的知识方法分析和解决问题。

第三部分是让学生对数学具有好奇心、求知欲，了解数学学科的价值，欣赏数学的美，提高兴趣。这就涉及情感、兴趣、习惯、精神。

而这三大块的融合就是数学学科的素养。

探究性作业的实践案例

回到单元目标上，我举一个单元的例子来说明。人教版数学一年级上册第七单元"认识钟表"，这一个单元有三个目标：结合生活经验让学生会认、读、写整时，培养学生初步建立时间观念；从小养成珍惜和遵守时间的良好习惯；培养学生的观察能力。

我们一眼就能发现，目标涉及了"四基"，涉及了情感、兴趣、习惯和精神。那么，我们从"三会"的视角去进行具化的分析，从学科目标转过头来审视这一个单元目标就会发现：首先是观察，观察什么呢？观察钟面、观察表的面；其次是思考，思考钟面表示的到底是几时，时针分针有什么样的特点；最后是表达，表达在某个时间我们会干什么。

这就是一种时间的观念，如果从"四基、解决问题、情感"等角度细化分析，学生在这一个单元里面感受到的学科内部、学科之间的联系是相对少的，可能因为他在第一学段，所以对于学生运用各种方法去解决问题的目标要求就会相对较少一点。

基于这样的分析，教师必须思考什么是学生喜欢的方式。如果这一块比较少，是不是需要给学生补充上？能不能补充学生力所能及的一些知识，从而使他们学得更加立体、丰满？

我认为，面对一个单元的教学，从学科目标审视下来最应该思考的问题就是，什么是学生喜欢的方式，怎样让他们力所能及地去解决数学的问题，去感受数学的美好，然后在这个过程中，他们学得丰满又立体。

有了这样的思考，在这一个单元里，我设计了两个探究性作业。第一个探究性作业，学生认识整时后，在钟面上拨三个时间，介绍它是几时，怎么看出是几时的，然后说说在这个时间在干什么。

在认识整时之后，学生已经能够观察钟面，然后结合生活经验也能描述，但这个时候让他们画出整个钟面是有困难的，所以我就让他们用小视频讲述的方式来认识。

在这个过程中，不同学生会体现不同的水平。有一些学生一本正经地介绍三个整时，还有一些学生会突破整时，出现介绍几时半、几时几分这种情况。这就是探究性作业给学生的空间，不同能力的学生就去达成不同的目标，完成不同的作品。

整个单元学习之后，我设计了第二个探究性作业——画钟面。画一天中我喜欢的时间，然后表达在这个时间在做什么。让每个学生都参与其中，每个人都会画钟面草图。

怎么画钟面呢？我设计这些步骤。首先，我在课堂上先教学生"悬空画钟面大法"，所有学生举起右手，利用一首自编的儿歌来画这个钟面。

"先画一个大圆圈，上一点，下一点，左一点，右一点，中间还有两个，点、点、点、点……1、2、3、4、5、6、7、8、9、10、11、12，最后还有两根针，一根长叫分针，一根短叫时针。"接着落实到纸上去，让每个学生再画钟面草图。有些学生画得比较均匀，有些学生画得就很不均匀。这时我们就可以在学生都画完之后进行评价，再把 12 个数字标上去。

从手势画，到在纸面上画，再到相互评价，每个学生就能慢慢地跟着儿歌把一个钟面给画出来。最后进入自己设计的环节，画好看的钟面，画一天中你喜欢的四个时间，旁边再画这个时间在做什么事情。

学生就在课堂上进行创作，图 2-10 左边这幅作品中，学生将钟面设计成了不同的平面图形的样子。右边这幅作品，学生带着从幼儿园开始的习惯，将钟面设计成了卡通的动物形象，真是让我感到惊叹。

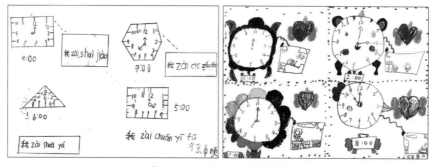

◎ 图 2-10　孩子们画的钟表图

所以在课堂上同样的时间里，我们会看到完全不一样的作品，但它们都有

未来

171

共通性。这些钟面草图上都正确地表达出了它是几时，然后在旁边画出了学生在这个时间里在做什么。通过两个探究性作业，我们就让学生在"认识时间"这个单元里面学到了更多的知识。

每一个单元，我们通过探究性作业都可以达成这样的目标，因为探究性作业就是让学生基于自身的知识经验，利用各种工具，回答有弹性空间的探究问题。学生在回答问题的过程中，就会体现他个性化的表达，体现他解决问题的过程。

也就是说，我其实是利用一张 A4 纸空白的空间，"逼迫"学生把自己的思维过程体现出来，完成一种可见的学习。以此，学生的思考路径、思维方式、思维结构就会呈现出来。只有思维变得可见，教师才能更好地促进他们思维的发展。

整个过程，思维可见，还有助于学生自我反思。特别到了中高年级，当他把自己的想法全部描述出来以后，就会展现自己的反思，有助于学生从形象思维到抽象思维的过渡。而教师也能够清楚地探知到他们的认知状态，从而给予有针对性的指导。

我们再来看一个单元，二年级上册"米和厘米"单元。教师知道，测量等相关的计量单位需要大量的活动支撑，在这个单元里面涉及的单元目标比较多。

从"三会"的视角，先想一想，观察什么？要让学生体会统一长度单位的必要性，知道长度单元的作用，初步建立 1 厘米、1 米的长度观念。要会观察尺子，要会得到估测的结果。

那思考什么呢？在建立长度观念的基础上，让学生尝试估测物体的长度，初步培养学生估量物体长度的意识和能力。

要会表达什么？要使学生初步认识线段，学会用尺子量线段的长度，会按给定长度画线段。要能够感受这个结果，要把最后测量的结果清晰地进行表达。

这是我们从学科目标去审视单元目标的要求，然后教师把它具体化。这个单元的"四基"目标是比较多的，但是它的关联和拓展是不强的，而且如果按照教材的编排，整体练习的趣味性也比较弱。该单元很多的习题就是单位的换算，要求学生选择合适的单位进行填写。

那么教师要如何进行填补？我设计了四个探究性作业，通过大量的探究活动来支撑这一个单元的学习。比如"画可爱的手"探究性作业，学生认识了厘米之后，要求他们把左手印下来。不同的学生画出了不同样态的小手，然后让他们标出手指长、宽的大概数据，当中还会出现小数的内容。

比如"画纸米尺"探究性作业。我们买来纸米尺工具，然后让学生1厘米1厘米地标注，再每10厘米涂上颜色。每个学生都有一根纸米尺。画的过程中，学生就对1米和1厘米的长度有了深刻的理解。然后我们用纸米尺测量所有的物品，一本书、一扇门、自己的身高、睡的小床……

学生在测量时还会说："刘老师让我们10厘米涂成一段，这样测量就特别方便。本来36厘米我得1厘米1厘米地数，有了纸米尺后，我一看三段多6厘米，它就是36厘米。"

知识就在这样的活动中加强了连接。当然，分米的认识也蕴含在这里了。然后，我们又用软尺测量我们的身体。任何实践活动到最后都可以对它的结果进行描述，测量了身体，测量了物品，学生都把它表达出来。

我们的身体，我们的学习用品，长度分别是怎样的？学生通过完成探究性作业，对长度也有了更加深入的认识。男孩和女孩的作业也会体现出不一样的特征。

最后一个探究性作业是测量、记录校园大数据。我们把校门口的路，把整幢楼的长度、宽度，教室的长、宽、高，全部进行了测量和记录。

通过这些探究性活动，对于"米和厘米"单元的知识，学生有了立体、丰满的建构。这样的探究性作业，本质上把设计的主动权、材料的选择权都给了学生。画可爱的手，你想设计成什么样子就设计成什么样子，学生学习兴趣也会更加高昂。

○ 探究性作业的设计方法

是不是每一单元学习后都需要设计探究性作业呢？其实，探究性作业也具有自己的三个特征。

一是突出问题导向。探究性作业设计具有一定的弹性空间，不指向封闭的答案，具备一定的开放度，能有个性化的理解，能有不一样的思考路径。此外，要立足学生已有的学习、生活经验，学生有经历、有感悟才有话可说。当然，问题的来源也要丰富，要让学生发现问题，实现问题来源从老师到学生的转变。

二是强调问题解决过程。我们要引导学生多使用"工具"去表达，利用草图分析，借生活故事比喻、关联已有生活经验去举例。当然，我们还要凸显作品的意识，鼓励学生形成一定的自我表达逻辑，让个性化的作业成为个性化的作品。鼓励还要有一些趣味性，有趣的比拟、调侃、好看的插图等，能让学生把探究性作业当作情绪释放、思考绽放的载体。

三是重视问题解决结果的呈现。很多老师都会说，在收探究性作业之前，不知道学生到底会提交什么样的作品，就像开盲盒一样。因为结果是未知的，然后每一个学生都会体现个性化的作品，这个时候就自然分层了。作业没有天花板，但是我们都有保底的线。

在这样的情况下，简单的认数迁移学习也可以做成探究性作业。例如人民币的学习，以五张人民币可能是多少钱的探究，将人民币的认识、人民币的加减法蕴含其中。有困难的学生就现场抓一下人民币以后再记录，如果抽象程度高的学生还可以直接思考，设计人民币。

这样的例子有很多很多，一直到复杂的生活问题、学科实践。学生从提出问题到运用各种方法去解决问题，都是学生探究的内容。

这些年我们积累了大量的作品，从简单分析课堂上遇到的难题，到对于一种方法的拓展，学生的成果多不胜数。我们所做的这一切都在回答一开始的那个问题——从学科目标到单元目标，怎样才能帮助学生更立体地掌握重难点？

通过设计探究性作业，就能够让我们从学科目标更好地审视单元目标，然后对单元目标进行扩充、丰富，让学生突破重难点，学到更丰满、立体的数学。

未来

174

以教材为世界走向以世界为教材

用"三室一厅"突破年级界限，实现混龄教育

⊗ 刘可钦（北京市海淀区中关村第三小学原校长）

175

我们先来设想一下刚刚入学的小乐的生活轨迹吧。

他生于 2010 年，六年以后从小学毕业，再到初中、高中、大学，也许在这些阶段中，我们都能够感受到小乐的具体成长，因为我们有固定的内容、固定的评价体系。但是等他大学毕业走向社会以后，我们却无法再像在学校期间那样感受到他的变化。应该说，他的未来充满了未知和不确定性。我们可以想象一下，当他人到中年时，应该是 21 世纪中叶 2050 年，那时候有哪些新兴的职业？又消失了哪些职业？当他面临第二次职业选择时，人们更看重哪些素养？当他退休时，也就是 2070 年，国际社会又是一种什么形势？人工智能的发展又在改变着我们的哪些生活？今天，社会的快速变化和未来的不确定性给每一所学校都带来了非常大的挑战。

因为北京市中关村第三小学（简称"中关村三小"）的面积小、人很多，所以当我们有机会建设一个新校区的时候，就不能在原有的基础上单纯满足扩大规模的建造，而是需要重新定位学校，发挥我们的想象力：学校应该是什么样的？学校可以是什么样的？什么样的空间组合可以给师生的教与学提供更便

利的支持？

　　我们说，未来的学习将发生在学生的足迹所至和人际关系所在。那需要给学生提供什么样的空间？在这些空间里应该有什么样的关系？根据这些思考，我们提出来一个"学校3.0"的概念。希望在这所学校当中，通过各式各样的重组和多样生态关系的建构，让每个人都用自己的热情和创意去协助每一位学习者探索和发现。

　　怎么理解"学校3.0"？"学校1.0"有浓厚的农业时代的特征，以满足读写算为主，有桌子、有讲台；"学校2.0"具有工业社会的鲜明特征，年龄是唯一的标签，分科教学是它的显著特征，不同的学生经过学校的加工走向社会；而"学校3.0"则具有鲜明的生态社会特征，有分科课程，但科目之间的界限会变得不再鲜明。多样的学习方式，满足多样的学习需求，注重个人、群体以及与自然之间的关系建立。

　　过去我们注重经验的传承，而未来更多的是要创造知识。师生将一同出发，一同学习，一同发现，学习也不单单是上一代人向下一代人发起，每个人都可以是学习者和信息接受者，这也是"学校3.0"的特征。

　　整所学校有16个这样的单元，我们称为"班组群"。班组群有三间教室和一个公用的空间，我们称为"三室一厅"，也是师生家庭式的学习基地。教室之间的墙是活动的，可以根据需要打开和关上。这是来自三个不同年级的

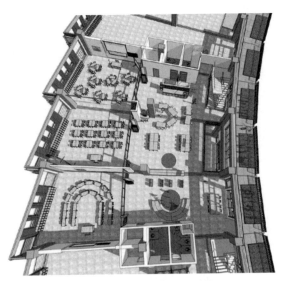

◎ 图2-11　中关村三小班组群

班，共有七位老师，这三个班和七位老师就在其中发生了一些新的变化。也就是说，教学的组织形式既有班级的学习也有组群之间的学习；学习的方式既有老师的讲授——当然不是灌输，也有小组的讨论、团队探究的学习，更有跨龄的学习；学习的内容既有基于国家教材的学习，也有基于真实世界的学习。学生既有在班级空间中的生活，也有在组群内的混龄生活；教师的角色既是班主任，也是导师。这样，教师眼中有了更多的学生，每一名学生也受惠于更多教师。这样重构学习关系之后，一定会给师生带来不一样的新的做法，也给学生的管理治理体系带来变化。

学校是学生社会化学习的场所，我们这种超大规模的学校，如何为学生提供温馨、互识、互助、互学的生长环境？同样地，学校的治理结构也在发生着相应的调整。

每四个班组群组成一个"校中校"，我们称为学校中的"学校"。教学楼的每一层有四个班组群，而每一层就称为一个"校中校"，一共有四个"校中校"。这些"校中校"拥有日常教育教学管理的指挥权，并负责完成对师生的评价，也就是说，学校 90% 以上的事情几乎都在"校中校"解决。

◎图 2-12　中关村三小校中校

我们的一名学生在组群中的项目前后发生了变化。他组成了自己的团队，招募了很多小弟弟小妹妹，大家一起在导师的指导下学习，由过去的没有地位，到今天找到自己的位置；由过去的独来独往，到今天能够组成自己的团队；由过去的不负责，到今天带领团队成员努力完成任务的担当。因为他的团队中妹妹比较多，所以大家称他为"宝玉哥哥"。

在下课后的学生空间里，同学们不仅仅和自己班里的同学学习，还要和跨龄的学生很自然地生活在一起。小学六年里，一共可以和五个年龄段的孩子交往，极大地扩展了交往空间。

怎么样落实学校的目标？我们学校提出来三个目标和能够看得见的五项能力。在目标和能力中间，一定有一个大课程在支撑。我们有了跨学科团队之后，就把真实的学习作为课程改革的一条主线。

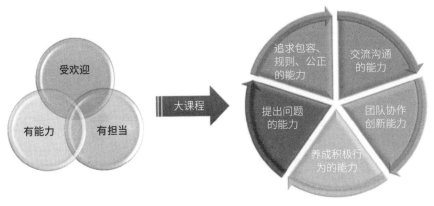

◎ 图2-13 三个目标和五项能力

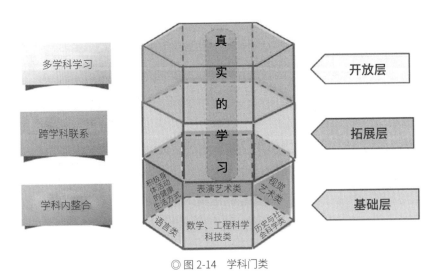

◎ 图2-14 学科门类

在这个主线当中，我们把学校的各种学科分成了六个门类，贯穿其中。学科内的整合，我们称为基础层的知识；第二层称为跨学科的学习，基于国家课程内容，可能是两个班的合作，也可能是一个班里面的跨学科学习，比较多的形式是组群间展开的学习；第三层是多学科学习，一定是基于班组群展开的学习，学习的内容定位于真实的现实生活中有意义、有价值的问题，所以我们称为开放层。

我们每周二下午的项目学习，就是面对学生真实的问题，让他们能够获得真实地与世界对话的过程。所以，我们的新校区在建设过程中也留下了比较多的空白，比如没有窗帘，没有垃圾桶等，我们希望把这些交给学生，基于这些问题展开研究。这样的一种项目式学习，不仅带给学生跨龄学习的体验，也有多学科融合的机会。

很多人都在追问：核心素养来了，老师准备好了吗？我说，今天的教师并不需要准备好了再来教学生，不是像传统意义上的教师有一桶水才可以给学生一杯水。今天的教师应该和学生一同学习，在这个过程当中学习，体验多种角色，成为跨界高手，知道到哪里找资源，而且在和世界、和社会互动的时候，能够有更加开阔的视野。要认识到，影响学生成长的因素是多样的。各个因素之间应该互相促进、共同成长，而不是"一家独大"，这也是我们关于"学校3.0"的认识之一，即学校要营造一个积极生态的教育共同体。教师、学生、家长、管理者以及学校的关联方等共同组成学校教育共同体，一同发展，而不是单一的谁为了谁。学校教育共同体做什么事情呢？我们现在做的最重要的事情是学生积极行为的养成和支持系统。

我们认为，学生的积极行为是可以教出来的，它的养成有五个基石，并罗列出在不同空间里的可见行为。"心自由、行有规、行同矩"，我们要特别留意"行同矩"。我们常常给学生提要求，张老师、李老师、王老师提出的要求各不相同，于是他便没有稳定性。而"行同矩"就是要建立一个稳定的可以持续的行为要求，以养成积极行为的稳定性，只有这样我们才可以达到"心自由"的境地。

用博物馆群把生活带进校园

◎ 卢志文（翔宇教育集团总校长）

○ 重构学习朝向哪里

我们总结了学习方式的"八观""十二变"，放在教室的后面：学习的主体观由他主变为自主；学习的目的观由结论学习变为过程学习，从维持学习变为创新学习；学习的内容观变单一学习为全面学习；学习的机制观变接受学习为探究学习，变刻苦学习为快乐学习；学习的时间观变阶段学习为终身学习；学习的空间观变封闭学习为开放学习；学习的效率观变低效学习为高效学习；学习的差异观变归一学习为个性差异学习，变机械学习为操作学习，变接受学习为主动学习。我们都知道应该做这样的转变，但是改变非常困难，就像一场堵车，人们总以为原因在别人，但是请不要忘了，我们自己就是别人眼中的"别人"。因此，事实上唯一可以改变的只能是我们自己，哪怕是从微小的一点一滴的改变开始。

在时间箱格化和学校安全责任空间要尽可能压缩的背景下，我们知道，这种改变是很痛苦的。因为一旦学生被带出校门，哪怕是过一个马路，都可能存在安全的隐患和风险。学生在学校的每一个时间段早已被切割得非常精细，我们拿什么去转换？

应试的教育以做题为主，应试的教育常作秀、多作假，应试的教育要做什么？我多想问，应然的教育要做什么？我找不到。后来，我找到了一个很小的切口：应然的教育应该多做馆，我们要改变学习的形式，就要从场馆入手。

我们以"真""善""美""本"四种内涵来规划学校的场馆建设："真"主要是科学和自然；"善"主要是人文和政史；"美"主要是艺术；"本"主要是生命教育；还有一些综合的，比如说创意馆。目前，我们已经在校园里规划了十个场馆，其中还不包括植物园和校园环境。实际上，我们的校园就是一个"生态场馆"——植物遵循"绿化""美化"和"教化"三个特点，所有的学科有需要，我们都能在学校里面尝试做出来，譬如语文老师需要一个梅园，里面要有樱花，秋天要有落叶和果实，我们就按照这些元素做出来，真能达到想象中的

未来

180

氛围；生物老师需要的我们也做出来；美术老师需要树皮是特殊的质感，这样学生写生可以用，我们就按照这个要求来设计……

○ 场馆学习何以必须

场馆是以学习者为中心来整合学习资源。应试教育、网络学习、虚拟环境、安全环境、大规模办学……让今天的学生的学习生活日益远离真实的自然和社会。杜威说："一切浪费都是源于学校和现实隔离开来。"陶行知也提出，生活即教育，社会即学校，教学做合一。但是今天，当我们的教育日益虚拟化，日益文本化时，大家都说虚拟世界多么好。于是我想问，什么才是真正的多媒体？我想说的是，再炫目的虚拟都不能代替最朴素的真实，不管你用各种各样、多么炫目的多媒体手段把贝壳呈现给学生，它也只是一个虚拟的图像而已。当你把一个贝壳放到学生的手里，那才是真正的多媒体，学生可以搓，可以闻它的气味，可以咬一咬看看硬度，可以敲一敲听听声音……这些都是文本和虚拟世界无法实现的。所以，教育不能离开现实的世界。

教学的最高境界是"实现知识、生活和生命的深刻共鸣"。如果没有了生活和生命跟知识去共鸣，那么这个知识将永远是死的知识。

翔宇教育集团的办学核心理念中有一句话："和整个世界站在一起"。这个世界是什么？《楞严经》卷四答曰，"世为迁流，界为方位"。翔宇所理解的"世"和"界"，其实就是"古往今来曰世，上下四方为界"。"世"是时间，"界"是空间，孩子们一定是在时空里的，这个世界不仅是虚拟的世界，过去的世界，书本的世界，更是真实的世界。

○ 场馆学习何以可能

温州民办教育体制创新的模式为场馆学习提供了得天独厚的优势。因为这所学校硬件设施完善，所以我们自己不需要大成本的投入，这样就可以用相当数量的资金去做内涵发展和场馆建设。

专人专事，场馆建设的馆长负责制

学校每一个场馆都必须要有专人去管理，这个人应该是这个领域的骨灰级爱好者，应该是这个行业里专业的精英，他要非常地热爱教育、喜欢学生。比如昆虫馆和贝壳馆的馆长吴坚，他就是一个"追求卓越的理想主义者"和"坚忍执着的行动主义者"，二者缺一不可。

有时候还要因人设事。我在云南卫视《中国灯谜大会》上做点评嘉宾，点评完了我就对同为嘉宾的老师提出："你到我所在的学校来工作吧，你来牵头建一个灯谜馆，你做馆长。"他是全国灯谜大赛当中30多次冠军的获得者，他来给我们做这个馆长，还怕做不好吗？

藏品丰富而系统

我们的贝壳馆收藏了来自71个国家、170多个科、2000多种贝壳标本和化石；书法教育馆有100幅当代顶尖书法家的书法原作；灯谜资料馆拥有国内最大最全的规模……

场馆在其专业领域里通常具有世界视野的收藏。因此，其间的展品要尽量做到"专业""丰富""系统"。比如在贝壳馆，参观者和学习者几乎可以看到全世界最具代表性的真实标本，他们瞬间就能了解到软体动物的丰富性和多样性，从而获得有关这一生命群体的世界性见识。

视觉审美的设计

场馆建设还要体现"以人为本"的视觉观。我们的原则是敞开了让你创造，只要学生喜欢，你爱怎么设计就怎么设计。比如在昆虫博物馆四大展区中，我们采用了绿、蓝、橙、黄四种不同的色彩。这样的色彩分区设计，使参观者每进入一个展区就会有一个全新的感受，回避了同一色和重复性给人感官带来的单调乏味和厌倦感。同时，展区使用单色还能更好地让展品与环境相互衬托。

以学习者为中心

博物馆的环境应该是围绕学生的。站在学生的视角，我们将昆虫馆规划为一个课程的载体，开设了一系列的课程共12门，里面的每一个场馆都可以成为所有学科的课程模式。美术老师看中了蝴蝶的色彩可以来场馆进行教学，生物老师当然可以来，地理老师也可以来……历史老师难道不可以吗？带学生来看看远古生物的进化历程，这样的教学所生发出来的意义是完全不一样的。

更美的图文唤醒

我们重视更美、更深刻的图文唤醒。场馆里的每一个解说都耗费了心思。譬如昆虫馆里的序言中有一段话：是谁，设计了瓢虫的外壳？是谁，塑造了犀金龟的造型？是谁，传授给竹节虫以隐身之术？是谁，为萤火虫安装那盏照夜的灯？是谁，武装给螳螂那对勾魂摄魄之长镰？是谁，在蚂蚁的脑子里粘贴建造地下迷宫的图纸？有谁，能在今天造出有如苍蝇大小、结构与能力的机器？当我们的学生看到这些文字时，他们内心的那份好奇和改变世界的欲望将被"点燃"。

场馆学习何以发生

场馆学习分为馆内学习和馆外延伸，场馆针对每一个学生开放，他们可以随时随地进去学习。

有人可能要说："孩子哪有时间进去？"是的，学生没时间进去，因为教师都把他们框死了。现在，我找到了方法：凡是在考试中排名达到前 20% 的孩子就有权不做老师的作业，他们可以自主选择学习的方式。学生的成绩都已经达到前 20% 了，教师为什么还要管？所以，这部分学生会得到解放。更重要的是，要解放成绩排名后 10% 的学生。他们天天跟着你学习，做你布置的作业，听你的安排，却还是排在最后的 10%，你有什么资格让他继续听你的？所以，这部分学生也要全部解放出来，他们自己爱怎么学就怎么学。我坚信，这时他随便怎么学都比跟着你学习的效果要好。

183

"互联网 + 场馆"是我们延伸场馆学习的创新方式。几年前的一个寒假，各个馆长、各路精英都把场馆搬到了线上，让更多人来参与场馆学习。在这样的时空中，翔宇教育集团 2000 多名孩子同时在线上课，一部分孩子后面陆续加入，一部分孩子提前退出，还有一部分孩子课时结束一个多小时仍不愿意下线，先后来上课的总人数是 3498，最高峰同时在线的人数是 2766。这就是互联网带给我们的魅力，这就是新的学习方式带给孩子的兴趣。

在"从变革课堂到完善课程体系——研发卓越课程以学习者为中心来建构学习资源"的过程中，我们深刻地领悟到，"场馆是课堂的延伸，是课程的载体，是学习的场域，是探究的空间"。我们将在校园的任何一个角落里建构这样的学习场景：不是学校里有一座花园，而是花园里有一所学校；不是学校里有一座博物馆，而是博物馆中有一所学校；不是学校里有一座图书馆，而是图书馆中有一所学校。

用五个要素，把学习变成游戏

◈ 巨晓山（深圳市天骄小学校长）

从娱乐游戏到教育游戏

1991 年，《文明》这款游戏问世，玩家作为一个国家统治者去建设和经营一个国家，你可以选择不同的历史时期，可以是罗马帝国时期，也可以是唐宋时期；还可以选择不同的政治制度，可以是民主制度，也可以是封建制度、奴隶制度等，玩家在玩的过程中要了解一个国家的地理、历史、政治。还有一个游戏叫《模拟城市》，玩家扮演"市长"，在城市的经营过程中就要解决包括交通、医疗、卫生、教育乃至于垃圾处理、税收等所有的问题，玩家在玩的过程中对于城市的运营有了更深一步的了解。

2017 年，腾讯和网易进入功能游戏领域，功能游戏的学习性更强一点。《榫卯》就是这样一款游戏：有 27 种中国古代传统建筑木质结构的连接方式，可以旋转，可以放大，还可以仔细观察，在玩这款游戏的过程中可以了解木质的结构以及相应的榫卯历史。还有一款 3D 的生物实验游戏，可以了解土壤、种子，等等。

随着平板电脑和手机的发展，有一种轻游戏也应运而生，轻操作、轻流量、轻时间、轻资费，可以在任何时间去玩，其实不是玩，是学习。

还有利用游戏原理设计的工业产品。在美国纽约一座地铁站，人们设计了一种钢琴楼梯，当人走在上面时会发出美妙的声音，在这之后有 66% 的人选择走楼梯，这既有利于健康，又有利于环保。

世界上最深的垃圾桶在瑞典国家公园，其实它跟其他垃圾桶没有什么两样——蓝色，1.2 米深。但是当人们扔垃圾进去的时候，就仿佛从山巅向山谷里扔石块一样，过了很久才会发出"砰"的一声。人们刚开始非常惊奇，但随着"砰"的一声之后，变成了惊喜，人们纷纷从四周找来垃圾扔在垃圾桶里，垃圾的储存量比过去增加了许多倍。

从娱乐游戏到教育游戏，到元素游戏、功能游戏，到轻游戏，以及到我们使用游戏的原理设计工业产品，这就是游戏化的过程。游戏化就是把不是游戏的事情变得有趣，而游戏化学习就是采用游戏的机制，用美学和游戏化的思维来吸引他人、鼓励行为、促进学习并解决问题。

如何把学习变成游戏

游戏为什么那么令人着迷？许多心理学家也在研究，他们最终的结果都指向了一个点，那就是人的内在动机。

什么引起了内在动机？托马斯·马隆认为，游戏中的挑战、好奇和幻想可以引起人的内在动机；马克·莱佩尔认为有控制和情景化；罗伯特·班杜拉认为，在虚拟世界里，人的形象跟现实世界一样具有榜样作用，人们会愿意为自己虚拟世界的形象去努力。自我决定理论也认为，人只有实现自我归属的需要才能够让自己产生更大的动力。因此，我们认为游戏化学习的设计过程实际就是我们要把游戏学习的设计之道变成我们的学习动机，让学习动机变成游戏的动机，那么就要追寻控制、挑战、幻想、好奇、情景、关联等这些关键的词。

凯文·韦巴赫认为游戏设计有三个元素：动力元素、机制元素和组建元素。其中动力元素有约束、情感、叙事、进展和关系五个元素，你可以使用一个或多个进行游戏或者学习设计。战略设计决定了你用什么来吸引学生或者吸引玩家，那么约束就是规则和限制。

当两个学生在一起做作业的时候，这是一个普通的学习活动。如果一个学生说"我们比比看，八点钟之前谁先做完作业"，那么游戏就开始了。一个学习活动因为时间的限定变成了一个游戏的活动，这就是我们要说的游戏化的过程。

学习游戏五要素

所以有的学校在开展广泛的具有各种挑战的学习活动，比如有的学校开展吉尼斯校园纪录，把各种知识和能力放进去，有的甚至开展趣味的吉尼斯挑战，大大提高学生的兴趣。

任何学习活动和能力活动都可以设计成各种各样的挑战，当然除了设计最终挑战和竞争之外，你还得具备时间、难度、范围、数量、条件这些小的元素，让竞争更有趣味。

比如定点彩蛋，晚上八点钟或者周末某一个时间，教师向学生定点推送任务，完成了以后可以触发彩蛋。又比如稀缺，凡是过剩的我们都把它营造成稀缺，因为过剩的情况下，毕竟参加的人有限，而营造成稀缺以后把它变成个人任务或者群体的任务，这样就能吸引更多的人参加活动。

再比如随机奖励，一对一奖励可以激发人的学习欲望，但是随机的奖励更能刺激人产生更多的多巴胺，因为他不知道自己所获得的奖励是一朵小红花还是无数朵小红花。

还有首充，凡是玩游戏的人都知道，商家在你开始的初始阶段会给你充值。有充值的游戏对于玩家的黏度比没有充值的游戏黏度要高很多，那当我们学习一门课程或者开始一个新的单元的时候，能不能先给学生充值？给学生充一定的值，让他在自己的学习工作过程中随时可以利用，这样就可以大大提高学生学习的黏度。

第二个就是情感。人离不开情感，情感的主题在游戏设计当中是一个非常宏大的主题，它包括了意义和使命以及挫折和成就。一个普通单元的数学课，如果仅仅只是数学的学习那显得多没趣。我们把数学学习变成了一项寻找人质的游戏，学生在接下来的一周甚至更长的时间里面，根据教师的设置不断用自己所学的数学知识去解决寻找人质的问题。一周下来，学生乐此不疲，因为数学的学习和人的寻找让学生和伟大意义连接在了一起。

同样的还有"寻找大毒枭""父亲的名画世界""炸弹事件"等有趣的主题，我们的数学学习让学生欲罢不能。还有我们现在面对的 10% 的肥胖儿童，我们如何解决他们的肥胖问题？是减肥运动吗？肯定不行。为他们设计 60 天的运动课程，学生在运动过程中要完成一个又一个的挑战，最后变成小英雄，与校长共同执行一项神秘的任务，这样学生更容易坚持运动。所以情感就是在学习活动之上附加情感的价值。

还有叙事，试试讲故事。我们在语文课的活动课程中把课程内容拎出来，再进行拓展，变成了新的故事链。学生不仅是在学课文的故事，更是在创设新的故事。我们把现实任务与教学内容重整拓展和加上游戏元素以后，变成了游戏化的项目式学习（PBL）课程。所以叙事是学习，也是在讲一个有趣的故事。

游戏中还有一个非常重要的元素，及时反馈。学生的每一步操作要给一个真切的反馈，让他知道他的真实情况，以及他和对手的距离和差距。我们用有形的、无形的、数字的、虚拟的和现实的所有产品让学生明白他学习过程中的每一点成长和进步，让他明白他与对手、同学、同伴之间的距离。所以我们认为，及时反馈就是要给学生一个可见的成长的进度条。

最后一个元素就是关系。人有自我归属的需要，归属需要的物质基础就是人和人之间要发生关系，发生连接。所以所有的教学活动就是要让学生和学生之间发生联系，这样才是游戏化的基础。因此要有学生的学习，朋友圈所有的活动都是在同伴之间，在家庭成员之间，在家庭之间，在同类学生之间，以及在小区里同一栋住宅的学生之间，来设计和发生这样的事，他们的连接紧密之后，才能让这种游戏化的成分深入下去，才能给他们友情，给他们地位，给他们利他的机会。所以一个人学习不好玩，我们要让学习活动与他人发生连接。

○ 游戏奖励的四个层次

有人说：游戏化会不会利用奖励去激发学生的内在动机？对于奖励，我们一定要分清楚奖励的层次。

奖励一共有四个层次，第一个层次就是物质奖励，给学生一些可见的产品。第二个奖励就是给学生荣誉，让学生能够体会到他的努力给自己带来的荣誉。第三个奖励就是给他权力，这种权力的使用是有限次的，学生获得这个权力之后要想再得到其他的权力也必须经过努力。最后一个层次是给学生挑战，也就是我们常常所说的用工作奖励工作，这是游戏奖励的最高境界。

最后我再谈几点看法。刚才讲了五个动力元素，其他的还有基质元素等，只有把这些元素通盘考虑进去之后，你的游戏才能够吸引别人，才能够让孩子觉得更好玩。

另外，游戏化学习未必是最高效的学习，但是游戏化学习是最有趣的学习。我们的传统文化对游戏有一种天生的抗拒心理，因为我们说"业精于勤荒于嬉"，但是不管你愿意不愿意，承认不承认，拒绝还是融合，一个游戏的时代、一个娱乐的时代已经到来。

自然而然地学习，实现从教材走向生活

⊕ 臧秀霞（深圳市红岭实验小学执行校长）

深圳市福田区红岭实验小学于 2019 年开办，本着"珍视每一个"的教育哲学，致力于办一所看得见孩子童年和未来的学校，培养富有爱心、承担责任、乐于创造的终身学习者。在这几年办学实践里，我们以课程为核心，对学校进行了整体的架构，实现从教材走向生活，自然而然地学习，五育融合地生长。

○ 如何落实从教材走向生活

杜威在《民主主义与教育》一书中提到："所谓有效的学习，就是知识的获得，不是应付学校功课的结果，而是从事有目的的活动的结果。"他还在另一本书《教材的本质》中阐述，人们对教材主要有两种态度，第一种态度是对教材的生搬硬套，不做加工；第二种态度是在一个有目的的事态的发展过程中，教材包括人们观察到的，会想到、读到和说到的各种事实，以及提出来的各种观点。

我们学校就一直在教育教学实践过程中落实杜威所说的对教材的第二种态度。具体是怎样做的呢？我以学校的跨学科主题课"身体探秘"为例，跟大家介绍一下。

"身体探秘"这个课程是从《科学》二年级下册第二单元的一个内容"我们自己"衍生而来的。从课标来看，它是为了让学生理解"系统、变化、观点"这三个大概念，也就是为了理解人体由多个系统组成，各系统分工配合，共同维持生命活动。每个人的健康成长有赖于均衡饮食和良好的生活习惯。每个人身体的优势各不相同，认同并发挥自己的身体优势，可以帮助我们建立自信心和幸福感。

我们在跨学科主题的实施过程当中，为了达成这三个大概念的理解，融合了语文、道德与法治、数学、艺术、体育等各个学科的内容，并用这些学科的内容做工具来帮助学生达成对这些大概念的理解。最终，我们会用一个真实表现性任务来评价学生是否达成了理解。

在"身体探秘"这一主题单元，最终的表现性任务我们是这样设计的："你是一名健康生活咨询师，你将向家长征集目前存在的健康问题，并以此问题为研究对象，通过小组合作的形式研究健康问题背后的原因，并提出健康生活的小策略。你们需要用海报的形式展现你们的成果。海报制作要图文并茂，观点突出。在介绍海报的时候，小组成员需要有明确的分工，语言表达清晰流畅，内容科学严谨。"

大家可以看到，这个真实表现性任务在完成的过程当中融合了各个学科的知识内容，要完成表现性任务，一定是在生活真实情境当中去完成的。学生在这样一个过程中，一定会实现五育融合的生长。当然，我们最终要设计一个评价量规，来评价学生在过程中的收获。

此外，基于"身体探秘"这个跨学科主题单元，我们一共设计了六个探究活动，学生在真实的生活情境当中，实现自然而然地学习，五育融合地生长。那么，这样的跨学科主题又是如何设计和实践的呢？

189

○ 从教材走向生活的具体做法

首先，我们学习借鉴了国内外的一些先进的课程理念和框架，再结合国家课

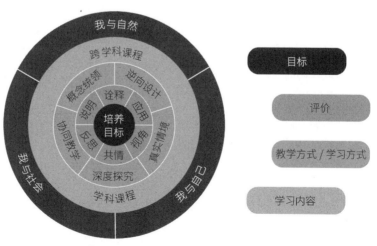

◎ 图 2-15 红岭实验小学理解力课程框架图

程标准，围绕我们学校的培养目标，依据学生的年龄特点和学习规律，创造性实施国家课程，开发校本课程，打破学科壁垒，构建以"跨界融合、深度探究"为特征的连贯一致的理解本位课程体系，并设计完成理解力课程框架结构图。

从这个课程框架图可以看到，"我与自然""我与社会""我与自己"三大关系是学习内容来源，大概念统领、逆向设计、真实情境、深度探究、协同教学是教与学的方式，并用"说明、诠释、应用、视角、共情、反思"理解力"六面"来设计真实表现性任务的评价。

其次，设计跨学科主题课程的具体操作步骤，我们是根据《以概念为本的课程与教学》这本书当中所给出的 11 个步骤为参考，再以学校实际课程需求为出发点，设计了简化步骤：第一步，选取主题；第二步，确定概念；第三步，形成新三维目标；第四步，设计表现性任务为主的评估；第五步，设计和实施系列学习项目；第六步，进行反思和改进。

主题如何选取

钟启泉教授曾对三大关系进行过阐述。他说："我与自然帮助建构世界，我与社会是帮助建构伙伴，我与自己是帮助建构自我。"因此，我们的主题选取首先从这三大关系所代表的真实世界中去选题。

190

我们选取主题的第二个方向是从博伊尔的"人类八大核心共性"中去选取的，里面包含了生命周期、符号标志的使用、群体中的成员、时间和空间概念、审美观、有目的地生活、生产和消费、人和大自然，这八大核心共性可以帮助我们选取一些跨学科主题。

在实际应用过程中，我们主要从三大关系所代表的真实世界当中选题，因为道德与法治是"我与社会"的一个代表学科，科学是"我与自然"的一个代表学科，所以我们的大部分主题都是从这两个学科当中去选取的。比如"动物"和"植物"主题，就是我们从科学学科中选取的，"校园""交通""节日""家"等主题，则是从道德与法治的课标或者是学生的生活当中去选的。

在我们学校的跨学科项目化课程地图框架中，每个年级一个学年设定两至三个主题，每个主题安排六个左右的探究活动，完成一个主题需要八周左右的时间。主题有的是从三大关系当中选取的，有的是从科学中选的，有的是从道德与法治当中选的，也有的是从语文中的人文主题部分选取的，当然还有的是基于人类的八大核心共性选取的，比如符号主题。

在实践过程中，我们发现一至三年级的课程中，语文、科学、道德与法治、艺术等学科的融合程度高达 80% 以上，而数学、英语两门学科的融合程度也达到了 10% 以上，其他无法融合的学科内容，我们都以探究的方式进行学习。当融合的学科内容与跨学科主题一起学习的时候，学习是能够真实发生的。

概念怎么确定

从我们的教学实践经验来看，可以从课程标准中去提炼概念，也可以从专业的学术文章当中去选取概念。在课程标准当中提炼的时候，要认真地研读课程标准，把可跨时间、跨地点、可迁移的"大概念"拎出来，提炼核心词，比如多样性、适应性、生命周期等。以这些"大概念"为底层逻辑，统领进行课程设计，做跨学科内容整合。

如何形成新三维目标

我们根据威金斯提出的"追求理解的教学设计"（Understanding by Design，简称"UbD"）方案，以及埃里克森的课程目标图，找到它们的共同点，就是指向知识、技能、理解，并且理解是核心的这样一个共性。进一步，我们设计出的新三维目标就是：大观念、新技能、新知识。张华教授对新三维目标的解读是，大观念就是"本质理解"或"持久理解"，新技能是真实情境当中的做事能力，而新知识是指向"大观念"的关键学科事实。

以"植物"单元为例，我们设计的新三维目标就是，第一个方向是事实性知识，第二个方向是本质的理解，第三个方向是新的技能。

怎样设计表现性任务为主的评估

专业从业者的工作结果是他们的作品或者表现，其中凝结着专业从业者的真知灼见（即理解）。所以，对理解的评估应当是主要依托这些作品或者表现。

如果要设计一个表现性任务，该用什么样的工具去设计呢？于是，我们找到了"GRASPS"这个工具，分别对应了"目标、角色、对象、情境、表现或作品、标准"六个方面。用这样的工具去设计一个比较完整的表现性任务。

比如"植物"单元，我们设计的是："作为一名植物学家，你需要为地球的某一个地方创造一种新的植物，让更多的植物资源丰富我们的生活。在单元学习成果展当中，你要将这种植物介绍给你身边的人，包括你的同学、老师和家长，让他们明白不同环境中的植物特征不同，但都能够与环境相互适应。在你的介绍中要做到：第一，讲清楚你创作的植物的特征是什么，它的这些特征为什么能够适应所处的环境；第二，说明你为什么要创造这种植物，这种植物会为地球家园带来什么益处；第三，图画中绘制的植物特征明显，方便介绍"。这样就是一个完整的真实表现性任务，它就是用 GRASPS 表现型任务设计工具所设计的。

如何设计和实施系列学习项目

首先要弄明白什么值得探究。在我们的研究当中，"大概念"和"本质理解"就是值得探究的，由大概念引导出来的引导性问题也是值得探究的。那么，有哪些工具可以帮助我们探究呢？给大家分享两个可以帮助探究的工具。第一个工具是凯斯·默多克的探究循环，这是我们最经常用到的；第二个工具是斯特恩循环。

在"植物"单元探究活动里，我们利用凯斯·默多克探究循环的其中五个步骤去设计了六个探究活动，让学习走向深入，让学习真实发生。

◎ 图 2-16　凯斯·默多克的探究循环

反思如何支持这样的跨学科主题

1. 弹性课表，弹性时空

学校把课表的安排顺序以及时间和空间的使用权还给教师。在我们学校里，教师可以根据学习的内容和孩子的学习状态来确定课表的顺序和每节课的时间。同时，除了教室是学生的学习空间外，校园里的每一处也都变成他们的学习空间，甚至学校周边的社区、城市里的大自然以及虚拟的网络世界等，也都是他们的学习空间。

2. 协同合作的组织结构

为了支持学生的学习活动，我们还改变了组织结构，把原来的组织结构改变为主班老师、副班老师、体育协同、艺术协同、其他协同老师等共同协作构成的一个组织。这样的一个组织结构，就能让教师在备课过程当中的智慧共建更详细，在实施的过程中教师也能互通有无，避免时间的浪费。

当我们把每一步都踏踏实实地做好后，又有怎样的效果呢？

在学生方面，他们普遍认为学习是有趣和有用的事情。他们喜欢学校，喜欢老师，喜欢学习。每当周五的时候，总有学生对老师说："我们为什么要放假？我们为什么不能待在学校呀？我喜欢待在学校和老师、小伙伴们一起上课，一起玩。"通过这样的学习，学生将事实性知识掌握得非常扎实，学科的技能也运用得很熟练。他们理解生活的观念和学科的观念，拥有自信、尊重、包容等必备品格，还有研究、合作、交流等关键的技能。比如一年级小朋友就能做出像模像样的绘本，让我们每一个人都很吃惊。

在学校方面，我们获得了更多社会和家长的认可和支持。有的家长说，孩子在这样的学校上学，我们特别高兴，比起单个的知识学习，学校用心地教授与培养，那些自然而然养成的学习习惯和方法，真的会让孩子们终身受益。从教师方面来说，职业幸福感特别强，他们认为在这样的团队里工作、生活，自己的成长特别迅速。

所以，从教材走向生活，就是让学习自然而然地发生，让学生五育融合地生长。

从浅层学习走向深度学习

面对未来，我们需要走向深度学习

◎ 张华（教育部基础教育课程教材工作委员会委员，杭州师范大学教育科学研究院院长）

○ 什么是未来学校

我们谈未来学校，首先要理解"未来"的含义。这里的"未来"绝不是指"若干年以后将要发生什么"的物理时间概念，也不是某一个物理空间概念，比如一个等待到达的地方，或埋在地下的宝藏。它是一个特征性概念，是一个时代特征的表征。"未来"表征即将到来的新事物及其特征，表征事物的发展趋势。一个未来学校，它也是体现时代特征和社会发展趋势的学校。

我给未来学校下了一个定义：所谓未来学校，即信息文明学校，它对应的就是"农耕文明学校"和"工业文明学校"。我们要想理解未来学校的含义，就必须要理解信息文明学校的本质内涵。

农耕文明学校和工业文明学校有什么特征呢？农耕文明学校最主要的特征就是温情脉脉，无论是柏拉图的学园，或者是孔子的杏坛，还是隋唐期间兴起的书院，都属于农耕文明学校。它们体现了古代的智慧，原始的智慧，有很多宝贵的东西，比如儒家的智慧传统是取之不竭的财富。另一方面，古代的农耕文明学校还具有很强的专制特性。今天的应试教育依然有很强的古代教育色彩，指的就是古代等级社会中的专制特性。

工业文明学校的基本特征和大工业生产联系，国际化、规模化、划一性、生产性，千人学校、万人学校、百人班级、千校一面等，都和工业文明的生产特性联系。背后的理念就是学校即工厂，教育即生产。工业文明学校体现了科技进步的特性，也具有变化性，但它的控制本性和农耕文明学校中的专制教育有一定连续性。

而我们的应试教育体制之所以迟迟难以改变，是因为中国有六七千年的农耕文明，三千多年的宗法等级制传统，它们和工业化时期的控制结合在一起，就构成了今天应试教育基本的价值基础，我把它概括为一种"封建主义 + 资本主义"，或者一种等级文化和市场功利文化相结合的文化。应试教育是阻碍中国迈向现代化、迈向民主文明最主要的障碍。

什么叫信息文明学校？就是和信息时代、信息文明相适应的学校。它最根本的特征有三点。

第一，人性化。即是从批量生产走向大众定制。有人曾说，在今天的信息文明时代，一个造西装的厂子，能够接受一万件西装订单不算本领，能够接受一件西装的订单才算本领。同理，今天的学校，给五百个人创造整齐划一的课程不算本领，给每一个学生定制适合他的课程才算本领。

欧盟的核心素养框架曾一句话概括信息文明学校、未来学校的特征："教育必须是人性中心的、民主的，其宗旨在于实现每一个体的人的人性繁盛。"人性繁盛是亚里士多德提出的概念，在今天的信息文明时代，让每一个人的人性得以繁盛，让每一个人的创造潜能得以释放，才是它的根本特征。

第二，创新化。如果我们用姓氏来表达时代特征，那么今天的信息文明时代姓创。创新、创业、创造、大众创新、万众创业、创造精神等，是这个时代的根本特征。这个时代还有一个思想市场——如果一个国家没有发育出一个思想市场，这个国家就不可能真正进入信息文明时代；如果学校不把学生的创造人格、创造能力、创造性思维作为最根本的教育目标，它就不可能培养出信息时代个人发展和社会发展所需要的新人格。

第三，国际化。一个全球化时代，不同民族、种族，不同宗教信仰、文化，不同肤色、爱好的人会聚集在一起，共同制造产品，共同创业。比如，我们的电脑是由好几个国家的零部件组合起来的。所以，今天特别注重全球交往，和你交往的人没有义务喜欢你，你要学会和各种各样的人打交道，学会调整自己的情绪，和各种不同爱好的人一起合作。全球化时代也是差异化、多样化日益增加的时代。

百余年前，中国著名的学者梁漱溟在《东西文化及其哲学》一书中指出：只有世界的才是民族的。无论多么强调中国特色，无论多么强调中国文化的独特性，如果失去了一种国际的、共同的视野和标准，即所谓的"东海西海，心理攸同"，一切民族化很可能是狭隘的，面临着让中国重新走向封闭的危险。

经济全球化、文化多元化、交往信息化，全球人相濡以沫地工作、生活于一体，学校教育必须将全球意识、国际事业、和平文化、尊重人格置于核心。所以，基于教育人性化、创新化和国际化等"信息文明学校"理念重建我国学校教育，实现我国学校教育目标、课程、教学、评价和管理的根本转型，是摆在我国教育者和全社会面前的紧迫任务。

○ 什么是深度学习

在未来学校，在面向未来教育的构想中，学生该如何去学习？我把适应未来学校或者未来信息文明社会特点和需求的学习方式概括为四个字：深度学习。

深度学习是 20 世纪末，特别是 21 世纪人类进入信息时代以后，全球范围内普遍提倡的一种学习方式。我对深度学习的基本理解就是：它是和信息时代相适应的一种新的学习哲学，绝不是一种具体的学习方式。

我认为，所谓深度学习，英文叫 Deeper Learning，是比较级，没有最深，只有更深。它泛指一切以解决复杂问题为途径、以产生学生自己的理解为目的的学习取向。其主要特征是学习者能够将在一个情境中所学习的知识和发展的理解广泛运用于不可预测的新情境中。深度学习，其实就是可迁移的学习，理解性学习。

我们必须意识到，阻碍我国学生走向深度学习的主要障碍就是应试教育。因为应试教育以控制、以考试、以追求功利为特点，以试卷把事实性的知识给考出来为特点，我们考完试之后就忘掉了。这种浅层学习是应试教育灌输教育观、储蓄教育观、专制教育观必然带来的结果。所以，我们要真正走向信息时代的未来学习，必须根本性地去改变应试教育制度。

深度学习必须坚守四个基本理念，也是 2022 年义务教育阶段课程方案和16 个领域的课程标准积极倡导的一种学习理念：做中学、用中学、创中学、合作中学。

做中学：只有改变了世界，才能够理解世界，先去操作，才可能有认识。

用中学：只有在使用知识的时候，才可能理解知识，这就叫用中学。

创中学：和创客联系在一起，学习的过程即创造的过程。无创造，没有把脑子里的观念变成一个外部产品，让观念有表现的机会，不可能有真正意义的学习。

合作中学：情境、问题太复杂，靠一个人单打独斗不可能解决问题，所以必须和别人共同思考、一起讨论、共同审议。这种思维叫作协作式思维（Collaborative Thinking）。通过合作学习的东西，是信息时代的教育试图培养的根本核心素养之一，即非认知核心素养。它包括对自我和对他人的理解认识能力。

怎样进行深度学习

要想让学生进行深度学习，老师必须先学会深度学习，把自己的教学变成深度教学，才可能指导学生深度学习；老师必须是创造者，才可能培养有创造能力的人；老师必须拥有核心素养，才可能培养有核心素养的人。

哈佛大学教授贾尔·梅塔在 2016 年出版了一本书叫《走向深度学习：重构美国的高中》。他是美国研究深度学习的主要代表人之一，曾经指出过"深度学习的 10 条死路"，不去避免这些危险，深度学习不可能真正实施。

1. 如果你本人未经历过深度学习或有力学习，你将失败；

2. 如果你不愿意重新想象学校教育的"结构"，你将失败——你继续维持着应试教育的体制；

3. 如果你不愿意尊重学生的现在，只去准备其将来，你将失败；

4. 如果你不给学生选择的机会，你将失败；

5. 如果你不践行"少而精"，你将失败；

6. 如果你不愿意承认你不知道问题的答案，你将失败——每一个老师要意识到不知道就是不知道，不知具有重要的发展价值；

7. 如果你不把失败正常化并创造机会修正和改进，你将失败——真理是存在于错误当中的，如果教学当中存在一个真理的大厦，它一定是由错误的楼梯所搭建起来的；

8. 如果你不帮助学生感受到他们隶属于你的班级或你的学科，你将失败；

9. 如果你不愿意让世界失去平衡，你将失败；

10. 如果你未意识到创造深度学习是一种"反主流文化"的事业，你将失败——反主流文化的事业在中国来讲，就是反对应试教育这种机械灌输的教育文化。

那么，我们该如何走向深度学习？我提出一个观点：深度学习是个普遍的学习哲学，项目式学习是走向深度学习的基本方式之一。深度学习有三百多年的历史，起起伏伏，在今天信息时代重新变成了学校教育中广泛提倡的学习，原因就在于项目式学习可以成为深度学习的一种方式。

中央电视台朱春光导演曾经拍摄了这样一个故事：德国幼儿园的孩子如何去做项目学习。有一批幼儿园的孩子，学期刚开始，他们就在讨论本学期需要探索什么问题，并开展一种民主选举，每个人说出自己的理由，最后通过投票决定拍电影，孩子自己做，老师去指导，完全是根据孩子的兴趣来展开的。

孩子们不会认太多文字和书写，就用图片编故事；大家都喜欢童话，所以就编了一个优美的童话故事；写完了，要拍摄，就开始学习怎么拍——孩子们在老师的帮助下，到一些机构中去学习拍摄；拍电影还需要道具，孩子们就亲自制作道具；需要服装，孩子们就去制作服装，每个人有一个自己的角色，都穿上不同的服装来拍电影；都准备好了，要拍摄各个场景，就在幼儿园里外、社区中、森林中等场景完成。

其中有一个场景，孩子们说必须要用一辆真实的救护车。老师就给医院打电话，"我们的孩子在拍电影，现在需要一辆救护车，你们能不能协助一下？"有两种情况下是可能的：第一，当救护车在等待维修的时候；第二，周末的时候病人少一点，医院空闲一点。结果，在一个周末，医院工作人员把救护车开到了幼儿园的门口，孩子们就兴高采烈地借助救护车把这个场景完成了。

拍完以后就开始学习剪辑。全部完成后，孩子们找到老师："电影拍完了，我们一定要在电影院放，怎么办？"老师又给电影院打电话。有的电影院白天没人看，最后决定利用这样的电影院。所有孩子将爸爸妈妈、爷爷奶奶、姥姥姥爷叫上，并给提供过帮助的人发出邀请；老师帮忙批发爆米花，分成一包一包的。电影从有起意，有创意，写剧本，到拍摄、剪辑、放映……这就是德国幼儿园的孩子做项目学习的例子。每一个孩子都是知识的创造者，一定不要小看孩子的知识创造能力。

那么，究竟什么是项目式学习？就是把学科知识与真实生活情境有机联系起来，生成开放性的问题或主题，学生围绕问题或主题从事充满热情且目的明确的系列探究活动，形成观念物化的产品，发展批判性思维、创造性思维、协作性思维等高阶思维能力，培养直面问题、解决问题的人生态度和进取精神，以及形成对他人、社会和环境的责任意识。

在今天的核心素养时代，要真正开展好项目学习必须具备四个要素。

第一，选择对学生有意义的项目主题，也就是生成性主题。一定是源自学生生活的，对学生有意义的。

第二，一定要确立好以核心素养或者概念性理解为核心目标。我把它概括为"新三维目标"：一是大观念，通过这个项目要形成怎样的大观念，也就是强而有力、少而重要的概念性理解；二是新能力，也就是要培养孩子在真实情境当中解决问题的能力；三是新知识，观念需要知识支撑，所以需要和观念建立内在联系的活的知识。

第三，要设计项目产品。和主题相适应的更好地体现孩子的概念性理解的产品是什么？就是它背后的概念性理解，或者核心素养的外部表现，也就是所谓的真实性表现任务。

第四，把长的、大的真实性表现任务变成系列的、探究的子任务，并和活动联系。即系列项目活动和子任务一个一个地开展，最终累积成项目产品。就好像德国幼儿园的孩子，他们必须编剧本，制作服装和道具，拍摄，这都是一个个项目活动和子任务，最终合成了一个项目产品——一个公开放映的电影。

我们有了这些设计要素后，就能把项目学习开展好。注意，项目学习如果缺乏概念与理解，缺乏核心素养目标，它很可能会变成浅层学习。

教师从事概念项目学习的时候必须确立以下六个标准。

1. 是否有真实而有意义的问题；

2. 是否植根真实情境；

3. 是否基于学科"大观念"并与学科知识有内在联系；

4. 是否运用类似专家的学科实践；

5. 是否是儿童或学生的真实研究；

6. 是否形成观念物化产品。

符合这六个标准的就是走向核心素养时代深度学习的项目式学习。

开启深度学习基因的六把钥匙

⊕ 倪闽景（上海科技馆馆长）

○ 学习的本质

在母亲子宫里的第 19 天，孩子的大脑就开始形成。到了第 20 周，大脑基本上已经形成了，这个时候已经有一千亿个大脑的神经元细胞。之后大脑的生长就是让大脑里的神经细胞更多，变得更大，但最重要的是学习的过程，也就是让大脑神经元发生更多的连接的过程。一般人的大脑神经元连接大概会达到一百万亿个，这个连接是怎么发生的？就是通过学习而实现的。

这个神经元的树突和那个神经元的轴突发生连接，这个过程就是学习的本质。对每个人而言，"学"实际上是有物质反应的，它在你的大脑里面形成了新的连接。如果我们学会某一样东西，实际上它的反应是大概一千个上述这样的连接，如果反复学这个东西，这个突触会不断地加强，这个内容就很难遗忘。

非常有意思的是，刚出生的孩子，大脑神经元的连接是很少的。到 6 岁要读小学时，神经元连接最丰富，到读初中时又减少了。

0—3 岁和 3—6 岁的孩子学习能力会这么强，他竟然能把语言学会！但到 6 岁进入学科学习以后会出现一个什么问题？我们会加强某一种知识的学习，但会损失其他知识与大脑的连接；我们可能成为某一个方面的专家，在某一个领域会非常强, 但其他方面可能会减少。

所以, 学习的本质能让大脑发生连接, 这实际上跟基因有关系。学习实际上是通过刺激我们的各种神经器官来打开我们的基因, 让大脑神经发生连接。可以说, 学习实际上就是一个生命体和基因之间互动的关系。

近段时间讲到基因, 大家都很纠结。最近有报道, 说基因编辑出生了两个孩子, 大家为什么会恐惧?

头发为什么是黑的? 这是由基因控制的。身高也基本由基因控制, 但基因在某个时刻是会打开构成的, 比如我们在青春期的时候开始发育, 这时基因就打开了; 而有的人没有发育, 年龄大了还是像个孩子, 这些都跟基因有关系。

○ 怎样才能形成学生的深度学习

如果用一个比方来形容深度学习, 它首先是一种生物链的学习。什么叫生物链? 如果是一个抛物线, 这个球是在抛物线的里边, 如果让它偏离一点, 这个球就回到底部, 如果这个球在抛物线的顶部, 它就回不来了。

201

深度学习是收敛式的学习。打个比方, 大家都喜欢用手机学习, 但它往往是一个发散性的学习, 而不是收敛式的学习。深度学习不是指一节课、一堂课, 而是长时间学习的概念。

"智商之父"路易斯·特曼从 1921 年开始做了长达 35 年的天才跟踪研究计划, 跟踪 1500 多名智商超过 135 的天才儿童, 但这个"天才军团"几乎全军覆没, 没有对社会做出什么创造性的贡献, 30% 的男孩和 33% 的女孩甚至没能大学毕业。

50 年后, 美国心理学家朱利安·斯坦利在 1971 年启动了一个超常儿童研究项目, 在 45 年时间里跟踪了美国 5000 名全国排名前 1% 的超常儿童的职业和成就。这次大获成功, 5000 名儿童绝大部分成为一流的科学家、世界 500强的 CEO、联邦法官等, 包括扎克伯格、谢尔盖·布林等人。斯坦利用的不是智商测试, 而是 SAT (学术能力评估测试) 的数学分数。

一个人的成功到底和智商有什么关系? 和数学强有什么关系? 深度研究表明, 智商和整个学习的关联性远不如自我控制力和长时间学习的关联度要强, 也就是说, 一个人的自我控制力越强, 他将来获得成就的比例就越高, 所以长时间学习的本质实际上就是自我控制。

为什么斯坦利的研究对象要比特曼的研究对象的表现好得多呢？智商高只是在刚开始学习的时候会学得更快一点，但是，如果他没有自我控制力的话，他的高智商在后面就显示不出优势。学生只有达到在外界看起来十分专注、刻苦、自觉地学习，而自身认为十分自然的时候，学习方式就不会是主要问题，学习就进入了深度学习的阶段。

○ 开启深度学习基因的六把钥匙

那么怎样才能达到这样一个境界？这里我想跟大家分享六把钥匙，称为"开启深度学习基因的六把钥匙"。深度学习能够形成非常牢固的大脑连接，但请大家不要忘记，这个连接需要浸泡在神经元的递质当中，而且这个连接不容易丢失。那是哪六把钥匙呢？

第一把钥匙叫公平和信任。教学当中公平和信任是第一位的。我们曾经做过这样的大范围调查，"你喜欢这个老师主要的原因是什么？"调查结果显示，不是幽默，不是有趣，而是公平和信任。也就是说一个教师对待所有学生是不是公平，对学生是不是信任是第一位的。如果对学生没有信任和公平，就不会有真正的教育，学习也不会真正开启。

第二把钥匙叫专业规范。教学是一个专业，不是通过激情就可以实现，一个学生能达到多高的高度和老师的专业规范是有关系的。有一项科学研究发现，大家熟知的像李世石、李昌镐等韩国顶尖围棋国手的智商只有93，而韩国人平均智商是100，也就是说韩国围棋顶尖高手的智商还不如韩国人的平均水平。他们的围棋水平为什么会达到这么高的水平？当然是因为他们有自我控制力，更重要的是他们的老师非常专业，第一层学什么，第二层学什么，第三层学什么，他们的大脑连接一层一层累积起来，这就是专业。如果没有这样的专业，一开始就急于求成，也许他们并不会走得很远。

第三把钥匙叫有趣多样。在这里我特别想鼓励教师追求一个境界，就是让每一节课都上得不一样，当然这有一定难度。同样上一个内容，在一班上课和到二班上课要不一样，越不一样越好，每一堂课就像一个试验。有人说："我已经上得很好了，学生都很喜欢，我为什么要寻求不一样？"因为这是挑战，

未来
202

学习和教育都是长期的过程，如果你每天进去给学生都是一样的感觉，他的大脑连接就不容易产生。

讲一个小故事。我在参加考评高级教师的时候去听过一节物理课。教师在上课铃声响了以后拿了块小黑板匆匆忙忙冲进教室，在冲进教室的时候跌了一跤，小黑板摔下来了。它上面都是电路，有小灯泡，有开关，有电源，合上以后这个电源灯泡可以点亮。教师对学生说：今天我们上一个简单的电路。然后把开关合上后，灯泡却没亮。学生就说"老师你刚才跌了一跤，所以不亮"，然后他们一起把问题解决了。最后教师说，这节课的名字叫电路的故障。当有新知识出来的时候，就发出链接了。

第四把钥匙叫尊重和关切。真正的教育力量都是来源于态度的改变。教师是不是真的尊重学生、关心学生，是学习发生很重要的原因。这里我还是讲一个故事，这个故事发生在上海一个示范高中的校长身上。这位校长姓陈，是一名化学特级教师。有一天他发现有个学生没有交作业，就把学生找过来问："你为什么没有交作业？"学生说忘了带了。陈校长说："忘了带了，好，你回家把这个作业拿过来。但是你要跟着我，我开车把你送回家去拿。"学生就战战兢兢跟着校长开着车回家去了。到了小区里边，停好车，他不敢下车，说："陈校长，我没做。"陈校长说："没做是吧，不要紧，现在我们回学校，在我面前做。"这个学生做了一个小时，最后还有两道做不了。后来这个学生化学作业从来没有不做的，高考成绩接近满分，这个就是学习的态度。

第五把钥匙叫发现真问题。现在有很多学生的问题都是假的。同样也是在听一节课的时候，这节课的名字叫"我乘飞船看祖国"，就是乘火箭看祖国、长江、黄河。铃声响，课结束，上完课教师很满意、学生很开心，然后有个专家问学生，你们有什么问题吗？所有同学都说没问题。教师就说了：你们学完一课没问题？那我问问看，你们谁乘过宇宙飞船？你们没乘过宇宙飞船，怎么知道自己能看到雄伟的长城和滚滚的长江呢？接着一个学生开始问，老师你去过长江吗？第二个学生又站起来问，老师你去过黄河吗？第三个学生问，你去过南京吗？……这些问题全是假问题，只是学生在迎合那位老师。这些问题并不能推动深度学习的产生。

第六把钥匙叫成就感。成就感对学习来说是让学生有展示的机会，展示他

203

的发现的机会。做小老师的学习效率是最高的，它的本质是成就感。成就感有两种，一种叫美感。这里有一句话我想说一下，"事物都在雾中，而突然你看出一个结论来"。它表达了深藏在你心底的错综复杂，这错综复杂把一直在你内心的东西连接起来，而这些东西以前从未被连接起来过，在学习过程当中我们称之为顿悟，这是学习的美。还有一种我们称之为责任感。如果一个学生真的树立了非常远大的目标，例如"为了改变社会使国家强大而努力学习"，千万不要以为这些是虚的。我们就需要这样的学生，这个学生的整个身体、大脑都浸泡在一个超强的环境当中，无论多么辛苦，对他来说都是愉快的，因为他正在挑战自己的人生，在为将来的社会发展努力学习。

全球脑科学最新研究
——什么是最好的学习

◈ 薛贵（北京师范大学认知神经科学与学习国家重点实验室教授，IDG/麦戈文脑科学研究院研究员）

耶鲁大学原校长理查德·莱文教授说：如果一个学生从耶鲁大学毕业后，居然拥有某种专业的知识和技能，那这是耶鲁教育最大的失败。

我们现在的基础教育更多也是为了培养孩子的知识和技能。但是如果在知识更新迭代的时代，技能已经会被人工智能取代的时代，我们还在培养这样的知识和技能，确实是我们教育的失败。

从另外一个角度，清华大学钱颖一教授也提出，人工智能将使中国教育仅存的优势荡然无存。

中国传统教育的优势是什么？大规模的、标准化的教育，通过统一的教材、统一的课程、统一的考试、统一的人才衡量标准，培养一大堆技能人才。但是在人工智能到来之后，这样的技能人才培养模式已经远远不能够适应创新人才培养的要求。

○ 基于脑科学，新学习的本质是什么

智能时代，什么才是最好的学习和最好的教育？作为一个脑科学工作者，我希望从人脑的学习和发展的本质上去寻找答案。

学习的目的是适应环境。在几十亿年的漫长进化历程中，智能的智慧并不是在我们出生的时候就在脑袋里面装满各种各样的知识。相反，我们生下来的时候，就是一些本能，再加上非常强大的学习能力，让我们成为一个世界的公民。把一个婴儿放在全世界任何一个地方，他都可以快速地学习当地的语言，适应当地环境，掌握当地的文化，在当地能够持续地生存和发展，这是进化给我们带来的最重要的智慧。在面临未来环境不确定性的情况下，最有效和最强大的智能是拥有非常强大的学习能力的。

学习的过程是塑造大脑。人脑大概有 860 亿个神经元，每个神经元有 1000 到 10000 个神经连接，这样一个复杂的神经网络，决定了我们所有的知识、技能、习惯、态度等。我们的价值观都是由这样的连接所组成，学习的过程也是对神经网络进行塑造的过程。要想实现科学地学习、高效地学习，必须要符合人脑发展这种规律。

205

所以，从人脑的角度给我们两个重要的体系：一是学习最核心的是要培养强大的学习能力；二是学习要依据大脑的活动规律。

基于脑科学的学习力结构体系

学习力究竟包含什么？基于大脑的结构和功能，以及我们对人脑过去几十年的研究，学习力包含至少三个非常关键的重要成分。首先是在我们两耳之后的区域，它是人脑形成有机知识体系和知识存储的地方，包含了从具体到抽象各个层次紧密联系、融会贯通、灵活使用的知识体系，而不是我们现在所强调的碎片化的、死记硬背的知识。

除了有机的知识体系以外，我们还要培养强大的认知能力，这就是大脑前额叶的一个重要功能。它是人类智能一个非常重要的区域，但它本身并不存储知识。比如这个地方受损了以后，我们该记得的相关知识，我们所认识的人都不会受到影响。但是如果没有这样的关键区域，我们就没有办法学习新的知识，没有获取知识、分析知识并进行创新的能力。

除了外侧的前额叶，在大脑的内侧部分，是整个人的一套动机系统。所谓

的动机就是人的发动机和方向盘，决定了我们的价值观，决定了我们在这个过程当中行动的速度。所以要培养这种持久的学习动力，我们需要让学习者充满热爱与激情，具备成长性思维，同时通过自我控制能力去调节情绪，延迟满足。

现在的孩子有时选择"躺平"，就是由于学习动力不足，或者有些心理健康的问题。所以有机的知识体系、强大的认知能力和持久的学习动机，是一个完整的学习力所具备的三个非常关键的成分。

如果去看国外的很多教育，那些教育之所以让我们觉得很好，其实也在于他们是在培养学生有机的知识体系、强大的认知能力以及持久的学习动机。而我们现在所强调的对创新人才的培养，其实也需要从这三个角度来进行培养。没有一个脱离有机知识体系抽象的创新，从这个意义上来讲，学习能力的培养是能够实现学生短期的学业成绩和他终身发展的结合，也是我们对创新人才培养的必然要求。

学习需要遵循大脑发育的规律

要培养强大的创新能力，我们还必须要遵循大脑发育的规律。比如在 0 到 3 岁的时候，更多的是感知觉区域的发展；在 3 到 6 岁的时候，更多是一些联合皮层的发展和成熟的过程；到小学阶段，更多的是外侧前额叶认知能力发展的过程；到中学阶段，更多是内侧前额叶自我控制能力和价值观发展形成的过程。所以在不同的阶段，我们要有不同的学习重点。任何超前的或者延后的知识学习，都是不利于整个人学习能力的发展和培养的。

学习需要遵循记忆形成的规律

另外，好的学习还要遵循大脑记忆形成的规律。记忆是我们学习的重要基础，在这个过程中，我们要依据大脑的遗忘曲线规律，或者适度学习难度的规律来充分调动大脑的资源，同时还要遵循大脑不同的分工规律，或通过技能的系统来学习，或通过知识的系统来学习，或通过情绪的系统来学习。不同的系统要充分地调用，而且要准确地使用，才能够达到有效的学习。

学习需要遵循知识建构的规律

一个知识如果能够长期地保存和灵活地应用，它必须要构成一个知识网络。这种知识网络的构成就必须要挑战传统的学习方式，比如：我们要实现从输入到输出的转变，从老师的教到学生的学的转变；我们还要帮助学生去构建知识的空间，利用知识的内在联系来重新组织学习；还要通过类似思维导图的方式来构建知识的网络；以及现在所谓的项目式学习，也是帮助学生形成一个知识网络的过程；包括费曼的学习方法，实际上都是在帮助我们建构这种学习网络。

学习需要遵循能力提升的规律

很多人认为包括智力在内的认知能力是天生的。实际上大量的研究表明，如果我们通过科学的方法，是可以提升大脑的认知的，包括它的流体智力。在这个过程当中，我们也可以改善大脑的功能来提高包括多巴胺在内的神经递质的活动水平。同时通过可迁移的训练方式，让它能够迁移到日常生活当中去改善我们的行为表现和学业成绩。

学习需要遵循动机塑造的规律

最后，在学习动机的塑造上，我们应该依据人脑的动力体系的培养规律，充分利用我们的喜好、习惯等动力系统。再采用一些诸如社会情绪技能学习的方法，把坚韧、激情、自控能力、乐观态度和成长性思维既作为一种知识在传递，也作为一种技能培养、习惯养成，让它成为学习的一种强大动力。

207

○ 创新实践开启新学习模式

如何实现脑科学和教育的有机融合？我们在过去几年对这个问题进行了初步探讨。下面跟大家做一个简要介绍。

首先需要强调的是，脑科学和学习的有机结合是一场深刻的变革，它不是简单的教学方法和教学实践的改变，而是涉及教育目标、评价方式、学习内容、学习过程和技术的一场深刻变革。

实际上我们需要有一套完整的体系，在这个体系当中，涉及研究机构、大学人才的培养以及社会的创新机制和实践。具体来说，首先，我们需要加强脑科学的基础研究，来揭示脑智发育的规律。其次，我们还要建立脑科学与教育人才的一套体系。再次，我们还需要大力地发展脑智测评和训练的专业产品和工具。最后，我们还需要各个部门之间的紧密协调，加强试点和指导，在各个地方进行一些创新的实践和验证。

在科研方面，国家做了很大的布局。在科技创新 2030 的重大研究规划中，

"脑科学与类脑研究"成为一个重要的研究方向。在我国的"脑计划"中，重点把脑智发育作为其中的方向，目的就是要研究儿童大脑和认知发展的规律，提升正向干预效能，从而促进我国亿万儿童和青少年的健康发展，提升教育的效率和质量。

另外，我们把这样的教育实践和各个区县教育局、教科院紧密地合作，共同探讨在区域层面如何用脑科学推动学习变革。在这个过程中，我们发展了基于脑科学学习能力的评价体系，从注意力、记忆力、思维力、反应力、自控力五大能力的角度，来全面衡量一个学生学习能力的情况。基于这种现状，我们可以对学生的学习能力进行全面的刻画，再形成一个学生的学习画像。

我们还可以利用这样的学习成绩来进行学业诊断，这种诊断可以帮助我们去了解这个学生，他某些地方学习好是什么原因，某些地方学习差又是什么原因。同时我们还可以实现对学习潜能和未来学习效果的预测，从而实现我们的英才选拔或者学困筛选。我们也可以基于学生现有的学习成绩和学习潜能，来指导其进行高考的选科和走班，以及我们在初高中的分层教学。甚至对一些特殊的学生，我们还可以依据他们学习能力发展的现状进行个性化的干预。

在这个过程当中，我们编写了相关的学习力提升的教材，包括小学、初中、高中，重点是普及用脑科学的知识来提升学习能力的各个方面。我们把这样的课程和学校的教学实践进行有机融合。比如在体育、心理健康等课程里，有机地融入这套学习力课程体系，从而能够在不干扰学校正常教育教学的情况下，实现对学生学习能力的提升和培养。

同时，我们也在一些学校建设学习力中心。如果未来学校的教育目标是提升学生学习的能力，那我们就要在学校建立对应的学习中心，把脑科学知识的科普宣传、测评和训练的技术和方法，包括基于神经反馈虚拟现实的训练技术，都紧密地融合在学习当中，从而帮助学生实现个性化的学习能力的干预、训练和提升。通过这样的综合努力，把脑科学和教育进行全面融合。

希望在全社会的共同努力下，实现脑科学和教育对未来学习的变革。让每一位老师都成为脑科学的应用专家，让每一间教室都成为脑科学的实践基地，让每一节课堂都成为脑科学的创新发展。

怎样的深度学习，才能实现认知的贯通

◈ 冯晨（杭州云谷学校小学部、初中部校长）

○ 国家课程和深度学习

学习故事 1：语文还是那个语文，语文不再是那个语文

当孩子进入青春期后，与家人的关系会发生微妙的变化，比如保持距离、互不理解、容易产生冲突……谁能帮助孩子和家长呢？我们学校初中部的语文老师敏锐地捕捉到了这一现象，教师发现语文教材中的学习内容可以与这一真实的需求相关联，而这个真实的需求同样也能助推语文的学习。

在统编语文教材七年级人物单元中共选编了 4 篇课文，讲的都是普通人的故事，他们其实就是生活中的我们、就是学生的家人。这个单元的目标有：了解不同叙事文体的基本特征，提高整体把握文章结构层次的能力，揣摩人物心理，把握人物形象特点，体会平凡人物身上闪光的品格等。

于是，语文老师在学习方案的设计中，把 4 篇课文当作一个整体进行贯通设计，同时又不局限于课文学科，设计出"眼中的彼此"这个项目化学习任务，要求将把握人物特点的方法运用在人物写作、人物采访和书信中，掌握观察和采访的方法，通过采访，增进对家人的理解，与家人建立更深的关系。这是高于单元目标的项目目标。学生不仅要掌握单元目标，还要把单元目标中的知识运用到真实的场景中，达成项目目标。透过学习目标，我们可以感受到学生从理解知识到运用知识技能，直至迁移、分析、创造的认知进阶。

在这个项目中，学生的学习又是怎么发生的？可以用两个词来概括。

一是有效的学习支架。在我们提供的项目学习手册里，有许多为达成项目目标而设计的学习支架。比如说，在观察支架里有五感观察法、由表及里观察法等；采访支架里有《普鲁斯特问卷》、怎样才算"好问题"等；评估支架里有访谈问题评价表、学生复盘表、评估量表等，这些都是项目化学习重要的支架。

二是主动地学习探究。教师会引导学生利用这些学习支架进行自主探究，

开展合作学习。项目中的人物采访、人物写作、视频录制等，不再是老师手把手教给学生，而是学生通过主动探究而习得，让学生成为学习的主体，也是思想和行动的主人。

真实的问题给语文学习提供了真实的场景，通过项目的采访和书信，也增进了学生和家长的相互理解，建立了更深的情感连接。学习从基于教科书水准上升到超越教科书水准，真实问题、有效支架、主动探究，促进了深度学习的发生。

不仅仅是语文学科，云谷的老师们在各门课程中都积极践行着学习方式的转型。比如：在历史课程中，教师尝试任务群驱动探究性学习，让历史学习从枯燥的记忆走向理解、分析和思辨；大单元主题下的项目化学习是学校英语课程的重要学习方式，它让语言理解和语言运用，让思辨和创造高度融合；科学团队提出实验先导的探究性学习，从演示趣味性的实验，直至共同梳理核心概念，帮助学生像科学家那样思考问题……

在对国家课程的探索中，我们体悟出了深度学习的认知特征：会迁移、能解决问题、批判性思维、创造力。我们提炼出支持深度学习的多种要素：真实场景、真实问题、有效支架、有效沟通、评估前置、主动学习。我们还实践着让深度学习发生的多样学习法，比如大单元设计、概念驱动、合作学习、游戏教学等。

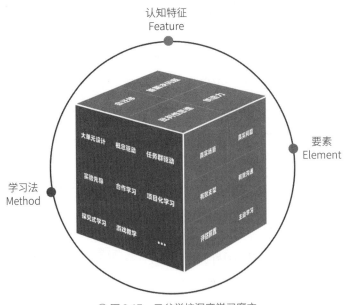

◎ 图 2-17 云谷学校深度学习魔方

以上内容构成了云谷的深度学习魔方。在真实的学习场景中，各种要素、各种学习法相互交织，推动着学习从单纯的掌握知识走向迁移、思辨和创造，让学习实现认知的贯通。除了在国家课程中探索深度学习，在云谷，深度学习还以另一种样态存在着。

学习故事 2：当音乐遇到科学

有一天，音乐老师遇到了科学老师。音乐老师说我们打算为四年级的学生设计一个"寻谣计划"的项目，让学生寻找快要失传的童谣，也把音乐教材中的乐器王国、编曲和配器在童谣的改编中加以运用。科学老师听了很是兴奋，说"寻谣计划"听起来好棒啊。四年级的科学课里有个声音单元，我们做过一个项目，叫"无中生有"。学生学习声音单元后，要尝试制作乐器。如果我们把科学课的"无中生有"跟音乐课的"寻谣计划"相融合，联手重新设计，这样的跨学科学习是不是更真实、更生动呢？于是，两位老师一拍即合，找到了探究融合课的老师，启动了由科学、音乐、DTI（信息和设计思维）共同参与的跨学科项目。

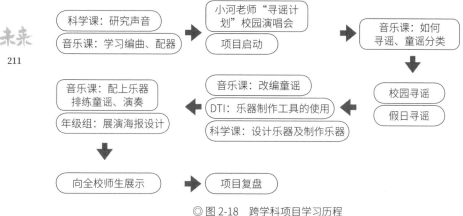

◎ 图 2-18　跨学科项目学习历程

图 2-18 就是学生所经历的学习历程。整个项目有时按学科分头推进，有时各科教师联手。学习的场景有时在课堂，有时在课外。音乐课的森林队寻找到的童谣《大公鸡》，学生就用自制的打击乐器和弹拨乐器演奏着。

在他们的学习经历中，乐器的制作令人印象深刻。当一个学生在制作弹拨乐器时，他一开始选择了松木作为原材料。绷上弦的第二天，学生发现固定弦的木头居然弯了。他很吃惊，没想到弦绷紧后的力量竟有这么大。在这个过程中，学生感受到声音的巨大能量，也理解了为什么制作乐器要用比较硬的木头。后来，学生通过不断地调弦、试弦，调出了两个不同的音高，也在这个过程中感受到了弦的粗细、弦绷的松紧都会对声音产生影响。

类似这样的深度体验出现在项目的各个环节。在这个项目中，除了音乐和科学的学习目标，学生还要设计项目推进表，并管理项目，利用学习资源解决问题、提出疑问和意见，完整地表述探究的过程和成果，等等。在项目的初始阶段，学生的学习更侧重于对音乐、科学等知识性问题的理解。随着项目的深入，学生学习的深度不断加深，认知的程度也在不断提升。

○ 打破学科边界的方法论课程与深度学习

刚才分享的只是我们学校探究融合创造课里的一个小故事。探究融合创造课是学校的特色课程之一，类似的课程还有 PBL（项目式学习）、DTI、图书资讯等，我们称这类课程为打破学科边界的方法论课程。

在 DTI 的能力体系表里，包含了计算思维、设计思维、实践能力等。在 PBL 的课程目标里，则更侧重于团队合作力和高阶的认知能力，这个是探究融合创造课的课程定位。探究即主动学习，探究即融会贯通。

为什么学校要设计打破学科边界的方法论课程呢？首先是想通过方法论课程让学生在沉浸式的学习体验中，掌握探究式学习、项目式学习、设计思维等深度学习的方法。这些方法对学生而言是陌生的，有挑战的。

其次是希望方法习得后，会被迁移到学科的学习中，助推学科学习中深度学习的发生。

最后是因为这类打破学科边界的课程，可以更加专注于学生的素养发展，让学生在真实的情境下解决问题，发展合作力、思辨力、创造力。

学习不仅仅在课本上，学生也在关心着自己的校园、身边的社区，在关心着这个城市、国家和地球。他们会问我们离改变世界有多远？现在我们把方法论课程也纳入深度学习的魔方，它们与其他要素相互呼应、相互作用，让深度学习得以发生。我们认为，深度学习是指向学生素养的发展，可以让学生善于合作沟通，发展批判性思维，学会融会贯通、知行合一。

○ 让深度学习发生的学校生态

为了推动深度学习的发生，学校又可以做些什么？加拿大学者迈克尔·富兰说，深度学习的探索不能仅仅立足于学习本身。因为影响深度学习发生的因素有很多。站在学校生态系统的角度去看，深度学习有几方面是至关重要的。

首先是价值追求。这是生态系统的顶层，包括了学校的定位和理念。到底是要办素养导向的学校，还是知识导向的学校？办学过程中，是学生发展驱动还是考试驱动？顶层的价值追求决定着学校的办学走向，决定了深度学习是否可能在校园里如雨后春笋般生长。

其次是教师、学生双主体。在深度学习的校园里，新型的学习伙伴关系正在建立。深度学习是充分发挥教师主体作用的教学活动，它的发生需要教师对学习重新定义，对学生最近发展区充分了解，对学习任务科学设计，还能助推学生经历知识建构的过程。深度学习中，学生不单是被动的接受者，他们的能动性被充分激发，成为学习的主人。新型师生关系的建立，让教师和学生在学习的历程中共同发现、彼此对话、协同学习，也在这样的学习历程中，主体性更加凸显，师生关系更为密切。

还有课程、文化和技术。这是深度学习发生的土壤。多样化的学习方式替代单纯的讲授式而进入课程。研究共同体、项目团队共创会、复盘会等，让备课、研讨、教学从个体走向团队。另外，还有无处不在的技术与学习方式发生的作用，让学习发生改变。

这些年来，价值追求、师生双主体、课程、文化和技术等都是我们在谈论深度学习时一直思考着的，同时，它们也在不断地推动着我们走向深度学习。

未来
213

当教育回归本质，学生习得什么

◈ 许凌可（重庆德普外国语学校校长）

○ 教育失衡导致学生习得的片面化

科学技术的高速发展，人工智能、大数据的迅猛推动，我们已经深刻地感觉到，生活遭受着前所未有的极大改变，很多我们习以为常的词语需要被重新定义。什么是知识？什么是能力？什么是教育？什么是学校？学生的习得和教育之间是什么关系？在我看来，它们是互为因果的关系。有什么样的教育，就会有什么样的学生习得，而学生有什么样的习得，也倒逼着我们去提供什么样的教育。所以，要探讨学生习得，首先得讨论教育问题。

教育在英文里面就是一个单词"Education"，在中文里则由"教"和"育"两个字构成。"教"和"育"并不是同一件事情。什么是"教"？知识和技能的传递就是"教"。什么是"育"？"育"包括了品格、能力、思维的养成。

"教"和"育"的区别在于，"教"是短期就可以实现，一个知识点一堂课就可以学会，一本教材在一学期内就可以完成教学，而"育"很难在一个短时间内就完成。比如我们要求每一个学生勇敢、正直，有基本的审美，这不是某一堂课可以完成的，这是一个长时间践行的过程。这是两者的一个区别。

两者间还有一个区别。"教"是工具理性，很容易被评估，很容易被量化，很容易知道教学的结果怎么样、效率怎么样。我们所有的标化考试、中考、高考、期末考试，都以此为出发点。在这一块，我们中国的学校做到了极致。而"育"是价值理性，价值理性的一个特点就是很难量化，很难评估。

214

基于"教"和"育"这两个不同的属性，我们发现在中国的基础教育领域里面，"教"和"育"有那么一点点失衡，也就导致了学生习得的走样。这样的教育失衡主要体现在片面化和去系统化上。换句话说，我们把大量的精力投在了"教"上面，更少的精力放在了"育"上面，导致教育就被简化成了成绩、"上岸"、升学这些热门话题，这些立竿见影的问题，这些当期就可以解决的问题。而那些长期的、系统性的东西，被我们忽略了，或者是选择性地忽视了。于是我们看到，学生的习得也相应地出现了以下问题：目标片面化，标准片面化，方法片面化。因此，学生的习得也就是片面化的，而非结构化的。

如何培养学生的能力与思维

那什么样的教育，什么样的习得才是当今社会、眼前这个世界需要去定义的，需要去重新给它赋予能量的呢？首先教育本身就包括了至少四个维度：家庭教育、学校教育、社会教育和自我教育。从这个结构来看，教育本身就是一个终身的问题，是从孩子出生到他生命的最后一刻都不断在发生的事情。四个维度的教育都会作用于个体，变成他的习得。

在家庭、学校、社会和自我共同教育的模式下形成的学生习得，在我们看来可以分成三个层次。第一个层次是大家最熟悉的知识与技能，第二个层次是能力与思维，第三个层次是人文素养。

我们在知识和技能的传递上拥有极高的效率。我们让学生很擅长应试，很擅长在标化考试中得到他们想要的分数。这不禁让我们思考一个问题：仅仅有知识和技能的传递是教育的全部吗？是学校职责的全部吗？不是。这样的教育可能培养出来的只是一个又一个的工具人。在这种情况之下，很多学校成了工具型的学校。一所真正的学校，一种真正的教育，至少应该让学生习得前面说到的这三个层次。

借用《人类简史》作者尤瓦尔·赫拉利的观点，他觉得无论科技怎么发达，无论人工智能和大数据以及生物信息工程如何进步，人类不可能在短时间之内或终究都不可能被技术、被科技所取代的，至少有这四个方面的能力，他称之为批判性思维、沟通能力、协作能力和创造力。所以我们才把能力和思维放在一起，变成一个层次。

我们今天选用其中的一个维度，来讲讲人的思维，讲讲结构化的思维和我们的创造力。我认为，在未来的教育中，创造力、批判性思维是越来越珍贵的东西，也是越来越应该让我们学生习得的东西。不管是在数学课、语文课、历史课、政治课上，我们都可以有意识地去培养学生的结构化思维。

给大家举个例子，"检讨书"大家应该都不陌生，我们看一看，美国小学四年级学生的检讨是怎么写的。当他犯了一个错误的时候，学校不允许他天马行空地写一份检讨，而是给他提供了一个模型化、结构化的表格，需要他完成。第一，你当时究竟做了一个什么样的选择？第二，你做出选择背后的原因是什么？第三，因为你的行为和选择，最直接受到负面影响的人是谁？第四，下一次遇到类似的情况，你将怎么做？第五，这一次为了挽回这一行为所造成的负面影响，你能够做什么？这样一份结构化的检讨，既在帮助学生纠正他的错误，同时也在培养学生的结构化思维。

思维的训练可以发生在教育的任何一个环节和任何一个维度，可以由任何一个参与者实施。我们再来看一份试卷，在美国四年级学生的小测验中，会让

未来
215

你判断试卷上列举出来的东西，哪些是一手材料，哪些是二手材料。比如一本关于乔治·华盛顿的生活传记，这属于二手材料，因为不是自传；一本关于大萧条时期的书，这也是一份二手材料。还有些测试会问你如何分辨网上信息的真伪。这些测验的目的都是在训练学生的思维。

回到我们刚才所说的，学生习得里面最被忽略，却最不应该被忽略的，其实就是学生的思维和能力。创造力就是思维和能力最重要的表现。创造力乏力的关键是什么？不是没有天马行空的想象。相反，创造力缺乏、原创性缺乏的关键是在于逻辑思维和批判性思维的不足，找不到问题的关键，无法及时地发现问题，也无法提供系统解决问题的方法。原因是什么？难道我们不能去开几门跟创造力相关的课程吗？答案是不能。因为创造力不是可以教授的，创造力只能培养。所以我们说培养创造力的关键在于思维，结构化的思维。

逻辑思维和批判性思维同样只能培养，无法直接教授。逻辑思维更强调的是因果关系的成立。系统思维讲的是整体和局部的关系。结构化思维讲的是不遗不漏、不重不补，如何抓到重点。批判性思维是从多元不同角度去还原一个事情的真相和形成自己的观点。这样的思维是学生习得的关键，也是未来他能够有更大创造力的关键。

未来

216

如何培养学生的人文素养

在思维能力之外，学生习得往往被忽略的是"重要但不紧急"的事情，即人文素养。当我们说人文素养的时候，其实是把情感、态度、价值观、品行、审美等都放入这样一个范畴。它包括很多的话题，比如真伪、善恶、美丑、生死、自由、真理、意志、情绪、责任、正义、惩罚、平等、欲望等，这些都是属于我们的人文素养。人文素养的培养将会赋予一个人丰盈的精神世界、独立的思考能力、独立的精神和思维。这样的人文素养会让人逐渐活出高度。

在人文素养里，有一个常见的误区：过分地遵守规则会束缚一个人的个性，而没有个性就没有创造力。我们大多数对于规则和个性以及创造力的理解是似是而非的。尊重规则并不意味着损失个性，个性源于真正的批判性思维和独立的思想、独立的见解。

我们发觉一个学生身上通常会出现这几个问题：动力缺失，没有敬畏之心，没有规则意识。当我们的物质生活极大地丰富和满足之后，许许多多的家庭和孩子找不到前进的动力，找不到为之奋斗、为之上瘾的美好事物。所以在德普学校内部，我们经常会说一句话：一所好的学校，要有能力让自己的学生对那些艰苦而美好的事情上瘾。

如何判断一个学生动力是否缺失，规则意识是否欠缺，是否拥有敬畏之心？我们给出一个小的理论叫"91度理论"，就是通过学生在课堂上的坐姿来判断学生是否有以上重要东西的缺失。比如，当学生以大于135度的方式坐在这里的时候，我们认为他是缺乏敬畏之心的。在他的眼里，没有权威，没有美好的事物，有的或许是自以为是，自我膨胀。而当学生用小于45度的坐姿趴在桌子上的时候，他是缺乏动力的，他找不到自己奋斗的目标。以上这些东西，是学生在成长和学习过程中非常重要的。

人文素养怎么培养？我们要通过学生的每一次行为，让他养成习惯，转变他的思维，增加他的思想厚度，最终赋予学生人文素养。我相信，所有的人都想让我们的学生，我们的孩子，在未来，无论世界变得怎么样，他是积极的、阳光的、内心强大的，他看问题是系统的，是批判的，他是爱这个世界的。

217

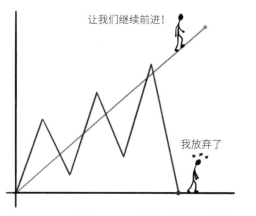

◎ 图 2-19　动力和习惯对人成长的不同影响

这幅图也很说明问题，向上直线让人不断地进步，去实现自己的目标，不断地成长。曲线起起伏伏，时而高涨，时而低落。曲线代表我们的动力。没有人是天天处于"打鸡血"的状态，他总有情绪低落的时候。所以，单靠自己的动力，是不足以支撑自己一直不断地成长的。我们还需要向上这条直线。这条线是什么？是习惯，是各种规则，是各种美好的愿景，是各种学校的教育方式和资源，是学校、家庭以及社会共同形成的合力，让学生养成的良好的习惯。

让学生对那些美好而艰苦的事情上瘾

关于学生的习得，我们还有一个建议。教育的本质不是迎合，迎合是商业的本质，迎合就会让你待在舒适区里。教育的本质是什么？是改变。

改变意味着走出舒适区，改变意味着不舒服。如果教育的本质是改变，基础教育的关键就在于一定要通过对家庭的改变来改变孩子。如果教育仅仅是传授知识，那学生坐在教室里面学数理化生，家长负责挣钱做家务，这就够了。但教育不仅包括知识的传递，还包括思维和能力的养成，以及人文素养的养成。于是，这样的高阶教育的发生，一定需要整个家庭去改变。家庭也要具备审美、良好的习惯、决策能力，家庭要跟着孩子一起变。如果家庭拒绝改变，那么这个家庭孩子的教育也是事倍功半。

一所学校要有能力让学生对那些美好而艰苦的事情上瘾。这里需要我们的智慧，因为对艰苦而美好的事物上瘾非常难。我们现在比较流行的 PBL、任务型学习，它们面临很大的问题。很多问题是伪问题，不是真实存在的。我们给学生提供的场景也是虚假的场景，学生觉得这不是一个真实的场景，于是每个人都在其中去表演，而不是真正地去感受、去改变。

所以要让学生提升他们的能力和思维，去运用他们的知识和技能，不断地去改进、去提升自己的人文素养，我们需要为学生营造一种真实的场景，要给学生找到一个真实而有挑战性的任务。在这个场景和任务中，学生们能够真正大规模地协作，有真实的冲突，有对冲突的管理。

我给大家举一个例子，一群重庆的学生，他们从小讲的是重庆话，普通话不是他们的家乡话，他们也从来没有接触过艺术表演，如果要让他们用课余的时间心甘情愿地去排一出话剧，而且是京腔京味的《四世同堂》，这可能吗？我们觉得很难，不可能。因为《四世同堂》有 5 万多句台词，剧本有 120 页，演职人员加在一起 50 余人。如果我们不是演片段，而是演全本，而且是放在重庆最好的剧院去演出，这是不是一个真实的场景？这是不是一个真实而艰难的任务？如果学生们能够去完成它，并且爱上它，这是不是对美好而艰苦的事情上瘾了？事实上，我们做到了。

我们 2022 年就在重庆大剧院上演了这场《四世同堂》的话剧，从灯光、舞美到一切准备事务，几乎都是学生在老师的带领下协同完成的。他们没有占用上课时间，最终完成了这场演出。而事实上，这已经不是我们第一次推出全本话剧。我们先后在重庆大剧院和国泰剧院上演过《德龄与慈禧》《恋爱的犀牛》以及《夏洛特烦恼》等话剧。

我们为什么要做这样的活动？这样的活动不可能直接给学生的考试加分，甚至以功利的眼光来看，是在浪费学生的时间。不，这是真正的教育，真实的场景，真实的任务，在这个过程当中，学生习得的三个层面——知识与技能、思维与能力、人文素养全部得到了提升。而在这件事情当中，家庭、学校、社会和自我四个维度的教育都得以体现，我们提供的基于学生习得的也至少有三个层面：知识与技能、思维与能力、人文素养。

德普学校用了 5 年时间写成了一首校歌，名字叫作《不问西东》。其中有句歌词我想读给大家听，这是我最喜欢的句子——"不冷漠，不从众，明是非，知变通。"

这句话是我们对学生的期许，也是对我们自己的期许，更是我们对教育的期许。无论世界发展到哪一步，这个世界都既需要理性，也需要人文；既需要科学，也需要温暖。这就是我心目中，学生应该习得的教育，既提升了效率，也直面了人性。

高质量学习是怎么发生的

◈ 刘静波（上海世外教育附属三亚市崖州区外国语学校校长）

学生学习，需要解决三个基本问题：学什么？学习是如何发生的？如何提高学习质量？

我用一个简单的公式说清三个问题：学习质量 = 学习结果 × 学习过程。

通过这个公式，可得出：高质量学习＝高水平的学习结果 × 高价值的学习过程。

经过十几年的研究，我们构建了高质量学习的基本研究框架：学习结果是在一个良好的学习过程中产生的；学习过程背后需要有学习系统的支撑；学习系统背后需要有认知技术、信息技术和数据技术等来支持。

学习结果

什么叫学习结果？学习结果就是学生在学校里学什么。学习结果不仅是知识和技能，不仅是三维目标，实际上学习结果种类众多。

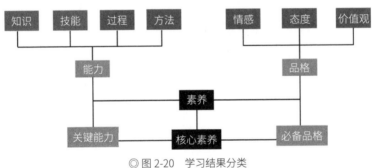

◎ 图 2-20　学习结果分类

图 2-20 是对重要的学习结果"一网打尽"。三十多年前我们提出"双基"——基础知识和基本技能；十多年前我们提出三维目标——知识与技能、过程与方法、情感态度价值观；到现在我们又提出素养和核心素养。

用"点、线、面、体"这个比方来说清各种学习结果之间的关系。比如经常说的"知识点"，我们说"你在文学这方面素养很高"，因此知识是"点"，素养是"面"，那么能力和品格就是"线"。

我们可以这样理解，知识、技能、过程、方法等众多的"点"交织整合成能力，情感、态度、价值观融合出品格，由众多的"能力线"和"品格线"就融合成素养。

有了"点、线、面"，那"体"是什么呢？"体"是一个完整的人，全面发展的人。从"点、线、面、体"中可以看出立德树人的路径问题。

我们发现，"知识点"学起来是比较容易的，三五分钟就可以学一个知识点，可是"能力"三五分钟能形成吗？能力的形成是一个缓慢的过程，素养更是如此。有的素养形成是一辈子的事情。

教师在三维目标上是大有可为，在能力和品格上就不好教了，到了素养方面很多老师是无能为力。换句话说，素养很多时候不是教的，因为"素养"这个词本身就用了一个字——"养"，所以素养的形成和培养是非常困难的。

从学习结果看课程改革，课程改革就是学习结果的丰富史，学习结果是越来越丰富，要求越来越高，改革的力度和难度也是越来越大，同时对教师的要求也是越来越高，教师都做好准备了吗？

从学习结果看考试，以前考试主要考知识，现在考试基本不直接检测头脑中装了什么知识，主要考查这些知识怎么用，就是考能力。现在有些考试更进一步，不仅考知识怎么用，而且要考查在什么价值观指导下的运用，这就是考素养。

○ 学习过程

学习结果怎么在头脑里生成的？学习过程是一个非常复杂的丰富的过程。简单说，学习过程有三辆马车——认知、情感和行为，它们共同推进课堂的进程，共同促进学生的改变。

世界上著名的教育心理学家奥苏伯尔说过："假如让我把全部教育心理学仅仅归结为一条原理的话，那么，我将一言以蔽之曰：影响学习的唯一最重要的因素，就是学习者已经知道了什么。"

我在 1993 年看到这句话时非常震撼，同时我也认为这句话有语病，"唯一"还加个"最重要"。

后来我认真琢磨，发现确实有道理，这就是通常所说的"基础很重要"。

孔子曾经说过"循循善诱"，朱熹也曾说过"循序渐进"，建构主义说过"新知建立在旧知基础之上"，这些话同奥苏伯尔说的是一个意思。

但新知怎么建立在旧知基础之上？这个问题我想了好久，终于找到一把钥匙，它叫"必知"。

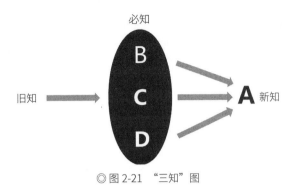

◎ 图 2-21 "三知"图

学新知 A 必须知道 B、C、D，它们是学习新知 A 的充分必要条件，因此简称为"必知"。只要懂了 B、C、D，就可以进入学习 A 的状态。

那么"旧知"是什么意思？每个学生脑袋里拥有的知识、技能、能力等为"旧知"。

要形成一个新知，我们要分析学生的头脑里旧知与必知有什么关系，如果旧知远远大于必知，学生学习就非常轻松；如果旧知远远小于必知，学习就非常困难。

因此，通过旧知与必知的对比可以把学生分成六种类型：

1. ABCD 型，提前学习者。还没有教 A，他已经会了，但这不一定是好事。

2. BCD 型，学生的基础非常好，但这类型学生班级里一个都没有。

3. B/C/D 型，换一种形象化的表达方法——缺胳膊少腿型。我们可以想象这样的场景：一大批学生都是"缺胳膊少腿"，并且每个学生缺的部位还不一样。由此可见，教学不是一件简单的事情，因材施教、个性化教学由此产生。

4. 0 型，不是一无所有，只是表示他没有 B、C、D，头脑中还是有一些知识的，只是没有学习新知的 B、C、D。

5. －型（负型），这类型学生是头脑中装了一大堆错误的东西。错误的东西可以分成四大类：知错就改、知错难改、知错不改、自以为是。

6. 3＋5 型，实际上绝大部分学生是第六种情况。"3"是指旧知残缺不全，同时脑袋又装有大量的错误的认知，用一句口诀来表达是"该知道的不全知道，不该知道的全知道"。

最好的学生类型是 BCD 型学生，这种是"该知道的全知道，不该知道的不知道"。但这种学生根本就是没有的。我们要想办法把第六种类型学生变成第二种类型。要变成这种类型有两个技巧，一个叫补缺，一个叫纠错。

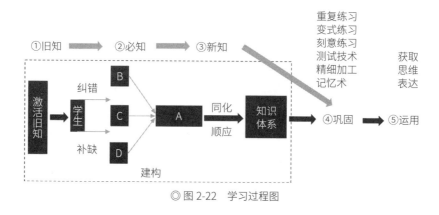

◎ 图 2-22　学习过程图

从图 2-22 看，学习知识有建构、巩固、运用三大核心过程，不同过程产生不同的学习结果。除此以外，还有两个过程——启动和总结，这样就构成一个完整的学习模型，叫五星网状学习模型。由五星网状学习模型自然转化为五星网状教学模型，这个模型可以解释当下很多的教学模式、课型等。掌握好这个模型，能增进对学习和教学的理解，能促进课堂教学质量的提升。

○ 创建学习系统

怎么样才能设计出一个好的学习过程，并且能够实施呢？这就需要创建一个高质量的学习系统。创建学习系统，最简单的说法就是怎么备课，专业说法是教学设计、学习设计。因此我们开发了一个学习设计的模型，叫"七步成师"学习设计模型。

第一步就是学习结果分析，也叫课程标准分析；第二步要进行重难点分析，就是搞清难点为什么难；第三步是学习者分析，分析出学生的六种类型；第四步是学习目标设计；第五步是学习评价设计；第六步是学习过程设计；最后是学习产品开发。

如果我们掌握了这七步，就可能变得比较专业。我们要成为一个专业的老师，才能真正促进学生高质量地学习。

为什么思考与创造，才是人类生存的原因和价值

◈ 陈文艳（扬州市梅岭小学原校长）

○ 人——直立的思想者

为什么思考与创造才是人类生存的原因和价值？

大自然花费了近 600 万年的时间才孕育出人类的祖先猿猴，我们的祖先又用了大约 100 万年的时间站直了身体。是的，我们站了起来，从一个到一群，从看似的偶然到决绝的始终，我们再也没有回到最初四肢着地的爬行时期，但最重要的是，在此过程中我们开始了思考，并因此触及了我们自己的灵魂，实现了思想的站立；又或者，我们顺着笛卡尔"我思故我在"思考推演，不是我们开始了思考，而是思考一直潜藏（蛰伏）在我们的基因中，促使了我们最终能够以一种直立的姿势行走，遗世而独立。

在已经过去的足够漫长的岁月里，人类都在想些什么呢？

这些人类智慧的先知，让人类首先凭借思考的力量，赢得了生存的挑战。

回望来时路，这一切都在向我们传达一个讯息：人类是迄今为止地球上唯一一种能够利用过去的知识和创新有目的地去创造的动物，这种能力让人类与普通物种逐渐拉开了距离。其实，即便是人类的"坐着"也不可轻视，因为，即便是在我们坐着的时候，我们也在思考，我们也在质疑。是思考与创造的相互作用，让人类拥有了这个美丽的星球！

其实，人类似乎一直拥有仰望星空的偏好，那么，那些人类的思考是无用的吗？

那些极其抽象繁复的思维，那些对看似玄奥枯燥的规律的探究，那些对难以触及又难以描述的精神世界的探幽，这一切都让人类的存在显得丰富、深邃而独特，充满了人的意味。

在仔细端详这些由思考而推进的发展关键词时，我们不难发现：人类的一些思考也许是看似无用的，却不是无由的；正是那些一开始看似无用的思考，

恰恰贴近了本源，它们是人类对自我与世界的天生好奇与本能直觉。

如同物理学家迈克斯·泰格马克所说，"'直觉'和'创造'是人类的两个核心特征。"无边界的直觉促发了无边际的创造，无边际的创造催生了无边界的直觉，而连接这两者的，我想就是人类爱问"为什么"的倾向，也就是思考，人类无时无刻不在思考，从太初的传说到玄妙的神话再到烧脑的科幻，人类一直在给自己的不解和想象寻找"合理的出口"，并且这种"合理的出口"以一种非常复杂和微妙的方式影响着一个又一个、一代又一代的他人，进而被出色地付诸实践，产生无穷的创造，弥补甚而超越人类身体的局限。

人，存在于这颗孤独而美丽的星球上，越是漫长，便越加清晰地看到历史镜像中的自己：人的本质在于思考与创造，人，是直立的思想者。

○ 思考与创造的现实意涵——挑战的禀赋与禀赋的挑战

回到时代的语境，思考与创造已经让人类来到了"生命2.0"时代。在经历过四次工业革命和它们掀起的四次浪潮之后，我们的思考与创造给人类带来了莫大的自信：古老传说里的千里眼、顺风耳都已经成为现实，现代化、信息化、全球化，地球村，更高、更快、更强，在新名词层出不穷的同时，宏大的航天计划在让人类踏上月球之后又将人类的触角伸向了更远的外太空，而据说移民火星的船票也已经开始出售，每一年诺贝尔奖项的颁布都给人类带来巨大的自信与希望，虽然这颗星球上依旧有分歧、冲突、灾难、贫穷和疾病，但仿佛一切都顺利，一切都笃定，一切都在掌握之中，一切都可以绵延不断，因为我们拥有挑战的禀赋。

世界还可以更好吗？人类还可以更强大吗？最终人类能够获得企盼已久的永生吗？

随着人工智能的出现，一群世界上最有野心、最聪明也有可能是最有远见的人，他们说生命将进入3.0时代，人，将成为"智人"!

2014年，一群有能力和智慧关心人类未来的人成立了"未来生命研究所"，他们认为人类有能力抵达更加美好的未来！迈克斯·泰格马克的《生命3.0》仿佛是未来生命研究所的一份研究计划，这本书用最严密的逻辑推理和最大尺度的想象力，描绘了人工智能最大范围内的所有命题，并用更宏大的视野将生命划分为三个阶段。

生命 1.0 出现在大约 40 亿年前，那个时候人类的软件和硬件系统不能重新设计，都是由 DNA 决定，只有经过很多代的缓慢进化才能带来改变。

生命 2.0 出现在大约 10 万年之前，人类就是生命 2.0 的代表，我们可以重新设计自己的软件，通过学习获得很多复杂的新技能。

生命 3.0 现在在地球上尚不存在，在美剧《西部世界》第二季当中，觉醒了的机器人接待员就是生命 3.0 的代表，他们不仅能在智能上快速迭代，在身体上也能随时重新设计更换。

由此，我们可以看到，人类在挑战自身！希望超越肉身的局限！不得不说，这将是人类挑战的禀赋带来的对自身禀赋的挑战！

顺着泰格马克的思考，现在我们正处于生命 2.0 去往 3.0 的阶段，在这个阶段，有应对环境变化越来越高的升级软件要求；有人工智能作为人类最高级别的思考与创造所带来的极好可能性和巨大风险性；还有大自然选择让其他动物越来越强壮，以此适应丛林、草原以及人类让渡出来的艰苦环境，而让人类继续坐在咖啡馆里，边喝咖啡，边"质疑""提问""思考"。但我们这个时代终究充满变数，其最大的意外可能还不是人工智能，还有其他种种未知将会如何影响人类，正让我们深深地忧虑，如此种种，难以穷尽。

如果我没有偷换概念的话，我想大胆用"熵定律"来概括现在这个阶段。那么，什么是"熵定律"？"熵定律"属于热力学第二定律，虽然指的是物质与能量只能沿着一个方向转换，即从有秩序到无秩序地转化，但是，作为一种新的世界观，"熵定律"同时告诉我们，变化是永恒不变的，事物排列的方式远远超出人类的思考与创造。

因而，虽然我们有太多面向过去的思想家，但是未来世界的逻辑已经跟过去很不一样。所以，没有人能告诉我们去往未来的路径在哪里。这里并不是想探讨或者计较未来最有可能发生什么，而只想说，现在我们比人类任何一个时期，都需要更深的思考，更了不起的创造，以及更大的勇气，以此发挥作为人的禀赋，应对当下，拥有未来。

未来

226

○ 寻找可能的方向与路径——教育的方舟

那么，这一切与教育有什么关系呢？

　　回顾人类发展的历程，我们可以看到，人类在应对技术和社会变革时，总是以改善教育作为回应，而学校作为培养人的地方，始终处于推动生命创造和接近完成的状态，在当下这个急剧变化的时代，教育应当有勇气成为将人类摆渡到未来的方舟之一。

　　作为教育人，我们可能无数次讨论过关于学校存在的原因和价值。如果从人的本质是思考与创造、思考与创造是为了通向更加美好的生活来理解，我们应当更加明确学校存在的原因和价值是保护和激发每一个来到校园里的学生的好奇心，并帮助他们学会思考与创造。因而，在思考与创造中不断接近，而又永未完成，这应该是今天所有学校应然的样态。

　　朝向这样的目标，教育如何帮助每一个学生不丢失"爱提问"的天性并实现自己的思考与创造，不断接近最完善的自我，实现自在而全面的发展，我们需要寻求可能的路径与选择，不断抵达创造的深处。

　　一是找到思考与创造的思想及行动边界。我们坚信，思考无边界，创造有伦理。我们相信，在人类发展的历史进程中始终伴随着自毁与自新两种不同力量，而这两种力量都与人类的思考与创造有关。作为学校来说，首先要认识到这是两种不同性质的力量。它们都潜藏在每一个生命之中，我们需要做的是帮助学生进行理解，回到马克思所说的"现实的个人"，把每一个生命当作理解的逻辑基点，通过学校课程、仪式活动等编织起他们成长的时光轴，在完整与生动的世界中帮助学生发现自我、理解自我。其次要帮助学生学会选择。学会选择不仅仅是行动意义上的取舍，更是价值精神层面的涅槃。创造本身就是一种选择，但是这种选择是以全体的公平、正义为取向，还是以满足狭隘的个体私心为取向，前者的创造有利于全体的发展和进步，后者的创造对此毫无贡献可言，甚至在某种程度上，这种创造成为阻碍发展的力量。最后要把整个世界领到学生面前。只有在整个世界面前，学生才能够感受到人类思考与创造的力量，才能够感受到历史长河中人类每一次重大选择的价值和意义，所谓思想和行动的边界才可以被真切地触摸到。把整个世界领到学生面前，学校需要做的便是打开，尝试将学校的思想打开、机制打开、课程打开、空间打开、关系打开以及生命打开。因为，教育就是使前一代人吃惊的东西在下一代人那里成为常识，以此不断推动人类的发展。

　　二是找到思考与创造的恒定及个性要素。创造是变与不变的学问，无论变化与否都是以人类的延续与发展为根本目的的。因而，它们的内在目的是一致的。首先，在不变的层面上，思考与创造应该坚持与自然、与社会以及与我们自身的高度和谐。我们应该充分相信，"每个人从他诞生时起就开始接受文化遗产，这个文化遗产确保他作为一个社会存在物的培养、确定方向和发展"。在确认我们所继承的文化的同时，我们又在当下环境中不断运用新的文化塑造着自我，这就更加需要我们在保持与人类社会发展和谐一致的基础上，展示我们的思考与创造，从而实现个人自由和全面的发展。其次，在变化的层面上，思考与创造应该坚持在系统中建构，在建构中完善。我一直认为，多变的现实禁不起无序的思考，学校要在系统思维的导引下实现学校教育教学、组织重建的整体推进与不断完善。换言之，学校要以"系统响应"的方式反思，重新理解生命，与自身对话；以"系统调试"的方式梳理，重新建立关系，与时代对话；以"系统重启"的方式构建，重新回到原点，与教育对话，通过系统思维，努力为儿童构建一个安全的边界，让他们尽情地思考，恣意地创造。再次，在变与不变的层面上，思考与创造应该坚持找到恒定与个性要素，也就是找到思考与创造过程中不变与变化的要素。不变的内在是思想与行动伦理，外在是生命的和谐状态；变化的内在是自组织、多中心和不确定性，外在是系统与结构的生长与演变。以此将思考与创造放置于更深度的发现、更久远的时间、更开阔的远方和更宁静与祥和的注视中。

三是找到思考与创造的路径及未来可能。对于学校来说，从来没有像今天这样面临着更加复杂而又变化繁复的世界。站在全球视野看今天的教育，我们不能盲目而又自信地认为，这是一个思考与创造盛开的时代，当然我们也不能陷入悲观之中。我们应该在充满变化与挑战的时代中，既要看到创造的积极力量，又要警惕由此带来的消极影响，最好能够未雨绸缪、做好应对，我想，这就是学校应该做的事情。首先，思考与创造要坚持从"科学世界"走向"生活世界"，这是因为人类社会自身的系统远远比物质世界复杂得多。因此，学校要不断创造比书本更加广阔的学习生活世界，让学生以一种更加开放的、联系的以及整合的思路和视角发现问题、研究问题以及解决问题。其次，思考与创造要坚持从"复杂"走向"简单"。正如"认识你自己"一样，思考与创造是有自身阶段特点的，我们不能超越学生心理年龄特点"过载"创造活动，从而让学生陷入不必要的"恐慌"境地。相反，我们需要强调从"复杂"走向"简单"的路径。对于思考与创造来说，所谓"简单"与"复杂"不过是形态上的区别，而非本质的差异，但是对于儿童这个鲜活的个体来讲，其体验与感受却并不一样。最后，思考与创造要坚持从"单一"走向"综合"。思考与创造可以基于学科但一定要超越学科，可以基于学生个体但一定要超越个体，可以基于某个问题但一定要超越问题，等等。在此过程中，教育必须以创造孕育创造。

永未完成的学校不断抵达创造的深处——遥远的彼岸

没有人怀疑"人是在创造中不断塑造的自我，是一种自身进行自觉创造性活动的产物"，而人类自身的实践活动又始终处于一种不断的历史创造和生成的未完成的状态，并且蕴含着人类生存的丰富性、发展性和超越性，如同遥远的彼岸，它不是没有实体，只不过这种实体已经被思考与创造所超越。因而，一程一程的抵达，都是另一段路途的开启，作为教育人的我们，需要时刻思考人类的命运，借由教育这叶方舟，不断地驶向光明，不断地接近彼岸！

不过，对于生命来说，这是一个漫长而又艰巨的永不停歇的过程。对于今天的教育来说，同样处于永未完成的状态，如同现在所见到的各种科技改变生活的情景，充满未来感，却远远不是终点。但正是这种未来感时刻昭示着我们：人类所有的思考与创造不断接近未来，而又永未完成，这是生命永恒的精神面向，也是一所学校永恒的价值锚点。

从分数评价走向素养共生

从评价"是什么人"，走向"成为什么样的人"

⊛ 马宏（重庆市巴蜀小学教育集团总校长）

未来

早在 1932 年，巴蜀小学的教育先贤就鲜明地指出，教育要趋合时代，适应潮流，发扬文化，扶植思想，以此开启了自己的教育创新实践的"登顶"征程。我们用了 90 多年时间，不断探索一个教育人始终要去追寻的天问：什么样的孩子是好孩子？

巴蜀小学的答案是什么？在我们看来，教育只有建立在对生命成长的本质追问上，才能成为国家复兴、文明发展的积极力量。因为创造有路，方法易得，而更重要、可贵、关键的是对真理、对规律、对理想、对目的意义的内在执着和一以贯之。关键是巴蜀小学是怎样通过学校教育的系统性设计、结构性影响来坐实"理想"的呢？

○ 从评价"是什么人"走向"成为什么样的人"

来看目标定位，我们把包括评价在内的所有教育行为都还原到每一个人真实、完整、美好的生活与成长中，在价值共识中持续"让学科回家"，那素养评价研究也就由"筛"到"泵"了，把对孩子的"定义"变为"期许"。老师们总结说，这就叫从评价"是什么人"，走向"成为什么样的人"。

内涵界定后，系统建构起指向学生核心素养的律动评价体系，为教师个性化的教和学生自我认知的学导航定向，真正落地、做实"巴蜀型"学生培养目标。你看，语文学科育人现场，评价紧扣语文核心素养，横向地构建起了包括过程性评价和终结性评价在内的语文素养体系。

如何强化过程性评价？我们设计了巴蜀小学律动课程评价单。从课堂目标的设立，到学生学习活动的设计，再到学习评价的制定，都站在离学生最近的地方，重点关注学生语文学习中的积累建构，并引导学生在真实的语言运用情境中表现出正确价值观、必备品格和关键能力。

有什么样的评价，就有什么样的课程。为此，学校研发了聚焦学科关键能力达标的"快乐小书虫""小小书法家""超级演讲家"等主题课程及评价。

在这样系统的评价、量规的激励导向下，我们关注学生综合评价，探索增值评价，导引儿童"一爱三会"语文素养，激发语文学习志趣，焕发出热烈的成长憧憬。

当然还有必不可少的终结性评价。我们从低年级聚焦兴趣、习惯等综合素养的表现性评价，到高年级聚焦真实情境、解决真实问题的期末测试。需要花大力气的，除了刚才讲的横向关注以外，纵向关注年段特征，包括前面提到的"超级演讲家"等。各年级能力达标，层层递进，构建起一个既成体系，又各有侧重，努力形成在每堂课的每一个行为中，导引学生不断成长的常态优势。

这就是巴蜀小学内部讲的"课比天大"、常态优质实施是真功夫。其实在巴蜀小学，语文学科不是特例，在由"筛"到"泵"的"全动力"评价功能升级中，每一个学科都构建了这样的完整素养评价体系，各有侧重地从学力、活力、潜力三个维度，遵循儿童成长规律，关注育人的内在整体。

正如前面所说，优化课程和教学，持续提升认知能力和思维发展，真正让核心素养落地，以确保学生能够达到国家规定的学业质量标准，奠定基础教育小学的宽基础。

未来

231

○ 让每个孩子发现自己的好，并愿意为之努力

以上价值共识是重要的，关键还需要科学方法来实践共行，更何况是坚守"教育是做的哲学"的巴蜀小学。目标感、意义感和落地做实都不可偏废。所以第二句话就是，让每个学生发现自己的好，并愿意努力为之。我们由此来谈谈动能、效能和方法论的问题。

核心素养评价体系科不科学、好不好用，关键是看能不能实现培育完整人的目标，能不能满足学生的个人终身发展和社会发展的需求。值得注意的是，核心素养是目标概念，而不是直接内容，是学习者迁移内化的结果，而无法直接教会。因此，在前面提及的体系化、全面性的学校课程设计下的核心素养落地——"课比天大"的关键，就是从变革教与学方式的课堂教学入手，尽可能地融通资源，用更加多元的方式为学生素养落地搭建完善脚手架。持续地点燃和激发学生向上生长的动能，让每个学生都能发现自己的好，并愿意为之而努力。

在巴蜀小学"玩数学"的魔方课上，三年级的露露同学总是比其他同学慢一点，看着其他小伙伴总能快速还原魔方，她脸上写满了焦虑。陈老师发现以后，给她颁发了一枚"坚持到底章"，鼓励她课后多多练习。只要她一有进步，老师就会变着花样给她打气，让她感受到自己的进步而沉淀出勇气和动力。果不其然，在后来的魔方大赛上，露露还闯进了决赛，收获了属于她自己的成功。类似的还有一些检测的多次申请等，让分数不再冷冰冰，和素养不再冲突。

232

一生一节奏，一步一进阶，学生步履坚实、健康快乐地成长，我们始终认为最为重要的是学生需要被激发和点燃。因为没有动能来谈完善课程设计、优秀的课堂教学、适度的作业匹配等技术都没有价值。同时，我们始终认为，学生发自内心渴望向上伸展的动力，才是促进学生走向全面而又个性的发展，走向幸福人生的关键。

前面所展示的"坚持到底章"等一系列方法、策略、案例，激发着学生蓬勃向上的成长活力，这是巴蜀小学守正创新、重视评价过程主体化与评价结果呈现多元化的新探索，这是巴蜀小学坚持常态优质背景下，对教育安静务实的理解和行动。我们期望达成的是让每个学生都能成为自己的样子，而不是别的

孩子的复制。持续强化评价的价值意义，回归学生自我效能、内驱力的提升。

○ 一张看得见未来的评价单

"一张看得见未来的评价单"代表了巴蜀小学的技术赋能操作系统。

"巴蜀榜样徽章"是基于场景导向的数字化平台，是素养评价数字化改造的工具与脚手架。而基于大数据的精准评价分析才能立足未来，通过技术赋能操作，以溯源价值观、方法论。所以每到期末，家长和孩子都期待一份长达38页的数字化《律动学生数字发展报告》。

报告中会有一个根据学生性别和各项指标分析结果而自动生成的卡通画像。不同学生的画像细节有不同的呈现，近视的学生才会戴眼镜，有龋齿的学生会缺一颗牙齿，学生头上的博士帽、身披的绶带、脚踩的交通工具等类似游戏装备，以及不同数量星星的装备等形象，反映的是学生挑战目标的达成情况。加上一学期总的徽章类别、数量等丰富的形成性数据，以及教师个性化的评语，既是学生成长过程当中的最好记录与见证，更能让他们看见自己更多可能，主动、健康、快乐地成长。

其间，教师、家长、同伴、学生自己以及校园里边的食堂阿姨、保安叔叔都可以成为评价者。数据化呈现学生的日常，全学习场景表现，通过自评、互评、他评等，大大激发了学生的学习和评价参与热情，大大地激活了学生文化基础、自主发展、社会参与等核心素养的全面落地。

同时，学生的个性特征和潜力优势可视化、立体化地呈现，带来的是看得见的生命成长落地，坐实了为学生成长赋能的目标价值。这就是巴蜀人耳熟能详的"多一把衡量的尺子，就多出一批好学生"等诸多教育理解的一一落地，这把"尺子"已成为关注学生全面而又个性发展的万能尺。

特别想说的是，学生自己也是这把"尺子"的设计者。这就是素养评价研究中，我们增设的"私人定制"功能，每学期初学生与教师、家长、伙伴共商本学期的成长规划，并设置"自定义评价榜样章"，可以是自己成长过程当中最想发展的、最薄弱想改变的、最想要的。每周对照，每月总结，邀请成长共同体伙伴，按照自己的节奏进行过程性评价。到期末的时候，"人人捧着奖状回家"的"成长小明星"评价既是《律动学生数字发展报告》的重要内容，更

未来

233

是对学生主动参与个性化自主成长的最好鼓励。

这个评价系统统筹下的课程匹配、真实完整的过程呈现、精准科学的个性化分析报告，点燃了学生向上、向善成长的动力，也为老师因材施教提供了专业支撑，一定程度上还减少了家长不了解学生而导致的无谓焦虑，真正共同为学生寻找到面向未来的力量。

以上的系统构建、自主激励、技术赋能就是一所基层小学学科素养评价的理想，是巴蜀老师牵着学生的手，攀越让评价从冷冰冰的分数走向活生生的人这座大山时，把那些想得到的教育变为看得见的风景，从而让理想照进现实的主动作为。

在未来，我们将进一步建构五育融合的评价生态，进一步支持学生全方位自我塑造，进一步和学生一起寻找到每个人持续生长的力量，那就是不断自我领导，并最终成就自己满意的样子。让学生成为祖国和人民需要的好孩子，教师成为"四有"好老师，得到落地做实，实现减负提质。

这就是对党的二十大报告中提到的"全面提高人才自主培养质量，着力造就拔尖创新人才"最有力的行动回应。期待与同样满怀热爱、生命有光的各位一起携手，共建共享基础教育的美好生态。

234

如何超越传统的课堂反馈方式和评估维度

◈ 张阳 [北京九子明堂（MTC中国）首席运营官]

提到课堂反馈与评估，你想到的可能是这样的画面：课堂时间有限来不及搞、班级规模太大搞不定、增加老师工作负担，教师课后能把作业判好就很不容易了；就算学校真的要做，教师用个某某软件给学生点点小星星、定期写写评语就行了。是的，我也是带着这样的问题，借着工作的便利，仔细翻看了全球那些评价示范学校的学术手册，才发现了里面的秘密，验证了魔鬼都在细节里。

○ 问题边界：超越的卡点在哪

我们想要超越传统的课堂反馈与评估，就得先知道超越的难点在哪里。课堂评估与反馈，肯定不是个数学加减题，就算减了班级规模（比如美国的小班额）、加了教师数量（比如英国还搞了专职助教），难点还是难点，死活都绕不开。

我试着概括了三个难点：

第一个难点，从反馈的供给侧，即教师的角度来看，不是所有的反馈都有效。

反馈有四种类型。

第一种，个人型，就像是笼统的评语一样，比如"干得好"。

第二种，任务型，某个任务如何改进，老师直接给出了具体的答案，比如"在这个句子的末尾加上句号"。这两种都是教师经常会给出的反馈，但是这两种反馈对学生学习的效果都比较小。你可能会觉得，自己都说得这么具体了，怎么还会效果比较小啊？因为学生对这个任务知道要加句号了，下个任务可能还需要你的提醒，重复多次才会有效。

你也许想问，学生能不能自己意识到要加句号？那就需要使用第三种，过程型的反馈，它的形式往往是一个问题，目的在于让学生动脑筋，自己找到过程中遗漏的东西，比如"在句子结尾需要什么"。

当然更厉害的学生，可能已经学会自己检查标点符号了。你可以使用第四种，自我调节型反馈，让学生说出自己的思考过程，比如"你可以使用什么策略来确保自己的标点符号使用是正确的？"这个时候，就不只是句号的事情了，通过你的反馈问题，学生就有机会把自己的方法归纳出来。

对于任何一所学校来说，想要让课堂反馈变得更有效，就要系统性地降低第一种和第二种反馈的比重，增加以提问的形式出现的第三种和第四种反馈的比重。

第二个难点，从反馈的需求侧，即学生的角度来看，动态差异匹配才有效。

随着学生的进步，所需要的反馈信息量存在一个从多到少的变化过程。对于熟练水平的学生，只需知道"正确或错误"即可，至于哪里出错，如何改正等问题都可以自己解决。而对于没有达到熟练水平的学生，反馈的信息量最好介于"指出具体差距"和"详细描述问题"之间。

2	目标关联	具体准确 1	语言适当	课堂外反馈
	时机及时	改进行动	勇敢面对	
3	目标关联	具体准确 4	语言适当	课堂内反馈
	时机及时	改进行动	勇敢面对	

口头（或无痕）反馈　　　　　　笔头（或有痕）反馈

◎ 图 2-23　学习反馈象限图

需要特别指出的是，这里所说的水平 3 熟练水平，并不是学生表现的最高水平。水平 1 到水平 4，分别代表新手、基础、熟练、高级。中国有句俗话叫"师父领进门，修行在个人"，这句话在这张图上最直白的翻译就是，告别新手以后，"通用描述量规"这个"老师"，就能让学生慢慢学会自我评价与反馈。不过如果是水平 1 的新手，就意味着还存在一些误解，往往还是需要你的大量支持。

这个难点就意味着，不能简单搞一刀切，所有学生反馈频率和信息程度都一样，公平是公平了，但却破坏了学生对自主学习的感受。你能想象你的驾校教练，在你已经成为熟练司机以后，还用你刚开始学车的反馈频率和信息程度来指导你开车吗？我们不都是通过发现坐在自己旁边的驾校教练慢慢不开口了，来发现自己学会了的吗？这个道理对于学生来说也是一样。

第三个难点，从反馈的平衡器，也就是学校中层的角度来看，就算知道有效反馈需要具备六个特点（即目标关联、时机及时、具体准确、改进行动、语言适当、勇敢面对），要抓工作落实的时候，比如笔头有痕反馈比口头无痕反馈好抓，课堂外的笔头有痕反馈又比课堂内的笔头有痕反馈容易抓。所以，在中国大多数学校都会抓第一象限的作业有痕批改作为工作杠杆。

真的往课堂内抓的也有，比如抓第四象限，用某个软件，每节课教师给学生点点小星星，再配合第一象限定期写写评语。直接抓第三象限的，往往就变成了教学听评课，就算拿个录音笔，教师的口头反馈能力倒是能看出来，但是，班级学生有没有获得自己需要的反馈，还是不能确定。明明想抓课堂反馈与评价，就是抓不着。这件事情还能怎么干呢？

○ 他山之石：原来还能这么干

2021年，我和探月学院的小伙伴们一起打开了美国萨米特学校的个性化学习平台，它是由苹果公司技术团队加持的学习平台。萨米特学校的基本情况如下：

第一个问题：萨米特学校培养什么样的人？萨米特学校的培养目标有四个：认知能力、知识内容、成功必备习惯、目标感。很明显，前两个属于智育目标，后两个属于德育目标。

第二个问题：萨米特学校如何培养人？萨米特学校的核心教学法就是自主学习和项目学习，四个目标通过两件事情来抓，而且还把智育目标和德育目标连起来，避免智育德育"两张皮"的问题。通过自主学习，既抓了知识内容，又抓了个体角度的成功必备习惯；通过项目学习，既抓了认知能力，又抓了关系角度的目标感、意义感。

第三个问题：萨米特学校如何评价培养育人成效呢？在斯坦福大学的帮助下，萨米特学校为四个培养目标都设计了相应的评估量规或者标准。

认知能力的评估	（相对成熟）使用认知能力量规
知识内容的评估	（相对成熟）也建了一套评估方法
成功必备习惯的评估	（早期阶段）正开始制定衡量标准，来帮助导师进行对话。数据仅用于项目改进和学生支持目的，不用于教师问责或学生成绩单
目标感的评估	（早期阶段）正在研究和开发的新评估方法，包括以下组成部分：档案袋、学生个人咨询委员会、口头答辩

◎ 图2-24 萨米特学校育人评价体系

如果我是萨米特学校的学科教师，由于必须使用自主学习和项目学习两种核心教学法，学生的成功必备习惯和目标感都得到了发展，类似于我们说的"学科德育"。只是这两个德育目标不在我的学科课程里做反馈，而是由导师来负责反馈了。我作为学科老师，要评价的维度就是知识内容，以及根据全校统一的量规评价的认知能力。

评价的维度清楚了，那么怎么做课堂反馈呢？同样还是我们梳理的三个难点，萨米特学校的解决方案非常巧妙，三个字"需求侧"。学习反馈，不是由教师发起，而是由学生发起。

一名七年级科学老师的班级里有 20 个学生，有 3 个同学提出了自己需要反馈，一个叫李强的同学的作业页面上，有三个动作和反馈相关。

第一个动作是认知能力量规，由于这份作业的认知能力目标"识别规律与关系"，所以教师需要在这里给学生的水平做出判定。

第二个动作，如果我有文字反馈需要增加，系统就会问我，我要加的文字反馈是关于"识别规律与关系"呢，还是关于别的内容？通过这两个动作，确保了目标关联，又加上是以作业为证据的反馈，那必须是具体准确且能帮助学生改进的。那语言适当怎么实现呢？因为所有关于"识别规律与关系"的反馈都能通过学习平台汇总，老师在集体教研的时候就能一目了然。

第三个动作，判定这份作业是否可以让学生过关。绿色按钮表示可以过关，黄色按钮表示虽然没有过关但请仔细阅读老师的反馈然后再提交，红色按钮表示需要重做，灰色按钮表示作业交了但是没完成，请先补完作业。

这里老师做的三个动作中，右边两个带有评判性质的，直接决定了学生的学习路径。过程评估，不是无后果沟通，而是路径决策点。

从学生界面来看，老师的四个按钮颜色，与学生的核查点状态颜色完全一致，评价的后果立刻显现，直接关系到这门课程的最终成绩，所以学生才会那么积极地要反馈。而教师判定的认知能力水平的高低，直接决定了在下一节课的课堂活动中学生拿到材料的难度——这些材料都是在集体备课的过程中根据能力标签事先准备好的。

这样的课堂评估与反馈，不是靠个体临场经验，而是靠集体事前设计。就像是教师集体设计了一个闯关游戏，分成不同难度的路径，每个认知能力评价点，都是一个决策点，决定了接下来学生走的是哪个难度的路径。对于这样的闯关游戏而言，反馈和评价就不再是可有可无的东西，而是让整个闯关游戏持续运行的核心。

可以攻玉：我们的解决方案

作为一场需求侧改革，它的核心在于这两句话：学习反馈，不是由教师发起，而是由学生发起；过程评估，不是无后果沟通，而是路径决策点。有没有哪个教学法也是这样的呢？

有一种教学法，它的原型叫"会议"，是英国教育专家们非常重视的一种教学策略。它的意思是，在本节课结束时，学生对自己的作品进行评分，并强调自己在哪些方面达到了"成功标准"。根据不同的结果，学生们将自己的作品放进三个文件盒里的某一个：面谈、不面谈、挑战。在下一节课之前，教师会检查其中的"面谈"文件夹。在下一节课之中，所有遇到类似问题的学生会聚在一起，使用事先准备好的材料指导自己的学习；与此同时，班级的其他学生要完成一个独立的测试任务。

这个方法完全不依赖什么技术平台，找三个文件盒，明天就能用。而关于学生自评的"成功标准"，我们已经把可以跟新课标配套的量规做了整理。

239

这个"会议"，是探月学院的关键教学策略库的一部分。从学生培养目标出发，我们把课堂需要达成的学习目标根据追求理解的教学设计（UbD）分类，分成了 A（掌握知能）、M（理解意义）、T（学会迁移）三类，每个类型的目标都有配套的教学策略。显而易见，随着目标复杂程度的提高，对于教师熟练使用反馈与评价策略的要求也在提高。从教学法的层面，我们整理了这些教学策略的定义、目的、标准作业程序（SOP）、模板，作为学校共用的教师专业发展资源。而这些教学法在学科运用的具体案例，就交给教研组自己搭建。教研组自己搭建，并不是查资料写论文，而是要用自己真实的教学案例来完成资源库建设。

探月学院最有特色的地方，就是从学生培养目标出发，基于集体互惠尽责的教师专业发展年度答辩。我们改编了澳大利亚的教师专业发展框架，横向是职初、胜任、卓越、领袖四个不同的教师专业发展阶段；纵向是课前、课中、课后三大场景，15 个维度。

课前课后几乎都是跟评价和反馈相关的，因为评价和反馈确实是最需要教师集体协作的地方。不同发展阶段的老师可以各尽其责，恰恰因为各尽其责，留下了不同的工作证据，所以在教师专业发展学年答辩的时候，就用这些证据证明自己的专业发展阶段。而课中，就需要每个老师都必须站稳讲台，大家都需要证明自己能够灵活运用关键教学策略，在探月学院的课堂里实现学生培养目标。这样，教研组的资源库也就能够逐渐充实起来。

这就是探月学院"两手抓"的解决方案。一手抓资源，衔接教学设计和教学实施的关键教学策略库；一手抓目标，基于集体互惠尽责的教师专业发展年度答辩。

我们并不是跟技术平台死磕，而是去尝试解决，如何让藏在课堂反馈与评价背后一个又一个的有效教学策略，在课堂里持续发生。我们都知道反馈和评价是既促学也促教的，它们是评价这件事情的一体两面，当促学这一面不好抓的时候，换到促教这一面来看，也许问题就迎刃而解了。

好的教育，要创建孩子成长需要的"共生场"

◎ 俞正强（浙江省金华师范学校附属小学校长）

240

孩子们在成长过程中，如果一直保持心的善良、行的努力，我们就认为所开展的教育是有意义的、是成功的。反之，如果在教育过程中，孩子们渐渐表现出心的善良在衰减，行的努力在减少，我们就认为这样的教育不成功。我们最怕面对的情况是：一个孩子元气满满地来到我们面前，最终却神色黯然地离开学校。如果这样，我们就是孩子们生命成长中一个值得反思的角色。

如何让孩子们的心保持善良、行保持努力——给孩子建设一个"共生场"，"共"就是公共的"共"，"生"就是生长的"生"，"场"就是场所的"场"。共生场的意思就是学生在这个场里一起成长。

○ "共生场"与"博弈场"

"共生场"的提出主要是针对另外一个"场"，我们把它称作"博弈场"。

"博弈场"是什么？"博弈场"的意思就是我们的学生当中，一个学生优秀，可能会带来另外一个学生优秀的困难；因为资源有限，谁占有了一个资源，就妨碍了另外一个人的资源占有。

在我们学校，其实学生处于很多的"博弈场"当中。举个例子。我们学校里有一个《学业荣誉评比办法》。从前是评"三好学生"，现在我们评"五好学生"。不论是评"三好学生"还是"五好学生"，都有个比例，假如定为15%，一个有40名学生的班级，最后有6名学生可以获得这份成就感，得到这份学业荣誉，拿到一张红红的奖状，让爸爸妈妈为自己骄傲。

在教学实践中，我们做过一个问卷调查。一年级学生进来，我们问他："你有什么美好的愿望？"基本上40位小朋友都会说："我有一个美好的愿望，这个学期我要当上'三好学生'或者'五好学生'。"一年级两个学期结束之后，到二年级，我们再去问学生"有什么美好的愿望"，这个时候，就不会40个小朋友都说"我要当模范、当三好学生"了。大概有20位小朋友，就不会再有这种美好的愿望。当然，还有20位小朋友仍会说："我有美好的愿望，我想要当'三好学生'或者'模范学生'。"

我们要关心的不是剩下的20位学生，而是放弃当"三好学生""五好学生"的那20位学生。通过一年的时间，他们明白了人生中的一个道理，那就是这个世界上有些东西不是自己能争取的，有些东西自己努力了也是没有用的，所以不再朝着这个方向去努力。

当学生有这个认识的时候，他会不会把心路历程跟我们成年人来分享，跟父母去交流？答案是不会。他不会把人生的第一个体验告诉我们，而只会默默地承认自己的这个认识，默默地将其作为自己人生的一个见解——努力了没有用，这也就是很多学生到三年级的时候开始逃避学习，以及他们到这一阶段开始无可无不可学习的原因。

还有一部分学生，刚开始的时候他们觉得自己很聪明，不努力也不要紧。长此以往，这就会造成努力衰减的效果。这个效果的产生源于"博弈场"产生的实质。我们把学生放在一个15%的"博弈场"里面，荣誉成了一个稀缺资源，一个学生获得，就造成了另外一个学生的失望。我们的出发点是让所有学生学会努力向上，而结果却是有一部分学生慢慢地放弃了努力，这就是我们的教育现实。作为一个教育工作者，每每想到这个问题，心里就泛起无限愧疚。

○ 新荣誉办法的"共生场"

作为教育工作者，我们的理想状态是当接手一个班，我们会将班里的这一群学生，越带越精神饱满，越带越元气满满。但现实情况为什么却往往与之相反呢，我们该怎么办呢？

所以，我们提出的策略就是把"博弈场"转化成"共生场"，让学生在这个环境里面，每个人都可以达到自己最优秀的水平。为了达成这个目的，将这个"共生场"真正建设好，我们做了一些努力。首先，我们把"学业荣誉"名称换成了"模范学生"。"模范"的标准是什么呢？我们给出的答案是"以努力改变自己为模范"。谁在原来的基础之上努力地达成了自己想做到的目标，谁就是模范学生。

在这个定义框架之下，我们把学业荣誉的评比办法改为了如下三个步骤。第一，制定"模范学生"的标准（含私人定制）。我们用"模范学生"这个称号来替代原来的"三好学生"或"五好学生"。什么才是模范，怎样才叫保持了"心的善良和行的努力"？我们用 10 个维度给"模范学生"下了一个定义。

第一个维度是"敬"，我们希望学校里的每一个学生都能首先做到"敬"，非敬无以为学，所以"敬"是学习的第一个素养。每个班都需要班主任赋予"敬"一些内容，比如在一年级的时候，班主任看见小朋友的铅笔总是丢在地上，丢掉了就没人管，造成了浪费，这是不好的习惯。于是，我们班主任把"敬"的素养赋予一个内容——敬铅笔。怎样才算做到了"敬铅笔"呢？在这个概念之下，又有具体的六点要求。

第一，每天带 6 支铅笔，因为铅笔盒里通常只能放得下 6 支铅笔；第二，每天睡觉之前把铅笔削好；第三，第二天不要将铅笔刀带到学校，只带削好的 6 支铅笔；第四，每支铅笔带到学校来只能用于写字，不能把铅笔用于写字之外的其他用途，比如拿铅笔来刺人、拿铅笔来刻桌子等；第五，如果想要扔掉铅笔，得等到铅笔小于等于 8 厘米的时候，否则就不能扔掉；第六，当铅笔小于等于 6 厘米的时候，可以将它带回家放到自己的铅笔收藏盒里去。对一年级学生来说，做到了这6条也就做到了"敬铅笔"。

因为以上6条要求，是每一位小朋友都能做到的事情，因此每个学生都有相同的施行空间。和"敬铅笔"一样，我们把其他9个维度需要做的事情，也制定了相应的目标，然后开展过程推进。首先是坚持日省，也就是学生每天对着这些目标开展自评，看自己是否做到了这些要求和规定，如果做到了则给自己一个笑脸。日省之外，还有一个周评的环节。周评在每周的首日由老师组织开展，通过同学之间的互评，让对自己要求过低和过高的小朋友，都能在别人的评价中看到更加接近于客观和真实的评价，纠正评价中的"自以为是"。

过程推进的第三个环节是"月考"，每月考一考，按照这样的节奏，看看班里哪些小朋友能够获得模范学生。这样做的目的主要是把一个学期的长度切分成以月为单位的长度，减少学生努力的疲劳感。通过日省、周评、月考这一轮又一轮的评价，一个学期结束了，学生会发现，我做到了"敬铅笔"，也做到了其他几个方面的规定，那自己就是"模范学生"。

在一个班级当中，总有一些学生实行起来会有些困难，这个时候就需要老师出马，为其"私人定制"计划。比如别人要做到十个方面的标准才是"模范学生"，他只要做到两个方面的标准，就有当上"模范学生"的可能。刺激学生只要往约定的方向努力，通过一个学期的付出，达到自己定下的目标，也会获评成为模范学生。

不再用占比多少来评"模范学生"，这样一来，有的学生不会再因为自己努力了也没办法成功而放弃争取"模范学生"。到期末的时候，一个班经常会有20多个学生因为努力，获评成为模范学生。如果有某个学生发现自己没有评上"模范学生"，会出现什么状况呢？因为成为模范之路是向每个学生敞开的，每个学生都可以努力成为模范学生，所以，即便这学期没有成功冲击"模范学生"，他也不会灰心，下学期他又会调整自己的目标，努力地再去争取。

○"共生场"中的孩子成长

给每个学生希望，当每个学生都拥有希望的时候，我们就把学生放在一个"共生场"里。每一个学生的成功，都不会妨碍另外一个学生成功；每一个学生成功，都有助于另外一个学生成功。在这样的场景中，孩子们就会一起成长，而不会延伸出一些我们所不希望看到的情形。

以前在"博弈场"里面，我们会发现学生到二年级下学期的时候，就会发生一些有偏差的行为。比如：在投票之前给同学们送点小礼物；当上了小组长，就会让小组长的权力在某些方面实施到位，如放课文不会背的学生一马，以换取投票时这位同学的一枚选票。

这样的一些行为，是我们不希望也不愿意看到的。在"共生场"里，这样的行为就不会出现。所以，身处其中的学生会始终保持"心的善良、行的努力"。

在"博弈场"里，含金量往往指的是人数少的含金量；在"共生场"里面，含金量是指付出努力的多少。所以，从"博弈场"到"共生场"的切换，就实现了从原来的以人数少为含金量，到以努力多为含金量的转变。

有一位老师从其他学校调到我们学校来。他之前在其他学校里是沿用过去的老办法实施评价，到我们学校之后，运用了一个新的荣誉方法，从"博弈场"转换到了"共生场"里面。他有一个很深刻的体会：从前，我当班主任，是站在终点，看着一群孩子跑过来，我在终点给这些孩子下一个评判，评价他们是优秀、一般或很差。在"共生场"里，班主任的角色就不再是站在终点了，而是从起点开始，陪着孩子们一起以自己的方式跑到自己的终点去，让每个孩子都经历一个从起点到终点的奔跑过程。而老师就真正地成为一个陪伴者、接力者、鼓励者和努力的分享者，这就是"共生场"的意义。

其实，"共生场"不仅仅只靠学校来做，营造这个场域还需要跟家长、学生和班主任合作。所以家庭、教师、学生和学校，都是"共生场"的合作者。大家共同构建起一个"共生场"，让学生在里面享受春天般的美好。每一个学生在这里都可以自由地成长，从而让心愈发善良，让行愈发努力。

评价，是为了不评价

❀ 陈才锜（浙江省温岭中学原校长）

教育评价这一词很敏感，很沉重，也很矛盾。说它敏感，是因为教育工作一直被评价所左右；说它很沉重，是因为评价在某些方面还不是很科学；说它很矛盾，是因为评价不仅给了学校师生快乐，也有压抑。

教育评价的现状怎么样呢？实际上是有异化的。升学教育成了评价的目标，而考试成绩成为评价的全部内容。现在的评价过于简单，把成绩与质量、分数与能力相等；现在的评价也过于复杂，把评价的结果无限扩大、运用，与老师的奖金、职称联系在一起。所以总觉得人对教育评价产生了异化，使得教育评价成为牟利的工具。反过来，教育评价对人也产生了异化，使得人成为教育评价下的"奴隶"，异化了的评价导致我们应试教育的升级，而偏离了教育的本质。

245

新高考改革来了，几种模式同时进行评价，形成了多元评价。同时强调对学生素养的考核，所以又产生了注重发展性的评价。新高考采取的"7选3"或"6选3"模式，取消了重点线，使得学生可以进行扬长的学习，有了能导向性的评价。大学在录取学生时，必须要看学生的发展性评估报告，重视学生的整体学习过程，所以现在的新高考正在扭转这一种异化的局面。

关于新高考下的评价，我想谈三个层面的认识。

○ 对学校的评价

第一个层面，在新高考制度下，对一所学校的评价应该包括这些方面：学生入学的公平、学生对课程开设的满意度、学生发展所需的人文和自然环境的建设、学生素养的提升、学生学习力的提高、学生创新能力的提升、学生对教师满意度的评价、学生发展性评价的系统性和完整性。我们千万不要再继续犯重点大学人数多就是质量好，多占一些时间就是质量高的不平等的评价。学校应该创造更好的条件为学生发展提供更多有利条件。

我们先来看看芬兰是怎样评价一所高中的，它的导向是什么。芬兰评价一所学校的"优劣"，要看它有没有适合学生发展的现代化设备，是否有国际性的视野去看对人如何培养，是否有多种语言给学生提供人发展中必需的技能和工具，是否有分层教育、有不同等级的课程进行教学，是否对人身心发展有一个保障，是否对人今后从事研究、管理等各种工作时所需的素养和创新精神有所实现。

学校可大可小，但是它的目标应该很清晰，评价也要围绕这个目标去开展。一所比较小的芬兰学校，欧盟提出的八大核心素养在这一所学校都得到了充分的体现，不管是管理、设备、课程、教师、执行力以及培养的目标都做得很好。学校分成四个学院，每个学院都围绕这八大素养进行培养（母语与文学素养、外语的语言素养、数学与科技素养、信息素养、学习能力素养、公民与社会素养、创业精神素养、艺术素养）。国内提出了六大核心素养，这个应该作为评价学校一级指标之一。

○ 对教师的评价

第二个层面，在新高考制度下，对于教师应该怎样评价？过去曾有人提出"没有教不好的学生，只有不会教的老师"。这作为教师的教育信条或者理念是对的，但是用于评价，可能就过于把责任推到教师身上了，会产生评价的异化。

教师评价看上去好像是想通过评价来规范老师，但实际上通过评价很难阻止教师职责的异化。从管理、教育、科研、对学生的指导到学生学业的成绩，都总是有理由推卸责任，造成评价慢慢趋同、趋向于平均，甚至慢慢对评价变得厌倦。教师的评价的依据是教师的基本职责，然后再对照职责完成与否。评价的目的是促进教师要有诚信和自觉，而不是用评价来督促，更不是用评价与利益过多地挂钩。

教师的评估也需要发展性的评价，通过评价使教师的专业和品行得到提升。像英国有一个医学学校，他们的教师有六大职责、十二大任务。这六大职责包括从课程计划、资源开发、信息提供、行为榜样、学生促进、对学生的评估（包括对课程的评价）。我认为，对教师的评价要采取模糊评价，使得评价更有利于对教师的指导、提醒和为促进合作提效。

当然评价最要紧的还是自律与他律结合，通过外部评价促进他律，通过文化力的作用促进自律。所以在新高考形势下，教师参与不同的行政班、教学班、选考班、学考班、必修课、选修课等不同的教学任务，评价前必须明确教师目标任务，不管担任哪一类型的课，评价都可以按照六大任务（管理、教育、教学、指导、教研、学习）完成率为依据。

此外，学校对教师评价需要一个内部的机构，我觉得学校可以成立督导科，通过专职督导老师对校内教师进行评价，有利于教师对职责任务的明晰；通过评价有利于教师对学生三大发展的指导；通过学生民意测验等评价结果的统计，促进教师对自身职责完成情况的反思。

比如说立德树人是每位教师的职责，怎样在学校有效地实施？我们认为，可以通过全员导师制让教师明确这是他们的职责之一，那么我们就要研究如何通过对导师职责的评价来跟进。通过待遇来跟进、通过课程来跟进，使得导师的任务明确有效地落实。再比如说新高考对学业的评价更加复杂了，同一学科有学考又有选考，学考是五等级制，一般在高二完成，而选考有两次机会，在高二和高三完成，所以必须要用过程与终结、静态与动态相结合的方式进行评价。学校必须把学程考、学考、选考和高考分段进行评价，用增量进行评价。因为老高考教师可三年教到底或两年教到底，只一次评价即可，现在起码要分成三段评价，因高一到高二再到高三可能对同一教师的评价来自三批不同的学生（学考班、第一次选考班、第二次选考班，均来自不同的学生），所以必须要进行分段评价。评价模式的跟进才能促进新高考教学质量的提升，但这种评价仍是常与利益挂钩的外在评价。

247

○ 对学生的评价

第三个层面，在学校，对学生的评价是最要紧的，这是教育评价的主体和核心。用评价指数实现对学生的加速发展，用评价指标提升学生核心素养，通过评价促进学生学会选择、学会自主发展。

在新高考制度下，对学生的评价应该包括五个方面。第一，对学生发展目标的评价。学校应该对学生制订近期与远期发展目标：促进他们考上好的大学，使得他们今后站在高的平台上发展；远期目标是为了在高中期间形成今后生活工作中所需要的涵养素质。在高中期间，我们关注学生的三大发展的评价：品行发展水平、学业智能水平、身心发展水平。

第二，对学生学习能力的评价。知识的评价可以通过考试，但能力的评价却比较难，还是需要过程评价，所以我们通过老师对学生的交流、考试、能力测评软件的开发进行评价，使得学生能形成和巩固基础能力。另外，通过心理测试、职业倾向测试，促进学生职业意识的形成，也促进学生合理、正确、科学地选择职业。更主要的是通过能力测试和评价促进学生学习力的提升。

第三，对学生品行身心发展的评价。通过建立师生发展共同体对学生进行指导，在指导中进行过程性评价。学生的品行发展是过程性的，学校应设立德育课，让学生和老师在每周一节的德育课中，围绕一个主题进行哲思论辩，让每位学生提出自己不同的看法，并进行论证、答辩，日积月累慢慢形成正确的人生观、价值观、科学观，从平时的评价中引导和评估学生的品行发展水平。

第四，课堂目标评价。课堂教学是核心素养提升的主渠道，我们应该在课堂教学中关注师生互动的同时，关注一下课堂教学的评价。知识目标、能力目标、素养目标是课堂教学的三大目标，过去常常通过学法与科学方法的指导、元认知的体验，来形成学生可持续的学习、知识创新和自我的协调发展，现在都需要进行改变。例如知识目标，要从掌握"知识"向应用"方法"评价转移；能力目标，要从单一"学习"向过程"体验"形成"思想"评价过渡；素养目标，要从"元认知"的体验转向"学习力、核心素养"的提升进行评价。

248

知识评价方面比较容易，但对能力的评价，不一定非要用题目来检查。怎么办？可以通过一些课题，通过对学生创新性思维的引导，检验学生的核心"思想"是否形成来进行评价。例如在一次化学教学以后，去测试学生的创新思维是否形成，就用了下面这一问题进行评价：纸通常有两个面，那有没有只有一个面的纸呢？一张纸条，它的两端连在一起就是一个环，当把两端转180度叠起来的话，就成了一个面的纸了。学生在这个问题的讨论过程中慢慢知道，原来老师检查我们的是这节化学课中一个创新的核心思想是否形成。

第五，对学生责任担当、科学精神、实践创新等核心素养发展的评价。学生的核心素养如何评价？当然必须要在必修课中落实，不过在选修课中让学生形成自我评价也很重要，让他们在成长的过程中不断地自我评价、提升自我。

○ 评价，是为了不评价

对学生评价方式的改变，应该随着时代前进，采取更加高效的方法和手段。例如我们已经在一个年级全面铺开平板电脑的使用，通过平板电脑进行自主测试评价，通过软件进行大数据的处理来帮助我们获得数据，为指导学生发展提供依据。平板电脑进入课堂以后，就可以方便地完成平时学习的一些评估。当然，还可以通过教育评价的一些软件，如 SPASS、AMOS 等来提高我们评价的科学性。

学生对教师的满意度测评，我们也是通过大数据来操作的，通过测评促进教师改进教学教育的方法。比如我们用大数据进行统计，建立结构方程模型来评价，发现教师的特质和指导策略对学生的智能发展水平是有直接影响的，而对身心发展水平和品行发展水平是起间接作用的。通过评价不仅知道导师的有效性，更加清晰地知道导师的特质和指导策略在智能发展方面起到直接作用。

249

当然满足学校自身评价的软件是不多的，需要自己来设计，让作业系统自主评价得到升级，让搭建学分的自主测试评价在学校里成为可能。比如，"雷达图"可以提醒学生哪些方面是短板、哪些学科需要努力，指导学生平衡地发展。

总的来说，评价和不评价是一个哲学问题。在芬兰访学时，我问一所高中学校的校长，你们对教师是如何评价的？他说，我们没有对老师进行评价，不需要。我进一步问你们有没有什么其他的评价，比如说评选优秀教师之类？他说也没有。因为教师的工作是以诚信为基础的，是以师德和自己的专业知识作为前提的，是一个良心的工作，教师自觉的行动无需督察。因为教育是神圣的工作，相信教师会完成好自己的职责，无需精确的评价。另外对学校的评价也不要太过于细，按学校办学的目标，按照法规法律对学校进行科学的评价就行了，无须繁杂的评价。

应该把对学校、对教师的评价慢慢转到对学生发展性的评估，通过对学生发展水平的分析，用评估数据分析促进学生自主地发展。

教育界有一句名言——"教，是为了不教"，同样"评价，是为了不评价"。我们现在的评价是为了对未来的不评价；我们对学生的评价是慢慢淡化对老师、对学校的不科学的评价；我们对外在的评价应该慢慢过渡到对内在的自觉。

未来

第三章

课程的进化：
以素养为导向

智库观察

课程是教育思想、教育目标和教育内容的主要载体，直接影响人才培养的质量。过去十年，课程改革持续推进并走向深化，还推动了基础教育全方位的变革和发展。

2014 年，《教育部关于全面深化课程改革落实立德树人根本任务的意见》首次提出了"核心素养"概念，并将其摆放在了深化基础教育课程改革、落实立德树人目标的基础地位，充分发挥课程在人才培养中的核心作用。这一时期，涌现了一批将系统推进课改的先锋学校，比如，构建了一套分层、分类、综合、特需相结合的课程体系，并让 4174 名学生"一人一课表"的北京市十一学校；又如，通过课程整合建构"小梅花"课程的重庆谢家湾小学，充分保障了国家课程优质的精细落地。

2017 年，教育部印发修订后的《普通高中课程方案》和《普通高中课程标准》，针对长期存在的片面追求升学率的倾向，进一步明确了普通高中教育的定位：普通高中教育不只是为升大学做准备，还要为学生适应社会生活和职业发展做准备，为学生的终身发展奠定基础。在这方面，江苏省锡山高级中学探索出了高中课程改革的新样态，围绕"培养什么人"的明晰育人目标，衔接新高考改革，以面向专业大类进行选择、满足拔尖创新人才培养需求，与生涯教育完全融合，构建了 4.0 版本的全新课程体系。

2022 年，教育部印发修订后的《义务教育课程方案和课程标准》，在素养导向下，通过内容标准、活动标准、质量标准三位一体，推动基础教育课程由学科立场向教育立场（学生发展）转型。

总的来说，基础教育课程改革进入全面深化的新阶段，通过多维度、系统性的进化，适应时代发展对课程改革提出的新要求。

在课程目标方面，核心素养成为课程改革的重要理念，"新课程"提出的三维目标的概念逐渐褪去，"基于核心素养"成为课程目标的共同追求。

在课程结构方面，学校开始尝试打破固定的课时和课表，对课程进行整合和重构，单一的学科课程逐步走向融合课程，具体表现在课程门类减少、长短课结合、跨学科实施等变化。

在课程内容方面，学习资源不再完全依托教材，而是基于教材，走向真实的生活世界。课程将更加具有综合性和实践性，更好地连接日常生活、连接各类活动、连接家校之间，让世界充满了课程机会和学习机遇。

十年课程进化，始终坚持核心素养导向，践行以学生发展为中心的课程追求。展望未来，从少数改革到多数实践，课程实现多样化、综合性、实践性将成为常态。

课程目标：从知识本位到素养本位

创设"抬头见山"的生命闲暇，是学校课程的第一命题

◈ 刘慧（张家港市实验小学教育集团总校长）

未来

254

"童年生活的敌人是什么？是没有'空闲'。今天的教育理想不能完全实现，最大的困扰就在于没有'闲暇'。童年最宝贵的就是闲暇。创造闲暇是教育乃至人生的大课题。"

"诗意的校园空间，需要深度消费，深情对话。不然，树还是树，你还是你。而我们都能感受到，目前校园生活最大的敌人是没有闲暇。没时间看花、看鱼、看水、看云……人类就失去了看的深刻意义。"

回顾以往教育经历，我发现从直觉经验上我已经认识了生命里闲暇的重要性和必要性；如今我尝试更深入地去思考：如何去做闲暇的教育？

○ 闲暇的价值

校园生活最大的敌人是没有闲暇。成长没有自主性和选择权，学习缺乏舒适度和幸福感，童年诉求被冷落，生命的天性和个性遭到抑制。

我们忙碌得没有闲暇去思考教育乃至人生的一些严肃问题，同时也变得不

爱去反省自己是如何活在这个世上：人生的意义在哪里呢？放眼望去，当下似乎已变成一个麻木而缺乏深度和感情的世界了。

亚里士多德认为："人唯独在闲暇时才有幸福可言，恰当地利用闲暇是一生做自由人的基础。"从古希腊时代的柏拉图和亚里士多德等人身上，我们都能看到，闲暇曾经是古代人最为珍贵的哲学概念，更是高贵文化的根源和基础，可惜今天这种观念却不知不觉消失殆尽了。

马克思也有一个观点："我们的目的是要建立社会主义制度，这种制度将给所有的人提供健康而有益的工作，给所有的人提供充裕的物质生活和闲暇时间，给所有的人提供真正的充分的自由。"

显然，拥有"闲暇"，是人之为人的生命追求。我认为在这样的时代，谈论这个话题有着相当程度的意义，也的确是时候给理想的学校画个像。

那么，一所学校如何为师生创设"抬头见山"的生命闲暇呢？我们的做法主要有以下几点。

○ 坚持正确的办学文化价值观

"闲暇"这个字眼，在历史的发展中始终传达着相同的讯息。在希腊文、拉丁文和德文中，"闲暇"的含义都是指"学习和教育的场所"。在古代，是称这种场所为"闲暇"，而不是如今我们所谓的"学校"。换句话说，在原始意义上，闲暇就是学校，没有闲暇就没有学校。

党的二十大报告提出实施科教兴国战略，强化现代化建设人才支撑的重要论断。要坚持教育优先发展，科技自立自强，人才引领驱动，着力造就拔尖创新人才。基础教育要自觉回应这一时代的挑战、未来的呼唤。众所周知，学生的创新素养包含了好奇心和求知欲、发现问题和解决问题、探究能力和创新精神、向善向美和富于想象……

没有闲暇的时间，就没有自由的心灵；没有自由的心灵，就没有惊奇的发现；没有惊奇的发现，就没有丰富的想象；没有丰富的想象，就没有鲜活的创造。

我们从闲暇的视角再次审视学校的教育哲学，与时俱进地调整课程观、教学观、评价观。

2018 年始，张家港市实验小学正式提出新的教育宣言："做精神明亮的人——过正常而积极的童年生活。"

我们追问：所谓"正常"，就是针对童年的异化而言。那么，正常的儿童、正常的校园生活究竟应该是什么样的？而教育难道仅仅只是回到正常吗？教育应该积极回应国家的育人目标，积极促进儿童德智体美劳全面发展。所以，所谓"积极"和"明亮"，就是指蓬勃的生长愿望、昂扬的未来气质、鲜活的创造精神。

教育需要闲暇，闲暇是一种安静的忙碌。我时常觉得闲暇和十月怀胎的状态类似，孕育的过程，就是闲暇的状态，内部不断生长，直至新生命诞生。因此，所谓的闲暇，并不是懒惰，而是会带来"人类精神的自由和解放，人们得以沉思默想并和外在世界和睦相处，心灵因而获得力量和滋养"。

"生命闲暇"需要孕育，需要文化，需要时间，需要空间，需要安静，更需要丰富多彩的生活不断喂养。

○ 用闲暇的理念观照课程，让孩子成为课程的主人

闲暇的本质是思想的解放、精神的自由、心灵的富足，以及行动的自主。从闲暇的角度看课程，就是要回到人的立场，激活课程对生命的关注，最大限度地释放课程空间，让孩子成为自由生长的主人。在课程实施的过程中，我们既要遵循课程的规范性，又不能忽视课程的灵动性和生长性。课程实施的目的是让孩子从被束缚的、狭隘的世界之中脱身而出。没有闲暇，人就不可能有思想活动，文化就无从产生。

近十年来，我们学校规范执行国家课程，搭建定制课程的选择平台（定制课程图谱），为不同的孩子提供课程跑道。"自我决定论"强调一个人做一件事情的动机取决于三个关键因素：自主性、效能感、连接感。定制课程的追求就是让每一个孩子在自己擅长的领域，做自己擅长的事情，无论成功失败，都能体验到自己追求的价值。

"一枚鹅蛋的使命"就是这样一门班本定制课程——

2020 年 5 月 11 日

初夏，清晨。百草园里传来一个喜讯：大白鹅生"小宝宝"了。这是

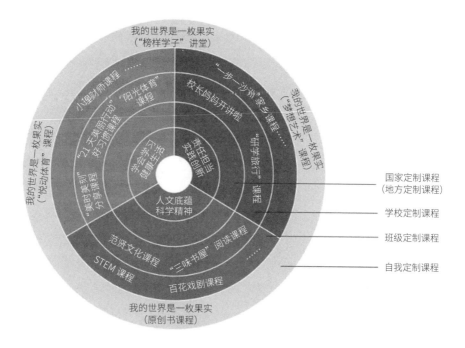

◎ 图 3-1 张家港实验小学定制课程图谱

未来

257

园子里的第一枚鹅蛋，躺在柔韧的蒲草里，发着光。

2020 年 5 月 11 日 8:10

我发布了这个消息。

2020 年 5 月 11 日 8:20

一位家长朋友建议：可以将之做一个班本课程。同一天，学校收到了一位热心市民送来的十枚鹅蛋。备注：给未来，给生命科学家的礼物。

2020 年 5 月 21 日

定制课程计划发布及课程内容审议：一枚鹅蛋的使命——五（7）班班本课程；"鹅蛋之科技破壳""鹅蛋的艺术""不平凡的鹅生""从生物学角度看鹅蛋""一只有文化的鹅蛋""半透明鹅蛋计划""玩转鹅蛋"。

2020 年 5 月 28 日，STEM 教室

一枚授精鹅蛋的开壳实验。

2020 年 5 月 30 日

还是在这一间教室。孵蛋箱旁，一群教师和孩子正在等待。第一次听到小鹅清脆的叫唤，瞬间就浮现木心的一句诗：云雀叫了一整天。

更为惊喜的是，居然有一枚蛋在滚动，它往一个方向滚了一圈，又朝反方向奔去，"窸窸窣窣"忽动忽静，时急时缓。一位老师打趣："我们好像在产房探视一样。"是啊，做妈妈的都有过这样的体验，宝宝也曾在腹中这样"不安分"地左突右冲，试探着未知的世界。生命的原初样态，永远是人类最柔软的命题。

2020 年 6 月 1 日

四只鹅宝宝出生，热心网友取名"鹅六一"。之后，保温箱成功孵化一批鹅宝宝，孩子们分别领回家饲养。

2020 年 7 月 1 日，**百草园池塘**

满月小鹅第一次试水，这是一个庄重的仪式。

没有闲暇，诞生不了如此生动的课程。课程如何创设"生命闲暇"？无关解释，而关乎参与，关乎好奇、激情、探索与想象。充满生命闲暇的课程藏在儿童的眼睛里，藏在儿童的好奇里，藏在儿童自由的玩耍里。"永远跟着孩子走"，我们要不断接受这样的提醒。若让孩子跟着你走，可能就走丢了闲暇；始终跟着孩子走，就能够找到闲暇的真谛。

258

○ 创设生命闲暇，必须把时间和空间还给孩子

近些年，我们看到和青少年压力相关的精神障碍，包括焦虑、抑郁和自我伤害，发生率不断攀升且日渐呈现低龄化。今天的孩子就像美国心理学家彼得·格雷在《玩耍精神：会玩的孩子真的有出息》中虚构的那个叫伊万的男孩，一个中等阶层社区的儿童，每天准点被母亲叫醒去上学，路上必须坐校车以保证安全，一天必须坐在教室里乖乖上课，放学后必须接受全面培训，晚上必须完成几个小时的作业，从周一忙到周末，伊万做得很好，只不过感到"精疲力竭"。

我们正在养育最焦虑的一代孩子。孩子焦虑背后的原因有很多，比如睡眠不足、学业压力、社交不充分、心灵束缚等；尤其是社交缺失带来心灵的封闭与孤独，正在成为成长的隐形杀手。传统的校园管理模式中，同学和同学之间很难产生深度社交，如果那些冲突、尴尬、人生曲折、复杂的东西，孩子们在年少时都没有遇到过，那将来一定会产生各种各样的问题。因此，人和人之间

的交往是非常重要的，社交生活应该成为童年重要的内容。学校要想办法多给孩子创设闲暇时间，想办法把学习生活的空间拉大，想办法扩大孩子的自由度。

把闲暇时间还给孩子

随着"5＋2"政策的实施，孩子在校时间显著延长。学校成了富翁，拥有时间的富翁；孩子成了穷人，没有时间的穷人。那么，国家、社会、家庭把更多的时间给了学校，学校又如何把时间还给孩子？这考验的不仅仅是管理者的办学观、质量观，还有管理实践的智慧、勇气和担当。

2022年秋季，劳动正式进入课表。对于城市学校来说，如果没有以土地为基本的劳动教育实践场所，如果没有以足够的时间为保证，劳动教育也许就会沦为无米之炊、纸上谈兵。

我们充分利用了"5＋2"延时服务的在校时间。依托劳动课程基地建设，充分开发了空隙场地，在校园的角落里留下了更多的细节；整体设计、科学安排了劳动教育系列课程，开设了"本草纲目""百草园里的诗经""水培生菜""稻梦空间"等许多有趣又有意义的课程项目。

我们发现，劳动的价值不仅仅体现在技能的掌握和实践的创新上，更重要的是促进了不同年龄段孩子之间的相互交往和深度合作，在学生心灵的发育、人格的健全中起到了积极的影响。"5＋2"第一时段完成作业以后，孩子们像鸟雀一样自由地飞进角角落落，看自己亲手培植的水培生菜绿油油地冒了头，一颗一颗数着番茄树上有多少颗小番茄，情绪暴躁的时候去田里拔个草，拔着拔着，心情就好了。学校因此流行一个金句：没有拔草解决不了的问题，拔一次不行拔两次。学业质量综合测评数据也显示，学生的幸福感、成就感、内驱力正在与日俱增。

我们深深地体悟到，闲暇是一种心灵的态度，也是灵魂的一种状态，可以培养一个人对世界的观照能力。一个孩子若没有充分的闲暇，是接触不到许多美好的事物的。

把生活空间还给孩子

"养育一个孩子，需要一座村庄。"我们时常感慨，以前的孩子是放养型的，现在的孩子是圈养型的，给他们时间也不会玩。我们尝试着把学校的围墙打开，往西、往东或往南、往北，走得越远，半径越长，生活的经验越丰富，解决问题的能力就越强。每一年，我们都会精心设计一个年度课程。

2021 年，恰逢建党 100 周年，我们设计了春天的出发——"百年百名优秀党员"红领巾寻访课程，让孩子们接触到了不同行业的先锋模范人物，让爱国情怀、社会责任感、创新精神和实践能力的发展都有了落脚点。

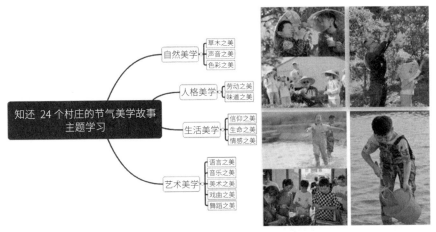

◎ 图 3-2 　知还·24 个村庄的节气美学故事

260

"节气的表情·儿童的天性·村庄的性格"，当儿童遇见二十四节气，当二十四节气遇上 24 个村庄，又会发生哪些化学反应？2022 年，在美丽乡村建设的时代大背景下，我们又推出了"知还·去 24 个村庄"的美学实践课程项目。将"课程·节气""活动·儿童""实践·村庄"结合在一起，在大自然中、在社区生活中，寻找有别于校园内的生活，沉醉其中得到宝贵的成长经验。

扫描一组课程生活图景

心灵自由诞生的异想天开。一艘皮划艇冲破了校园里长 10 米、宽 3 米的一方小池塘。

寻根问底解决的真实问题。水景保护计划——"苔"来"苔"往。发现校园清澈的水景里产生了青苔，研究青苔产生的原因；编程设计、3D 建模，发明并制作去苔的装置；设计并制作青苔微景观，换个角度激活青苔的生命价值。

闲情逸致孕育的美好生活。春天，谷渎港畔，我们举行樱花诗会；秋天，广阔农场，我们举行稻田音乐会。

歌德和艾克曼的对话录中有过这样一句话：人类所能想望的最高境界乃是惊奇。那么，什么是惊奇呢？我的理解是"对知识的渴望"，换句话说，也就是一种渴求认知的积极态度。这才是创新的开始：惊奇的经验。

如何追求并善用闲暇？我们可能还有许多事情要做，但真正的关键还是在于：仅为闲暇创造外在条件仍不够，还在于观念上能否做到"创造闲暇"。"一切事物都是围绕着一个枢纽在旋转，这个枢纽就是闲暇。""我们闲不下来，目的就是为了能悠闲。"谁会想到这些话出自两千多年前的书：亚里士多德的《政治学》和《尼各马可伦理学》？这些观点出自这样一位冷静客观、勤勉用功的现实主义者口中，其意义就非比寻常了。

把时间和空间还给孩子，把孩子的心灵引向闲暇，不断去体验惊奇的感觉，然后怀抱希望，不停继续摸索前进，一个更宽广、更具价值的充满生命闲暇的世界正在打开。

让孩子们玩出学习的意义感

◎ 唐彩斌（杭州市钱学森学校、杭州市时代小学校长）

未来

261

让孩子们玩出学习的意义感，这是我和老师们经常交流的一个话题。我们小时候是玩着长大的，进入新世纪以来，却很少感受到现在的孩子也能玩着长大。杭州市时代小学用了 20 年的时间探索——是否可以"学玩相融"来发展素质教育？

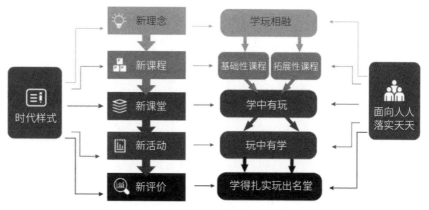

◎ 图 3-3 从五个维度探索"学玩相融"

以学校为单位的改革需要系统的思考力。我们从新理念、新课程、新课堂、新活动和新评价五个维度，面向人人、落实天天，努力将"学玩相融"进行到底。

课程重组：有学有玩

在浙江省课程改革的框架图中，一边是基础性课程，一边是拓展性课程。基础性课程分为奠基性基础课程和资优性基础课程；而在拓展性课程里面，实践类的拓展性课程和体艺类的拓展性课程，共计占比15%左右，这就为在课程中设计玩的成分提供了更多可能。

当然，在奠基性的国家课程当中，我们也可以做到有学有玩。大家都知道核心素养很重要，但是素养怎么落地到课程，再怎么从课程落地到课堂，都需要有具体的路径。我们把国家的学生发展核心素养校本化地表达为"学会关爱、学会学习、学会创造"，进而转化为学生和老师们都耳熟能详的一句话："学得扎实，玩出名堂。"有学有玩，就从素养走向了课程。

课堂变革：学中有玩

课堂是教学的主阵地，怎么让课堂也学中有玩呢？在我们的课堂上，"人人善表达、人人能实践、人人会合作、人人爱思考"是参与课堂最好的具体表现。有时候，参与本身就是一种能力。很多校长会问，你们这几个特点是怎么提炼出来的？我们学校很多老师都有这个感受，课堂上已经有了很好的表现，但我们并不知道它好的共性是什么。因此我们进行了自下而上的提炼，去探寻当下较好的课堂成功密码，经过提炼后，终于形成了大家共同认同并躬身践行的方向。

我们的灵动课堂坚持"真实情境、学科实践、合作探究"。我们努力创设出真实的情境，让"学玩相融"更具有现实性；同时，我们还注重亲历学科的实践，让"学玩相融"更显日常化；我们倡导合作探究，让"学玩相融"更具操作性。如一节数学课上，我们学习了圆柱体、长方体以后，又结合了垃圾分类的相关知识内容，让学生有学有玩、学中有玩，一边玩一边做出了各式各样形状的垃圾桶。这就是学中有玩最好的体现。

◌ 活动创新：玩中有学

素养是在活动中养成的。在小学阶段，校园里一定会组织各种各样的活动，我们学校也不例外。

学校曾组织低年级学生们玩"手心里的鸡蛋"。具体活动内容是，某一天孩子们在上学时，都需要携带一枚生鸡蛋，或放在裤袋里，或放在衣兜里，或放在书包里；总之，要确保一整天都保护好这枚小鸡蛋，不能把它给打碎了。这一天，有的同学一大早刚走到校门口就将鸡蛋打碎了；也有的同学一天下来，无论参加了学习还是参加了活动，鸡蛋依然保存完好。学会爱护一枚鸡蛋，其实是从小处学会去爱护小生命。

到了三年级，我们让学生们尝试养小金鱼。有的同学养的小金鱼几天就翻起了白肚，而有的同学能够把食物、阳光、水草安排好，让小金鱼在水里自由地游动。这些活动，既在玩，也在学。在学什么？学着成长，在德、智、体、美、劳方面全面地成长。

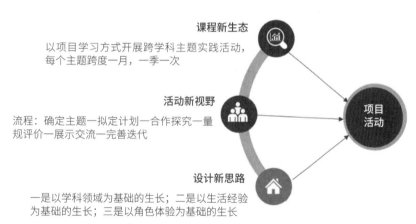

◎ 图 3-4　开发新活动项目：四季课程

课程新生态
以项目学习方式开展跨学科主题实践活动，每个主题跨度一月，一季一次

活动新视野
流程：确定主题—拟定计划—合作探究—量规评价—展示交流—完善迭代

设计新思路
一是以学科领域为基础的生长；二是以生活经验为基础的生长；三是以角色体验为基础的生长

项目活动

到了高年级，我们会组织学生来参与一些跨学科的主题学习活动，这个活动我们学校已经坚持多年。2015年底，我们带领学生从秋天的落叶开始研究，随着季节的变化，主题也在变换。后来，我们就把学校的特色主题课程重新唤作"四季课程"。春天的花、秋天的叶、夏天的桥、冬天的雪……主题变幻万千、各有不同。

学生还可以为主题贡献自己的智慧。比如为了研究"春天的花"，我们挑选了很多主题让学生自主选择。在美术课的主题上，学生们可以在一把空白的雨伞上，用水彩颜料画上美丽的花。每当这些雨伞在学校的迎宾大道上打开时，校园就被装点如节日盛会一般。而"秋天的叶"在展开研究那天，我们请每一位同学带300张落叶到学校，800位同学就有24万张落叶。我们的校园并不大，当校园的每个角落都用落叶铺了起来，就像来到了落叶的海洋。共同研究四季主题活动的过程，既构成一种校园的艺术，也成为一种行为的艺术。

在研究"春天的花"的过程中，数学组也有自己的主题活动。数学组老师们拿出了5张彩色的纸，让学生动手折出花。别看大家折出来的花好像比较简单，如果给你5张彩色的纸，也许真不一定能折出来，即使你是数理方面的老师；但在这方面，孩子的潜能是很大的。他们用彩色的纸创造五彩的花，其实也是在装点自己的学习和日常的生活。更值得惊喜的是，当我们给学生一根毛线和一个钉子板，他们就能够在钉子板上"画"出各种各样的花。其中，还有太极图和五角星样式的"花"，蕴含着美妙的数学原理。当这些作品被呈现在走廊上时，学生就能感受到数学主题活动带给他们的美。

关于如何汇报有关"春天的花"的成果，大家在一起讨论时脑洞大开：既然都要来汇报春天的花，能不能也让他们穿着花裙子来上学呢？这一意见得到了大家的认可，于是我们提前一周让大家准备好自己的花裙子。之后每年的5月18日，就形成了学校一个特殊的节日——花裙子节。大家可能会在心里嘀咕，女生穿花裙子，男生穿什么呢？不用着急，男生穿花衬衫。

很多朋友到学校来，说有一种到海南三亚的感觉。其实快乐的感觉才是重要的，在哪里并不重要。

花裙子节受到了全校师生的喜欢，我们还想到了另外一个群体——孩子们的奶奶或者外婆。她们经常来学校接送孩子，能不能有一些活动也让她们参与进来，于是我们向她们发出了邀请。开始以为会受邀前来的奶奶和外婆会比较少，没想到后来很多奶奶和外婆都愿意来参与学校的花裙子节，她们把压箱底的花裙子都拿出来熨烫平整，有的奶奶和外婆还穿着花式的旗袍来参加学校的花裙子节，特别美好。

遇到特殊情况，我们依然坚持把花裙子节做好。我们邀请了社会方方面面的精英代表来代言"花裙子"。而且北京的中关村第三小学、西安的航天城第四小学、新疆的克拉玛依学校等，都参与了进来。从学校教育延伸到社会教育，课程不断创新并产生惊喜，直接融入了现实生活，成为孩子童年美好的记忆。

我们常常问学习的意义是什么，我认为这种有玩有学的活动才能让学生体会到成长的意义。经过多年实践，我们逐渐建立了一种信念：只要给学生时间和空间，他们从来都不会让我们失望。

○ 评价升级：学玩相长

以数学为例，评价当中能不能也有玩的成分？我们谈起评价时，脑子里总是呈现出一张八开的纸，正反双面都是密密麻麻的作业，这就是评价。其实，评价也可以有玩的成分。有一次，我们带小伙伴去香港参加数学竞赛，其中一幕震惊了我。在比赛的过程中，所有的题目都是靠团队合作完成的，学生也都是微笑着在参加数学竞赛的。回来后，我们就有了改变评价方式的想法，学习香港的学校同步开展了数学的"校园游踪"。

什么是"校园游踪"？即把我们所学的数学知识、数学技能、积累的经验应用在校园的生活中。可能是走到操场上，去量一量跑道的长度；可能是走到阅览室，去数一数图书有多少册；或者去游乐场，看一看能坐下多少人；也可以去看看转角的地砖，它每边有多长、它的面积有多大，为什么教室里可以摆得下那么多的方砖……这些问题都需要运用数学知识去解决，一旦发生学习的场景出现在我们现实的生活中，学生就更能学以致用。

在自己的校园里，在自己熟悉的场景里，把数学知识运用起来，成为一种评价，这就是校园游踪的由来和践行。

当然还有很多其他的活动，如用破旧的纸板箱做起小房子，这是考核他们什么？是考核他们科学的常识，还是考核他们对长方体、三角形的表面积知识的应用？我觉得都有，甚至其中还能囊括学生美术能力的呈现。从这个角度来说，活动看似是在玩一些事情，实际却是在对学生的学习成果进行表现性的评价。

信息化时代，学生还可以自带设备进课堂，参与评价活动中。

例如，有次的评价任务是让学生自带设备去设计一座桥梁，考察大家在规定的费用预算内，能不能用不同的铆钉和钉板搭起一座桥，让一定载重量的客车能够顺利地通过。我记得那天，有辆车在刚通过桥面时桥就开始塌了，但最后却惊喜通过了。这也是一个评价的过程。

为了让学生们能够展示自己多方面的才能，我们还出版了一本校刊，并且每年都甄选一个封面人物。评判标准不是他学业特别好，而是他哪一点感动了你。每个学生都有机会成为封面人物。我们一直坚持："时代的孩子个个棒，只是棒得不一样。"

比如有一年的封面人物，她的学业十分不错，但真正感动全校的，是有一天同学发现她的指尖被磨破了，怎么会磨破呢？原来她六年来一直帮助同学在跳绳比赛中摇绳子，直到有一天手指摇出血了，她还是选择了坚持，因此她和同学配合得最默契。这件事情感动了全校师生，她就成为当年的封面人物。

如此，每一个人闪光的一面都会得到关注，每一个人出色的一面都值得大家的点赞学习。

我们组织这些"学玩相融"的活动，是否对学习起到了直接的帮助？我们还没有这样的证据。但是我们找到了另一个证据，就是玩和学之间还有一座桥梁——学习品质，通过玩提升了学习品质，进而提升了学业的质量。

顾明远老师曾说："开发潜能，发展个性；学得扎实，玩出名堂。"柳斌主任说："学玩奠基人生路，读写开启智慧门。"我们也一定会遵循大家的教导，坚持将学玩进行到底！

266

那所满院子"产品和品牌"的乡村学校

◎ 于海龙（北京市怀柔区九渡河小学、北京市海淀区上庄中心小学校长）

○ 教育的使命变迁

教育的使命到底是什么？学校到底是一个什么样的地方？可能每个人的心中都有不同的答案。那么，我们国家对于教育的使命到底是如何界定的呢？是从人口大国到人力资源大国，再到人力资源强国，最终实现人才强国。

在中国共产党第二十次全国代表大会上，习近平总书记提出："着力形成人才国际竞争的比较优势。"面对这样的人才培养的使命要求，作为学校、作为育人的主力军，我们应该怎么做呢？学校的节奏，要怎样才能够跟得上时代的需求呢？

随着教育节奏的不断变化，我们力图跟上国家对人才培养的需求，学校教育的节奏也紧跟时代的脚步。而时代变化越快，促使我们的教育变化也要越来越快，以适应未来发展的不确定性，降低老百姓对于教育的焦虑情绪。

随着科技的进步，劳动形式也必将产生一系列变化，原来简单的体力劳动将向程序性劳动和创造性劳动转化，低端的体力劳动将来也会被人工智能这样的自动化劳动所取代。我们培养出的孩子要怎么适应未来这种不确定性？未来如何更多地参与创造性劳动当中？这是摆在教育者面前的一道难题。

"第二曲线"这个词相信大家并不陌生，它旨在说明一个企业要想百年长青，就必须在主业当中不断地去寻求挑战突破，来找寻发展的第二曲线。教育行业是不是也存在一条第二曲线呢？回答是肯定的，我们需要在选择与创新中不断去寻找教育行业的第二曲线，而这第二曲线是生长出来的，需在主业的基础上加以创新。那么教育行业该如何安全地试错和创新？创新的目的是什么？基于此，学校断不能固守成规。

未来
267

出生年份	年级	年龄（截至2050年）
2016	一	34
2015	二	35
2014	三	36
2013	四	37
2012	五	38
2011	六	39
2010	初一	40
2009	初二	41
2008	初三	42
2007	高一	43
2006	高二	44
2005	高三	45

未来在哪里？

未来就在今天的校园里

◎ 图 3-5 未来就在今天的校园里

如果说刚才第二曲线还不够直接，那么图3-5就清晰地告诉我们，教育工作者们培养的孩子，就是我们未来的建设者和接班人。培养出的孩子是什么样，将来我们的社会就是什么样。

这张图也经常出现在北京市十一学校体系的各个地方，以提醒我们的教育工作者，要为提升未来的人才素养而努力教学。也是基于这个顶天立地的思维逻辑，我们深切地意识到，不管是乡村还是城市，我们都应该本着这个逻辑，努力实现学校的转型。

重新定义乡村学校

在乡村学校的现代化转型过程当中，我们深切意识到了两个"不能或缺"：一个是乡村振兴计划当中乡村教育不能或缺，另一个是教育现代化当中乡村学校不能或缺。进而我们又意识到：现代化的中国不是没有乡村，而是对乡村重新进行了定义。乡村学校，要成为乡村生态链的重要环节；乡村学校，不该是教育的孤岛，应该成为乡村发展的促进者；培养具有终身发展能力的乡村建设者和接班人，才是乡村学校的根本任务。

本着这样的逻辑，我们开启了九渡河小学的现代转型之路。在九渡河小学的转型过程当中，形成了以办学准则为基础的价值体系是非常关键的一环，学校因此拥有持续优质的能力。学校还动员全体教职工，共同研讨产生了九渡河小学的三条办学准则——限制激发创新，在坚韧中成长；立足乡村，连接世界，成为乡村生态圈的引领者；让学习变得有意思、有意义、有可能。

这样的办学准则为学校办学的关键领域提供了价值导向，也让乡村老师从很多不确定的事情当中看到了确定的未来。他们知道了教学应该怎么去开展，我们也明确了管理应该如何去做、资源应该如何使用。

围绕我们办学准则的第三条，必须让学习变得有意思、有意义、有可能。那么怎么让学习变得有意思、有意义、有可能？通过什么样的方式能够实现呢？

什么是有意思

什么是有意思？有意思，就是要突破孩子的认知，超出他的预期。

九渡河小学养了很多小动物，其中有两头羊驼非常可爱，但是它们一直被圈养在一个狭小的空间里。我们给小学生布置了这样一个作业，设身处地地为

未来
268

羊驼着想, 可不可以让羊驼像我们一样, 也能在校园里自由地奔跑, 享受自由的生活呢?

孩子们通过自主观察, 研究制订出计划, 最终形成了一个羊驼放养方案。但是随着羊驼的放养, 大家又发现了一些问题, 羊驼不听话怎么办? 随便吃我们的绿植花草怎么办? 随地大小便怎么办? 于是孩子们又在新一轮的发现问题、实施方案修改的过程当中, 不断地精进。比如说, 他们自主地产生了"羊粪蛋终结者", 也就是由孩子们自发组成的一个组织。他们为自己的选择承担责任, 承担起为羊驼清理粪便的任务。就这样, 随着羊驼福福、绵绵不断地在校园里产生问题, 学生尝试解决问题、找到策略, 最后验证结果、修订方案, 再从理论落地到真实世界的这样一个过程, 让孩子们的能力和素养得到了提升。

孩子们在改变真实世界的过程当中, 学会了科学的思维方式。这种思维方式, 在课堂当中是学习不到的。就是这样一些任务, 给孩子带来了有意思但又超出他们认知和预期的挑战。这种高挑战同时让孩子们的能力素养得到了提升。

未来

○ 什么是有意义

什么又叫有意义呢? 李希贵校长说, 我们现在还改不了"教"的逻辑, 一进教室就要控制学生, 因为我们在两个维度上有问题: 一个维度是认知的复杂性, 我们着重于知识技能层面, 即认知的低阶, 则必然在另一个维度——学生的自主性上没法放开。因为前者是零碎的知识和学习, 没法给学生更多更长的时间去探索, 也就难以给学生带来高认知的挑战, 从此就造成了恶性循环。

所以, 我们必须把这两个维度进行平衡, 在认知的复杂性维度上, 帮助学生解决创新迁移的问题; 然后才能在另一个维度——学生的自主性上, 给学生更多的空间、时间、资源和选择, 这才是从教到学的正确路径。

在校园中, 我们也尽力为孩子创设各种真实世界的选择性, 让他们尝试不一样的角色, 面对不一样的受众, 去解决真实问题, 赋予其真实意义。

在下面这个案例中, 孩子们站在果农的真实角色上, 面对这样一个挑战——九渡河地区因为受灾，造成了苹果的卖相不好，难以售卖，消费者不喜欢。学生作为产品策划师，不是简单地去宣传一下产品就可以了，而是要做一系列针对这个丑苹果的营销，研究产品，去赢得消费者的喜欢，最终的目标是提高果农的收入。这就是一个高挑战的问题，最后孩子们形成的成果是一份策划书。项目结束之后，我们把这个策划书送给了杏树台村的村书记，为村书记现场解读了我们为这个丑苹果做的整个产品策划。

回到真实世界，解决真实问题，这就是一个既有价值，又能做出来成果的、有实际意义用途的任务。这对促生学生的内驱力是非常有益的，他们的内驱力就是在一次次解决真实事例的过程中，被充分调动起来了。

所有的产品，我们都注重以团队形式出现。为什么要以团队形式？过去的世界是以个人为中心，以竞争为原动力的，一旦竞争的种子开始野蛮生长，就不要指望未来会生出合作与团结的果子。因此我们的学习要更加面向未来，而未来是以合作为原动力的。今天，我们的学校必须使孩子懂得通过合作与团结，去应对世界的不确定性。

沈祖芸老师曾给出这样一个"团队产品"模型，一个生产的工具：

◎ 图 3-6 一个"团队产品"模型

一个团队产品的产生，不是简单地组队讨论，还要产生成功的标准、要定义任务、要明确行动前三步，同时要管理在团队当中产生的冲突，分享团队的知识，最后要评价团队而不评价个人。最后要告诉每一个孩子，你个人的努力是要在团队当中才能体现价值，单凭你个人的努力是无法决定一个产品的成功、失败的。

○ 什么是有可能

什么叫有可能？有可能，就是基于学生的最近发展区，发现学生的潜能。

那么，"最近发展区"到底是怎么一回事？就是我们在设计任务的时候，会靠近孩子们的心理体验、成长环境，设计在真实生活中学生可能遇到的问题和挑战。比如有这样一个任务，我们叫"模拟村委会"。

村委会实际是一个村一级的管理机构，孩子们很难关注、了解到村委会到底是一个什么样的组织，到底做些什么。我们让孩子们走进乡村，转换成虚拟的村委会委员的角色，让他们以这样的身份了解社会、了解乡村现状。在这个过程当中，他们就面临了真实的问题。

孩子们通过一学期的努力，不断地去了解、观察、走访、查阅资料、研讨，最后形成我们红庙村的发展规划。由于所有的孩子都来自附近的村子，几辈人都生活在这里，这个红庙村就是他们最熟悉的生活环境。所以说，它是基于学生最近发展区的。

271

与此同时，我们给学生的任务都是可选择的——选择哪一个角色，选择以什么方式了解村子的情况，选择一个产业的什么样态。之所以让孩子自主选择，就是希望每一个孩子都在这个过程当中，找到自己适合的、自己能够做到的任务，也就是他的最近发展区。慢慢地，这样的任务多了，他们就会不断地发现自己的潜能。

大家看到，这种教育模式的不同也带来了课程与学习逻辑的不同。传统的学习是以学习知识为基础，最后用知识连接起来，去解决一个具体的挑战。这会导致什么问题呢？学生满脑子知识，但是他就是不知道能解决什么问题。现在这种学习模式是反过来以问题和挑战作为核心，而将知识作为解决问题和挑战的工具。

最后，我们的目的是解决具体的问题和挑战，这样就解决了学习的原动力问题，是对原有的学习方式的颠覆。只有这样的学习，才是面向未来的学习，才有助于孩子们更好地面对未来的不确定性。

　　"把知识作为自己的关键资源，把学习作为团队的关键能力"，这句话分别有几组相互对应的词语，"知识与学习""自己与团队""资源与能力"，这三对词语其实也暗示着我们的过去与将来。过去，知识即是力量，我们自己就是核心；但面对不确定的未来，学习能力是必需的、团队合作是必需的。如何在未来的不确定当中给学生以确定，这是学校应该去做的事情。

未来

课程结构：从分科课程到融合课程

从教材是我们的世界，到世界是我们的教材

◈ 刘希娅（重庆谢家湾教育集团党委书记、总校长）

273

"六年影响一生"，这是我们基于教育哲学层面凝练的办学理念，它让我们对教育更多了一份敬畏，多了一份虔诚。敬畏教育，是要虔诚地对待每个孩子，科学地去对待每一个细节和环境。

在这样的价值追求下，我们力争培养人类文明的传承者和发展者。从未来社会孩子们所需要的关键能力和核心素养出发，着力培养孩子们服务社会的态度和能力。我们期待让教育不再是灌输，让教育不再是讲练背，让教育不再是题海战术，让教育成为一种像家一样生活的方式，让教育成为共同体验的方式……培养改良世界的中国人，就是我们对孩子将来的期许。

就"建构符合孩子终身发展的课程体系"这一主题，我与大家分享我们的所思、所做与所感。

○ 课程，牵一发而动全身

从身心健康出发，到落实责任担当，我们大多对学生有这样的期待：幽

默开朗，爱党爱国，善于学习，善于合作，创新实践等。但我们更想让孩子们具有目前中国教育还缺乏的一种特质：创新。我们期待孩子们有更多的创新特质：兴趣广泛，擅长多角度推理，拥有丰富的想象力、预见力；有主见，愿意冒险，有强烈的支配性；能够利用知识、技能、态度与情感价值观，面对不确定的未来。我们希望每一位孩子都能既有好分数，也有好的人生。

课程，无疑是提供这样的期待、这样的目标、这样的愿景所不可或缺的载体，因为它牵一发而动全身；课程，也是联系我们每门学科以及生活方式的主轴，影响着我们每一天的思想、情感和步调。

首先和大家一起温习一下我们熟悉的旧有课程。已经公布的高考改革方案，会倒逼着我们去进行基础教育课程体系的回应和调整，但是我们首先看一看大一统的课程设置有哪些问题：

第一，课程门类很多。我们几乎是全世界课程门类最多的国家，小学有十五六门，每天孩子们会在 40 分钟之间转换，接受六七门课程。

第二，教材内容陈旧，交叉重复，脱离实际。大家看到的这个教材，是一个省的综合实践教材，四年级的内容和五年级的完全一样，从图片、标点符号到文字都是一模一样。除此以外，还有大量的交叉重复，比如说《语文》和《品德与社会》中的毕业箴言和伦理感言就是重复交叉的。我们通读12 册所有版本的教材，把我们能找到的都进行了梳理，发现这样的现象非常多。

同时，在现有小学里有 60% 左右的教师没有相应的学科背景。现在的许多学科并不具备高校相应的专业支撑，比如说综合实践、科学，等等。

○ "小梅花"课程体系的整合与重构

为此，我们对原有的课程进行了解构，建构了符合我们自己价值取向和孩子们终身发展的一个"小梅花"课程体系。大家看到的这个课程体系，是从学科课程、环境课程、社会课程三位一体来构建的。

我们在"小梅花"课程的探索中力求通过课程整合去促进学习方式的变革。这些年来，我们不断地更新自己的观念，从一本书就是课程，到树立新的素质教育课程观，即一切有积极影响的元素都是课程；从教材是我们的世界，走向世界是我们的教材；强化课程意识，引领学习方式的转变，让老师成为课程的研发者、教材的研发者。

我们很多老师在这个过程中不再盲目地崇拜专家、崇拜教材，他们成为教材的主动研发者，他们可以准确地说出某一个知识点在人教版里怎么呈现的，在北师大版、上教版、湘教版、青岛版里是怎么呈现的，在我们"小梅花"版里又该怎样呈现。它们成了老师们发展的载体、研究的载体，也是体现幸福价值的载体。课程逐渐从文本型走向体验型。

三级课程的整合，也让老师们的专业状态得到深层次的改变。老师们的研究时间是上课时间的五倍，基于问题的、基于实践的、基于创新的常态研究和深度研究几乎天天可见。在这一过程中，我们通过尊重主体、激发活力，构建了主动性、能动性、选择性、开放性的学校课程体系。在目标和内容方式上遵循素质教育的取向，最后在课程突破中回归和回应素质教育的期待，突破学科中心、教师中心和教材中心，回归孩子的立场。

"小梅花"整合课程让孩子们在学习时间、空间、人际关系、思维方式方面得以策略性转换，它使得老师发现孩子们的潜能，让潜能尽可能成为可能。尽管我们依然要每一学期、每一年回应区里面、市里面乃至教育部的质量抽测，但第一不重要，最好也不重要。重要的是它能够真正地让孩子、让家长形成共同的价值取向：为了一生做准备。孩子们的生活样态最重要。"小梅花"课程的整合，是我们办学思想凝聚的过程，也是我们办学思想践行的过程。

我们还构建了关于目标与课程之间内在关系的学校生活方式结构，统筹三级课程进行深度融合。所以，在内容上大家越来越清晰地认识到，我们要增强课程内容的综合性和实践性。比如说我们的辩论专题活动，它不仅拓展、更新和转换了语文的学习方式，也包含了关于思维训练、信息素养的内容。孩子们从过去辩论"居家型家长还是事业型家长更有利于我们的成长"，到辩论"生二胎利大还是弊大"，他们还辩论了关于偷税漏税的案件问题："偷税漏税以罚代刑利大还是弊大"。

在课程内容中，我们更多地通过选择性和自主性让孩子们的潜能得以关注，让潜能变为可能。六年中，我们提供了 200 多个社团课程供孩子们自主选择，让孩子们在选择的过程中思考人生。在我们建构自己的课程内容、创编所有的教材的过程中，老师们也完成了一次专业的蜕变，完成了一次对整个课程、课堂与教材之间的内在联系进行深刻认识的自我蜕变。在这个过程中，大家感受到了我们和孩子一样，或者孩子比我们更渴望去时时刻刻体验那种始料未及的感受。因此，让孩子的自身经验、情感观点和已有知识更多地介入整个课程当中，是我们研发的重点。

我们在课程的管理上也做了一些调整，在课程管理中实行长短课模式，努力实现书本知识向生活世界的回归。

我们的课程还从管控型走向自主型，推行半日制模式，增强课程的开放性。在谢家湾小学，每天上午都是学科课程，每天下午都是社团活动和专题活动，从30分钟到120分钟不等的课时结构，60%时间可以完成所有的学科课程内容。

这样一种弹性的开放性的课程状态，让我们给了大家更多的深度信任，老师和孩子们都感觉到一种自己安排课程生活的自主状态，没有统一的铃声，没有统一的课间操，大家可以随时去上洗手间、喝水，在这一过程中部编教材发挥的作用是核心的、主渠道的，但是并不妨碍我们在地方教材和校本教材当中给予补充和拓展。

全球课程架构正在走向"具身化"

⊗ 刘希娅（重庆谢家湾教育集团党委书记、总校长）

○ 教育该如何回应全球化

2020年11月15日，历经八年谈判，《区域全面经济伙伴关系协定》（RCEP）正式签署，全球最大的自由贸易区正式成立。

在逆全球化没有退潮的情况下，RCEP的出现显然是多边主义和自由贸易的一大胜利，它给暂时颓靡的全球化打了一针强心剂。同时也是在向世界宣布：全球化不会停滞不前，全球化的趋势依然坚定而持续。

《经济学家》杂志曾说："没有集装箱，就没有全球化。"意思是没有好的物流体系就没有全球化。对于教育而言，影响教育发展的"物流体系"要素中，学校课程是教育发展的核心载体，没有学校课程建构现代化，就没有教育的现代化，更没有孩子们的发展路径与效度的现代化。

人类总是在解决问题中促进了社会的进步。英国哲学家、数学家罗素曾说："人生下来的时候只是无知，但并不愚蠢；愚蠢是由后来的教育造成的。"尽管这句话过于偏颇和绝对，但也反映出教育中长期存在的一些不科学的育人观和学习观。

建构主义学习理论已经充分证明，学习的本质不是被动地接受知识，而是主动发现和建构知识；以被动接受为主的学习是不利于好奇心的保护和创造力发展的。

美国著名神经科学家约翰·梅迪纳提出：好奇心是全球伟大领袖身上共有的显著特点。他说，4 岁大的孩子会不停地追问大人"为什么"，但到 6 岁的时候，孩子们就不太会问为什么了，因为他们知道教师更喜欢他们给出所谓"正确"的答案，而不是提出具有启发性的问题。所以教师的角色应该转型，从"正确答案的提供者"到"答案探索的支持者"。

现实中，基于事实性知识、学科体系的课程架构，依旧是目前全球大多数国家学校课程的主要特点；而课程标准和内容，常常是基于全国平均水平研制设定的。

那么我们要如何回应每一个独特的、具有差异性的孩子？显然每一个孩子差异化的天赋和生活背景，使他们所需要的学习目标、学习内容和学习方式都是不同的。

但在教育实际中，教育者往往用同样的目标、同样的内容，甚至按照同样的进度，对孩子们进行教育教学、甄别选拔、逐层淘汰。这是不符合教育伦理的。

况且，想让不同特质和基础的孩子们都有成长为保持强烈的好奇心、独立的思考力和适合自己兴趣优势的人生发展路径，更需要有针对性的课程建设去回应差异化的发展需求。

○ 未来课程的发展趋势

关于人的发展有两个不可预测：一是人的潜能很难预测，二是人的未来很难预测。

随着脑科学、认知科学、智能化、全球化发展，教育中学生的自我与教育目标、教育内容、教育方法的关系与联系如何更为科学？这样的思考和关注更为理性，也更为迫切，这关乎认知心理学、社会心理学、教育学、教育哲学、教育管理学等多领域问题。

具身认知理论从人的认知、身体和环境如何相互影响、形成动态统一体的角度提供了新的视角；教育发展也顺应了经济社会发展的规律，从"有学上"到了"上好学"的新时代。

由此，对于未来课程发展趋势，我想会从更为人性化的个体需求立场出发；课程架构的逻辑，可能将从学习内容的知识逻辑走向学生立场的学习逻辑。那么，未来课程架构很大可能就是一种基于孩子、回归孩子的"具身课程"。

近些年，"具身认知"这门新科学快速发展。该理论认为，身体构造、神经结构、感官和运动方式都决定了我们如何认识世界。认知是身体的认知，心智是身体的心智，离开身体，儿童的记忆、认知是不存在的。

知识存储于人类的身心体验中。瓦雷拉、汤普森、罗施在1991年《具身心智：认知科学和人类经验》中首次提出以系统的方式，对笛卡尔的身心二元分离原则提出了挑战，他们认为认知不该被视为一种抽象符号的加工和操纵，而是有机体适应环境的一种活动。

认知科学家、哲学家克拉承袭了瓦雷拉等人的观点，主张心智与身体不可分，即心智是具身的，心智和身体没有明确的界限，强调学习者本身的积极性和主动性。

传统认知心理学把认知研究的重心放在内部机制的探讨上，而具身认知则强调人的认知是身体、环境、活动三者协同的结果，其包含作为身体学习的具身、身体经验的具身、认识方式的具身、与环境融为一体的具身几层意思，清晰地阐明了身体和环境如何影响人类的想法、情绪、决策和行动。

过去教师让孩子坐在教室里，一动不动地去学习抽象的概念、抽象的逻辑，就是忽略了"具身"的意义。身体与环境的僵化导致学习效能低，并产生消极的学习情绪与态度。

基于具身认知理论，我们认为，教育应该重视学习者本身的积极性和主动性，突出身体和心智的一致，也就是让学生从身心分离到身心一体。

○ 具身课程的四个特征

在中华传统文化中，其实早已有关于身心合一的论述。儒家认为仁礼归身体，道家有思考的身体，佛家有心色不二的身体等，尽管说法不同，儒道佛三家身体观各有特色，但都是通过修养得以与宇宙存在的一切属性同感相联，其中最为本质的就是身体对世界的感知与回应。这就是"天地万物与我同一"的思维方式。

因此，未来课程将是具有"具身"特质的"具身课程"，这样的课程应具有以下四个特征：

一是具身课程追求学习者与学习内容的互动体验。

哈佛大学著名心理学家、积极心理学奠基人之一埃伦·兰格认为：当学习的内容与个人无关时，死记硬背就成为一种领会知识的方法。所以，当我们与要学的信息发生联系时，死记硬背就会变得没有必要了。

现代神经系统科学通过实验发现，通过表演词语，帮助孩子把词语和相应的动作、图像或者对话相联系，可以极大提升阅读效果。身体不仅可以作为帮助阅读理解的工具，其重要性也体现在其他科目上。而静止模式的教育效果甚微，并且容易伤害学习积极性。

因此，我们更倾向于通过动作以及与其他环境中的人、物之间的互动来学习。正如清华大学心理学系主任彭凯平教授所说，伟大的知识永远是和身心体验联系在一起的。

二是具身课程注重从孩子个体立场出发的真实场域。

呵护孩子们的天性，激励孩子们的潜能，需要新的物理情境、语言情境、人际互动与文化情境。这样的情境旨在建立起孩子们的日常朴素概念与科学概念之间的桥梁，增强孩子们对多元智能的体验，更多地引发孩子们的成长性思维。

大家所认为的孩子们"学业低能"的表现，不是孩子们真正的低能，而是我们没有理解孩子们学习能力所赖以发展的"场域"。因此在谢家湾小学，大家都努力呵护孩子的天性，让每一个孩子在自己的情境中尽可能去建立成长性思维。

无论是曾经持续一周的 60 周年校庆，还是近期举办全国小学论坛大型活动，全校每一位学生、每一位老师都参与，每一个场所都全开放，让整场活动成为一项课程，近千名来宾在校相处就是课程资源，为每一个孩子提供个体性的真实参与机会和成长体验。

三是具身课程追求动态开放的认知建构。

随着脑科学、认知科学的发展，人们已经形成共识：在现实教育教学中，任何认知活动都是具体的、特殊的、指向某个目标的。

因此，认知过程的分析包括内在情境的分析，包括认知者的态度和能力、动机和需要，也包括外在的环境分析，如任务指向、物理条件、时间场合等。从社会心理学的角度来说，情境不仅是个体的，还包括了社会性因素，如交流方式、人际关系、文化背景等。

从个体性加工机制探讨转向社会实践活动分析，也就是强调孩子们认知过程的生态效度。

280

四是具身课程是师生共同研发创生的课程。

具身课程本身的社会性、互动性、开放性、动态性、真实性、情境性，决定了具身课程在实施建构和落地的过程中将由师生共同研发创生。师生共同建构课程目标和内容，在双方全身心参与中实现对知识的加工、重构与创生。这样的现状要在教育领域实践过程中完成改善，还面临着很大的挑战。

具身课程将基于"运动体验提升认知能力""运动激活创造力""身体语言帮助我们思考和交流""自然环境让思维更敏锐"等具身理论进行大量实证研究，使学习过程更具实践性、真实性。

谢家湾小学在实现国家课程课标落地的过程中，通过补充性、拓展性的"小梅花"课程的整合研发而深刻体会到：一所学校只有在与外部世界保持积极的连接时才会焕发出勃勃生机。这个外部世界是人类文明和创新的整个世界，是学校保持生机的源泉；这些力量不断促成孩子的成长，促进孩子自我系统与社会系统的连接，良性互动，激荡共生。

杜威曾说：只有在教育中，知识主要指一堆远离行动的信息；而在农民、水手、商人、医生和实验室研究人员的生活中，知识却从来不会远离行动。

基于以上观点，各个国家都在尽可能寻求教育的目的性与孩子身心发展的规律性高度契合的路径。全球孩子们的未来学习，与社会生活实践的关联需求更为迫切和强烈。

社会各界教育相关利益群体对教育现代化的理念日趋科学和趋同，并且部分国家和学校已经取得了一些可借鉴的实践探索经验。

同样，全球社会各界对于不良教育生态和效度低下的急功近利的教育理念和实践行为都有迫切而强烈的改变需求和欲望。

所以，我猜想，逐渐从以学科知识为逻辑的课程架构，到以孩子个性化学习逻辑立场出发架构的具身课程，可能成为未来课程架构的新走向。

未来
281

"4+1"课程：每周给跨学科学习留一天

◎ 张悦颖（上海市世界外国语小学校长、世外教育集团副总裁）

11 年前，我们受政府委托，新承办了康健外国语实验小学这所公办学校，并且为它量身定制了"4 + 1"的课程体系。课程推出后受到了业内的一致好评，这个课程的设计思路以及实施路径得到了业内的广泛关注。

○ 什么是"4 + 1"，为什么是"4 + 1"

"4 + 1"课程就是将孩子一周 5 天的学习时间，分成两个阶段——4 天采用分学科的课程模型开展学习活动，1 天采用跨学科的综合课程模型进行学习探究。按照这样的设计，老师排课也会相对方便。在我们学校，周一就是一年级小朋友开展跨学科课程模型学习，周二就是二年级学生开展跨学科学习，依此类推。

在跨学科学习的这一天当中，我们采用的是两位老师包班的教学方式。这两位老师可以根据项目的需求和学生的特点，自由定义教学时间、学习空间和课堂样态；学习过程也会区别于传统的教学方式，不会像我们传统教学的课堂那样讲究秩序感。虽然我们的跨学科学习看上去有点杂乱，表面上看是大家各忙各的，但是其中还是有逻辑规律的。

或许有人会问，为什么会选择"4＋1"，而不是"3＋2"或者5天全部采用跨学科的综合课程模型来推进跨学科学习呢？要回答这个问题，还得从分学科和跨学科两种学科模型的特点说起。

分学科课程	跨学科课程
学生通过他人已有的认识成果（书本知识）去认识事物，理解世界	学生通过自己的亲身实践去认识事物，理解世界的行为以及所得知识
学科知识结构性强，有逻辑顺序，密度高，但知识和现实生活脱离	综合运用多学科内容解决真实世界的问题，但知识很难有一个固定的逻辑
学习方式：基于标准化传授	基于实践、质疑与探究 （做中学、项目化学习、基于问题的学习、深度学习等）
认知结构：信息性 （知识储存量的增加、记忆模仿的能力和过程）	变革性 （创造意义的能力和过程） 对世界理解和重新定义的能力和过程
心理特征：依附性和被动性 易疲惫、放弃、思想分散、沮丧 学习兴趣和积极性降低	主动性和积极性 专注、好奇；坚持并能承受失败 爱反思和改变，体验学习和思想的快乐

◎ 图 3-7　分学科课程学习与跨学科课程学习的差异

我们知道，分学科的课程模型特点是学生通过学习别人已有的知识经验来了解世界；而跨学科的课程模型在开展过程中更多的是鼓励学生自己去实践，在探究过程中去了解和认识世界。

分学科的优点表现为单科的逻辑结构很强，内容密度非常高，课程设计系统完整，孩子们可以在很短的时间内通过记忆、背诵、再现等方法去掌握他人已有的知识；这种学习方式培养的是一些相对低阶的学习能力，但是所学的书本知识往往与生活实践联系不够紧密。

而跨学科综合课程模型的知识密度没有分学科课程那么高，实施过程中会运用多门学科引导孩子去认识和了解世界，学习过程也和真实生活密切相关。

这种学习方式主要是对孩子高阶能力和思维的培养，引导孩子们去发现未知和解决问题。不过，实施常常有很多问题，探究往往会有一个过程，所以孩子们在跨学科综合课程学习的过程中消耗的时间会很长，且学习的知识很难用一个固定的逻辑来深入推进。

另外，现在执教的学科教师大多都是从分学科模型下成长起来的，做跨学科的教学其实是经验不足的，老师也需要有个成长的过程。

综合比较之后，我们会发现这两种课程模型各有利弊。也正因为如此，我们才把二者结合在一起，趋利避害。从目前我们的实施效果来看，我们认为利用"4 + 1"的课程结构开展学习的确是一个比较好的时间配比。

○ "4" 和 "1" 的不同

"4"和"1"有什么不同？"1"的这个课程模型的内容结构是怎样的？课堂教学实施的路径又是怎么样的？

其实，在跨学科学习的这一天当中，我们为孩子们安排了六大主题，分别是自我认识、自我表达、自我组织、身边科学、地球空间和工程技术。在整个学校里，一到五年级都根据这六个主题开展学习，规定每个主题用六周的时间来完成。

另外，针对一到五年级小朋友基于不同年龄的认知差异，我们又在每个主题下设置了不同的单元。也就是说，一到五年级的每个跨学科学习主题都有一个单元序列。比如"自我认识"这个主题，一年级的单元序列划分就是身体和器官，而五年级孩子需要探究的就是责任和权利。在单元序列排布上，从一年级到五年级，呈现的是一个一环接着一环、螺旋上升的状态。

因此，在实施过程中，我们的跨学科学习在内容结构上一共分为三个层面——第一层面有六大主题；第二层面是六大主题下各年级的 30 个单元；在单元下面，还会有各种各样的、大大小小的项目，来支持单元目标的完成。

再比如"自我认识"这个主题，一年级的单元序列划分是身体和器官，在这个单元下面我们设计了很多的项目，如玉米玉米拉出来、假如我的眼睛看不见等。在真正实施跨学科学习的课堂中，我们主要采用的是探究单元这样的教学方法。在我们看来，基于单元的探究式教学，既是教学方式，又是课程样态。

我们知道，基于单元的学习探究式的方法有很多，现在国际上比较推崇的是项目化的学习方式，所以，在一天的跨学科综合课程学习中，我们也主要采用了项目化的学习方式。项目化学习的优点是能培养孩子应对未来挑战的各种学习素养和能力，比如信息收集、分析和判断的能力；比如通过和别人讨论甚至争辩，逐渐建立起基于证据去说服别人的能力；再比如在与他人合作设计解决问题的方案过程中，形成解决问题的思维路径的相关能力；当然，还包括创造性地呈现成果的能力等等。

我还想向大家介绍一下学校开展项目化学习的几个案例。比如在一年级"身体和器官"这个主题之下，有一个单元叫"玉米玉米拉出来"，课程设置的主要目的是让一年级的小朋友了解自己的消化系统是如何工作的。老师会在课堂上给孩子们吃玉米，孩子们则需要每天做好观察记录，包括玉米是通过什么渠道排泄出来的，用了多长时间排泄出来了等。在这一阶段的学习中，让孩子们了解肠道的工作以及消化系统的相互协作。

再举个例子，在"工程技术"这个主题当中，一年级有个单元叫"简单机械"，我们希望通过这个单元的学习，让小朋友了解身边简单的工具和机械以及它们的工作原理。我们设计了一个项目叫"超级挂钩"，项目开始之前，老师需要引导小朋友们，让他们看到教室里的抹布、扫帚、书包等往往堆放得比较散乱。通过这个引导启发孩子们做一个"超级挂钩"，把这些东西都挂在这个挂钩上。

在制作"超级挂钩"的过程中，有个男生组一开始显得非常着急，一上来就忙着把钉子敲进木头桩子里，因为他们想要把最沉重的书包挂上去，所以，小组成员都把精力聚焦在如何才能把钉子牢牢地敲进木头里面。但是他们忽略了一个问题，那就是每样物体的体积是不一样的，钉子之间需要留有间距。因此，第一次实践他们就失败了，但是通过反复地调整，最后他们还是成功了。从这个和生活实际息息相关的项目之中，他们真正构建起了对这些工具的使用原理、方法和技巧的认知。

再举一个例子，到了高年级的时候，在"工程技术"这个主题下，我们要求学生用六周的时间设计制作一本会动的小人书，拿回家给弟弟妹妹观看使

未来

284

用。这个项目是一个典型的跨学科项目，因为画图会涉及美术、编写剧本会涉及语言、制作会涉及工程技术……孩子们需要把这所有的环节都串联起来发挥好，才可能制作出一本能过自己这一关的会动小人书。

○ "4" 和 "1" 的关联

在我们学校，"4"的分学科课程和"1"的综合课程都是由同一批教师执教。浸润在这个环境中，受到两种课程模型的相互渗透，久而久之老师们也会发生很大的变化。当"4"有需要的时候，他们也会和"1"紧密结合在一起，利用两种学科模型的特点来开展教学。

举个例子，在一年级数学学科中有个知识点是要求小朋友们建立起对厘米和米的初步认识。于是，数学组的老师们就把这个知识点的学习和一年级跨学科学习中"自我认识"主题下的"身体和器官"这个单元结合在一起，设计了一个"订购校服"的项目，要求每位小朋友为自己的同桌订购校服。孩子们需要制作卷尺，并为他的同桌测量身高、臂长、胸围、腰围等数据。在这个过程中，他们不但为自己的同桌准确地订到了合适的校服，同时也动态地构建起了对厘米和米的认知。

再比如三年级的科学课，孩子们有一个关于太阳系的知识技能需要去完成建构，老师们也把这个知识点和三年级跨学科学习中"地球空间"这个主题连接在一起，设计了"逃离地球"这个大项目。通过"我们为什么要逃离地球、地球出了什么问题，哪颗星球有什么特点、更适合人类居住，我们如何逃离、又如何着陆"等问题设置，帮助同学们了解行星和太阳系。

所以，其实"4"和"1"结合会更好地促进学生学科素养和学习素养的形成。目前，"4 + 1"课程模型已在多个学校使用，之所以容易推广，是因为这个课程设置可以在统一的理念、标准、结构框架下，根据每所学校、每个班级师生的特点和需求，选择或创设不同的项目进行实施，既有限制性又颇具开放性。

统整与跨界：今天我们这样做绘本课程

◈ 闫学（杭州市新华实验小学、杭州市建新小学校长）

在建新小学举行的一场戏剧课程展示活动上，一个班的孩子表演了《神笔马良》，表演结束，主持人老师就把扮演马良的孩子叫住了："马良，今天是新年，你能不能给大家画出新年礼物呢？""马良"说："可以。"然后神笔一挥，就在幕布上画满了花花绿绿的新年礼物。"马良"刚刚画完，早已经藏在幕布后面的老师、家长，包括我本人，就拿着大包小包的新年礼物从后面跑了出来，我们跑到了孩子们中间，跑到了老师们中间，跑到了家长中间……这一幕是大家事先没有想到的，因此全场一下子沸腾了，我们还用照片记录下了当时沸腾的场面和大人孩子们明亮的笑容。我们希望通过这种煞费苦心的设计，让孩子们的童年生活多一些美好的记忆，多一些激动人心的时刻。

这次活动是学校戏剧课程的一次展示，而儿童戏剧课程是我所在的两所学校整个课程体系当中一个非常重要的板块。新华实验小学在创办之初，课程团队和家长们就一直在讨论，我们要培养孩子成为什么样的人？我们的培养目标是什么？后来我们达成了共识——"新小孩"核心素养：常常思问，日日求新，天地有我，一树风华。

286

我们希望孩子们能够永远葆有对这个世界的好奇心，能够每天都突破自我，拥有家国情怀、世界眼光，有责任担当。我们也相信，每个孩子都有自己独特的生命密码，有自己独特的天赋才干，只要给予他们适当的雨露、阳光、土壤，他们就一定能够生长出生命中最美的姿态。

○ 教育无边界，课程需融合

确立了这样的培养目标，我们又提出了相应的课程哲学，那就是"无边界教育"。所谓无边界教育，就是打破学科界限，统整课程资源，开拓学习时空，发掘师生潜能，开启儿童智慧，丰盈师生生命。其中打破边界，将学校的课程进行统整，是建新小学和新华实验小学课程设计以及实施的基本思想和战略。

我们学校独具特色的是"新小孩"课程体系，分为两个板块：第一个是基础性国家课程，第二个是拓展性校本课程。在每一个板块下面，我们又设有不同的课程。

基础性国家课程包括了语文核心统整课程、数学核心统整课程、英语核心统整课程以及其他学科核心统整课程。简单地说，就是我们把国家基础课程作为核心，打破学科边界，将课程进行统整。统整是我们实施国家基础课程的重要思想和实施战略。

拓展性课程包括了两个板块，第一个是专设的跨界课程，第二个是社团活动课程。在专设跨界课程当中，又包括了爱丽丝绘本阅读课程、彼得·潘儿童戏剧课程等。社团活动课程包括了不同的主题板块，在每一个主题板块下面又有不同的小规模的选修课程，目前一共开设了 68 门。不管是社团活动课程，还是专设跨界课程，跨界都是实施课程的一个主导思想，也是一个基本战略。我们倡导打破教学的边界、教师的边界、师生的边界、课程资源的边界。在这一种主导思想之下，我们逐渐形成了统整和跨界的"新小孩"课程体系。

287

在这个课程体系中，我们首先做减法，减掉了一些在基础课程中重复交叉的内容，减掉了一些质量不高的课程；同时我们团队也达成了有所为，也有所不为的共识。由此既节省了时间，又减轻了师生的课程负担。当然我们也做了一些加法，主要表现在学生的跨界学习和教师的跨界教学。学生的跨界学习包括学科跨界和学习时空跨界；教师的跨界教学一方面是指教师个体的独立跨界教学，另一方面是指两名教师以及两名以上教师的跨学科协同教学。

绘本课程是亮点

绘本与数学统整

这是一位数学老师用绘本《寻找消失的爸爸》创设了一个美好的学习情境，帮助孩子们理解数学概念的同时又对他们进行了思维习惯、意志品质的教育，还让孩子们明白了同伴互助的重要性。除此之外，在她的课堂上我们还能看到音乐的元素、舞蹈的元素、手工制作的元素，甚至还有语文课上生字词语的教学。如果我们还是用传统的眼光去看待，那么单从外在形式上将很难判断这是一节什么课；但这就是我们教师个体的跨界教学，这是一堂以数学为核心的统整课。

绘本与语文、音乐统整

这是一位语文教师和一位音乐老师的跨学科协同教学，教的是绘本《夏天的天空》。当一个音乐老师和一个语文老师共同站在讲台上，那就不再是传统意义上的绘本阅读指导，而是会调动身体的多种感官，让课程充满了生命的活力，因此也更加受到孩子们的喜爱。

绘本课程群

我们倡导不同学科的跨界教学，倡导教师个体的跨界教学，还有学生们的跨界学习，因此我们开设了大量的专设跨界课程。以爱丽丝绘本阅读课程为例，它以儿童生命成长为核心，站在儿童的视角，一共研发了 9 个板块的内容，包含儿童美学鉴赏、儿童心理治愈、儿童智慧开启等等，拿出任何一个板块，都能成为独立的课程。也就是说，爱丽丝绘本阅读课程已经有了课程群的基本气象。

目前，爱丽丝绘本课程有两种实施样态，一种是单列式，一种是统整式。单列式是绘本阅读课，和语文、数学、美术等课程一样，成为单设的课程。所谓统整式，是绘本课进入了语文课、英语课等等，与国家基础课程进行大幅度的统整。这种统整式课程已经是我们目前课程实施的一种常态。

我们的团队在课程资源方面也做了大量的工作。比如我们编写了绘本课程教材，也研发了绘本阅读微课，用视频的方式进行传播。这些绘本阅读微课包括许多不同的主题，如怎么阅读绘本的正文，怎么阅读绘本的环衬等等，一共 23 个主题。这 23 个不同系列的绘本阅读微课，都通过学校微信公众平台和我个人的微信公众号，免费向所有订阅的读者推送，它涵盖了绘本阅读的全部专业知识。我们希望能够让所有关注绘本阅读的老师、家长，包括喜欢绘本的孩子们，都能够懂得绘本阅读的专业知识。

爱丽丝绘本阅读课程是深受孩子们喜欢的课程。这些年绘本阅读课程团队走到全国各地，为所有有志于实施绘本阅读的学校和机构提供了一系列课程的培训，包括课程定制的服务。

○ 浪漫的想象力课程

在新华实验小学课程当中，还有一门非常值得一提的课程——想象力课程，一共分为问天、探海、巡地、观镜、追梦、调色盘几个系列，每个系列都在不同的年段按照不同的比重来实施。在每一个系列下面，又分为几个课程板块。比如"问天"系列，又分为"天空想象""宇宙起源""星星传说"三个板块。有人曾经问我们，为什么要在学校开设想象力课程？这是因为在新华实验小学创建之初，我们就已经达成了这样的文化核心理念——"想象力第一"，这回应了我们的教育价值优先主张。我们专门开设了想象力课程，同时也把想象力课程渗透到了其他学科当中。我们希望通过这样扎扎实实的行动，来回应中国基础教育目前的短板。我们既然看到了问题，就要试图去改变它、解决它。目前想象力课程也是一门深受孩子们欢迎的课程。

在专设跨界课程当中，我们还开设了彼得潘儿童戏剧课程，每年在实施一个段落之后，都会举行大型的课程展演活动，每一个孩子都要上台表演。每次大型的展演活动都成为孩子们、家长们和老师们共同的节日。

289

○ 丰富的资源支撑

这些专设课程的设计，一方面拓展、丰富了我们的课程资源，另一方面也对课程资源的建设提出了更高的要求。我们在杭州建新小学打造了爱丽丝绘本馆，它以经典文学名著《爱丽丝漫游奇境记》为主题，营造了浪漫、温馨、诗意的阅读场景。目前绘本馆一共有16000册、11000多种绘本图书，而绘本的存量已经超过了浙江图书馆的绘本总量。我们以学校之力，打造了一个种类齐全、数量庞大的绘本主题馆。这个绘本馆还有大量的活动课程被研发出来，成为孩子们和老师们最喜欢来的地方，来了就不想走的地方。

后来，课程团队又打造了魔镜阅读馆，这是一个极具创意的、非常开脑洞的阅读馆。在这个阅读馆内，我们实施绘本阅读课程，开展绘本阅读主题活动，包括阅读公益活动等。

这些年我和我的团队本着统整与跨界的主导思想、基本战略，逐渐达成了这样的目标：课程资源的极大丰富与拓展，课程项目的选择性大大增加，孩子们的学习兴趣与能力全面提升。

但是，我们关注的绝对不只是孩子的当下，我们和家长们早已达成了这样的共识，我们要为孩子的 10 年以后负责。我想，如果我们的孩子在很多年之后，当回忆起他的童年生活，能由衷地发出感叹："我当年的学校真好啊！"如此，我们的教育目标就已经达成了。

跨学科整合课程的常态化

◈ 张宏伟（北京亦庄实验小学特级教师）

课程想要从融合走向常态，关键是要找到常态融合的路径。我们全景式数学教育团队初步探索出基于 Connate（合生）和 Theme（主题）的课程融合路径，简称路径 C 和路径 T。目前，我们团队初步完成了整个小学阶段的系统建构，仅一至六年级科学与数学融合的课程就一共设计了 43 个。

路径 C：寻找合生项目

路径 C 是寻找合适的天生同种、同质一体、不可分割的合生项目，它分为三个子路径。

C-1，寻找本质上是数学上空间形式的合生项目

以"对称"为例，除了与美术、造型艺术融合外，我们还将语文的回文诗和回文联纳入进来。

鸟醉花香

冬伴春来春伴冬
风随雨洒雨随风
鸟醉花香花醉鸟
松恋雪洁雪恋松

━━━━▶
雾锁山头山锁雾
天连水尾水连天

◎ 图 3-8　回文联和回文诗

学生很快就发现中间的那个字就是对称轴，回文联从前往后读，从后往前读，转着圈读都完全一样，正是因为如此，数学的对称造就了回文诗的独特之美。

雾锁山头山锁雾

天连水尾水连天

1 2 3 4 3 2 1

↑

1111×1111

◎ 图3-9 回文联和回文数

仅仅如此还不够，数学最终是要将万物进行数字化和形式化，因此，我们接着开始对诗进行数字化。先用"1"来表示第一个字，依此类推，这个回文联就可以表示为1234321，学生马上联想到这是回文数，它也是对称的。中间的对称轴"4"还隐藏着更加令人惊喜的秘密：因为4是由4个1构成的，我让孩子用4个"1"乘以4个"1"，学生惊奇地发现结果正是1234321！

音乐老师也利用乐谱上了一节"对称"课。至此，学生亲自经历和见证了语文、数学、音乐、美术四个领域神奇地统一在"对称"之中，打通了各科的联系，也让大家感受到了数学的价值和魅力。

C-2，寻找本质上是数学上数量关系的合生项目

以数学和科学为例，孩子在探索杠杆时发现，只要找到两个积相等的乘法口诀，并根据它们来挂码，杠杆就会平衡。比如：三八二十四，四六也是二十四，那么杠杆左边，在刻度8处挂3个码，杠杆右边，在刻度6处挂4个码，杠杆平衡。孩子们不断地找乘积相等的口诀试验，屡试不爽，大呼神奇，还创造性地发现了挂多组砝码的规律：杠杆的左边，刻度5和刻度10这两个地方各挂2个码，可以得到$5×2 + 10×2=30$；杠杆的右边，刻度4处挂5个码，刻度10处挂1个码，可以得到$4×5 + 10×1=30$；因为$5×2 + 10×2=4×5 + 10×1$，所以杠杆左右平衡。这实际是在学习和解决乘加、乘减问题。这个课程表面是科学，实际是数学。它让学生认识到了数学在科学中的独特价值，进一步激发了学生学习数学的兴趣和内驱力。

再以"和音的秘密"为例，我们先让孩子通过敲钢筋编钟，弹铁盒上的皮筋，找到和音点，探索和音理，通过检索得知标准的和音比，再让孩子们用铁盒子根据这些和音比来创造和音，现场演奏。孩子表面上是在创造和音，实际是在学习数学中的"按比例分配"——想要创造出美妙的和音，必须将皮筋按比例分配，舍此别无他途。

这个活动将数学无形地融入好玩的非数学活动之中，数学本身已经不是目的，而真正变成了工具。这是一个非常典型的合生课程，它不是音乐和数学的简单叠加，而是和音必须依附数学而生，是你中有我，我中有你，一体同质，不可分割的真正融合。

C-3，寻找与数学互为表里、互相借用的合生项目

◎ 图 3-10 表面上是创作和音，实际是学习数学的按比例分配

这条子路径可以分为两种类型：

类型一是以"文"绎"数"，通过追溯数学概念的名称、语法的构造逻辑来进一步理解数学概念。

比如学习分数时，"三分之二"就是古汉语分数的表达形式，"三分"就是"分三"；再来看"之"的含义，"之"的本义是"出"和"生出"；"三分之二"综合起来的意思是平均分成三份之后，再从中生出两份。"之"的"生出"之意揭示了"分子""分母"的名称由来，类比人"子为母生"。学生进一步了解了分子、分母的写法和意义，同时感悟到了背后的中国文化。

类型二是以"数"毓"文"。举一个例子，学习长度知识时，在让孩子们自己以身为尺测量万物之后，他们查到古代将中等男子的身高规定为"一丈"，因此男人才称为"丈夫"；古代男人的一拃是一尺，女人一拃为"咫"，所以才有了"咫尺之间"这个成语，形容很短、很近的距离。孩子们还查到了"指"，"指"就是"寸"，平均分成十份，得"分"，再分得"厘"，再分得"丝"，再分得"毫"，这就是"丝毫不差"的来源。

同时，我们现在的"步"在古时候被称为"跬"，而古代的"步"是两跬，今后在学"不积跬步无以至千里"时就非常容易理解了。学生们还查到唐太宗

以他的三百步为一里，就是六百跬，三十里再规定为一舍，那"退避三舍"也不讲自明。

○ 路径 T：基于同一"主题"融合

路径 T 是基于同一"主题"进行融合，主题是指主要题材、中心思想以及主要内容等等。它又分为多个子路径。

T-1，基于"主要题材"的融合

比如我们以南瓜为主要题材开展融合，语文学习南瓜有关的字、词、短语、童谣和绘本；科学学习南瓜的结构分布和种类；美术和英语联手举办万圣节，学习南瓜的简笔画、化妆以及雕刻南瓜灯；音乐、体育来唱南瓜歌，跳南瓜舞，举办瓜果运动会；最后是综合实践——"我为瓜果代言"和"瓜果美食节"。

数学在其中承担了解南瓜的粗细、重量和长短的任务，这是在学习"测量"和"化曲为直"的思想，了解金瓜有几瓣（绝大部分是 10 瓣，8 瓣的特别少），数南瓜子的数量，这是学习"统计"和"1000 以内数的认识"。

各个学科从不同的维度共同支撑一个主题瓜果的研究，分而不离，完善了学生对于瓜果的认识。

T-2，基于"中心思想"的融合

这里的中心思想主要是指数学思想或超越数学的一般思想、观念和方法。比如五年级有一个单元要学习多边形面积，主要是学习平行四边形、三角形和梯形的面积推导，中心思想是"转化"。我们就以转化为中心进行融合。

除了数学之外，语文学习小古文《曹冲称象》发现就是将大象转化成小石头；我们得科学学习动滑轮和定滑轮，定滑轮可以转化力的方向；英语来讲故事《酋长的继承人》，讲的是把骆驼跑得慢转化为骆驼跑得快的智慧故事。多个领域围绕转化去展开，实现了学生对转化思想全面、持续、深刻和全方位的感悟。

T-3，基于"主要内容"的融合

这里的内容主要是指数学内容。

三年级学习认识分数，主要内容就是分数的意义，分数的意义搞懂了，其他就全懂了。我们围绕"分数的意义"，将音乐、美术、英语融合进来。

英文当中有两种"三分之二"的读法，第一种读法是 two thirds，指两个三分之一，这是在学分数单位和分数的组成。第二种读法是 two over three，over 表示"在……上面"，这是分数的基本写法。中英文互补，分别从意义、组成、写法三个方面演绎了分数，加深、完善了学生对于分数的认识，又了解了东西方的不同文化。

美术带领学生学习人体简笔画，胎儿的简笔画，头部要占二分之一，成年人的头部要占八分之一，三年级孩子的头部大约占六分之一，当然有一个例外，有的人是"九头身"，头部占身体的九分之一。

音乐通过画、听、弹、唱、打击、手舞、足蹈等认识和表现二分音符、四分音符和十六分音符等，这样学生就可以对分数有充分、全面的理解，真正认识分数的意义。

此外，我们还可以基于大概念，基于普遍的公理，基于客观规律以及核心素养、核心能力、情感目标、生活内容等主题进行长线融合。

○ 数学的本质没有淡化反而凸显

现在，我们回顾一下以上的融合课程，在这些融合性的课程中，数学的学科本质淡化了吗？不！不但没有淡化，它反而让数学的本质，特别是数学学习的意义和价值更加凸显，也更有利于学生从不同的领域以不同的方式、以自己最擅长的学科视角多维、全景、完整地学习和认识数学本身。

它是在解决真实的问题中学习，是学习真实的数学，真实地学习数学。而且，这些跨领域项目鲜活、生动、丰富、有趣，能很好地丰沛学生学习的情感，拓宽他们的视野，丰厚他们的智力背景，完善学生的认识，提高学生综合解决问题的能力，涵养学生多方面的素养，更有利于促进学生成长为全面完整发展的人。

其实，所有的数学内容都和非数学领域有着千丝万缕的联系，我们大部分可以找到融合的基本路径。正如马克思主义普遍联系观点所认为的：世界万物都是联系的、发展的，并且这种联系是客观的、多样的、普遍存在的。那数学是万物中的一个，它一定也是这样。也就是说，如果我们能够始终坚持以融合的意识去审视各个学科的课程，不断地探索新的融合路径，我坚信，融合最终将会走向常态。

未来

294

课程内容：从学科世界到生活世界

最中国的课程　最世界的学习

◈ 曾国俊（台湾道禾教育创办人）

○ 中国自己的教育是什么

1996 年，道禾教育诞生在中国台湾的台中地区，学校的计划伴随着孩子的成长，从幼儿园开始，逐渐有了小学、初中、高中，到 2019 年，已经有 4 届大学毕业生回来了。

大学毕业生回来以后，给了我们更大的思考，看见了自己的长板，也看见了自己的短板。这些孩子，有人从华盛顿大学、伦敦大学、台湾大学、台湾成功大学等大学回来；也有人高中毕业就不读书，不再上升，去办有机农场，现在我们学校的一些有机蔬菜就是他们供应的。我们看到孩子各方面多元发展且长出了自己的状态，也看见我们的教育在哪些地方出现了一些问题。

2006 年，道禾满 10 年时，我们创办了道禾教育基金会。道禾满 20 年的时候，我们成立了道禾教育研究院。我们一路支持像蒋勋老师那样的教育人，讲美的沉思；支持像洪兰教授那样的研究者，讲脑神经科学。这 20 年来，有 200 多位学者、专家走在前面，带领我们打开眼界、打开心量、发展事业。

我觉得教育工作最大的问题应该是面对人的成长，以及人的问题。所以成立基金会 13 年后，我们邀请了 200 多位学者来帮我们的老师、家长，打开眼界、视野与信仰，并且做出版、做定制培训。

2016 年成立教育研究院之后，我们开始把文化的母语、文化的基因，以及属于我们这块土地的教育，根据这 20 年走过的路，做反思。为此，我们成立了 14 个组，由 40 多位博导来现场指导组内 40 多位资深的教育工作者。

走过二十余年，我们发现自己在教育现场的耕耘回到了更深刻的本我坚持，我们想走自己的路，希望去探索这块土地属于我们自己的教育的母语和文化基因。

在开始探索之前，我们去考察了德国、英国、新加坡、日本等地方，发现这个世界有蒙特梭利教育、华德福教育、杜威教育等各式各样的教育学说，它们都很精彩、很美，比我们早走了数十年，甚至联合国教科文组织推荐它们成为世界某一些教育运动的代表。

我经常问自己，中国这块土地有 14 亿多人。但什么是属于我们中国自己的教育？我们可能一时难以解答。

真正的国际化一定是自信的

改革开放 40 多年，中国已经是全世界三大经济体之一，但真正的强国必然输出文化、输出教育。所以我们一直在思考，如何生长出一个更适合于自己文化母语的文化基因，如何生长出更适合于我们子子孙孙所传承的学艺，能够创生出"既是我们的又是世界的，既是这块土地的又是国际的"思想结晶。我相信这是我们大家所共同期盼的。

过去的 20 多年，道禾基于这样的理念开始摸索。比如探索我们这块土地上的琴棋书画，从礼、乐、射、御、书、数寻找我们自己的教育美学；从农耕、中医、养生学、山水学寻找属于我们身体的美学。一路走来，逐渐发现我们的文化基因如此之丰沛，足以跟世界交流与分享。

我想真正实现国际化的前提一定是来自了解自己、喜欢自己、肯定自己，唯有更加地了解、喜欢跟肯定自己，能够用别人听得懂的语言和逻辑来说自己的故事，才是真正的国际交流。

经过二十余年的探索，我们的教育现场有了一些课程的转化。2007 年我们就成立了道禾书院来发展师资培训。在教育现场的实践，真正的问题就是师资养成，以及师资的培育跟发展。所以我们花了很长一段时间酝酿师资如何展开培育的工作，同时又在思考如何面对广大的社会大众。于是 2011 年又正式成立了道禾六艺文化馆，截至目前有 200 多万人来这里参观体验，交流座谈。我们还在全国各地举办了大概有 12 场的读书会，把这样的理念去跟家长和教育工作者分享。2016 年我们成立了道禾教育研究院，希望把过去 20 年的实践经验，透过系统的诊断，让我们有勇气面对下一个 20 年。

○ 少者怀之，朋友信之，老者安之的三代人关系

297

经过了将近 8 年的实验，我们从北京的朝阳区到顺义区，再到广州的天河区、深圳的蛇口区，一路摸索如何去创建一个从个人教育、学校教育、家庭教育到社会教育，服务于 0—100 岁的"三代塾"计划。我们在中国台湾的竹北市盖了一个新园区，叫作"道禾三代塾"教育文化生活园区，我们希望把三代人的教育思想跟内容安排在这个园区当中，它不再是我们所认识的幼儿园、小学或者是中学。这里面还包含我们自己的托幼中心，这个部分我们从桌子、椅子、柜子到所有的教材、教具等，所有的东西都尽量自己来研发与创作，做一些属于我们自己的孩子 0—2 岁的探索。

过去我们是从幼儿园一路往上走，后来我们开始往下走，去探索母亲与婴儿的关系，发现"好好吃""好好睡""好好玩""好好生活"原来这么不简单。我们花 8 年的时间从一个实验班做起，到现在才好不容易得到政府跟家长的一些肯定，给了我们一些奖，我们才敢在 2018 年把这项研究正式对外公开。

说回幼儿园，我们在幼儿园探索节气生活已有 20 多年，如何去做节气生活，怎么去做节气文化，怎么去做节气活动都有丰富的内容设计与执行经验。

伴随着孩子逐渐地长大，就有了小学。道禾的实验教育算是走在前沿的。我们从一个新教育运动的开始，就着手创办一所学校。从几个家长开始，一路从幼儿园、小学，一直到高中。这一路可以说在探索我们自己的教育的路上走得特别缓慢。到目前为止，道禾在台湾有三所很小的学校，有三四个很小的馆，服务的每一所学校的孩子不过两三百名。

我们希望学校像一个村子，这个村子是一个现代书院、是人文生态、是耕

读村落。我们希望所有的孩子认识所有的老师，所有的老师认识所有的孩子。所以我们每一个家庭都建立了一个学习的、成长的、与社区共构的记录册。我想要做到三代人可以一起共生、共学、共享、共识、共进，建立起少者怀之，朋友信之，老者安之的三代人关系。

○ "最中国"的教育从"根"中寻找而来

回到中国的宗族文化，其实不管我们在多远的城市，心都跟家乡相连，宗族相连，我们需要的教育绝对不仅仅是在学校的教育。学校的教育已经开始无围墙、无国界，但是不管如何无围墙、无国界的学习计划，最终还是要回到你的根，你的家乡，你的父母亲，你的爷爷奶奶，你的祖祖辈辈，这一条线叫作传统与现代。如人行走，一脚在前一脚在后，前脚要跨出去，前提是后脚跟要踩稳。

这个世界，地球只有一个，很难分东方与西方，但是思想确实有东方与西方之分。这两个都很美，但我们要思考如何让自己的美能呈现，最后也能够与这个世界交流。不能眼看这个世界只开白色的花、红色的花、黑色的花，结果我们这朵"黄色的花"一直不开，一直处在只有向外学习而无从把我们数千年的文化价值去跟世界分享的状态。所以我觉得"最中国"的教育一定是从我们的根，从我们的文化，从我们的基因当中寻找而来。

298

在过去很长的一段时间里，我们希望既找到自己的儒释道哲学的现代性、独特性与未来性，同时也找到琴棋书画、礼、乐、射、御、书、数的教育实践方案，来跟这个世界交流。所以我们开始去探究属于自己食物的母语，自己的味道，也开始发展自己的"道禾造"，发展自己的笔墨纸砚。孩子们很期待上山的茶具，我们带着自己的笛子、鼓琴，用柔软的布作为包袱巾。我们小学一年一座山，一年一条河，六年就是六座山、六条河。小学毕业的时候，在台湾玉山3952米上面拿毕业证书。初中毕业有三座山，带着三十几公斤行李横渡台湾的心脏，从台湾的西边走到台湾的东边，在出口处领毕业证书。全班在高中造一艘船，航一段海，简称为"道禾山海关"课程，结合了科学、美学、生命教育、艺术教育、人文教育，结合我们对于多种种族的尊重，对少数民族的尊重。我想，道禾的课程，不管是山水学或者农学，我们在发展从这块土地长出来的，适合于我们子子孙孙的一种教育的探索。

在未来的岁月当中，希望道禾所有的伙伴能够持续地努力，也希望在未来看见从这块土地长出一个更适合于我们中国人自己的教育。

学生不往死里学，学校还有啥选项

◈ 唐江澎（江苏省锡山高级中学校长）

○ 高中可以另有样态

要是学生不往死里学，学校还有啥选项？

这是 2019 年"两会"期间，我给教育部部长的建议中的一句话。我说，今天的教育虽然应该鼓励学生努力学习，但是我们学校里边不应该充斥着那种"只要学不死，就往死里学"的血腥标语，我们应该鼓励学生考取好的大学，但是没有必要在学校里搞那些杀气腾腾的"百日誓师动员大会"。

在今天的高中，我们不谈分数是不行的，但只谈分数是没有出路的。经常有人说这么一句话，"没有升学率，一个学校就会被边缘化；但只有升学率，一个学校的教育就会庸俗化"。

那么，我们究竟怎样平衡这些关系，走出我们自己的路子？我以为，最关键的一点是，把我们朝向理想的美好愿望通过具体的、实际的路径一步一步做出来。其实，高中完全可以有另外一种教学的样态，学生完全可以在其中进行深层次的学习，从而增长他们的智慧，而不仅仅靠刷题来提高他们的记忆力，来获取冰冷的分数。

对可预见的未来，我们学校有一个判断：第一，中国高中以班级授课为基本教学组织形式的状态不会发生颠覆性改变；第二，中国高中主要课程的教学形式以知识掌握程度和知识运用程度为指向不会有颠覆性改变；第三，未来十年以纸笔测试为人才选拔主要方式的高考模式不会发生颠覆性改变。

这是短期内不容易改变的。我们能改的，就是让学生把今天的学习和未来的事业联系起来，用一种典型的学习方式来促成核心素养的发展，进而养成获得未来专业关键能力所需的基本的能力。

在想象中创造

通过例子，我来给大家展示这样的一些学习方法，我把它们称之为"在想象中创造"。

在食品进入学生的口中之前，要经过严格的检疫。教育部已经提出了实行校长陪餐制，我们必须和学生一块用餐。但在我们学校，老早就实行把食品交给学生来检验和检疫的规定，孩子们在食品检验实验室里，对购买的那些原材料展开检验。每次检验后，他们都要写下这样一行字："我本着对自我、同学、老师的生命与健康负责的态度，认真规范地完成了各项数据的检测和公布，并承诺终身对这些数据的真实性负责。"这既是他们运用学科知识所进行的一种深度的学习，也是他们承担社会责任的一种表现。

有一名叫李烨的同学，和其他同学一样从事了这样的检验。但是，她发现有一个核心的问题，就是我们所用的材料在检测猪肉残留的一种物质的时候速度太慢。等检测结果出来了，含有那些物质的猪肉已经被吃进肚子了。于是她就进行搜索，先后搜索了89篇中外文献资料，又进入高校的研究室进行实验，最后终于找到了"以氧化石墨烯为信号探针、卡那霉素特异性适配体为识别元

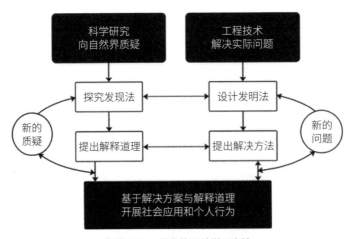

◎ 图3-11 学生的两种学习方法

件的卡那霉素的检测方法"。她在 2019 年获得"无锡市第二届青少年科技创新市长奖"，进而被清华大学选去参加一个国际交流活动。

李烨同学的例子告诉我们，深度的学科学习、社会责任和学校活动完全可以很好地融合在一起。这是我们学校关于原创式大任务课程的一个典型案例。

我们认为，学生的学习有两种方法，一种是用科学研究的方法向自然界提出质疑，一种是用工程技术的方法来解决实际的问题。在这种背景下所展开的学习，就可以把艺术和技术融合在一起，把科学与艺术融合在一起，我们寻找的是一种能够把这些东西结合在一起的课程。

我们常常抱怨今天的学生想象力不够丰富，也常常抱怨今天的学校创造力不够强盛。但是，如果我们把想象力仅仅理解为一种奇思妙想，而不把这种想象付诸物化的成果，再多的想象恐怕都只是停留于文学状态的一种幻想而已。

我们强调的是融科学与技术于一体，在想象中创造。那么，它要求必须在这六个方面下功夫：（1）真实的问题情景；（2）整体的问题解决方案；（3）跨学科的知识组织；（4）时间探究的学习方式；（5）严谨的技术规范；（6）指向物化成果的学习评价。

第一，要有真实的问题情景。从真实的问题情景中引发研究的动机，产生研究的课题。

我们学校家长中一些驾驶技术并不高明的母亲，催生了学校一大批的发明家。一个母亲送孩子上学，突然发现前面一个异常情况，一脚猛踩刹车，结果踩到油门上面，车子飞蹿向前，差点就出了事故。孩子吓出了一身冷汗，也吓出了一个问题：怎么防止把油门误当刹车踩？他经过反复地研究发现，其实油门是不可以猛踩的，只有刹车才可以猛踩。于是他发明了一种装置，猛踩油门必然抱死，踩不下去，只有刹车才能猛踩下去。他的这个技术获得了国家技术发明奖。

我们的一群孩子到颐养院去看望老人，发现有几个老人正因为找不到钥匙而心情不好。几个孩子就帮着老人找钥匙。回来之后，孩子们就想，不能老去帮老人找钥匙，应该用一个办法让老人的钥匙永远不丢。于是，想出来一个方法，就是给老人的钥匙绑上发声器，然后再接一个蓝牙，在墙壁上装一个按钮，旁边画一个钥匙，当老人找不到钥匙的时候，一摁那个按钮，小喇叭就在钥匙所在的地方噼里啪啦地叫，彻底解决了老人的问题。他们的这项发明成果也获得了国家专利，这便是在真实情景中发现问题。

第二，要有整体的问题解决方案。他们要系统地设计任务完成的方案。中间要做哪些研究？最终要实现什么样的成品？要系统地设计解决方案，画出流程图。

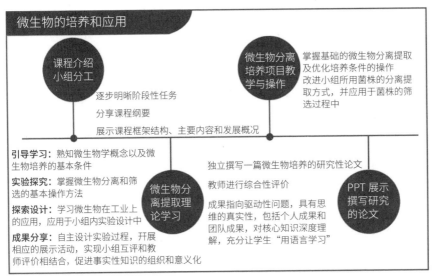

◎ 图 3-12　微生物的培养和应用

图 3-12 是一个微生物的培养和应用课程，学生自己设计的整体学习流程与学习方案。这样的学习，就不是应用一个学科知识的单纯的学习，要实现跨学科的知识组织，它是一种有 STEM、STEAM 性质的综合性的学习。这种学习方式，就不仅仅是我们说的那种刷题和记忆式的学习，它是有探究的、有实践的、有体验的一种学习方式。

国外流行的 CDIO 工程教育模式的学习方式，在我们学校的工程实验类项目里已经被大量采用。他们还采用以色列的企业孵化器的模式，用风投来解决研究资金不足的难题。

在这六个方面中，我特别想强调严谨的技术规范。所有学生的改造、创造的工作，必须讲究严格的技术规范。我到芬兰去，到许许多多国家去，发现哪怕他们的孩子做一个简单的小板凳，一定是先把图纸画好，一定在墙上有规范

未来

的工艺流程，一定有怎样使用工具的技术规范，这是很关键的一点。我们现在许许多多的创造，没有考虑基本的技术规范，最后就流于一种没法向高走的低层次的、幼稚化的现象，它无法进入专业的领域。

我们学校有很多例子，通过一种规范，使得根本不懂得设计的孩子，在一系列的课程学习之后，就变成了设计"大师"。

○ 一个雕塑蕴含的未来方向

江苏省锡山高级中学已经有百余年的历史了。在学校 100 年校庆的时候，把老校区的一座校门搬到新校区，做了一个纪念门，用于致敬我们学校辉煌的历史。在 110 周年校庆的时候，我们发出了一个征集令，征集一个纪念性的雕塑来作为我们学校 110 年的标志。结果征集来了很多作品，经专家选择，最终选了其中一个作品。

刚看到这个作品的时候，我难以对它做出评价。这么多框框格格，是什么意思呢？作者进行创意阐释，他说这幅作品叫"未来的学校"。我说，未来的学校怎么是这样子，我怎么看不出来这有未来学校的样子？再听他的解释，他说这是多样的门与多样的可能。

我们一直在强调，未来的学校其实就是给学生的生长提供多样的路径、多样的通道的一种民主性的学校。民主性的学校，就是说我们的课程是民主的，能够以它的丰富性来支撑学生个性化的成长；我们的教学必须是民主的，不能以真理的拥有者自居，而应该是在和学生平等的对话中，让真理在我们的面前敞亮；我们的治理也应该是民主的，让学生参与其中，来分享、共享这样的一个民主的、文明的体制。

到今天为止，我们还没有办法把这个雕塑制作在我们的学校里，因为我们的学生还不具备把它结构化的能力。比方说该用什么样的材质，在底下应该是怎么样的基础。但它是一个美好的未来，标志着我们努力的方向，打开多样的门给学生提供多样的发展路径。

为了理解力的实践，聚焦课程的学校系统变革

◈ 臧秀霞（深圳市红岭实验小学执行校长）

聚焦课程的学校系统变革，先请大家和我一起走进我的课改故事，也是我的成长故事。

第一个故事发生在 2005 年 4 月，我构建了一个课内的教学模式叫"三阶段六环节"，为此，我获得了我们潍坊市的教育教学类最高奖项——创新燎原奖。

第二个故事发生在 2007 年 10 月，我第一次应邀给全市的 1000 多名校长做培训，为什么？因为我尝试实践了学科内的主题教学。

第三个故事发生在 2013 年 4 月，我被推选到山东省素质教育现场会上做了一个典型发言。这都是因为我将国家课程的"品生"、"品社"、科学和地方课程的安全教育、传统文化做了一个学科的整合。

第四个故事发生在 2016 年 12 月，我登上了国家会议中心的舞台，原因是我聚焦课程做了学校的系统变革。

一路走来，我感触最深的是，课程改革是教育改革的核心，课程改革的关键就是国家课程的校本化实施。

2017 年，深圳市福田区教育科学研究院嵇成中副院长对我的课改故事做了这样一个点评。他说："你的第一个课改故事就是 1.0 版本的课程改革，做的是教学模式的建构，你看重课堂教学活动构建，轻课程开发改造；第二个故事是 2.0 版本的学科结构优化，学科内容主题化变革，是在教科书内寻求出路；第三个是 3.0 版的课改，学科之间的融合，跨界项目式学习，使国家课程与校本课程双体运行；第四个是 4.0 版本的课程的整体重构，是聚焦课程的系统变革，是基于课标的统整。"

就如他所说，我的课改故事的 1.0 版本关注方法，2.0 版本关注内容，3.0 版本关注融合，目前 4.0 版本关注的是理解力。理解力是产生观点，形成自己的思想，以及将旧知识运用于新情景、解决新问题的能力。如果从教材角度出

未来

304

发，1.0 到 4.0 版本依次经历了基于教材、优化教材、创编教材和超越教材的过程。

4.0 版本阶段我们是怎么做的呢？

主要做了三件事情：第一是重构课程体系，第二是再造学习时空，第三是改变组织管理。

年级	我与自己	我与自然	我与社会
一	学校　家庭	植物　空气	节日　交通工具
二	家乡　故事	水　动物	朋友　职业
三	1 祖国　4 诗歌	6 光和电　3 微生物	2 生产与消费　5 制度
四	世界　历史	自然现象　材料	社区　服务
五	宇宙　价值	力量　科学技术	和平冲突　领导
六	智慧	能量	公民

（左侧竖排：一至六年级探究主题）

每个单元 5—7 周。将大部分学科知识溶于生活主题中学习。

◎ 图 3-13　我们的行动

重构课程体系

由于第二件事情再造学习时空和第三件事情改变组织管理，都是在第一件事情重构课程体系的基础上做的，所以我们称为聚焦课程的学校系统变革。

重构学习内容

重构课程体系，首先重构的就是学习内容。原来我们的学习内容就是教科书，将知识技能作为学习的目的，而将生活作为学习的手段；现在我们将三大关系，即我与自己、我与自然、我与社会作为学习内容的主要来源，而将知识技能作为学习的手段，生活才是学习的目的。

重构教学方式

重构课程体系，教学的方式也进行了重构。原来就是讲授式的学习方式，我们称它为教师独白式，看重的是老师教的水平，而孩子们是在虚拟情境下的学习，这样的教学方式将学生的思考用老师的思考去代替了；但现在我们的学习方式是师生共同探究体验式，我们要求老师提高设计水平，尽可能地让孩子在真实情境下学习，这样我们就将思考的权利还给了学生。

重构学习方式

重构课程体系，还要重构学习的方式。原来是单一学科的学习，孩子们是先进行知识学习再不断加以巩固，最终的目的是让孩子"学到"；而现在我们是超学科的学习方式，要求孩子是在做中学，最终的目的是让孩子"会学"。

重构备课方式

重构课程体系，我们还重构了备课方式。原来的流程是"目标—内容—实施—评价"，由同学科的老师一起备课；而现在流程是"目标—评价—实施—反思"，这个逆向设计将评价前置，并且采用多学科教师协同备课的方式。这样做使目标的指向性更强，协同备课也杜绝了学科的割裂。

特别要强调的是，因为备课方式的改变导致了教法学法选取的方式的改变。原来教法学法是老师根据经验确定的，现在教法和学法则是依据资源确定的。比如，有了书本才有自学的方式，有了网络才有了网络学习的方式，有了现实世界才有了参观和调查的方式，有了人的资源才有了调查和分享的方式，这正是践行杜威的一句话——"方法从来都不是材料之外的东西"。

重构思维方式

重构课程体系，重要的是思维方式的重构。原来孩子运用的是以事实性思维为主的思维方式，而现在是以概念性思维为主的方式。概念性思维要求孩子们能够从事实性知识当中抽取出跨文化、跨时间、跨地点、可迁移的概念。换句话说，我们需要孩子们学习的是概念，不是事实。因为在当下这个知识呈指数级增长的年代，仅凭覆盖所有知识成为知识渊博的人已不可能实现。

重构评价方式

重构课程体系，我们还要重构评价的方式。原来是甄别性的评价，目的就是判断好坏；现在是发展性评价，目的是改进学习。

○ 再造学习时空

因为课程体系改变了，学习时空也必须跟着改变。我们再造了学习时空。首先是学习时间的变化，原来每节课固定不变的是30分钟或者40分钟；而现在的时间是不固定的，有的课可能15分钟，有的课可能2个小时，时间的长短是根据师生的学习状态和学习内容去确定的。

教室功能的变化

再造学习时空，教室的功能也发生了变化。原来教室就是学生学习的地方，课桌位置几乎不动，教室是为集体授课而建设的；而现在教室的功能发生了巨大的变化，有学生学习的区域，还有活动区域、阅读区域、教师办公区域，这样的一个教学环境的变化体现了个性化教学，促进的是师生共同成长。

学习空间的变化

学习的空间发生了改变。原来学习的主要场所就是学校内，现在除了学校空间外，家庭、社区、大自然、网络都是孩子学习的空间，充分体现了习近平总书记所说的那句话——"人人皆学、处处能学、时时可学"。

○ 改变组织管理

教学团队的改变

同样地，课程体系变了，组织和教学的管理也跟着改变了。教学团队原来是由班主任、任课教师组成，教师之间互不沟通导致了知识的割裂和时间的浪费；而现在是由主班老师和副班老师以及协同上课的老师共同组成一个教学团队，这个教学团队围绕着同一主题进行融合式备课。他们的协同备课杜绝了知识的割裂，促进了学习的高效。

教师角色的变化

在这个变化当中，教师的角色发生了变化。原来教师就是教材的执行者，也是教学的领导者；而现在教师是课程的设计者，学生学习的指导者、合作者与陪伴者。

学生角色的变化

学生的角色也发生了变化。原来就是班长、副班长、组长、组员层级式的管理，重视的是权威性；而现在人人是志愿者，我为人人、人人为我，重视的是平等、责任和自由。

家长角色的变化

家长角色也变了。原来家长只照顾孩子生活，现在家长不仅仅是照顾生活，他还参与孩子的课程设计，和孩子一起成长。

○ 我们的观点、行动与实践

我们的观点

一路走来，关于课程改革我们有这样的观点：

第一，课程改革必须是一个聚焦课程的学校系统变革，任何某一个点上或某一个层面上的改革都不能够使学校发生较大的变化。

第二，课程改革必须重构学生的思维方式，从事实性思维到概念性思维。

第三，我们必须把国家课程校本化实施，而非一味地增加校本课程的种类，那样只会增加师生的负担。

我们是怎么行动的

我们构建的一至六年级的学习主题。

现在我们已经实践了 14 个主题，每一个主题都用五到七周的时间进行实践，在主题实践过程当中，是将知识与活动融为一体去做的，几乎所有的学科知识都是在活动当中学习的，而不是知识和活动分开去做。

我们的实践是怎样的

一年级的第一个主题是校园。孩子们参观校园、参观校长室、参观功能室，在这个过程当中认识了大量的汉字，也理解了校园是孩子生活、学习、游戏、交朋友的地方。

第二个主题是秋天。孩子们走进果园感受秋天的收获，进行了立体图形等学科知识的学习，理解了植物是人类赖以生存的重要资源。

第三个主题是家。孩子们了解亲人的爱好，学习了数学的统计，认识了自己，知道了什么是责任。

第四个主题是节日。孩子们了解春节的来历，亲自去做元宵，感受节日的氛围，理解了节日中反映的民族文化。在这个过程当中，语文的读写、数学的质量单位的认识等学科知识融入进来了。

第五个主题是空气。孩子们做实验了解空气的属性，理解了空气助燃、空气占据空间。

第六个主题是交通工具。孩子们了解了交通工具的组成和构造，知道了交通工具的演变承载着科技与文化的变化。

二年级第一个主题是研究家乡。孩子们走进家乡，了解家乡的特产。

第二个主题是研究职业。孩子们在职业的体验过程当中识字，练习说话，体现责任。

第三个主题是动物。孩子们在这个过程当中见证了生命的历程。

第四个主题是故事。了解了各种各样的故事，知道了故事中不同人物表达不同的观点。

第五个主题是朋友。这个过程中孩子们进行了一些表演，这是孩子们做的天使日记，情绪管理。

第六个主题是水。孩子们当了小小科学家，梳理了实验的收获，知道了全球淡水资源的分布情况。

二年级结束，学科知识完成情况如下：课文识字已达 2900 字以上；在音乐的学习上，他们学会了三种乐器，并认识了五线谱和简谱；数学已经学完了三年级上学期的内容；其他学科的知识量掌握已远远超出了课程标准的要求。

到今天，我们看到的是孩子越来越喜欢学习，甚至有孩子告诉我说："校长我不喜欢下课玩，我喜欢上课玩。"我们看到的是家长越来越满意，老师越来越快地成长。

有人问我，教育改革非常复杂，在实践中遭遇到各种各样困难和问题的时候会怎么办？这时候，我们要去找问题发生的根源，借鉴同行的经验，同时借助专家的力量……绝不能因此就停下改革的步伐。

让学生有一个大项目
——不断成事，才能真正成长

◈ 卢慧文（上海市浦东新区协和教育集团总校长）

○ 什么是大项目

说到"项目"，在我们的日常生活中，通常指申请一个重点课题、研发一个新产品、组织开展一次教学研讨活动或者完成一项重大工程。

新修订的国家义务教育阶段课程方案，对"项目"提到了两次。一次是在"课程标准编制和教学编写"部分，提到课程内容选择时，要求加强课程内容的内在联系，突出课程内容结构化，探索主题、项目、任务等内容组织方式；这是新课标要求用项目的方式把学习内容结构化。另一次是在"课程实施里的深化教学改革"部分，提到要探索大单元教学，积极开展主题化、项目式学习等综合性的教学活动。

这两次提到项目的价值取向是一致的，即素养导向、单元设计、真实情景、知识整合。其实，强调项目学习是要重视儿童本能，以学生为中心，更加重视由内而外的教育。

基于此，我们进行了多种尝试和探索，形成了丰富多元的活动，积累了不少经验；但在项目化学习的过程中，随着案例的丰富，我们发现一些问题也逐渐浮出了水面。例如，从课标匹配的角度，许多项目与课程标准之间缺乏系统化的梳理；从课程内容的角度，各学段衔接不足，出现了一些空缺或重复的情形，难以形成梯度；从课程评价的角度，与目标相匹配的评价体系系统性不足；从课程管理的角度，各学部、学科组、德育处、生涯规划部各自依据工作节奏开展各种教育活动，缺乏协调与统筹；等等。

而"大项目"是对基于育人目标开展的全程、全学科、全系列的项目化学习进行再梳理，使之体现出长程性、系统性、实践性的特点。我们期望通过这一"大项目"，让孩子们在小学、初中、高中的学段有目的地完成一次次实践任务。这些任务多学科协同、前后衔接、相互呼应，让学生们通过不断成事来更好地成人。

大项目的顶层设计

当然，这个任务说起来简单，做起来不易。下面，就以"户外教育"课程实践为例，从确立课程定位、梳理素养要求、形成课程图谱、设计课程评价四个方面，具体谈一谈大项目的顶层设计。

确立课程定位

我们一直认为教学是没有围墙的，校园之外的教育，同样是课程体系中重

德	教育和引导学生热爱中国共产党、热爱祖国、热爱人民
	认同中华文化，继承革命传统，弘扬民族精神
	理解基本的社会规范和道德规范，树立规则意识、法治观念，培养公民意识
	掌握促进身心健康发展的途径和方法，养成热爱劳动、自主自立、意志坚强的生活态度
	形成尊重他人、乐于助人、善于合作、勇于创新等良好品质
智	传授基础知识和基本技能
	发展智力培养能力
	培养科学精神、创新意识和创新能力
体	体育精神：体育情感（尤其是兴趣）和体育品格
	运动实践：运动技能和运动习惯
	健康促进：健康知识和健康行为
美	激发学生艺术兴趣
	传授必备的基础知识与技能
	发展艺术想象力和创新意识
	帮助学生形成一两项艺术特长和爱好
	培养学生健康向上的审美趣味、审美格调、审美理想
劳	承担一定的家庭日常清洁、烹饪、家居美化等劳动，进一步培养生活自理能力和习惯，增强家庭责任意识
	定期开展校园包干区域保洁和美化，以及助残、敬老、扶弱等服务性劳动，初步形成对学校、社区负责任的态度和社会公德意识
	适当体验包括金工、木工、电工、陶艺、布艺等项目在内的劳动及传统工艺制作过程，尝试家用器具、家具、电器的简单修理，参与种植、养殖等生产活动，学习相关技术，获得初步的职业体验，形成初步的生涯规划意识

◎ 图 3-14 户外教育素养培训要求（初中）

要的组成部分。在前期的文献研究中我们发现，世界各国都非常关注户外学习，但成体系的可借鉴的文本不多。其中，澳大利亚有专门的户外教育课程指南，分小学和中学，主要涉及生态环境保护、体育运动锻炼和野外生存技能等内容，这些都给我们的顶层设计提供了诸多启示。

户外教育并不是简单地游玩和放松，而是学校教育的重要组成部分，是校内教育的有效补充，和校内教育之间要形成平衡与呼应。我们将户外教育定义为学校组织的、发生在校园之外的教育活动的总和。我们有多所学校，具备小学到高中一贯制的教育体系，因此在课程设置上能够发挥其优势，形成梯度科学、内容系统的户外教育课程体系。

梳理素养要求

在设计户外教育体系时，课程标准是教师们的重要参照系。从国家课标的角度看，户外教育看似没有直接可参照的课程标准，但实际上与素质教育、五育融合等密切相关。

针对与户外教育相关的课程政策，我们重点学习整理了相关的重要政策文件，包括《中小学德育工作指南》《关于全面加强和改进新时代学校美育工作的意见》《大中小学劳动教育指导纲要（试行）》等。我们还查阅了国内外学者关于学生素养培养提出的见解。最终，针对不同年龄阶段的学生，按照德、智、体、美、劳的分类梳理出了具体的素养培养要求。

学段	课程系列	专业性	趣味性	个性化	范围	特点
小学	探究活动 春耕秋收 家务劳动我参与 暑假小队活动 少年队红色之旅 毕业露营	✿	✿✿✿	✿✿	✿	侧重于趣味性和集体性，以学生为中心，从"了解自我"到"了解社区"再到"了解世界"
初中	博物馆学习 行走课程	✿✿	✿✿	✿✿	✿✿	结构性较强，学科特点明显，以集体活动为主
高中	德育实践 竞赛竞技 学科拓展 综合体验 社会实践	✿✿✿	✿✿	✿✿✿	✿✿✿	分科选择更多，活动更为多元化、个性化

◎ 图 3-15　户外教育大项目的课程图谱

未来

312

形成课程图谱

我们在前期实践的基础上，梳理了从小学到高中已有的丰富多彩的户外教育实践，并根据活动性质确定了每个小项目的名称，形成了每个学部的户外教育项目图谱；每个学段内部尽可能形成一定的要求梯度，并提升各个小项目之间的逻辑性，尽量做到不简单重复，也没有结构性的缺失。

同时，通过对这些不同主题活动的小项目梳理，我们总结了户外教育大项目的七大板块项目图谱，包括爱国教育、公益活动、文化交流、学科拓展、户外体验、劳动教育和观展观剧。在项目图谱的整体结构上，从小学到高中，随着年级的提升，七大板块活动覆盖度逐步提升，在内容上呈现出螺旋上升的特点，并从统一活动逐步向选择性活动改变，递进培养学生的综合素养。

有了项目图谱的统筹，学校管理者可以掌握活动组织的广度、宽度和平衡性，教师可以在具体组织活动中更明确地与培养目标对接起来，家长和学生可以清晰地体会到活动之间的递进、呼应以及可能的选择性。每个学期，谁、什么时候出去、到哪里去、为什么出去、出去要达到什么学习目的，一目了然。

以小学学段的户外体验板块中的"春耕秋收"为例，这个项目主要侧重于劳动教育和德育。

一年级的孩子们第一次跟着老师们观稻田，探稻香，了解一粒米的故事。稻田里的一切对他们来说都非常新鲜，孩子们全程非常投入。他们通过看一看、闻一闻、摸一摸、玩一玩，了解我们赖以生存的主食。

二年级的孩子们捡起稻谷，仔细观察稻穗，比赛谁能用最快的速度剥掉稻穗的外壳，体验稻穗秒变大米的乐趣；还要描述稻穗的颜色、形状和特点，并回家创作稻谷画，感受大自然带来的快乐。

313

三年级的孩子们在老师的带领下，穿过菜园，打开五感认识，与土地亲密接触，了解食物的真实状态；并在课堂上读一读稻穗的故事，了解稻穗在中西方不同的寓意，创作一幅幅创意无限的稻穗作品。

四年级的孩子们在金色的稻田里、在希望的田野上奔跑欢笑，这不就是丰收的喜悦、幸福的味道吗？孩子们要通过看一看、读一读、写一写的方式，体悟稻米里的文化传承。

五年级的孩子们在稻田里流连忘返，了解水稻的耕种流程，看到农民们开着收割机将稻穗卷入后直接将稻穗与稻茎分离出来，一株株稻穗就成了稻谷。水稻的种植环节繁杂，需要农民伯伯耗费精力、物力去耕种与收获，孩子们饶有兴趣地自学了钱珝的《江行》："万木已清霜，江边村事忙。故溪黄稻熟，一夜梦中香。"

通过课前进行的小组合作学习讨论，到户外进行的实践操作和体验，再到课后完成的作业和展示等策略，既让学生感受到劳动的快乐和自然的伟大，也完成了有痕迹、有积累、有成效的项目活动。

设计课程评价

评价方面，我们针对小学、初中、高中三个阶段的户外教育课程，分别设计了符合不同年龄段学生特点的报告单，以便于学生更好地实现在项目中探究、在课后反思并形成图文成果。

对于小学生而言，报告单是在趣味和循循引导中不知不觉完成的积累；对于初中生而言，报告单旨在培养其梳理和反思的习惯，并与正在进行的综合评价要求相对接；对于高中生而言，报告单参照了剑桥 IPQ 的评价体系，旨在发展学生的学术写作和研究技能。

在评估方式上，从低年级的问答形式逐步过渡到高年级学生根据提示撰写完整的报告，并最终达成能参照评估细则进行自评的目标。总体而言，这是一个循序渐进的反思和评价系统。

目前，我们还在持续地优化中，通过教师自评，学部负责人、学校管理者共同努力，不断改进后续的设计。

○ 大项目助力学生成长

除了小学、初中、高中一以贯之的户外教育 12 年大项目，我们还有其他类型的大项目。

小学阶段的 5 年大项目"洲际嘉年华"是一个跨文化、跨学科的主题体验式活动。项目以世界七大洲为载体，带领小学一至五年级的学生每年围绕一个大洲的文化、科技以及风土人情等主题，在四周的时间里开展全学科联动系列体验式学习活动，活动包括家长课堂、专题讲座、艺术之旅、风情街、合唱团、室内音乐会、科学馆等。这种体验式的、聚焦真实世界的主题学习，不但可以实现身体、心智与环境的融合，还有助于学生的国际理解和跨文化沟通能力的养成。

"走进两会"是一个初中阶段的 4 年大项目，是基于道法学科的人文行走活动，在知识学习的同时充分体现国情教育、社会调研等跨学科实践的功能。在"人大"和"政协"会议的真实场景中，学生们模拟人大代表和政协委员的角色，做社会治理小课题，撰写并讨论提案，让学生身临其境了解我国的政治制度，培养学生的人文实践能力。在模拟政协常委会会议上，由学生组成的 11 个调研小组，聚焦闵行区在"创全"工作中存在的各种问题，就各自先前调研和撰写的提案进行了交流讨论。

比如，其中一件提案涉及九星市场改建、提高垃圾回收效率、改善老旧小区停车问题、降低公共噪声等多个方面。这些提案都经过了各小组长达一个多月的实际调研，并根据实际政协提案的撰写要求所得出。虽说有些同学的提案还略欠成熟，但他们独特的角度和创新的思路，仍然值得大家借鉴和学习。

从以上的案例中我们不难发现，大项目都具有这样三个特点：重德重素养的育人目标、全程全学科的协同发力、多元多维度的评价体系。从小学到高中，我们的大项目从以趣味为主到专业深入，从集体活动到个性化选择，从认识自我到挑战自我，逐步地拓展了大项目的长度、深度和广度。学生在大项目中不断成长，知识上提升、能力上锻炼、性格上转变、做事上坚持，在逐一成事的过程中逐步成人。

在新课标落地实施的背景下，相信更多学校都会进行更深入的项目化探究实践。如何加强顶层设计，避免碎片化实施，使其真正与分科教学紧密结合，而不是成为应景的点缀，这些，都值得我们一起进一步思考。

项目课程，让孩子拥有有趣的生活体验

◎ 孙道明（东莞市松山湖第二小学原校长）

建一间朝向学习的教室

埃里克森的人格发展理论认为，6—12岁的儿童面临的心理发展危机是勤奋与自卑。儿童在这一阶段所学的最重要的课程是："体验以稳定的注意和孜孜不倦的勤奋来完成工作的乐趣。"如果他们能顺利地完成学习课程，他们就会获得勤奋感，这会使他们在今后的独立生活和承担工作任务中充满信心。反之，他们就会产生自卑，会形成对成为一个有用的社会成员的丧失感。

建一间朝向学习的教室的价值，是把目光放到学习上，而不是问题上。问题不是焦点，成为焦点的是师生共同穿越的课程，是伟大事物的魅力。

过去几年，我们尝试将完整的生活、真实的世界和完整的资源、真实的任务呈现在学生面前，让他们去感受、体验并挑战。

○ 完整的生活

马斯洛在"需要层次理论"中提到，人都有归属和爱的需要，希望能与他人建立情感的联系或者关系，如结交朋友、参加一个团体并在其中获得支持和认可，这是个体发展过程中的一种基础需要。

这样的需求在哪里可以得以实现？对于小学生而言，完整的教室生活是最重要的一方面。

以往的学校，有着方方正正的教室，单一的功能，很难说能让孩子在教室中经历完整的生活。那如何让教室变成孩子学习的场所，生活的乐园，变成孩子的另一个家？

松山湖第二小学（以下简称"二小"）有一间教室"飞鸟部落"，孩子们是四年级的时候转学到二小的。"铁三角"在第一次线上家长会上，创编了一个非常有趣的故事背景。

很久很久以前，有一片好奇的土地，叫作"好奇乐园"，在这里坐落着许多伟大的部落民族，有萤火虫部落、北极星部落、灯塔部落，还有其他各具特色又多姿多彩的部落民族。各个部落的居民在首领的带领下安居乐业，无拘无束，他们共同守护着自己的家园……

在这片好奇的土地上，新的"飞鸟部落"重生了，鸟儿精灵们需要凭借自己的努力，修建自己的房屋，发挥自己的创意，重新打造属于自己的梦想之城！就这样，一间教室诞生了，"铁三角"以"首领"的身份和教室里的39名"小飞鸟"开始构筑自己的教室生活。

在这间教室里，每个孩子都有一个共同的名字"小飞鸟"，有各自的故事。飞鸟部落的首领和孩子们基于"飞鸟"这个形象进行教室的环境创设和个人成长记，并且以"部落"为核心，创建了八大家族，利用重建"飞鸟部落"这个任务，开展了班级内的一些庆典活动、游戏化的课程等。

二小有33间这样的教室，每间教室都有自己的名字，有环创、班级规则、仪式、活动、庆典，还包括经济系统……这一切构成了教室这个"家"生动有趣的生活和丰富多彩的文化。教室不再仅仅是学习的地方，更是生活的乐园，是师生赖以生存的精神栖息地。

○ 真实的世界

学校是提供给孩子在进入社会之前进行各种尝试的场所，也是成长路上试错成本最小的微型社会。

校园环境如何能产生巨大的教育效应？那就让校园成为一个真实的世界，让孩子可以把世界当教室、把生活当教材、把游戏当探究。空间更灵性一些，孩子可以离学习更近一些。

而对于校园环境的安全问题，我们是如此思考的："我们总希望学生尽量远离一切危险，但走向社会后，绝对安全的环境是不存在的，所以不妨根据学生的认知发展，让他们有限度地了解危险事物，慢慢建立安全的边界。"

我们还在学校建立起工具分级制度，学生们可以在老师的监护下，循序渐进地学习使用锛凿斧锯，试着操作切割机，甚至老师还带着学生砍过两棵树，并把木头锯开，打磨成日常教具。在我们看来，认识危险才能更懂得敬畏，安全教育才能真正发生。我们不回避问题，只希望在可控的范围还原社会的样态，让校园不仅是学习的地方，也是学生不断探索的场域。

○ 完整的资源

完整的教室生活，真实的校园空间，让生活在校园里的孩子永葆好奇，敢于探索。但要真正促进孩子蓬勃生长，依然要回到一个又一个具体的课程里。"草木染"是我们三年级的项目课程之一，基于我们一直以来对"用项目学习撬动学习方式转变"的思考，在课程设计之初，项目发起人就带着团队一起讨论——如何让学生在这样一个项目中充分发挥学习的主体性。

最终，我们希望为孩子提供完整的学习资源，让孩子在沉浸式的学习和探究中，经历一场丰富饱满的项目课程，穿越一段奇妙的文化之旅，拥有一次有趣的生活体验。然后在结课仪式上，校园变成了大染坊，我们让孩子们充分展示自己学习探究的过程、结果，并用自己的作品装点我们的校园。

这样一个开放型的结课仪式何以发生？在此之前，孩子经历了怎样的学习？老师为孩子提供了怎样的资源？

孩子们需要阅读文本，查阅资料，观看纪录片，去了解草木染的缘起和发展；需要探究颜料提取的过程，用捣碎、蒸、煮等方法，尝试制作染液；需要知道古人如何制作那些美丽的颜色、花纹是怎样产生的……老师做什么？在孩子遭遇问题的时候提供资源。

当孩子在文本中产生颜色提取的疑惑时，老师设计了颜色提取探究单，依据探究单的步骤，让孩子们寻找身边的材料制作染液。当孩子发现染上去的颜色很快消失时，科学老师带来了科学实验课，探究如何让颜色更鲜亮，如何才能保持较好的固色效果。当孩子只能染出单色的布料时，老师们带领孩子一起欣赏《簪花仕女图》《历代帝王图》和《洛神赋图》，又看了一些出土的丝织品，用二重证据法向孩子们如实地展示了古人高超的草木染技术。

问题的开始，就是学习的开始；问题在哪里，学习就在哪里。这样的学习，不是老师带着孩子往前走，而是当孩子在学习的过程中遭遇问题，老师作为一个丰富的资源库的角色，为孩子提供任务支持，帮助孩子完成学习体验。

○ 真实的任务

我们学校旁边有一块空地，为了响应号召，第一年我们就把这块地分给了各个班级进行劳动课程的开设，"好奇农场"就这样开业了。孩子在亲身耕土、播种、除草、除虫、收割的过程中，体验农业生产的精耕细作，了解生活中的科学常识。

经历了一轮完整的种植活动之后，学生有了丰富的种植体验；第二学期，我们就想着对这个课程进行一些完善。新学期的"好奇农场"面临诸多问题：本期的农场种植土地面积有所增大，而学校的班级也增多了，该如何重新划分土地？上个学期的农场并没有规划路径，要如何改进以方便人员行走？

项目式学习的本质是为了解决生活中的实际问题，学生通过小组学习、自主探究来获得知识，并通过最终的表现性任务，自主地完成头脑中知识意义的建构。于是，我们就把这个问题抛给孩子，让他们去完成。学校作为甲方支付大量好奇币（学校的虚拟货币），让学生作为"乙方"来负责设计并完成"好奇农场"的项目施工。

签订协议之后，学生首先对"好奇农场"进行调研，了解其现状与改进需求，就遇到了第一个棘手的问题：整块土地形状是不规则的，不好计算面积，要平均分给各个班级难度有点大。数学课上，老师将问题拆解，搭建脚手架，引导学生讨论测量方法，设计小组测量方案。

之后，学生分成小组开始测量，在课上汇报自己的解决方案和测量体会，经历了三轮测量之后，才得出一个相对接近真实的测量结果。有了面积的数据后，学生开始思考农场的规划，完成"好奇农场"设计方案。如何划分土地？如何设计农场小径？如何确定施工材料？这都需要学生系统地思考。

我们可以看到，项目将数学、科学、美术等学科与劳动教育相结合。孩子在项目式学习的过程中，学会合作交流、学会解决真实情境下的问题，内在的自主性也得以激发。

在不断实践、不断回望的过程中，我们发现，当我们把完整的生活和真实的世界、完整的资源和真实的任务呈现在学生面前时，他们就已经可以在已有领域获得成功，在已有基础上获得成长。

学生成长社区化和社区资源课程化

◎ 萧进贤（台湾南投营北中学前校长，台湾南投中兴中学校长）

大家都知道，教育人的快乐来自团队的力量，我们拥有一群有能力的老师，有活力的学生，还有热情的校长。我们和学生家长共同发起了这个社区化的课程——希望孩子们能在自然生活学习英语。

"一粒种子，无限希望"，这是我们的初衷；教育无他，唯"爱"与"榜样"，这是我们的坚持；营北中学的孩子说，"以前，我被英文追着跑；现在，我想追着英文跑"，这是我们的感动。

○ 背景与思考

营北中学位于南投县的西南方，拥有 20 个班，老师 34 人、学生 630 人，是一所中小型学校。

在教学中我们发现，学习英语最大的困境在于过度重视英语测验成绩、缺乏口说环境，导致我们的孩子不敢开口说英语。于是我们的团队开始思考，除了英检通过、基测满分、竞赛名次之外，大部分孩子学习英语的兴趣来自哪里呢？

○ 团队发展

为了鼓励学生学英语，我们的行动从调整教学开始。首先，组建核心团队，由校长进行教学引导，并统合了行政、导师、教师团队。对内，我们积极整合、有效沟通；对外，我们不断开拓资源，还邀请了社区代表参加我们发展策略说明会。

未来

320

○ 理念与目标

我们先确定目标：Who? 全民说英语；What? 延伸生活化英语学习情景；How? 提升本地文化的了解；Where? 创造支持性学习型社区。我们发现，最简单地从学校走入社区，却也是最困难的开始。

接下来我们思考如何从学校出发，搭建听说读写均等的练习舞台。于是我们以社区商家和流动群体为对象，自编教材，让整个社区开口说英语，并且在这个过程中更着重于强化培养学生国际素养与文化认知。

○ 内容成效与回顾反思

为建设英语学习情景，我们通过五个行动方案链接社区——培育英语小尖兵、国际商家带动、英语话剧巡演、异国美食嘉年华、"E"起学习。目标是英语再造生活化。

从目标架构来看，我们不仅培训我们的学生，也培训校长，更培训商家，可参考我们开展的国际商家游学、建造国际标章商店、英语话剧巡演、英语大赛和社区的讲演等行动。

我们建立主题馆。这里强调生活应用，主题馆不只是成为一个学习的场地，同时也要让英语学习的种子在学生心里生根、发芽。

英语村课程架构，是利用机场、纽约大道、时代广场、诊所药局、图书馆、餐厅等空间来进行教材内容的复习与延伸。我们希望培养孩子在一切自然的状态下学习、使用英语。

培育英语导览小尖兵

我们英语导览小尖兵培养有什么特色？

第一，他是个学习者，第二他是个教学者，第三他是个叙述者，第四他是有品德者。

我们甄选小尖兵的时候，开展分组学习，后来将家长也带进来，分组检验。我们也培训家长，因为他们同样可以担任英语情景导览志愿者和夜间图书馆英语志愿者。家长们很高兴，孩子们也高兴，小尖兵的甄选颇具竞争性。

这种活动有什么意义？在这个过程中，培养孩子的自信和领导力，也提供了更多人参与学习的机会。

在家长志愿者培训中，我们发现家长已成为学校有利的资源和伙伴，但是还不够，我们还希望能提升家长英语对话等能力。

国际商家本地游学活动

这样当然还不够。我们还要建构学习村落，让英语在中兴村从学校走出去。我们开始招聘国际专家。刚开始人家误以为我们是卖可乐的，我说不是，我是推销英语的；他们说我不会讲英语，英标都讲错。于是我们搭建了共同培训的三梯次，营造特色化的生活情境，让大家学用合一。

我们结合商店特色与需求，研编了应用性本地化学习教材；配合商家需求，协助双语环境建置服务；编制生活情景对话，使学用合一。完成系列培训以后，在隆重的仪式上为商家颁发证书。

在国际商家本地游学活动中，我们将游学手册也做了英文配套；并规定说英文的商家打八折，这样家长也有了学习英语的欲望。

原来孩子和校长一样很害怕英语，现在我们的学生说："第一句真的很难说出口，不过冒出第一句之后，什么都不怕了。"看来活动的确大大培养了孩子们讲英语的自信。

同时，我们进行社区踏查，让校本课程永续学习；利用寒暑假，让孩子走进社区，感受本地文化；开学以后，让孩子们各自展现成果，可以看到孩子们都有从自己的角度介绍商家。

商家参与活动也是有绩效的，我们共培训商家合作伙伴 88 人，拥有合作商家 24 间，2500 份本地游学护照全部发出，商家满意度达到 85%。国际商家本地游学活动的性质决定了商家们需要腾出时间参与培训，可是他们要做生意、要办公，时间协调是相对困难的。对此，我们还开发了社区教材，让学习突破时空的因素，也变英语成为他们的新商机，商家们于是更愿意继续参与了。

异国美食嘉年华

第三个活动是异国美食嘉年华，各班讨论出一个国家主题，将认识不同国家的食材融入课程。美术课有海报，英语课有菜单，校庆的时候还举办异国美食嘉年华。以前从学校走出去，现在从外面走进学校，互相学习。这个活动让孩子认识并学习尊重、欣赏和包容。我们还要突破，会邀请不同国家的家长和社区参与其中。

英语话剧巡演

第四个活动是英语话剧巡演。通过班级比赛，我们挑选出对话剧感兴趣的优秀学生共同组成英语话剧团，并开始公演。在培训的过程中，通过对剧本的介绍和改写，培养学生的语法能力；从说不出的语言与放不开的肢体开始，一次又一次练习，不是为了成绩，而是为了精湛的演出。当孩子们真正对此拥有了兴趣，他们就会广泛参与助理、化妆、场务、灯光、音效等环节。

巡演中，座无虚席的家长告诉了我们：孩子获得了更多的人生体验；而家人付出所有，只为看到孩子在舞台上找到胜利，他们终于体会到不看成绩的骄傲。英语话剧巡演的主演每次都不一样，这也是让每个孩子都有机会。

我们完成 3 场社区巡演，参观人数高达 1700，超过了全年级学生的一半以上，就席率 113%，很多人坐地上看。

"E"起学习

我们将学校图书馆对社区民众开放，放学后家长可以进来和孩子一起阅读。我们还聘请了很多外籍老师和外籍志愿者，通过聆听他们的生命体验，让学习更有效。

在视频英语课程方面，我们与新西兰学生视频交流，让孩子了解到原来世界的距离只在一面荧幕之间。我们总共线上学习 1167 次，满意度达到 84%。虽受好评，但人力与业务方面却带给学校沉重的负担。我们只好更多地寻找优秀志愿者资源，毕竟永续推动才是有意义的。

另外我们努力打破传统教学框架，兼顾听说读写，重点是让孩子听得懂、学得会、能应用。同时，我们创造多元学习经验，老师们用英文讲品德故事，鼓励学生们用英文写生活杂记，或者也带学生到校外的商店一边品咖啡，一边讲英文。

我们的舞台是属于学生的，所有教学团队只是引领者。课程教学的落脚点是什么？是让每个孩子学习有成效。老师的能力用什么展现？回到一个最基本的点，就是学生的学习绩效。学生的绩效只有成绩吗？应该是德智体美都有很好的呈现。营北中学之所以尤其推动英语和品格学习，是希望通过一个基本语言素养的训练，让学生能同时具有国际化的视野；我们还希望孩子能"发现自己的责任，体贴别人的需要，走读社区的美好，看见世界的宽广"。

通过家长、社区、老师、学生共同发展的课程，我们希望在公平对待下，让每个孩子都能够发展卓越。

第四章

教师的进化：
以行为为道路

智库观察

十年的角色转型

朱永新在他的著作《未来学校：重新定义教育》中对"未来教师"这样阐述——

未来教师，是终身学习者和成长者，是学习的引导者、组织者、合作者及伙伴，是通才和专才的复合体。"他有宽阔的课程视野和教育视野，能用评价促进学生成长。"

如果说，过去的教师是"学科知识的二传手"和"习惯道德的建模师"，未来教师则实现了从"教书人"到"陪伴者"、从"评判者"到"发现者"、从"监督者"到"洞察者"、从"教化者"到"示范者"、从"遵循规矩者"到"知识创新者"、从"专业启蒙者"到"情感超越者"的深度转型。

所以，今天的教师，他可能是社区规划员、美感助长师、问题突击手、习惯教练、跨校平台开发者。他们兼任多重角色，有勇气、好奇心、艺术审美力，有故事感和想象力。他们把目光从教室转向广阔的世界，把最好的资源引向学生。

十年的素养进阶

十年来，中国基础教育界的教师完成了三大素养进阶。

专业素养。中国教师开始尝试读懂学生，开始设计课程，提出高质量的问题。他们有了跨学科教学能力和个性化教学素养，有了数据素养、科研素养、实验能力、科学育德能力……还能对学生开展个性化的心理辅导。

通识素养，包含合作与沟通、学习力、跨文化理解、整合资源、好奇心、反思力、思维力、共情能力、乐观有趣、创新突破、国际视野、表达力、勇气、想象力、审美力、设计能力。

职业素养，包含职业规划、职业幸福感、情绪管理、职业道德与心理素质、职业形象。

今天的教师，有强大的学习行为设计能力、专业研究力、跨界多方合作能力、课程架构力、技术融合力，善于搭建思维的"脚手架"，做个人化的定制评估，能够形成美好师生关系，完成自主终身学习，有极强的艺术审美力……

十年的生态构建

十年来，中国基础教育界逐渐认识到学校组织结构、文化生态、评价机制等对教师成长的重要性，从过去提供一份岗位、一份薪资到为不同层级的教师设计适合生长的生态土壤。组织管理更人性，文化生态更柔软，支撑方法更多元，以此促进了教师的精神富足和提升了专业涵养。

在这一生态下，教师成长共同体不断涌现。教师按照个人的专业和兴趣，交叉组合成学科教学达人团、学习设计达人团、学校设计达人团、生涯规划达人团、校园生活达人团、家校联动达人团、美感人生达人团、人机协同达人团、资源开发达人团、场景管理达人团。

符合成长规律的激励机制不断完善。未来学校提倡每一位教师都是一个"物种"，每一所学校都是"群山林立，山山串联，生态功能完整"，每位教师都能找到符合自己的气候和生态。

这些年来，中国教育创新年会针对"教师成长"这一话题进行了持续性的深入探讨，专家们站在不同的时间坐标，对未来教师的能力蜕变、角色转型以及学校和社会的生态赋能，做出了自己的观察和实践。

角色转型

重建教师的四个关键因素

◈ 成尚荣（中国现代教育专家）

328

第八届中国教育创新年会对"重建教师"有一个追问：如果说，教师决定了教育的高质量，又是什么决定了教师的高质量发展？什么是"重建"？所谓"重建"，就是发现教师，认识教师，反思改进，让教师有一个发展的行动框架，进行创造性发展。对教师的重建有许多角度，这次有一个重要方式，就是"学校行为"。

"学校行为学"是一种学术观点，一种流派，它是从行为心理学发展过来的。过去，我们研究人的发展总是从概念出发，从概念到概念，存在很大的不足，而行为心理学和从行为心理学发展过来的"学校行为学"则改变了视角。因为人的一切心理，人的思想，人的情感，总是要投射到人的行为当中去。研究人的行为，就能让我们对教师、对人的发展看得见、摸得着，贴近了实践。

行为心理学包括"学校行为学"试图从教师的行为表现，来反观教师发展中的一些问题，来触摸到教师发展的一种动力机制，这种动力机制就是行为机制。因此，作为领导者、管理者，作为伙伴，可以仔细地去观察教师行为，从而预测和促进教师的发展。

教师发展要在学校行为学的框架之下，寻找"教师重建"的几个重要因素。

文化的因素

恩格斯有个著名的论断，他说："文化上的每一个进步，都是迈向自由的一步。"教师发展的最高境界，就是自由的境界，自由的境界才是创造的境界，走向自由创造境界需要文化上的进步。

文化进步表现在哪里呢？

第一，文化的本质是人化。文化和人的发展是分不开的，人既是文化的享用者、体验者，也是创造者。教师要成为一个创造者，他们共同创造文化，因此学校就成为教师发展的精神家园。在这个过程中，他在文化中进步了。

第二，文化的核心问题是价值观。人是不能离开价值的，我们生活在一个价值世界中，各种价值观包围着你，裹挟着你，怎么去选择价值？选择的过程，是一个价值澄清的过程，进行价值澄清，再选择价值，用价值来引领发展。但是，价值是一种理想中的事实，人的价值总是附着在实践行为当中的，是在事实当中的，在教师的教育行为和管理行为当中的。如果我们对教师的行为进行分析，从中看到教师对理想的追求，就能够产生自己的价值，这叫价值是理想中的事实。

讨论文化，就是让教师有自己的理想追求，有坚定的信念，有自己的使命，在价值观的塑造中来完成重建，它是服从于社会主义核心价值观的。

第三，文化它是一个复数，是我们大家的，是共同的，是在集体生活中共同创造出来的。它是一种记忆，文化记忆会成为一种力量。重建教师，让教师形成一个文化建设共同体，在建设当中来促进个人的发展，实现个人价值，又把个人价值的实现和集体的价值甚至国家的价值实现统一起来。

行为模式的因素

人的行为有许多模式，改变教师行为，首先要改变行为模式。人的行为模式是打开文化之门和自我发展的一把钥匙。"学校行为学"为教师提供了一条文化进步的路径，就是要启发教师学习、阅读，要实践，要思考。

同时，"学校行为学"告诉我们，人是不能离开环境的，人总是在环境中生活的，环境对于人对于教师的发展，究竟起什么样的作用？马克思有一个重

未来
329

要的观点，第一句话："环境影响人"，第二句话："人可以创造环境"。所以，人在社会中生活，处在环境之中，他和环境是互动的，互相影响的。

过去我们看重的、研究得比较多的是"环境对人的影响"，而对"人创造环境"的研究还不够。有两位学者对"环境"做过论述，第一位是美国的教育家杜威。杜威说："我们要有准备的环境。"当然，这是对学生教育而言的，但教师发展同样如此。第二位是意大利的教育家蒙特梭利。他说："环境对儿童的影响一定要让儿童有吸收性的心理。"这句话说得特别精彩。如何理解环境、接受环境对自己的影响？这需要我们有一种开放和吸收的心理，能从环境中吸收有益的东西来滋养自己——在一种教育的环境中有准备地去接受影响，有吸收心理，就能够积极地创造有利于自己发展的环境了。

○ 制度的因素

人是生活在制度中的，促进教师发展必须要有制度。制度是一种外部力量，它对人的发展起了两大作用：一是规范作用，二是解放作用。

"重建教师"在文化中进步，需不需要规范？当然需要。教师学高为师，身正为范。当下我们尤其注意的就是师德师风，包括他的专业能力。因此，对青年教师的发展，促进骨干教师的发展，都应该提出适合的、规范性的要求，这种要求可能比较刚性。

但是，在我们的文化当中，长期以来对儿童包括对教师的规范比较多，也比较强，而对他们的解放是不够的。只有充分地解放，教师才能够释放生命潜能，调动积极性和创造性。此外，解放教师有一个重要的前提，就是尊重和信任教师，信任教师有创造的欲望，有创造的激情，有创造的能力。

因此，在文化进步中来重建教师，在学校行为学当中促进教师的发展，必须以解放为主旋律，把解放教师和规范教师有机统一，教师就可以获得一种发展的、创造的张力。

○ 内驱力的因素

文化、制度等都是外部力量，教师发展更重要的是内部力量，内心的力量。如何激发内在力量？我想了几个关键词：一是"眼睛"，二是"肩膀"，三是"勇气"。

先说"眼睛"。李吉林老师是中国特色的情境教育学的创始人。她走了以后，学校想为她做一个塑像，雕塑家为她雕塑的时候，把她所有照片都排列在工作室四周，不断观察，要捕捉她心灵的光芒。最后这位雕塑家告诉我们，他说："我看到了，那就是李老师的眼睛是干净的，干净的眼睛是干净的心灵。"所以，"眼睛"说的是灵魂的高尚。

再说"肩膀"。人民教育家于漪老师讲："我站在课堂里有两个肩膀，一个肩膀挑着学生的现在，另一个肩膀挑着民族的未来。"每一个教师都有两个肩膀，肩膀是使命的担当，在使命担当中才能重建自己。

最后说"勇气"。著名数学家华罗庚说："我们常常讲'班门弄斧'，告诫年轻人不要到班门去弄斧，但是我以为'弄斧'一定要到班门。"教师如何"班门弄斧"呢？就是要勇于在那些大师、大家面前去展现自己，去暴露问题，通过这一次次挑战，不断地发展。

以上四个因素能不能帮助我们回答是什么决定了教师的高质量这个问题？我认为就是从"学校行为学"切入，在文化的进步当中不断认识自己，改变自己，重建自己。

331

当代教师的七个重建

◈ 李斌（中国教育创新年会总策划，蒲公英教育智库理事长）

基础教育走向高质量发展，中小学校的最大难题越来越聚焦在一个点上——不是方向感，也不是方法论，而是教师的成长能否真正同步。我们发现，学校教育同样有它的"第一性原理"，那就是"教师第一，除此别无他途"。站在这个点上，我们需要一层层去剥开事物的表象，看见深埋的本质，再从本质一层层地往上建构——这就是第八届中国教育创新年会试图达成的研究使命。

什么决定了教师的质量

"重建教师——学校行为学"这个概念不太常见，如果说"教师质量决定了教育的质量"，今天的中国教育还必须追问的一个问题就是：什么又决定了教师的质量？无数个案研究证实，区域教育生态、学校组织行为对教师生长环境的设定起着至关重要的作用。教师的职业生涯与专业成长，同样的"种子"撒在不同的"土壤"里，为什么会有完全不同的"产出"？这个"土壤"究竟该如何去优化改良？

基础教育呼唤更多、更好的人才，但多数时候，人才不是靠培养得来的，而是给他们"合适的土壤"，自己长出来的。我们看到，学校行为系统这个由多个链条所构成的生长环境，就是这片"土壤"，它被文化机制、组织结构、空间环境、资源状况、工具基础、技术准备、工作与学习关系、课程与学习方式、评价与激励制度等一系列的要素影响。可以说，"土壤"的成分基本可以由学校的组织行为来决定，它影响甚至决定了教师的发展空间与成长速度。

还有一个关键作用是教师的内在素养与认知结构，我把它比喻为"种子"，比如职业动机、生涯目标、知识积累、生活方式、思维模式、周边关系带来的认知逻辑，等等。这方面学校可以影响和引导，却无法决定。但无论"土壤"还是"种子"，二者相辅相成，甚至相互转化。

所以，站在这样的角度，洞察教师生长力，可以得出一些基本认识：当我们展开对组织行为与人的成长更科学的探究，让系统赋能人的优势，环境激活人的动机，关系推动人的行为——这里的"人"无论指向教师还是学生，都内在相通——学校教育必将打开一扇通往无限潜力、开启多样生态、教师充分发展、人民真正满意的"任意门"。我想，这才是今天的基础教育直面时代挑战、应对行动困局的最优道路和最近发展区。

重建什么样的教师

2021年我读到一句话，算得上这个时代的"灵魂拷问"：我们将会留什么样的下一代给未来？我想，答案归根结底取决于我们能留什么样的自己给下一代。

自己，是一个如此复杂的自己——矛盾对立，变动不羁；我们一面在创造美好的世界，一面在世界万象中迷失，一面在心灵内外去寻找；我们需要一场又一场朝向明亮那方的身心重建。对每个人而言，时代，原本是一个如此高变量的时代。当今天的中小学教育人，站在一场时不我待的社会变革和教育转型中，重新打量这个世界的时候，现实是看见问题的人太多，找到路的人太少。我们还没有学会把迎面相遇的一切，变成顺势而为的自我建设和教育契机。

诗人说，"漩涡本来只是水滴，迷宫回身就是出口"。回归教育的本质，"培根铸魂、启智润心"，转身朝向它，教师本来应该是什么样子？面向复杂的世界，走向有生命的课堂，教育人的心智由什么构成？面对转型时期的教育核心难题，在学校现场，我们该坚持什么？走向哪里？我们怎么办？第八届创新年会给出了超乎预期的精彩实践、智慧构思和方向引领。

面向未来的教师，究竟需要一种什么样的重建？补充一点自己的看法。第一，我们需要重建有自我价值感的内驱力。有人说："教育最大的悲剧就是一切皆目标，教育最根本的幸福叫一切皆过程。"在这个"永远为学生铺路搭桥"的岗位上，绝大多数教师如果不与他人比分数、拼职称，就没有机会登上荣誉榜，人生价值该如何衡量？这才是我们一切行为能否回归教育本质的首要前提。

这样的价值感、内驱力，有人在宏大的教育使命感中获得；有人靠专业领域的不断登高获得；有人从学校愿景中自己的最佳站位而获得；有人在真实温暖的人际关系中获得；有人因通达的生命觉察，学会了"策展自己的人生"而获得；有人单纯地就是"把孩子当作心头肉"而获得……各位同人，不妨问问自己：我从哪里获得？

第二，重建面对复杂科学的专业智慧和研究力。

教师最大的困难在哪里？拿起简单的学科教材，实现复杂的生命成长——这是一个任何时代都没有圆满答案的难题。

教育是世界级的复杂科学，需要面对复杂科学的专业智慧和研究能力，让我们尽可能靠近最优解。复杂科学的研究方法，也恰恰就是我们今天学校教育最核心的三个趋势：首先是涌现，无论教研还是学习，好的研究成果永远是

"人多力量大"，整体高于部分之和；其次是统一性，也就是不同学科与领域复杂性的背后，一定存在着统一性的规律，抓住规律，分解步骤，教育就变得简单；最后是跨学科，打通学科边界，提高学习品质。

第三，重建有人文情怀、懂意义、尚美学的精神力。

科学、理性、技术、方法……是一切文明进步不可回避的建构；但另一方面，所有那些无法从技术与方法层面抵达的美好，都可以追溯到情感之源、意义之根、文明之美对每一个生命持续的浸泡。所以，我们需要以人文传承中的情感、意义和美，安放自己的心灵，再从心灵到行为在校园弥漫；也需要帮助自己看见并爱上教育的美，放任自己迷失在以教育编织未来的美好探索中……如此，也才能够把那种永恒的、壮阔的，远远超越于我们生命的物象，用诗词歌赋、文化经典沉浸表达，用同行者的故事，用我们心中会凛然而动的那些话，编织进孩子们的情感、意义与美的系统。

第四，重建不断学习、不断超越的进取力。怎样向他人学习才是对的？一个终身学习的教育人，90%以上的时间是在向他人学习，少有的时刻，才是被自然万象所启发。怎样学？学什么？我的建议是，学他这样做事、这样说话、设计这堂课、研究这个课题的底层逻辑。学会看到一件事情背后的逻辑。

第五，重建直面挑战，而不是回避问题的抗挫折力。什么叫重建？我的一个认识是，只有看见崩溃，甚至学会凝视崩溃，我们才开始明白什么叫"重建"。疫情发生的这两年，也是蒲公英教育智库和我自己不断自我重建的两年。我们所遇到的困境和老师一样，不仅仅是每一项工作的专业突破与品质标准，更难以对付的，是品质带来的失去，是身份带来的敌意，是付出带来的怀疑，是巨大的善意常常带来巨大的伤害这一类困境。

这两年，我每一次从信念中爬起来的时候，都希望我的孩子也知道这个过程，我甚至希望更多的孩子都明白它的必然。人可以经历挫折甚至苦难，一次又一次都没有关系，但是我们一定需要一个信念，叫"生生不息，依然去爱"，因为没有一件事情的圆满不需要无数次的重建。这个过程有一句话给了我巨大的安慰："如果你一直渴望有一个人能敦促你走上这条道路，能够在诱惑袭来时拉住你不放，不许你胆怯，不许你沉沦，不许你随波逐流，不许你就此沉睡，那么现在，你自己就是这个人——熬出意义，是教育人生千年不变的宿命。"

第六，重建对世界充满好奇心的公共力。我们需要把自己和一个更开阔的世

未来

334

界联系在一起，保持与他人的对话，并在对话中展开反思，这会让我们变得更加清醒、更加丰富，更好地实现教育的目的。那些看上去有想法的人，不是大脑里天生装着想法，甚至过去贮存的认知也是远远不够的；他最大的长处，恰恰是能随时随地放下自己的想法，不断获取有价值的信息，擅长把信息和过去的认知结合，化为解决当下问题的构思与创意，以及习惯性地应用到工作与生活中。

教育人，要学会做"公知"，不是公开展现自己的知识，"拿他山之石攻身边之玉"，而是关注社会发展和公共需求。我们认为，教育人缺乏社会感与公共性，也许才是"为师的道路为什么越走越窄"的根源所在，也是家庭与学校、社会与学校总是难以彼此沟通的根源所在。

第七，重建"放下自己、成就学生"的品格力。有人说，教师在课堂中扮演的角色，更应该是一个主持人。主持人，虽然有个"主"字，却不能喧宾夺主，他的责任是穿针引线，是推波助澜，是"撑一支长篙，向青草更青处漫溯"。只有放下自己，才能成就学生。这样的教师，师德师风一定是过硬的，内在品格一定是坚定的，对学生的爱一定是饱满的。

○ 学校如何重建教师

一所学校究竟该如何真实地支持每一位老师？我能想到的"支点"有三个：

第一，学校回到教育的本来，教师才能朝向儿童的未来。

第二，学校行为的根本意义不是培养、引进甚至留住名师，而是让土壤变得适合每一位教师生长，能充分发挥自己的能力。

第三，在一个完整的学校教育生态中，校长是学校生态系统的编程大师，老师是学习生态系统的编程大师，父母是成长生态系统的编程大师——而这所有的人，首先都需要我们对自己的生命展开编程，校长越能成功编程，教师和家长就越能成功编程，就越能在深度的教育行为中连接世界。

人类的进化，文明的前进，靠的就是无数人用自己的一生去试。关键在于，人类的命运必须关联在一起，而不是彼此独立地盲目去试。因为，全部教育史就是"一本书"。

所以，我们的此届年会从"大先生"出发。我们知道，当他们在岁月中远去，并不意味着有一个章节从书中消失，反而意味着他将会穿越时光去流传；同样如此，我们期待，中国教育创新年会也是一本书，当每一位演讲嘉宾讲述完毕，并不意味着故事结束。我们期待，它能被无数的学校和教师，在自己的讲述中翻译成更好的语言，生成为更美的故事。

2014年11月，我们创办了中国教育创新年会，这场让人耳目一新的专业盛会从此成为中国现象级的教育大会。它以"未来"为标签，以"创新"为姿态，以令人震撼的场景和直击当下教育核心课题的内容策划，成为"中国基础教育年度思想力、实践榜、风向标"的发布平台。它不仅汇集了这个时代中小学教育最好的行动样本，也搅动了新一代教育领导者、实践者追求办学理想的心。

理想如月，不是用来触摸把玩的，而是让航海者借其光而航行。"海底月是天上月，眼前人才是心上人"，从来没有哪一年像这样，突然之间，我们对这个时代、对这个国家的责任，变得如此真实而急迫。我们要向自己致敬，既为来路，也为当下，更为立杆于未来。

336

当代教师的角色：行者、智者、能者、仁者、贤者、勇者、使者

◎ 卢志文（翔宇教育集团总校长）

随着"人工智能教育"的推进，传统的知识获取方式、教学组织形态和师生关系都会发生重大变化。同时，中国与世界的关系也在发生着深刻的改变。中华民族的伟大复兴和建设人类命运共同体也到了关键时期。在这个大背景下，中国需要怎样的当代教师，这是我们必须限时回答的问题。

○ 中国需要怎样的当代教师

教师在不同时期有着不同的角色定位，教育形态也随着人类文明的进程不

断变迁。原始社会，"长者为师"，为的是顺应环境求生存；农业社会，"能者为师"，为的是改造环境求生活；工业社会，"专者为师"，为的是习得技能成职业。

今天，随着信息社会的到来，人类进入了"愿者为师"的时代，那些在互联网上开课的人，并不需要教师资格证。只要你愿意，不管你多大年纪，从事什么职业，拥有怎样的学历，可以随时随地在各种网络平台上"分享知识""传授技能""启迪智慧"，来做教师。信息社会，"愿者为师"，为的是各美其美彰自我。

人工智能、大数据、区块链等新技术加快应用，教育即将迎来"人机共教"的新格局，教师角色将从"教书为主"转向"育人为重"。知识性教学大多由人工智能承担，教师更多的是学习的设计者、促进者、激励者、陪伴者。他们重视审美和与学生的情感交流，更加关注学生的身心健康和综合素养，给予他们人文关怀和生涯指导，努力成为学生"心智的激励唤醒者"和"精神指导师"。智能社会，"优者为师"，为的是"美美与共向大同"。

人类生存与发展的核心价值观是"真善美"。真者，认知之理想；善者，意志之理想；美者，情感之理想。求真，向善，臻美，人类才能走向更远更好的未来！

人类历史长河中，农业文明是一种工具进步，彰显"善"的力量，人类构建了以"善"为中心的教育体系，以德为本，立德树人；工业文明、信息文明是一种认知进步，彰显"真"的力量，人类构建了以"真"为中心的教育体系，知识为本，探索求真；智能文明是一种人格进步，必将彰显"美"的力量！人类需要构建以"美"为中心的教育体系。美既是教育的起点又是教育的终点，美才是教育的本质，它彰显了"善"和"真"，也给"善"和"真"以赋值和限度，使人类教育思想不再走向否定。以"美"为本的教育体系将成为一个能使人产生最大幸福感的最优化的教育体系。过去的文盲是不识字的人，现在的文盲是不会学习的人，未来的文盲将是不懂审美的人。

当代中国，从漫长的农业社会走来，用短短几十年时间迅速工业化；是全球信息化程度最高、在线人口最多的社会；在人工智能领域处于全球领先地位，比任何国家都更有条件率先迎接智能社会的到来；更是处在国家统一、民族复兴、和平崛起，正接受全球严苛审视和面临严峻挑战的关键时刻。

大国崛起，需要教育支撑；中国创造，需要教育转型；社会进步，需要教育助推；区域振兴，需要教育拉动；民生改善，更需要教育服务；……教育，承载更多期望，肩负更大责任。中国当代教师在相当长的一段时间内，将面临"怎么折腾都不满意""怎么努力都显不够"的状态，这些并不是我们可以抱怨的理由，而是我们需要努力改变的动力！

蔡元培先生说："教育者，非为已往，非为现在，而专为将来。"站在未来理解今天，中国需要培养怎样的当代教师，答案已经不言自明。

○ 未来教师要扮演怎样的角色

未来教师不是存在于未来世界或虚幻想象中，他们就是顺应时代潮流、培养时代新人的当代教师。我们既要面向未来，又要回望历史，从孔子、苏格拉底、陶行知、叶圣陶、苏霍姆林斯基等超越时代的名师身上学习，不做教书匠，而要成为肩负使命、读懂学生、重组课程、塑造品格、陶冶情感、探索创新、联结世界的"大先生"，为学生全面而有个性地发展奠基。

未来教师，应该是肩负使命的"行者"。有教育理想，更有职业操守，热爱学生，敬畏生命，教育兴国，有为立世。

338

未来教师，应该是读懂学生的"智者"。读懂学生，是因材施教的前提。一方面，教师要主动适应技术变革，借助知识图谱、数字画像等学情分析工具，了解学生的学习状态，洞察学生的认知特征、优势潜能和学习偏好。另一方面，教师还要高度重视学生的动机、情绪、习惯、价值观等非认知状态，这些在传统教学中容易被忽视，但却是影响学生长远发展的重要因素。

未来教师，应该是重组课程的"能者"。教师用教材教学生而不是机械地只教学生教材。教师是重组课程的设计师，要基于教材、超越教材，整合课程资源，为学生的学习和发展提供针对性支持。他们不仅是课程的使用者，更是课程的创设者。一方面，合理突破固定的教材章节，以核心概念为单元进行任务设计，突出学科知识体系的完整性，帮助学生更好地建立自己的知识网络；另一方面，用完整的课程育完整的人，通过跨学科的方式建设主题课程，弥合分科教学的不足，引导学生利用多学科知识解决实际问题，在实践探索中获得真本领。

未来教师，应该是塑造品格的"仁者"。知识本位的教育，目中无人。随着"人工智能教育"的推进，教师在知识传授、学情分析、作业批改等方面的作用将大部分被技术所替代，而价值引领、信念确立、道德养成、审美熏陶等方面的作用将进一步凸显。未来教师将从"经师"转向"人师"，更加注重学生精神的提升、人格的完善和价值的引领，成为塑造学生品格的工程师。

未来教师，应该是陶冶情操的"贤者"。教育是人影响人的活动。"感人心者，莫先乎情。"未来教师，无所不晓的"知识权威"角色，一定会被人工智能取代，但人工智能永远无法代替教师与学生"心与心"的沟通、"情与情"的交流。教师要做充满爱心的咨询者、引导者和陪伴者，做学生精神成长和情感发展的领路人。正如丹尼尔·平克所言，未来社会属于高情感、善合作、能为事物赋予意义的人。

未来教师，应该是探索创新的"勇者"。尽管创新一直伴随人类的成长，但历史中从来没有哪个时代像今天这样强调创新。人类到了一个发展的新拐点，我们唯一的出路就是：求变图新。新时代，就是创新能力主导的时代。教育培养创变者，教师首先要成为创变者。教育创变，是行进中的创变，不能试错的创变，更是没有回头路的创变。从古到今，因创变葬送的创变者和因创变者葬送的创变，总是最多的。许多创变者成为"先驱"，更多的成了"先烈"。创，是伤口的意思；创新，就是伤口是新的。有新的伤口，才会有新的愈合。创新，就是创而后新，以创图新。所以，创新需要勇气，创变需要胆识。

未来教师，应该是联结世界的"使者"。要把目光从教室转向广阔的世界，挖掘外部社会一切有利的教育资源，把最好的教育资源引向学生。同时，培养学生具备全球视野，增进国际理解，增强跨文化沟通力。创造适合儿童的教育，而不是挑选适合教育的儿童。把整个社会当课堂，而不是把课堂当成整个社会。泛在学习，可以使任何人在任何时候任何地方学习任何内容。

身处这个伟大的时代，我们要接受挑战，从改变自我开始，重塑职业理想，优化专业素养，和孩子们一道成长，去创造更加美好的未来。相信种子，相信岁月；埋下种子，以日以年；守望岁月，静待花开。

时代呼唤有"教育感"和"使命感"的中小学教师

◈ 储朝晖（中国教育科学研究院研究员）

我们现在对教师有几种不同的看法，有人认为教师是一个热门的职业，大家都想做教师；有人认为教师工作量很大，感到倦怠。那么，当今这个时代需要什么样的教师？

○ 价值取向：重新构想教育的未来

这个话题最近有很多不同意见，有人认为要培养"大先生"，但有多少人能够成为"大先生"？有人认为要培养"名师"。但是我认为，名师是歧路，良师是正途。所谓的"名师"是指向相对外在的功利标准，而"良师"是内心的，指向以学生的成长发展作为依据的标准。

当下"双减"政策的重点正是要反对短视化、功利化，"名师"在一定程度上是短视化、功利化的结果。在这样一个特殊的时段，联合国教科文组织发布了一个新的报告——《一起重新构想我们的未来：为教育打造新的社会契约》。这个主题跟当今和未来人类发展的方向是直接相扣的。

用什么样的价值取向、知识和方式来改变教育呢？以上报告里有一些关键内容。首先确立了以和平和公平作为重要的价值体现。所谓公平，就是尽可能地改变我们社会教育当中分层、多轨的状况。它用了一个词叫"公共目的"。也就是说，教育不是哪一个人的事，我们当教师要心怀天下，要看到整个人类的发展。在这个问题上，古代的苏格拉底、柏拉图就是从整个人类出发考虑的，他们的教育理想就是要建立"理想国"。经过几千年的发展，这个基本理念在当下又有非常重要的价值，我们需要重新回到这个价值取向和价值立场。

报告提到，要确保人们终身接受优质教育的权利，这就要从个体的角度来考虑。每个人都有受教育的权利，这也是我们教师应该重视的。报告还强调，面对不确定的未来，对学生的培养要重视什么？我曾经提出过三个"未"，培

未来

340

养未来世界、未知环境中的未成年人。不是培养他当下具有什么已知的、确定的东西，而是让他具有一种生成的能力。在一个未知的环境当中，根据现实情况，确认目标生成。

○ 教师素养：时代呼唤这样的教师

在全球化的大背景下做教师，我们仅仅着眼很小的一个范围，着眼于考试分数，着眼于孩子上某一所学校是远远不够的，要有更大的眼光，要明了人类文明前进的方向。

我们需要有"教育感"。这是我造的一个词，也就是教育的专业知觉。相当于打球要有球感，你才能打得好。教师要有教育感，包括四个方面——

第一要有爱心。这个"爱"，宏观上是要爱整个人类，微观上是要爱你所面对的鲜活的学生。有可能这个学生不可爱，但是从教师的角度来说，你必须爱他。

第二要有能力。"能"表现在你要对学生有敏锐的感知，了解学生。我们很容易把精力放在备课上，放在知识点上，这样是不能够成为一个好教师的。教师一定要了解学生，引导学生向他天性优势潜能的方向去发展，这是非常关键的。

第三个就是"知"。教师的"知"是知道人类某一个前沿的方向。比方说，你要了解你面对的学生是什么样的，你能够把他引导到人类潜能的、人类知识前沿的哪个方向。

第四个就是勇敢。很多教师没有勇气了，成了格式化的个体，这是不能够适应未来的。"勇"就在于坚持真理，勇于探索，勇于突破藩篱。

除了教育感，还有两个重要素养，一个是科学素养，一个是信息素养。

2020年公布的全国公民科学素养的情况显示，只有10.56%的人具备公民科学素养。这样一个比例，再来对照我们教师整体的人数，对照我们公务员的整体人数，依然有大量教师不具备科学素养。未来是一个科学的世界，科学在人类发展当中作用越来越大。未来又是一个信息社会，需要教师有信息素养，包括对信息的收集、处理、加工、分析、判定、选择使用这样一些能力。教师在这方面也依然存在不足。

科学素养和信息素养之间有一定相关性，所以我把它们放到一起来提。如果科学素养很低，信息素养也不会太高，他的判断能力就不会太高。这里面需要的是科学的精神与科学的理性，要能够重视实证，并且用实证的方法来检验当下的教育，检验教育活动，一些知识是不是值得去教，值得去付出努力，值得学生去学。

还有一个重要的基本素养就是维护自主。古代的教师，像孔子，像稷下学宫的这些老师，事实上都是老师教什么，学生学什么，当然学生也有选择的权利。随着社会的发展，学校形态的发展，现在的学校越来越陷入刻板化，在某些地方还存在过度行政化。在这种学校里面，教师的自主成为一个很大的难题。

我们正在进行"双减"，有人认为"双减"就是把学业负担减下来就行了，这是一个误解。如果教师的负担很重，学生的负担能减下来吗？如果是一两个月，要求教师负担很重，学生负担很轻是可以的。但是如果把它放在整个人生的历程当中，是不可持续的。这就要求教师要维护自己的教学自主权。维护教学自主权，就是维护学生成长的权利。只有教师和学生都能自主，双向互动，才有可能实现高质量、高效能的教学。

教师要守住教学自主的底线，明晰权责边界，这是未来教师要坚守的一个阵地。这次"双减"当中有一点就是要守住学校的主阵地。事实上，学校的主阵地不是一个孤立的存在，它是一个体系，需要在未来的一段时间里，大家共同去坚守。

使命坚守：士志于道，明道济世

作为教师还要有一个重要品质，就是具有使命感。使命感使得教师区别于一般的职业。没有使命感，仅仅作为一种职业，这种状况在现实当中是存在的。我们也允许一部分教师处在一种职业的状态。但是这个时代更需要教师把职业当成事业。

作为一种职业的时候，仅仅需要学生的配合；作为一个专业的时候，要有专业的标准；当作为事业的时候，需要有明确的目标。古代讲"士志于道，明道济世"，很多人做教师，他心中就有个理想的社会。"士志于道"这个"道"

就是真理；"明道济世"就是用真理来解决社会的问题，来实现人生使命。

当下讲要有使命感，依然是一个很艰难的过程，需要所有教师去坚守。当下我们可以看到人类文明在向前发展，作为当代教师，一个很重要的使命就是克服文明时代的野蛮。野蛮经常出现在我们校园当中和社会当中。我们要与野蛮博弈，使社会更加文明，使我们的未来更加光明。

从工具理性向价值理性突围

⊗ 郑腾飞（上海市浦东新区筑桥实验小学校长）

○ 我们的工具多吗

如果问一问现在的教师，你们的工具多吗？对比一下过去的教师，他们可能会诚实地说："与过去相比，工具确实多多了。"那么具体指哪些方面呢？我从资源、方法、工具和理念四个方面进行总结。

在资源上，现在教师备课离不开互联网，不管教材、教案、习题、作业，或是课堂上呈现的音频、视频、真实的案例等，抑或是教具，都能从网络平台获得。

在方法上，教师每天接受许多培训，包括我们筑桥实验小学，从建校第一天起就在思考，如何帮助教师获取最新、最先进的教育理念和方法。那么，从班级管理到学科教学，从课堂组织到学校管理，从国内国外的方法、培训到层出不穷的书籍，教师已身处信息的海洋，随时随地可查阅、选用。此外，教育信息化的快速发展，深深地改变着社会的方方面面，让我们更加期待它对教育生态带来的影响。

在硬件工具上，教师从在黑板上写字到现在每堂课使用的课件 PPT，再到各种各样的辅助型 App，以及更高级的课堂 VR、AR 设备或人工智能等很多复杂的硬件工具，都在支持我们的教育，让学生身临其境地去感受、学习各类知识。

最后，在理念上，国内国外、各种会议以及各类书籍提倡的教育创新理念、理论也支持教师做各式各样的教学创新。所以，当下的教育者拥有的工具种类繁多。

○ 效能感为什么低

为什么大家会觉得效能感低？什么是"效能"？如果深入了解教师的真实心理感受就会发现，与过去相比，虽然工具多了，但他们却更加焦虑了。究其原因，学校、家长对教师的要求越来越多，随之带来的便是更多的焦虑与更低的效能感。

若从理论层面分析，"效能"的英文为 effectiveness，指达到系统目标的程度，其中"目标"一词就是方向，所以"效能"应该由"效率"和"方向"两个维度组成。通俗点说，"效率"是帮助我们快速地把一件事情做完。但是到底做什么事情，这件事情做得对不对、值不值得做，则需要我们在"效能"的维度里考量。现在的工具帮助我们解决了效率的问题，把一件事情用最少的时间达成最大的效果，但是这件事应不应该做，目标是否清晰，却决定了教师效能感的高低。

为什么教师会觉得效能感低？原因有三个：

一是目标的多元化。当下，整个社会对教育的期待非常多元，每个家庭对孩子的要求各不相同，可是身处集体教育的环境，教师却需要满足不同的诉求与期待，多元目标下，最终丧失了"我到底需要做什么"的目标感，内心忙乱、焦躁，效能感越来越低。

二是环境的不确定性。2021年各种教育政策不停地、密集地冲击着每一位教育者。新政策的出台，需要每一位老师应对、消化，但这些不确定性的元素又难以与教师原本的目标达成统一，最终影响了方向。

三是个人在社会生活中的原子化。怎么理解呢？从农耕时期到工业时代的发展进程中，人与人之间的联结逐渐淡化，尤其进入互联网时代，人与人的交流和沟通越来越趋向于电子化、虚拟化，用通信软件聊天替代面对面的交流，越来越多的人活在自己的世界里。

目标的多元化，环境的不确定，个人在社会生活中的原子化，共同导致了

未来

344

效能感降低。这不仅是教师的困境，也是学校与其他企业组织面临的挑战。如何把原子化生活的人统一在相同的愿景和目标下？怎样让他们深刻地认同和理解组织文化，使他们为了目标而努力，以此得到成就感和效能感？这些都是我们面临的巨大挑战。

如何提高效能

筑桥实验小学创立之初便提出了两个培养目标，希望学校里面的每一个人都具备这些素质。

第一个是内驱力。希望所有人永葆对生活的热情与好奇，拥有内在的动力，做想做的事情。

第二个是目标感。筑桥实验小学 2017 年提出了这一理念，直到今天依然没有过时。在这里，每个人都清晰地知道自己的方向，学校也有一个经过深思熟虑后形成的恒定发展目标，不以社会变化而变化，不以家长诉求的改变而改变。

我很喜欢德国社会学家、哲学家齐美尔的一句话："金钱只是通向价值的桥梁，而人是无法栖居在桥上的。"在教育领域里，教师也应通过各种活动传递正确的价值观，并告诉孩子，考试的成绩、未来就读的大学、高薪的工作，都不应成为你的目标。真正的目标是清楚自己为之奋斗的方向，可收获成就感的事情。

在此前提下，筑桥实验小学从三个层面帮助教师提升效能感。

第一是教师个人层面。除了完成工作，一定要留些时间给自己思考。个人的发展目标是什么？什么样的工作成就最能让我有所满足？我要成为什么样的教师？当然，我们也会时刻提醒他们，如何在工作中挖掘自我的价值感、成就感、效能感。

第二是学校管理层面。在管理过程中不断与教师核对目标，不仅仅是How 的问题，Why 往往更重要。例如教师参加赛课或教研，先解释这件事跟学校当年的关键目标（OKR）、愿景及教师个人发展之间的关系，再告知其执行任务的方法，并给予他们充分的信任，或将 How 的问题直接交由教师自由发挥。当他们明白个人目标与组织目标之间的联系，能有效地将两者契合在一起时，也就能更加自信地完成工作。

第三是学校决策层面。执行层面可以为教师提供方法，帮助他们厘清目标；决策层面则一定要明晰学校的目标、愿景、基本价值观，并以此为依据，选择提供给教师的工具和要求。

创办一所学校，不仅仅需要思考学校10年、20年的规划与愿景，还需要反复考虑学校的特色、亮点、办学理念、教学质量、人才培养目标等。没有一所学校能满足所有人的需求，所以校长室的每位成员必须深思熟虑，并有所取舍，一旦确立了目标就不要轻易更改。

很多时候，学校决策层还需要跨越时空的思考，剔除当下所谓的教育潮流、趋势，保留几千年来教育对人类起着至关重要的那些元素，以此作为立校之本、发展根基；再围绕这些元素从上往下，从点到面，从个人到全校，给所有人以文化上的交流、统一，提供必要的工具，让所有人明白目标到底在哪里。

当然，目标要简洁、稳定、持续。不管任何人、任何事，都需要反复沟通。在多变的环境里，只有拥有不变的态度、不减的决心，坚持目标和方向，才能以不变应万变，应对各种冲击。我很喜欢帕蒂·麦考德在《奈飞文化手册》中的一句话："人们之所以如此关心员工赋能，仅仅是因为现行的员工管理方法剥夺了他们的权利。奈飞的文化核心是自由与责任。"其中，"赋能"一词早已从商界慢慢延伸到了教育界，虽然我们反复强调要给教师赋能，提升他们的幸福感，但试问一下，我们真的做到了吗？

奈飞提倡跟员工沟通好个人目标，给他们自由与责任。回想一下，新教师在入职第一天，第一个星期，第一个月，都充满向往，积极热情、能量满满，工作几年后，慢慢会变得焦虑、疲惫不堪，这值得教育管理者反思。是什么消磨了教师的斗志？我们真的把权利给到每一位教师、每一位员工了吗？他们是否真正感受到自由与责任呢？

当下社会里的每一个人，都面临"工具理性"与"价值理性"的困境。在如何达成目标、如何提高效率这件事情上，其实容易形成共识，因为衡量这些事情的标准简单、容易，就是比谁快、比谁挣得多、比谁做得更好。但当我们探讨目标的达成、事情的价值与意义的时候，就会听到很多的声音，这时为了判断观点的好与坏，人们便习惯倾向于工具。渐渐地，整个社会呈现出工具理性压倒价值理性的状态，然后出现了数量庞大的工具和方法。

马克斯·韦伯说："价值观念有许多分歧，工具理性计算出来的最优解很容易形成共识。结果是整个社会中工具理性的逻辑越来越强大，手段压倒了目的。"直到今天，这个观点还在被反复验证。作为教育者，应该停下来好好深思，想想价值理性的问题，理理真正要做的事情，然后给学生、教师适合的支架、工具，帮助他们形成共同的目标。尼采说："真正的教育者，理应是你的解放者。"希望我们每个人都不要变成一个工具化的零件或元素，被工具所支配。

教育者最应警惕的，就是我们自己或我们的学生成为工具人。在越来越多的工具和方法面前，教师要教给学生的不仅仅是工具和方法，管理者给予教师的也不仅仅是工具和方法，请不要忽略学生、教师作为一个"人"的独特性和价值意义。虽然工具繁多，但是效能感却是通过正确目标的建立才得以提升的。如何让自己成为一个有独立思想，完整、独特，给社会带来价值的人？如何使学生也成为这样的人？这些才是真正值得大家思考的问题。

347

未来教师是以身示范者、知识创新者和情感超越者

◈ 丁义国（江苏省海安市海陵中学校长）

什么样的教师是值得重点关注的未来人才？

国家发展靠人才，民族振兴靠人才，而人才的获得有两种途径：一是吸纳引进，二是自主培养。习近平总书记强调，人才培养要坚持四个面向：面向世界科技前沿、面向经济主战场、面向国家重大需求、面向人民生命健康。

在未来的30年里，我国的教育体制也将从人才选拔体系转变为人才培养体系。作为培养未来人才的教师，作为文化的建设者和文明的推动者，我们应当成为什么样的教师呢？

影片《我和我的父辈》中提到 2050 年的机器人，已具备了高度仿生的人类外形，令人咋舌的学习能力，无与伦比的力量与速度，以及文江学海一般的知识储备。除了缺乏人类的情感与道德，机器人似乎在每个方面都更完善于人类。如今，国泰民安，海晏河清，上有"嫦娥""天问"九天揽月，下有"奋斗者号"五洋捉鳖。我们正坐在祖国的巍巍巨轮之上，向着智能时代平稳前行。若问，未来 30 年我们的教育需要什么样的教师？我的回答是：以德润心，做自觉觉人的道德示范者；以学启智，做自利利人的知识创新者；立德修身，做自渡渡人的情感超越者。

以德润心，做自觉觉人的道德示范者

《论语》有言："德之不修，学之不讲。"如果一个人没有道德，他学再多的知识对社会也是无用的，而道德感、廉耻心恰恰是冰冷的、程序化的机器人所无法言传身教的。从古至今，道德、品德都是教育的第一环，也是最重要的一环。以德润心，就是要以德立身、以德立学、以德施教。中国共产党早期的领导人恽代英，提出了"自觉觉人"的教育思想，意思是说，作为教育工作者的我们，不仅自己要觉醒，还肩负着觉醒他人的重任。他开创了自范立标、自学立识、自强立志的教育路径。我们教师要是一个自范、自学、自强之人。

韩愈说："师者，所以传道授业解惑也。"教师的首要任务是传道，自身必须有道可传，若无道可传，何必为师呢？所以，未来教师首先是有着自觉思想的教师，是良好道德的示范者。未来的教师不是蜡烛，而是追逐太阳、追逐光热的歌者，是一种生命焕发的境界。这样的教师方可以与人分享、施予、传递和对话。教师要把全身心都调动起来，投入进去，要交付出去，成为有信念、有操守、有见地、有灵魂、有光热的生命本身。不仅要学会讲，更要学会倾听，不仅是在教，更是在学。未来教师要开放自己的心，成为一个对全人类有担当、有牵挂的人，学生才能被感染。

未来教师要有谦卑之心，敬畏大自然，敬畏人类的奥秘，有非功利、非实用的好奇心，学生才会敬畏。教师要学会跟大师对话，学生才能对话；教师要有成为大师的胸襟，学生才会有成为大师的气魄。

未来

348

○ 以学启智，做自利利人的知识创新者

以学启智，不仅在学，更在启。作为教师，丰富的专业知识自然必不可少，但随着科技的迅速发展，在不远的将来，我们引以为傲的知识储备，就会被机器人同事"吊打"。这时，"启"的功能就显得尤为关键。在未来，循循善诱、春风化雨的启发式教育，依然是渴望交流和被关注的孩子们在学习路上不可或缺的一抹温柔。

我们每个人的本心都是自利的，追求自身的获得，这无可厚非。然而，作为教师的我们却应当是自利而又利人的。他人也像自己一样追求快乐，他人也不愿意遭受苦难。所以，我们在利己的同时，也应当站在他人的角度进行思考。

社会对教育既然投入了这么多的资源和期望，未来教师的社会功能又将是什么呢？

首先是责任。教育并不是赋予教师特权，而是给予一定责任。学习改变命运，习惯成就未来，仁爱美丽身心。我们要引导学生学会学习，热爱学习，这是我们的责任；培养孩子良好的行为习惯是我们的责任；教育引导孩子具有仁爱之心，更是我们教育的责任。

其次是利人。要培养有责任感的公民，培养利人之人。在科技创新的未来，教师必须是知识创新的教师。体力劳动者要增加产能，只能增加工作时间，但这种线性的增长是很有限的，况且机器人就可以代劳。只有创新知识的产生与应用，才能使人类社会的进步有质的飞跃，加速教育的普及，增加对教育质量的需求。

未来教育领域，知识的创新获得有哪些途径呢？我认为有四条途径。

第一，书本上前人的知识可以构成掌握知识的平台，但不再是知识来源的主体。移动互联网、微课堂、碎片式项目化的学习会越来越普遍。

第二，教师的角色与心态需要重新定位。讲课讲得好，不再是好教师的标准。能提出好问题，激发和引导学生思考，才是真正的好教师。

第三，教师的主要工作是让学生承担起自主学习的责任，学会思考和建立自己的假设，成为一名有头脑的孩子。

第四，教育是一个整体，需要从培养未来人才的角度进行全面设计，而

不能像笛卡儿的机械世界观那样，认为各阶段内容拼凑起来就是教育的整体。

○ 立德修身，做自渡渡人的情感超越者

渡人，就是把人从烦恼的此岸引领到清净的彼岸。自渡，就是让自己借助智慧、经验、毅力来解脱烦恼。要想渡人，必须先渡己。教师是人类文明的传承者，承载着传播知识、传播思想、传播真理、塑造灵魂、塑造生命、塑造新人的时代重任。

我们要立德修身，潜心治学，要开拓创新，做自渡渡人的情感超越者。苏霍姆林斯基说："教育＝爱＋智慧。"教师若单单爱那些可爱聪明的孩子，怎么能叫爱呢？对可爱之人的赏识不叫爱，没有厚生精神的爱也不叫作爱。爱是不计较对方的条件，而甘愿接受赏识与信任；爱是在满足别人中牺牲了自己，又不认为自己是牺牲。教师的牺牲是微笑，而不是哭泣和怨恨。一味地严厉和一味地娇惯都不是爱。未来教师的智慧，不是知识的堆积，而是有超凡脱俗的信念。唯有这样，教师才可以抛开个人物质的追求和庸俗的苦恼，蔑视一切生活的压力而渡人。

350

一个道德低下的艺术家，也许他能够创造杰出的艺术作品，但是一个道德卑劣的教师绝不可能指望他会成为一个好教师，无论他的技艺多么高超。因为教师是和活的灵魂打交道的，学生的心灵像透明的奶油，教师留在上面的每一条指纹，都会生动地印在那里。未来的教师，到底要给孩子留下什么样的教育呢？只要我们有对真理追求的热情，对爱的执着和超凡脱俗的气质，哪怕是"砖块"学校，也有着崇高的精神。

今天的我们处在一个数字化、信息化、全球化的时代，人类的手脚被释放，头脑不断地延展，未来教育的场景注定会更开阔、更真实。我们努力地重塑着未来教师的素养图谱，包括自我管理能力、审美体验能力、理论教学能力、实践教学能力、批判思维能力、研究发展能力、着眼全局的能力、注重思维力的构建、注重设计和美感、技术智能化、师生关系新样态、共情能力等，这些趋势还将以我们无法预知的方式和速度继续塑造着未来。

看见学校，看见孩子，看见时代，看见自己

 于洁（江苏省昆山市葛江中学教师）

○ 看见学校

我做了 30 年的班主任，前 28 年我都在昆山的城市里教书，在 4 所学校工作过，生源都在中等以上，甚至有特别优秀的生源。但有时我会问自己，教出很优秀的学生，究竟是自己的本领，还是因为生源好？敢不敢到农村去工作？

2014 年，昆山实行教师轮岗，我几次申请去农村中学轮岗都无法成行。2019 年，昆山实行集团化办学，城市一所学校和农村两三所学校形成一个集团。终于，我以集团内部轮岗的方式来到了昆山农村的一所学校——花桥集善中学，并在学校附近租了一个房子，便于教学。

来到这里，我看到了学校的艰难。在生源上，都是外来打工人员的孩子，儿童时代大多是留守儿童。有学生告诉我，他从小在老家和爷爷奶奶生活，父母外出打工，极少回来，甚至小时候都不认识父母。到了初中，父母才把他接到身边。他对我说，因为长期缺少接触，不知道怎么跟父母沟通。

他不是个例。班上还有一些孩子，虽然父母都在身边，但经常半夜三更才回来，因为要上夜班。这些孩子或多或少都有伤痛和孤独感，同时，学习基础相对薄弱，学习能力参差不齐。师资上，学校基本都是年轻教师，平均年龄不到 30 岁。老教师对于这些孩子尚且有些手足无措，更何况是年轻人呢？最大的难点还是在家校合作上。大部分家长忙于打工或者做生意，夜晚常不在家，尤其是父亲，有的孩子一年只能见到一两次；母亲顾了老二顾不了老大。家长文化水平较低，家庭教育简单粗暴。所以，家校合作困难重重。

当然，我也看到了学校的努力。从学校一把手到中层领导，几乎都是每天 6 点多钟就来学校，分年级巡视，班主任基本 6 点 50 分就在了。教师大都住在市区，也有很多在学校附近租房子。针对年轻教师，学校搭建了各种培训平台，还进行了一对一师徒结对，聘请昆山市有名的教学高手指导教育教学。校

长更是亲力亲为，每天都在教室听课，组织评课。教师非常用功，经常可以看到他们和家长、学生促膝而谈的身影。

看见这样的情形，我告诉自己：不管教了多少年书，做了多少年班主任，必须平衡心态，从零开始。这个时代，需要有理想信念、道德情操、扎实学识、仁爱之心的"四有"教师，我努力实践着。

看见学生

学校非常信任我，让我带年级排名"倒数第一"的班级。对我而言，这是最好的安排，是我和学生们最美的遇见。我们班的口号是"弘毅一班，团结向上"带班的时候，我竭尽全力。

"在我们班就觉得特别明亮"

我们班在一个临时教室上课，教室是东西方向。夏天，太阳直直地透过窗户照进来，非常热。冬天，西边的门一打开，风就哗啦哗啦进来了。于是，我给东边窗户安上了洁白的纱窗，以遮挡夏日的炎热，也增添了一丝静谧的感觉。

教室前是黄色的向日葵，如果有学生心情郁闷，看见这样的明黄，会觉得很开心，心里被点亮了。教室里添加了黄色和蓝色相间的柜子，一个柜子一把钥匙，给学生提供私密空间，受到热烈欢迎。教室被重新布置后，变得淡雅、整洁、漂亮。学生在这里沐浴书香，追逐梦想。

教室外面的走廊，像个小花园一样。学生写的好作文都被我打印出来，塑封后串在栏杆上面，路过的人都能够看到。走廊摆满了各种绿植，安排了专门的养护者，这样学生能够每天看到绿色。有好多学生都说："哇，我不知道为什么，在我们班就觉得特别明亮，心情特别舒畅。"我在教室还放了装有饼干的"临时早餐救急箱"，有学生匆匆忙忙到学校，没有吃早饭的话，就从早餐箱拿饼干吃，过些日子再买点饼干补回去。小小的早餐箱，其实也考验学生的诚信。

"我们班充满了人情味"

虽然我教的是比较差的生源，但我都把他们当好学生、尖子生来培养。每一次上课预备铃响后，我就让学生走上讲台，领读、提问，或者完成"温故"环节，培养他们自我管理的能力，克服因为自卑而带来的胆怯心理。

我们班充满了人情味。中秋节的时候，学生的父母可能都不在身边，我就弄来了温州大月饼，切开来在教室里面分着吃，月饼的香味弥散了整个教室。我让一些英语基础比较差的学生每天晚上在家里一边泡脚，一边捧着英语书读英语，这后来成为学生在家的标配动作。

一张一弛，文武之道。闲暇时光，我们会看看动画片。体育课上，如果已经完成了教学任务，我和体育老师就和他们一起自由活动。女孩们玩老鹰捉小鸡玩得不亦乐乎，男孩们打篮球，我跟其他学生席地而坐，欣赏他们的精彩表现。

我给学生每人买了一个黄黄的小软枕，午睡的时候他们可以趴在上面睡得舒服一点，天冷以后就当垫子用，坐着累了还可以靠在后背。

我们的教室外墙，放的是"弘毅袋"，每个学生一个。学生如果默写得了满分，便把卷子折一折放到袋子里去；学生在老师这里获得了什么小奖品，也放进去。每个人的优秀，可以被大家看见。

教室的前门，我们粘贴了红星星和绿星星，专门用来记录学生朗读英语的情况。学生的表现真的很不错，与我们的班级一起蒸蒸日上。我在走廊里还放了各式各样的展览板，把学生好的作业、好的作文等，用不同的方式展览出来，给他们小小的成就感。

发给学生的奖品也是非常有趣的。有一回，一个老同事送给我一箱绿色植物，我就让这些学生带回家去养，自然地完成了生命教育。我会买一些很可爱的树脂"小狗"，在班级里开展"领养小狗"的活动。也就是让"小狗"待在书桌上，陪着学生一起用功，度过初中的时光。教室走廊放了不少多肉，学生表现得很好的时候，我就对他说："去带一盆肉肉带回家，养在自己的书桌上。"我们还买了各种漂亮的棒棒糖，学生表现好的时候就奖励一颗，让甜蜜在心头蔓延。

记得有一个学生专门准备了一个小盒子，里面放的是各种各样的奖励品。他说，那都是满满的回忆。我也常常拍下学生专注的样子，在放学的时候给他们看——看见自己的美。

"你们的青春我参与过"

我每天有一个小时是雷打不动地一篇篇看学生的"每日一记"，并写上评语。我自己也要写"于老师日记"，师生共写日记，互相参考，一起生活。

当我在这个学校待了两年、送走第一届毕业班的时候，"每日一记"已经有了五六百本，我全部都还给了他们。我说："你们的青春我参与过，现在我要退出来了，我要去参与另一批孩子的青春。"

通过写"每日一记"，学生渐渐养成了观察生活的习惯。一个学生进了高中以后写信给我说，"可能是因为习惯了写'每日一记'，每天睡觉的时候都会回忆一天的生活，觉得很美好。"

学生把生活中的点点滴滴都告诉我，只要不牵涉隐私，我就把他们的手写稿打印出来，展览在走廊里，让大家看看别人的生活是怎样的。在第一届学生毕业的时候，我给他们做了一本《弘毅少年成长纪念册》，由文字、照片以及班级的故事构成，有268页这不仅仅是记录了学生的人生，也记录了我的人生。

一直以来，我都不停地给学生写信、写卡片，也给家长写信。我总是对学生们说："遇到你们真好。"

○ 看见自己

成全学生的同时，也在成就自己。我总是对自己说，"你还可以做得更好一点，一个老师对学生的影响应该是温暖的，长远的。"

我也好奇，学生眼中的我是什么样子。有个男孩子写了一篇日记给我，他说："你跟我们说话，从来没有不文明的语言。你总是平易近人，你的眼神当中带着关爱。你非常地负责任，你不仅仅搞好语文，还帮我们弄其他功课，你还经常跟我们一起扫地，你为这个班级付出了很多。"

有一个女孩子在"每日一记"中写道："老师，我发现你有三种状态——第一种，你是一个可爱的大孩子，比如我们背书的时候，你会悄悄在我们嘴巴里面塞个葡萄干，就觉得你特别可爱；第二种，你的课生动活泼有趣，让我们觉得一节课真快；第三种状态，就像一幅水墨山水图，气质高雅，你走路的时候姿态轻盈，像日月一样映照山川。"

学生这样写，我挺感动的，觉得我所有的付出他们都看到了。虽然我在这个学校才三年，但是师生们劲往一处使，心往一处想。

31年来，我和学生亦师亦友。我心里知道，我一直在做着一件事，名字叫作渡人渡己。我非常喜欢张雨生的一段歌词——"有的繁华，我从不羡慕，因为最美的，在心，不在远处。"我要竭尽全力，做一个好老师，让学生知道我在努力，他们也会很努力。亲爱的老师，教育的路上不要觉得孤独，有我与你相伴同行。

未来

能力进阶

中国好教师需要一场"德智体美劳"的五育能力进阶

◈ 万玮（上海市平和教育集团总校长）

好的老师究竟应该是什么样的？我想从这三个部分谈起：中国好学生，中国好教师以及文化的传承。

○ 中国好学生

中国好学生通常是这个样子的：脖子上戴着红领巾，手臂上佩有三道杠，这是大队长。戴三道杠的一定是好学生。我们小的时候，最高荣誉叫"三好学生"。哪"三好"？德智体。德是品德，要学雷锋做好事，要助人为乐；智指的是学习成绩；体是体育。其中最重要的还是学习成绩。很多时候，学习成绩足够好，德与体稍逊一筹，"三好学生"也会评上，但反之就很难。在那个年代，学习成绩就是一切，一智遮百丑。

现在，时代发展了，理念提升了，要做素质教育，强调核心素养，要改变以分数来判断学生优劣的落后评价方式，要全面发展。这个全面发展有一个前缀，叫"德智体美劳"。美是审美，劳指劳动。习近平总书记在 2018 年 9 月

10 日召开的全国教育大会上的讲话中，依然强调"培养德智体美劳全面发展的社会主义建设者和接班人"。这就意味着在未来相当长的时间内，"德智体美劳"是中国好学生最好的素质。

中国好教师

中国好教师依然是这五个素养。原因很简单：第一，"长大后，我就成了你"，今天的学生就是未来的老师；第二，因为教师不可能教给学生其自身不具备的东西。

也许有人说，"弟子不必不如师，师不必贤于弟子"。教师的角色也可以是教练（Coach）或引导者（Facilitator）。但无论是教练还是引导者，在中华文化中，"德智体美劳"依然是好教师不可或缺的品质。

德

第一个品质是"德"。党的十八大报告里提到当今学校教育最核心的任务是四个字，"立德树人"。我对这一点认识特别深刻，因为在中国传统文化中，教师最重要的素养无疑是"德"，教育最重要的任务就是提升学生的品质。《易经》有"天行健，君子以自强不息……厚德载物"。自强不息，厚德载物，这是中华民族的精神。明代以后，祭祀的对象依次为"天地君亲师"，因此有"一日为师，终身为父"的说法。我们这个社会尊师重道，为什么？因为教师品德高尚，教师值得尊重。

德高为师。北京师范大学的校训是：德高为师，身正为范。其所强调的是，教师应该成为学生的榜样，身教重于言教。教师的任务是教书育人，而育人更为重要。教书的目的乃是让学生成为一个品德高尚的人，若教师无德，焉能为师？

君子人格。中国儒家思想对教育影响极深，孔子被誉为"万世师表"，也就是后代所有教师的表率。《论语》中有一段话："弟子入则孝，出则悌，谨而信，泛爱众，而亲仁。行有余力，则以学文。"孔子的意思是，知识的学习不是第一位的，提升自己的道德修养才重要。

孔子的理想人格是"君子"。在他的心目当中，什么是君子呢？于是又创造了一个概念，叫小人，小人不是卑鄙小人，指的是普通人。《论语》里面有

未来
357

很多关于君子和小人的表述，"君子成人之美，不成人之恶，小人反是""君子坦荡荡，小人长戚戚""君子怀德，小人怀土；君子怀刑，小人怀惠""君子求诸己，小人求诸人""君子和而不同，小人同而不和"。

《大学》的开篇之段是很有名的："古之欲明明德于天下者，先治其国；欲治其国者，先齐其家；欲齐其家者，先修其身；欲修其身者，先正其心；欲正其心者，先诚其意；欲诚其意者，先致其知，致知在格物。"

物格而后知至，知至而后意诚，意诚而后心正，心正而后身修，身修而后家齐，家齐而后国治，国治而后天下平。到宋代以后，《大学》成了全中国读书者的入门读物，所有读书人的目的就是修身齐家治国平天下，中国历史上的智者——诸葛亮在《诫子书》中说："静以修身，俭以养德。"

中西教育自儒家年代就走上不同的道路。西方教育走的是向外求的路径，探索真理，探索世界，进而解释世界，改造世界。中国教育走的是向内求的路径，目的是什么？就是修身齐家治国平天下。

内圣外王。德行高尚能解决现实生活问题吗？儒家有一个模型，叫"内圣外王"，这是中国读书人的最高境界。其中，内圣，就是内在的自我道德修炼，外王，指的是能够治国平天下。"内圣外王"是高度统一的，只要做好内圣，自然就能做到外王。真正做到"内圣外王"，就成了圣人。

在中国文化当中，要成为圣人，必须做到三不朽——立德、立言、立功。公认的圣人有两个半，第一位当之无愧是孔子，半个据说是曾国藩，还有一个是王阳明。王阳明对近代的影响特别大，他创立的心学，对日本的明治维新产生了很大的影响。王阳明的心学提倡致良知，知行合一。王阳明是读书人，后来偶然被任命为大将军，带兵去打仗，剿灭土匪，竟然连战连捷。再后来宁王造反，临危之际他运筹帷幄，领兵平叛，一举成功。这就是内圣的力量。

智

在中国古代，谈中国教育，一个"德"字已经能解决所有问题了。到了现代，尤其是中华人民共和国成立之后，毛泽东提出德智体全面发展的概念。智由此也成为中国教师的一个重要素养。

知者乐水，中华文化强调智。子曰："知者乐水，仁者乐山。知者动，仁者静；知者乐，仁者寿。"中国古代读书人特别喜爱山与水。孔子用水来比喻有智慧之人，因为水是流动的，比较灵活。

老子尤其崇尚水的品格。他在《道德经》中说："上善若水。水善利万物而不争，处众人之所恶，故几于道。"人类一直在追寻天地之道，而水是接近于这个天地之道的。因此聪明人会喜爱水，而向水学习。因为水是几乎接近于人和宇宙的大道理。

知识渊博。中华文化里面还有一种"学霸崇拜"。在古代，学而优则仕，读书读得好的人可以去做官。书中自有颜如玉，书中自有黄金屋。书里面什么都有，万般皆下品，唯有读书高。考试第一名称为"状元"，骑着高头大马，游街庆贺。"春风得意马蹄疾，一日看尽长安花"这里的花指的是年轻女孩子，意思是考试中了进士之后，整个城市的年轻未婚女孩子都出来看。如果高中的才子未婚，提亲的人大约要踏破门槛。一直到今天，知识渊博的教师仍然非常受学生欢迎，而且会有天然的威信。那些读书时就经常考试得第一名的教师会成为学生的偶像，解题能力强的教师会收获学生崇拜的目光。

智胜一筹。中华文化也有崇拜聪明人的传统。之前提到的诸葛亮是三国时期的人物，他是蜀国的军师、智囊。春秋战国时期孙子写了《孙子兵法》，在西方也有很大的影响。我在 15 年前写了一本书叫《班主任兵法》，在中国的教育体系里面，班主任是一个非常重要的岗位。在某种程度上，班主任就代表了学校来对学生进行管理，涉及学生的一切事务。对于年轻的班主任来说，是一个很大的责任。但是到了今天，15 年过去了，再来看看教师的素质，我觉得这个智已经不单单指管理班级的智慧，它是更大的智慧。

比如，今天应试教育和素质教育怎么平衡呢？一个有智慧的老师不会把这两者对立起来。素质教育是我们的目标，是我们期望的结果，我们希望学校是德智体美劳全面发展，但是这个过程当中有没有考试？当然有。如果这个社会没有一个有公信力的考试，秩序会乱掉，而这么多年，我们的教育体制为这个国家发展培养了一大批的人才。所以中国改革开放 40 多年，经济的成就首先是教育的成就，而教育的成就在我们为这个社会的各个领域培养了那么多人才。

体

教师是一个体力活，有很多学校的教师，尤其是高中毕业班的班主任，早晨六点左右就从家里出门，晚上回家都在十点之后。所以他们校长跟我讲，他们选班主任对体力有很高的要求。

这个"体"在我的理解当中，首先是健康阳光的，外形很好，长相端正一定会受到学生的欢迎。如果长得不够帅，怎么办呢？每天对着镜子练习微笑，要更亲和一些。学生是未成年人，他们对学习的兴趣往往受教师的影响，因喜欢一位教师而投入学习，因厌恶一位教师而厌学。如果一位教师有好的体型与外貌，能够轻易获得学生的喜爱，对学生也会更有影响力。

体，还表现在很热情，很积极。有一次我跟我们学校高中的学生聊天，这个学生说："我只要听一节课，就能判断这个老师是真的喜欢教育，还是将其作为一个谋生手段。"我觉得他的判断标准是这个老师有没有热情。一位企业家把员工分为三个阶段：可燃型、自燃型、不燃型。可燃型可以用他的激情点燃同事、学生、家长，所以我刚刚在上台之前，听到很多西方同行的分享，真的很感慨，他们展示了对教育的热情。

美国学者帕克·帕尔默的《教学勇气：漫步教师心灵》一书在中国有很大影响，我认可其观点：优秀的教学不能降格为技术，优秀的教师源自教师的自我认同与自我完善。

在中华传统文化中，教师是一项"忍辱负重"的工作，所谓"春蚕到死丝方尽，蜡炬成灰泪始干"。今天，我们不必说牺牲自己来成就学生，完全可以在成就学生的同时，也成就我们自己。但是，做学生压力大，做教师压力大，做校长压力更大。而我们说要把视野变得宽阔一些，你不克服艰难险阻，怎么可能做得到？所以哪有什么岁月静好，只有负重前行。

美

"仓廪实而知礼节，衣食足而知荣辱。"所以美丽是基于经济基础的，是一种比较高的目标。在中国，总体而言，教师是一个比较清苦的职业，收入不高。这些年，政府对教育的投入持续增加，教师的待遇也不断改善。在我工作的学校，教师的待遇已经相当不错，以至于能够吸引到一些其他行业中的优秀人才前来应聘。

我写过一篇文章，讲美育可能是学校教育的一个终极目标。我所在的平和双语学校，相对来说面向的是上海的精英阶层。我们非常重视美育，每个孩子都要学一门乐器，在这两年新建的一些学校里面，甚至把美育作为校本课程建设。在这个过程当中，对于教师自身的审美能力有很高的要求，教师平时的仪表，穿衣打扮不符合要求的甚至会被批评。今天我们讲好的教育应该是基于实践的，应该是基于真实场景，应该让学生认识到这些并将其和自己的经验结合起来。

劳

中国长期以来都是一个农业社会，即便城镇化建设如火如荼，到 2017 年底，中国城镇户籍人口占总人口的比重依然只有 42%，显示超过一半的人口户籍依然在农村。中国古代有一句成语——"四体不勤，五谷不分"，形容读书人不劳动，脱离实际。今天，我们批评一些教师教学脱离实际，"除了教书，什么都不会"。而教的那些书本知识，只是为了应付考试，与真实生活相差很远。好的教育，应当基于真实生活场景，学以致用。

○ 文化传承

教育对于文化的传承无疑发挥了巨大的作用。一个弟子问孔子"何为君子"，孔子回答："知者不惑，仁者不忧，勇者不惧。"在孔子心目中，仁、智、勇是君子的三个最重要的品质。而君子，是中国人完美人格的体现。

优秀教师当然应当是君子，理应具备这三个品质。仁、智、勇，对应的恰好就是德、智、体，这是一种文化传承。即便现代物质文明再发达，我相信，这依然会是中国教师的核心素养。所以我们今天中国好老师的渊源在 2000 多年前，在孔子那里就已经讲得非常清楚了。

传承和创新是一体两面，创新如果没有传承，那是空中楼阁；而传承没有创新，那要被年轻人抛弃的。中国是一个农业大国，在中国历史上能够来做老师的，都是这个社会的精英，由于这些精英的存在，中华文明才能够薪尽火传。

改革开放 40 年，中国再一次站在了历史的关口，我们可以亲眼见证大国崛起。作为教育者来说，为中华民族伟大复兴培养人才，让中国未来能够成为一个受人尊敬的负责任大国，正是我们的使命。

教师的精神品质：超越功利、生长良知、永葆青春、成为榜样

◈ 刘 慧（张家港市实验小学教育集团总校长）

　　一名教师，能不能在精神和行动上与时代发展、与世界的重大变局缔结一种深刻关系，决定着教师的视野、气象和格局。这里，从四个方面对教师的精神品质做一些勾勒，对常识做再一次阐释。

○ 超越功利——将生命塑造成一件艺术品

　　1991 年，入职第一年，我第一次参加教师职称评审述职大会，一位女教师边流泪边读述职报告。她已经连续几年参评"小高"，即将退休，这是最后一次机会了，恳请大家投票。她口中念着：求求你们了！这样的影像在我年轻的心里像蜿蜒的山脉，曲折而凝重。我很疑惑：是什么让这位长者放弃了自尊？

　　这件往事不断提醒我思考：什么才是生命中最珍贵的东西？一个人在年轻的时候，就知道自己想要什么，愿意放弃什么，这不仅是一种价值观，也是一种能力。

　　那时候，我以为小学高级就是职称的最高峰。后来，这个山峰在不断增高变陡，还有各级各类的骨干教师评审。你冲啊、跑啊，以为拿到特级教师就到头了，不不不，还有各种培养对象在召唤你。一位教育行政部门的老领导说过一句话：行政就是有本事不断竖竿子让你爬。

　　职称、骨干称号、各类荣誉……这些都是专业能力的证明，我们当然要重视。然而，假如我们一生困顿于此，难免发生价值观的偏移。以功利的方式实现功利的目的，是道德的枯萎、精神的作弊。辛波斯卡写过一首叫《写履历表》的诗："尽管人生漫长，但履历表最好简短。……所有的爱情只有婚姻可提，所有的子女只有出生的可填。认识你的人比你认识的人重要。旅行要出了国才算。会员资格，原因免填。光荣记录，不问手段。……悄悄略去你的狗、

猫、鸟，灰尘满布的纪念品，朋友，和梦。"

诗中她把最平常、最不新鲜的履历表翻来覆去查验，提出一连串的质问。我们人生这么长，为什么履历表那么简短？我们身处、看过的丰富风景，为什么要由无趣的地址来取代？对我们一生影响最大的记忆，包括爱情、朋友、梦，还有狗、猫、鸟，为什么在履历表里都没有意义？我们参加了怎样的团体、用什么手段获得了怎样的光荣头衔，为什么过程、动机统统不重要呢？

我们的教育人生难道不需要锲而不舍地追索？尽管教育制度的设计时时提醒我们，人是无法挣脱功利法则的，环境养不活"虚"的东西。但我依然认为，教师的精神构成中要有一点务虚和形而上的东西。多一点诗性和哲学，精神的闲逛和人生的心荡神驰。如果说人生的前半场是不断地添东西，那么后半场则是不断地扔东西。将生命塑造成一件艺术品，追求和享受"艺术化生存"，不断接近生命的核心。

一个好老师和一个伟大的老师之间的差异，在于"信仰"的强度与深度。上得出好课，写得出好文章，是一个不错的老师。然而要成为伟大的老师，在他的教育人生里，就要读到理想信念、读到道德情操、读到扎实学识、读到仁爱之心。

○ 生长良知——在天平轻的一端加上砝码

在西方，西蒙娜·薇依的思想和道德地位很高，被评价为身上具有"罕见的精神力量"。在天平轻的一端加上砝码，那么，天平轻在哪里呢？社会极端功利，缺乏远见，谈信仰、谈精神被视作"怪物"，那些经常思考大问题，以承担民族忧患为己任的背影渐渐远去。

有知识未必有思想，有思想未必有良知，有良知未必有勇气和行动。我推荐大家看《觉醒年代》，看一百年前那群理想主义者，看他们形形色色的思想、思考力、行动力和爆发力。在精神上亲近他们，亲近他们的人生和行为，亲近他们思考的那个问题：我们要在一个什么样的国家过一种什么样的生活？

回到教育，天平轻的一端又是什么？儿童，成了"童年"的匆匆过客，成了社会博弈和成人焦虑的人质。不堪承受之重，童年生活的内容和节奏，被篡改，被异化，犹如花草离开了大地，被悬挂在吊篮，被浸泡在营养液中，失去了根系和灵魂。

童年的根系和灵魂是什么？我认为是人格发育和精神成长，有两条线索牵扯一生：方向感和幸福感。

每个人的生命清晨，都发生过一次美丽而感人的问答，那就是："长大了你想干什么？"这是个伟大的问题，它指引一个孩子首次去看生命的远方，它关怀到了每一个自我，照亮着生命的千差万别。但这也是个悲剧性的问题，因为很快这些答案将被双方当事人共同遗忘，下落不明。

央视记者曾在大街上一遍遍追问自己的同胞："你幸福吗？"幸福，是一切目的中最大的目的，是生命表情中最美的笑容，也是行为背后最大的驱动，没有幸福感，一件事情既没有效率，也没有意义。但作为教育者，我们很少俯下身去问孩子：今天你幸福吗？你快乐吗？

鲁迅先生有句话："谁塑造了孩子，谁就塑造了未来。"

一个人的精神成绩，往往取决于关怀力的大小。一所生长良知的学校，一个生长良知的教师，对学生的爱越深沉，越能看清那些威胁美的东西，他们就要抗争，就要饱含深情地去保护所爱的人和事。

未来

364

学校有一位种玫瑰花的女老师，她率领班级里的孩子，在葱茏的校园里，埋下无数株玫瑰，种花、赏花、写花、画花……当花盛之际，鸟儿、蝴蝶、蜜蜂是亲密的访客，空气中振动着翅翼与花瓣的摩擦声，那是大自然在亲吻我们。一个热爱种玫瑰的教师，精神气质是优雅、端庄、有美感的。而那些在玫瑰芬芳中浸泡了六年的孩子，其灵魂是有香气的。

孩子们设计了毕业课程"我的未来梦"，其中有一项内容——写信。孩子们给香水月季写信，给百草园的大白鹅写信，给呼吸大道的银杏树写信，给亲手制作的堆肥箱写信，给炊事班长写信，给门卫叔叔写信……一个旗手给国旗写信：我们不仅要向国旗敬礼，长大以后，我们还要把"中国"升起来。

孩子的梦想，反映了一个国家的精神和气质。其实，梦想不分等级，也未必一定要"成功"，更未必要"改变世界"，重要的是梦想的丰富和自由，怎么想象都不过分；是每一个幼小的主张和愿望都能被呵护与激励；是一个时代和国家愿意俯下身去亲吻那些梦想，并使其得到滋养。

○ 永葆青春——对世界报以纯真、好奇和汹涌的爱意

我说的"青春"不是一个年龄符号，而是一种与"青春"相匹配的生命状态和心灵风光。正如塞缪尔·厄尔曼的描述：青春不是年华，而是心境；不是桃面、丹唇、柔膝，而是深沉的意志、恢宏的想象、炽热的感情。

对于教师而言，我认为永葆青春有两个标志：成人的头脑和儿童的心灵。换句话说，就是头脑合格、心灵纯洁。小学教师是和儿童打交道的人。有童心的人，才可以创造童话。世界需要童话气质。

一位学生在作文中写了她的"洋娃娃老师"，一对可爱的麻花辫，经常学企鹅走路，一摇一摆。你会想到丰子恺的画，垂柳下那些嬉戏的总角儿童，在巷子里慢悠悠地倒着走。"洋娃娃老师"还有一个执念，让中国上古神话中的仙女"嫦娥"像西方的"圣诞老人"一样带给孩子欢乐和希望。从 2014 年起，每一年的中秋，校园那棵古老的桂树下，她衣袂飘飘，挎着盛满花瓣的篮子，携着纯洁的玉兔，和孩子们聊神话故事"嫦娥奔月"，聊以"嫦娥"命名的探月工程，聊中国航天的浪漫。他们绘制了长达 16.8 米的中国航天画卷。

她利用美术专业成立了工作室"立起来剧场"，带着孩子开发艺术课程，作品成为中国教育创新年会的伴手礼，也多次参与各类艺术展览。

这位教师今年 45 岁，没有任何骨干教师的称号。是什么让她抛却年龄，抛却身份，依然保有童稚的生长力量，并让这些童稚的力量成为抗拒这个平庸世界的武器？

面对拥有好奇心的孩子，必须保持旺盛的求知欲。事实上，对于有些老师来说，年复一年地劳作，知识不是在增加，而是在减少。知识不断地在被淘汰，被证伪，被更新。永葆知识的"青春"，锻炼合格的头脑，必须热爱阅读。一间宽阔的教室，教师的知识视野有多宽、人格胸襟有多广，学生的精神天地就有多大。"风雪夜，听我说书者五六人，阴雨，七八人，风和日丽，十人，我读，众人听，都高兴，别无他想。"70 期青年教师夜读，是一场青春的聚会。在学校的"三味书屋"，在城市的文艺空间，在繁茂的香樟树下，无功利的阅读，犹如种一棵桃花，下自成蹊。

"儿童气＋书卷气"是我以为的教师最好的模样。评价一个教师，最好的办法就是扫一眼他的书架，大致就能了解他的知识结构、学术视野、情趣

追求，就能估摸出他能给孩子带来什么。另外，别忘了，听他说一件童年的趣事。

成为榜样——是信仰，是我们自身的精神肖像

每个人的一生，都是一个生命的叙事。这个叙事一定有它特定的生命原型，我们把它称为"自我镜像"或者"人生榜样"。以什么样的人为榜样？与什么样的人为伍，我们就会成为什么样的人。学校"榜样人生"讲堂进行了50多期，某种程度上是彼此鼓励，互为"精神之源"。

这个9月，正值兵荒马乱，"双减""5＋2课后延时服务"等一系列重要举措出台，教师是此项举措落地的第一执行人。小学教师群体女性居多，她们是教师，是妻子，是母亲，这个角色对一个家庭的重要性不言而喻。开学了，扑面而来的各项工作，延长的工作时间，守护孩子的重大责任，让她们投入全部身心去落实，去守卫，去挑战。她们不能与家人共进晚餐，甚至忘记去接孩子放学……工作的压力，家庭参与的缺失，让她们情绪焦虑甚至失控。老师的焦虑应该被允许，被理解，被心疼。

恰好读到《人民日报》教育时评：《赤子其人，寸心如丹》。一批批教育人把对祖国和人民的热爱，把教育的责任与温度，书写在祖国大地上。我给全体教师写了一封信，题目是《寸心如丹应"不减"》：有一些职业，是自带奉献属性的，如军人、医生、警察，还有教师。选择做教师，就选择了漫长的精神徒步。

清晨，当你走进校门，就应该意识到，你不再是一个普通的成人。你的精神状态、幸福能力、生存表情等都将被孩子充分地吸收，这将直接影响孩子对成人世界的判断和看法。

面对挑战，教育管理者不仅要在精神上关怀教师，还要用做减法或者做替换的思维，对政策和制度的执行进行技术设计和环节优化，来切实减轻教师沉重的负担。比如：实行教师弹性上下班制度，推出"一小时家长幸福圈"课程，每周家长进校参与延时服务一小时等。我们要用创造性的服务，给教师一个热爱教育的依据和理由。

教育，是玫瑰般的事业，我们不仅仅是园丁，也是花朵，是孩子心目中的

成人标本，我们要率先成为最美的花朵。每一个教师的心中，都有一株玫瑰，是生长，而非陈设；是信仰，也是我们自身的精神肖像。

认识你自己，是未来教师的本分

 李大圣（重庆市江北区教师进修学院院长）

有位大师说，尽多少本分，就得了多少本事。我在想，未来教师的本分是什么呢？未来教师的本分之一就是发展文化课程中的通用特质，做到全面发展，面对教育的复杂性保持足够的欢喜。

这些素养有三个来源：资格、经验和通用特质。我特别要谈的是通用特质，它包括沟通能力、团队合作能力、学习能力、个性价值观、职业道德、思维模式等等。为什么？因为多数教师的短板在于通用特质的欠缺。

美国西点军校成立于 1802 年，200 多年以来，它培养出了两位美国总统，四位五星上将，3700 多名将军。据统计，第二次世界大战之后的全球 500 强企业中，从美国西点军校毕业出来的董事长有 1000 多位，副董事长有 2000 多位，总经理或者董事这一级的人才则高达 5000 多位。

为什么不是商学院，而是西点军校呢？西点军校认为，一个合格的美国军官必须是一个无敌的战士、一个忠诚服务于国家的仆人、一个掌握了高技能的专业人才、一个有品德情操的领袖。这四个标准就是通用特质。拥有了良好的通用特质，就拥有了无限的发展可能。

面对学生的通用特质需求，未来教师需要哪些通用特质呢？首先，他是学习技巧和学习障碍的诊断者，是学生心理问题的诊断者，是课程设计的专家，是媒体资源的咨询顾问，是团体工作和沟通的专家，是学生未来社会技巧发展的辅导者，是客观公正的评判者，是公共关系的专家，同时他还必须是未来专家。

一个教师大学毕业去教书时才 20 多岁，而退休前所教的最后一批学生可能要面对 100 年以后的生活，因此教师必须是一个未来专家。未来教师的专业性首先表现为通用特质的发展，未来教师要更强调成为通才，强调知识的统筹能力。

未来教师的本分还必须强化艺术修养与开放气质，在数据化与标准化的时代，能够保持教育的个性、人性、弹性和创造激情。我们这个时代太强调数据了，太强调标准了，而大数据无所不能，它的需要是明显的。《大数据时代》的作者舍恩伯格说，大数据的危险有两个：一个是永久的过去，另一个是决定了的未来。所谓"永久的过去"是指我们作为个人不断地成长、发展和变化，而那些多年来搜集的全面的教学数据却始终保持不变。

想象一下，一个学生的活动记录被存储下来，在 25 年以后他找工作的时候，被提供给雇主，这将会是怎样的情形？所谓"决定了的未来"是指以所有人为对象搜集到的全面数据将用于对未来的预测，但是系统也可能带来一些恶性后果。假如系统预测到学生不会在这些专业和领域取得良好成绩，于是你让他转入别的专业，这种系统的决策完全可靠吗？在一个所有的事物都已经被标准化和数字化的世界里，而只有艺术可以让我们保持独特的自我。

用梭罗的话来说，就是"忠于另一种鼓声，大步向前"。艺术是标准化时代教育的核心技术之一，我们太强调标准了，而教育是人的事业。有一位重庆诗人在 2014 年获得鲁迅文学奖的一首诗《我想和你虚度时光》可以给我们带来启发和思考。

未来

368

我想和你虚度时光，比如低头看鱼

比如把茶杯留在桌子上，离开

浪费它们好看的阴影

我还想连落日一起浪费，比如散步

一直消磨到星光满天

我还要浪费风起的时候

坐在走廊发呆，直到你眼中乌云

全部被吹到窗外

我已经虚度了世界，它经过

我疲倦又像从未被爱过

但是明天我还要这样，虚度

满目的花草，生活应该像它们一样美好

一样无意义，像被虚度的电影

那些绝望的爱和赴死

为我们带来短暂的沉默

我想和你互相浪费

一起虚度短的沉默，长的无意义

一起消磨精致而苍老的宇宙

比如靠在栏杆上，低头看水的镜子

直到所有被虚度的事物

在我们身后，长出薄薄的翅膀。

未来教师的本分之三，就是认识自己。经由认识自己、生命的独一无二与无限可能，赋予教师教学的专业自信和专业自主。一个美国教练想找一个棒球选手，他看见一个年轻人在棒球馆练球的时候百发百中，他就想，终于找到了一个高手。但是，当他把这个年轻人放到比赛现场时，有了追堵、抢劫、恐惧，有了不可知的因素以后，这个年轻人的表现大失水准。

可见，案例分析不是真实战场，别人不是自己，认识自己是教师终身的事业。"认识你自己"是德尔斐神庙当中非常著名的三句箴言之一。尼采对这句话大做文章，他说："我们无可避免跟自己保持陌生，我们不明白自己，我们搞不清楚自己，我们的永恒判词是：'离每个人最远的，就是他自己。'对于我们自己，我们不是知者。"

对于教师而言，专注学生，鼓舞学生是最重要的；专注教材，当然更是必需的。但是我们很少意识到，认识自己是教师最重要的事业，教师的教育力量是他全部人生力量的集中体现，教师发展的核心就是自我内在的重整。对于教师而言，只有充分认识自己，才能够发展自己；只有发展了自己，才能够发展别人。

我非常欣赏《论语·子罕》中的一句话："子绝四：毋意，毋必，毋固，毋我。"对于一个追求自我成长的教师而言，他不主观臆断，不绝对肯定，不拘泥固执，不自以为是。当用这种开放的胸怀，从善如流的气度来实现自我内在成长的时候，教师在讲台上的教育力量会完全不同。概而言之，一个教师面对不可确知的未来，他要尽三个本分：

首先，他要发展文化特质中的通用特质，做到全能发展，面对教育的复杂，保持欢喜；其次，他要强化自己的艺术素养和开放气质，保持教育的灵性、弹性和创造激情；最后，要把认识自己、发展自己作为终身的课业，经由认识自己、认识生命的独一无二和无限可能，赋予自己专业自信和专业自主。

打开教师专业成长的"自动驾驶模式"

◈ 廖伟（重庆市巴蜀常春藤学校博物馆式小学校长）

教育的持续变革，让我们清楚地认识到教师专业发展的重要性。如何让教师在专业发展过程中具有能动性？这是对办学者和教师本人从理念到智慧的重要诘问。我们可以从汽车自动驾驶技术中，解锁走出教师专业成长困境的密码。

汽车自动驾驶，需要处理道路上瞬息万变的信息，包括其他车辆、行人、障碍物、天气以及驾驶员状况等很多因素，类似于教师成长中所面临的情况。汽车自动驾驶技术从 L0 级无自动化驾驶，发展到驾驶辅助、部分自动驾驶、有条件自动驾驶、高度自动驾驶，直至 L5 级完全自动驾驶。从感知、决策、执行都是人主导走向全面的机器主导，经历了由外部控制到内因触发（AI 控制）的过程。教师成长中从低自主发展到高内驱发展与此也非常相似。

汽车实现自动驾驶，是感知单元、决策单元、控制单元协同的结果。从中我们可以提取出发展教师能动性的三个要素：

第一，目标导向。拟定精准且必要的任务来驱动，类似于决策单元。第二，感知学习。根据教育发展和学生成长需要，获得相关资源支持下的持续的学习，类似于感知单元。第三，实时控制。观念、能力和行动达成知行合一后的行为调整和实践迭代，类似于控制单元。

我们抓住目标导向、感知学习、实时控制这三个要素，构建教师分层自驱

未来

370

发展路径，以期从外部控制到内因激发，逐步促进教师内驱发展。主要包括以下五个方面的内容：

L1 级：厘清学校教师专业发展的内容

与一位刚入职不到半年的成熟教师交流，他无意间说"入职常春藤三个月，相当于在之前学校待三年的收获"。在不断的追问中，我明白了个中原因——不是他之前所在的学校没做教师培训，只是很多培训让教师没有收获，进而就不感兴趣了。学校设置的教师培训内容，需要吸引教师，让其感受到专业增值的价值和意义！"让专业增值，遇见更好的自己"应成为对每位教师的精神引领。

从经济合作与发展组织对国际教师专业发展、教学理念及实践和教师工作环境进行调研的项目 TALIS（教师教学国际调查）中可以看到，学校教师专业发展策略应聚焦于三个方面：专业知识基础、专业自治和同行网络。

我们重点从全员参与国家课程、全球课程专题培训、系统建构课程理念、教学方法、学习方法五个方面来构建教师专业发展内容和形式：用 Workshop 打造教师专业成长平台，让教师在共享共生中习得探究教学设计的有效策略；开展教师课堂教学能力提升行动，不断提升教师整体教学能力，夯实课堂育人的主阵地；共同制定评估政策，从考察学习、记录学习、测评学习、报告学习等维度树立全面育人观；把"复盘"作为教师专业提升的必由之路，从学习、行动、改进等方面让教师在系统反思中自我提升。

学校立足自身办学实际，从课程理念、教学方法、评估策略、实践能力、自我反思等方面丰富教师专业发展的内容，目标导向、感知学习、实时控制虽然都是外驱因素，但新的要求和形式能不断裹挟教师改变。

L2 级：建构重塑学习的教师发展框架

创校至今，我们一直在探寻学校可持续发展与教师成长的逻辑关系及长效推进机制。2018 年 9 月 10 日，习近平总书记在全国教育大会上强调，我国教育要"扎根中国、融通中外、立足时代、面向未来，坚定不移走自己的路"。

华东师范大学陈玉坤教授提出："只有坚持学校发展与教师专业发展的统一，才能使教师发展与学校发展相得益彰、相互促进，共同推动教育教学质量的不断提高。"新西兰教育家约翰·哈蒂在《可见的学习》一书中，有关影响学业成绩主要因素的效应量分析得出，教师和课程是学校可持续发展的核心要素。以上都给予我们重要启发。扎根中国、融通中外理念与方法，建构课程和培养教师，成为学校的核心任务。

我们坚持"中西合璧·古今融通"的办学理念，立足"致力于培养具有国际视野和全球胜任力，具有民族自尊心和自豪感的龙的传人"的育人目标，提出教研、科研、教学和教师专业发展一体化思路，希望通过办学理念、制度、环境的支撑与保障，在落实教研、科研和教学工作中着力推进教师的专业发展。在学校层面，就是要通过重塑学习来实现高品质的教育，科研工作着力研究国家课程的全球化实施，教研定位于国家课程与中外课程的融合，教学工作主要通过以概念为本的课程与教学来整体驱动。

"教研、科研、教学和教师专业发展一体化框架"，既作为学校教师专业发展的统领性策略，也是学科组教师根据教学研究实际，走向统合性专业发展的有效路径。例如，博物馆式小学数学学科组教师在专业发展过程中，首先通过打造学科概念驱动教学共读、共研、共享空间，以整体的主动阅读提升教师课程理论水平。其次，以概念为本重构备课流程和教学设计。围绕学科大概念，从中心思想、学科大概念、单元目标、核心问题、单元评估等进行教学设计，促进学生学习方式改变和深度学习。再次，实施"概念驱动教学"集体备课和研究课。通过集体深度思考和常态研究课，促进概念驱动教学落地和不断迭代。最后，开展"概念视域下数学教师专业发展研究"课题研究，将常态教学和日常教研中最关注的"概念驱动教学"话题，与教师专业发展有机结合，并申报为市、区级课题，促进团队更科学、系统地研究和提升。建构一体化教师专业发展框架，教师专业发展目标导向清晰，通过团队给予的感知学习、实时控制支持，整合学生学习、教师成长和学校发展，教师的专业化行为更加自驱化。

L3 级：探索自驱成长的教师发展策略

办学中有两个教师队伍建设的问题一直在困扰着我们。新入职教师课堂教学经验和组织学生开展活动能力欠缺；有经验的教师更多停留在舒适区，不愿或不敢突破。学校需要建立教师成长的良性机制，引导每一位教师主动发展。

我们可以从理解层次模型（NLP）寻找突破口。实践中，需要从环境、行为、能力等方面为新教师提供支持和帮助，还需要从信念价值观、身份、系统的高度去引领，也就是要让每一位新教师都产生使命感，并通过建构教师学习社区，驱动其主动发展。

我们将新教师组织起来，成立青年教师专业发展的自组织"春藤新锐"。春藤新锐是打破学科边界的一个青年教师学习社区，社区中的教师学历高、学力强、善研究。

春藤新锐发展的第一阶段是有经验的教师带着青年教师研究课堂，共读书籍、共解困惑、共寻价值；第二阶段由青年教师带着经验教师做教育实践研究，共担项目、共研课题、共享资源。

例如，"全员参与学习技巧"项目组的新锐教师，从"全纳教育政策如何在课堂中实现"入手，发起围绕国际课程文件、探究性学习、思维训练等共读共研行动，从理念到方法论全面提升。

随后，梳理教学实践并做内部项目发布。项目组教师阅读并整理相关内容，试用后形成"全员参与学习技巧"工具集。同时通过"用工具武装我们的学习"内部项目发布会，将工具提供给全校师生日常使用。最后，实践迭代并输出项目成果。全员参与学习技巧在校内使用并取得效果后，学校将此内容作为研究成果，用教师工作坊等形式，以在线课程方式输出。其他学校教师学习使用的反馈，更激发了项目组教师的研究和实践激情。

项目组教师自驱专业发展诉求增强，其教育教学能力和学术成果水平不断提升。基于项目驱动（目标导向）的教师专业发展，让教师目标清晰；教师能立足自身发展诉求寻求方案，感知学习能力得以提升；同时教师自发共建的学习社区，控制并促进教师整体的有条件自驱提升。

○ L4级：聚焦专业目标的教师内生发展

学校教师内生发展，需要让每一位教师时刻清楚"这所学校的老师应该是什么样的"。学校以教师发展目标为导向，通过系统化的教师专业发展方案支持教师自驱发展。有针对两年以内工作经历的春藤新锐教师发展方案，有针对三至五年工作经历的春藤菁英教师发展方案，有支持教师终身发展的"教研、科研、教学与教师专业发展一体化"方案，它们分别针对合格教师、菁英教师和卓越教师的培养。

春藤新锐教师发展方案从写作、演讲、教学和小课题研究进行专业奠基；春藤菁英教师发展方案从教育理念、课程建设、教育技术、课堂管理、教育心理、教育科研等方面实施系统提升。每个阶段每个项目，对达成标准的老师，由学校或第三方颁发专门的认证证书。认证过程中，教师不仅是专业发展的受益者，还以内容和平台的构建者双重身份参与其中。教师画像清晰，目标导向、感知学习、实时控制都是内生驱动的样态，并基于教育资源和平台高度自驱发展。

○ L5 级：让教师成为学校的学术合伙人

教师自驱发展的理想境界，就是以高度使命感主动发展，让教师成为学校的学术合伙人。我们依据北京师范大学中国教育创新研究院提出的"优秀教育创新成果的 SERVE 模型"，实施"学术股份激励"。所谓"学术股份激励"，就是学校教职工以个人或团队组成"创新单元"，在教育实践中沉淀的、经第三方评估推广应用且产生了具体社会价值的学术成果，学校将给予该学术成果的"创新单元"相应的荣誉和成果推广期内一定的奖励。其核心是激发全员创新的主动性、积极性和能动性，推进教育教学改革和成果转化，促进学校实现更高质量的教育发展目标。

374

当教师成为学校的学术合伙人，其置身于"让专业增值，遇见更好的自己"文化引领下的青色组织，以强意义、高价值的目标导向，以终身学习者身份能动地感知学习，以专业自觉的实时控制状态全面自驱发展。对获评"学术股权激励"的成果，学校会颁发专项荣誉证书，支持著作权保护、优先成果物化，按成果使用者酬劳总和的一定比例计发"创新单元"该项学术股权奖励金。"学术股权激励"，促使学校以开放、非平衡、非线性的教师专业发展机制，激发教师真正开启"自动驾驶模式"。

教师让自己顺应哪个层级的专业发展状态是可以选择的，这一选择靠的不仅仅是教师的专业知识、技能，更取决于教师和学校所秉持的教育信念。未来，期待学校能引领每一位教师充分理解教育的育人本质，以高度自主管理去追求师者的身心完整，用全纳教育去践行全面育人的组织使命，以全面内驱的状态不断进化。

具身学习，让教师成为完整的人

◈ 周建军（成都市圣菲学校学术研究中心主任）

什么是"具身学习"？

美国学者瓦雷拉等人在《具身心智：认知科学和人类经验》一书中提出：认知依赖于经验的种类，这些经验来自具有各种感知运动的身体；感知运动能力，内含在一个更广泛的生物、心理和文化的情境中；认知活动离不开心智、身体、情境的彼此作用。"具身学习"亦如此。

卡罗琳·克拉克提出，"具身学习"是一种无意识学习，当身体受到刺激后，由感知觉体验引发个体心理和情感水平的变化，并通过身体对这种变化做出反应。这中间有三个过程在共同影响：

第一是物理过程，也是情境的影响。外界环境对人体器官的刺激过程，如温度、色彩、气味等物理刺激。第二是生理过程，也是身体的影响。神经系统的激活，神经冲动形式的信息传导与经验模拟。第三是心理过程，也是心智的影响，包括感知、记忆、思维等形式的认知过程，对客观事物的某种态度体验的情绪过程，以及有意识地克服各种困难以达到特定目标的意志过程。

西恩·贝洛克在《具身认知身体如何影响思维和行为》中，用"具身学习"为教师提供了四个路径——

○ 用身体理解他人的感受

打过比赛，会让你在预测别人传球或射门是否成功时更加准确；当你看到

未来
375

他人受伤时，你也会"感同身受"，这都是我们大脑中镜像神经元在起作用。我们学校关注学生的品格发展，在杨霖老师指导下，形成了以"爱国、责任、明辨、感恩、尊重、坚毅"为核心品格的实施图谱。

以"感恩"品格为例，"感恩"是圣菲学校教师要具备的品格素养。因为感恩品格要在感恩的道德情境中习得。当教育者自己被爱过，感恩之情才有可能出现。所以，我们在每年12月会通过一个暖心的活动让学校教师感受到爱，让教师将感恩的种子传递给孩子，形成爱的回流。我们还在开学期间设置"国王与天使"的游戏，教师随机抽到一名伙伴作为自己的"国王"，在一周的工作生活里给予"国王"无微不至的照顾，但又不能被"国王"发现。同时，自己又是另一位伙伴的"国王"，也有天使在守护自己。

我们还有一个"教师梦想盒子"活动，教师将新学期的期待放进盒子里，会有梦想导师抽出并帮助实现愿望。我们相信相信的力量，相信美好的事情即将发生，都在路上。感恩季的情境体验，"国王与天使"的守护，梦想盒子的实现，让教师体验"教育本身就是美好生活"，当教育者感受到生活的美好，当心灵被观照，才会福泽孩子。

○ 用身体帮助自己思考

约束身体会让你的想法受到束缚，在房间内随意走动能带来新的联想，在没有人的情况下打电话还要使用手势……这些都是我们身体对塑造精神的影响。

我们通过"主题工作坊"的培训方式，释放教师的身心灵，通过独立思考、组内同伴学习、不同组别的交流、导师引领、自我复盘五个环节，激发教师的思维因子，赋能教师具身建构。在"我有一间教室"和"什么样的家长会，家长会争先恐后参加"工作坊中，有挑战性的情境、具身性的活动、进阶性的任务、增值性的评价，让教师的身心彻底打开，智慧共享的机制得以实现。

在工作坊的学习中，我们通过以建构理论为导向的"KWL工作纸"，以学习共同体为基础的"共享单"，为教师的深度学习提供了思维支架。教师通过导师传递的精彩观点升级认知，并思考在教育现场落地深耕的实践方略。

在《哈利·波特》中有一个叫"神秘事物司"的地方，这里负责处理魔法世界难以解释的力量。谷歌也有一个神秘的部门：Google X 实验室，各位"大佬"在里面尽情发挥智慧想象。圣菲学校也有一间"教师共创实验室"，在开放的空间，非正式的沟通中智慧共创。

我们经常说"百度一下，你就知道"，可教师日常的困惑谁来解答？为此，我们在实验室里用一面电子墙做成"圣菲知乎墙"，大家将问题上传到电子墙上，对感兴趣的问题进行投票。因为知乎墙的存在，我们诞生了非常多的创意——开学典礼怎样让中学生放松情绪？我们想到了"搭建人形拱桥"的办法。七年级学生在教师节如何表达对老师的感恩？可以回到小学给曾经的老师送祝福。毕业生可以为学弟学妹做点什么？可以让学生写一写在学校里"事事皆顺"的好办法……我们还有"star and wish"智慧共创营，将闪光点和建设性的意见回应给分享者。好的教育者，首先是个好的学习者，卷入与沉浸，深耕与共创，支持与赋能，在实践体验中，用身体帮助自己思考。

○ 用身体培养人的大脑

手写字母，可以将儿童负责阅读的脑区发动起来；练习钢琴，可以提高儿童手指灵活度、计算能力以及数学技巧。我很欣赏的两个艺术团体：云门舞集和优人神鼓，云门舞集的太极导引，静坐与拳术；优人神鼓以"击鼓"为原则，糅合身体训练、传统武术等元素。它们都在用一套独特的表演形式——"当代肢体训练法"。

2017 年到访道禾实验学校，我看到云门舞集与学校合作的生活律动课程，强调从生活出发，透过身体来学习，以音乐、舞蹈等艺术人文的元素为媒介，以生活经验作为身心感知的出发点，和身体做一辈子的朋友。

圣菲学校"轻舞飞扬""想唱就唱""静心启迪"等社团，教育戏剧、花儿话剧、形体表达课等俱乐部，都在尝试用肢体表达打开教师的觉知，唤醒身心。每年的艺术节，教师话剧社的节目都是孩子们最期待的，以身体之，以心验之。把学生毕业典礼变成一个密室逃脱或剧本杀，策划中体现着师生的游戏力；教师运动会的体育项目包括身体构造、器械运动、跑跳运动、游戏运动、表现运动等，运动改造大脑，促进神经元的增生；我们鼓励教师行走，因为旅行，可以拓展生命的精神长度。

身体学会的，谁也拿不走。通过肢体为自己建立一个宽广的生命基础，透过引导和探索，建立身心的均感状态。

用身体让自己感觉更好

将身体和心智视作一个整体，把"身体参与"置于学习活动的核心位置，利用身体、通过身体、彰显身体，注重身体的感知、运动、技能、体验、表达和经验，进而实现知、情、意、行的和谐统一。

2021年诺贝尔奖的首个奖项——生理学或医学奖揭晓，科学家戴维·朱利叶斯和阿登·帕塔普蒂安被授予这一奖项，他们发现了人体对感官和环境之间复杂相互作用的理解中缺失的关键环节。

在炎热的夏天赤脚走过草坪，可以感受到太阳的热力、风对皮肤的摩擦，等等。对温度、触觉和运动的感知至关重要，是人们得以适应不断变化的环境的基础。

在作家蒋勋笔下，吴哥窟的日出是"血色金光，朵朵红莲的一堂早课"。2018年当我站在吴哥窟面前，我的感受是这样子的——身边的文字和野狗，吵闹的游客，还有凌晨四点起来很困的我，平凡的我实在感受不到美感。离开吴哥窟，来到龙蟠，六点过的太阳还藏在厚厚的云层里，适合体感的温度，整个景点只有我一人，席地而坐，迎面的风，开放的视野，还有书里的故事，这是我感受到的吴哥美学。

378

苏轼在《赏心十六事》中说："清溪浅水行舟，微雨竹窗夜话。"干净的水，缓行的竹筏让人感受到美。很小的雨，靠着竹窗，和朋友夜话也感受到美。

我们发现，对于骨干教师而言，缺少的不是教学能力和方法，而是工作的意义感和价值感。人的工作状态，潜能的发挥，专业的发展，都需要良性的情绪去主导烘托。

在园艺疗法中，通过敲拓染包，干花团扇，插花的方式悦纳自我，做个生活美学家。在每次教师专业发展学习中，入冬的第一杯奶茶，"happy time"甜点这些暖心的小妙招，带给教师美好的感受。美是可以创造条件的，用美的力量去爱去生活。

教师具身学习方式通常表现为体验性、反思性以及活动性学习，是一种交互式学习的复杂思维，主张"三个统一"。

整体性与交互性的统一。 具身学习是物理、生理和心理过程的耦合循环，将心智"嵌入"身体之中，身体"嵌入"环境之中。

情境性与文化性的统一。 情境意蕴：认知行为是在具体情境、语境和文化中的价值中立行为，是嵌入环境之中的价值关涉行为；文化语境：培训需求、问题创设、现实性教学场景、个体经验、学习风格、教师身体的参与和心智；学习方式：教师参与式学习培训、小组合作学习、影子研修培训、自主探究学习。

虚拟性与现实性的统一。 在虚实融合环境中，丰富的媒体和资源打造拟真化的学习情境，立体呈现学习对象，使学习者通过多模态感知信息，对所学内容的全面理解。

"认识你自己！"具身学习，以身体之，以心验之，形成生命觉知的学习场，从接受学习到具身学习，从离身旁观者到具身建构者，把身体打开，把生活打开，把生命的可能性打开。当教师感知自己是有着独特的个性、经验和丰富情感的人，是作为"完整的人"而存在并栖息于教育世界之中，教师成长的生命价值就凸显了。

清晰的价值观，为教师价值赋能

◈ 窦桂梅（清华大学附属小学校长）

做校长十余年，这期间我不断思考和研究校长的自我领导力。拥有群体领导力的校长，一定要能够针对价值进行赋能，那就是作为校长的价值观塑造。在基于改善心智、明确愿景、掌握原则的前提下，为教师价值赋能应有三个关键词：第一，厚植；第二，激励；第三，共生。

关键词一：厚植

所谓立德树人，在我看来不仅仅是教书育人，老师自己就是活生生的教材。让我们回到这历史的长河里，看看清华大学附属小学是如何自强不息、厚德载物的。

100年前的学校，那时候的校长是怎样造就完全人格之教育的？这些大师是怎样影响和感召我们今天的学校的？我们如何在时代的洪流中向这些大师学习，向这些兄弟学校学习？我们不断梳理目标、前行中困惑的时候，才发现可以立人为本、成志于学。我们可以在一所学校里去思考"立德树人"之下那份理想、抱负、意志、品质、实践和行动，并赋予时代新内涵。

今天的儿童需要怎样的志向？今天的儿童该怎样像我们国家要求的那样，为成为伟大民族复兴堪当大任的新人而努力？一所学校怎样为孩子们聪慧而高尚的人生奠基？带着这些问题，我们开始尝试让学校的历史以及价值观，可以看得见、行得远。

比如大大小小的仪式教育在清华附小成为常态，我们呼喊出来"我是清华人"，努力用敬业、博爱、儒雅成就每一个学生，把每一个学生的成长当作我们的最高荣誉；不用天天把"立德树人"的口号挂在嘴上，把办学行动纲领逐年修订起来，寻找我们的密码，用大家认同的话语来组合我们对儿童、对学校、对教育，甚至对自己的理解。

回望过去，要防止经验主义的陷阱，我们未来该怎样做？安危与共，上下同欲者胜，这是一种大大的思考和情怀。不要在侥幸、在自我的感觉中陶醉，我们需要和祖国前行，和学校前行，一起努力做精神上气象万千的教师。

○ 关键词二：激励

如果说坚定的方向永远不能改，就一定会知道我们今天在培养什么样的人，为了谁而培养。美国心理学家塞利格曼认为，人类精神文明进步的第二个"轴心时代"与第一个"轴心时代"的区别，主要体现在人类心理需求的三大变化：从减轻痛苦到创造幸福；从自我主义到集体主义；从过去导向到未来导向，而积极心理学在很大程度上可以成为第二个"轴心时代"的理论指导。

所以，学校的发展是一个群策群力的过程，单依靠某个"大神"或者"管理精英"是不够的。我们该怎样推动？这些年，我们把工会的作用放大再放大，用集体的名义公开进行各种方式的激励。

我们试着给年轻教师找对象，在马年组织"马上有对象"活动，在羊年开展"喜气洋洋"活动；再比如"影子校长"，让每一个副校长轮值 CEO 一年；还有那些看似不起眼的暖心活动——三八节，男教师在校门口等着，送给女老师一盒棒棒糖，告诉她们："你真棒！就是这么棒！永远这么棒！未来也会这么棒！"

就在这种价值观的洪流下，似温暖的河流优雅地流淌，组合成一支充满主动性的教师队伍。于是我们发现，人其实就两件事：一件是拿着事儿把时间填满，好像不干也得干；一件是事情就得这么干。因此，发挥团队积极向上的力量才是推动学校变革，加速教育迭代，全面提升学校持续发展力的重要途径。

○ 关键词三：共生

哪位校长如果不做了，学校就塌了？没有什么人会那么了不起，不要把校长看得像领袖一般。我们学校六年级毕业生有一套毕业试卷——《2049，我到底在做什么?》。我们在这些答卷里发现竟然有盘古一号空间站负责人，他说那时候他正在那里工作；一些孩子，想当毛猴制作人、飞机发明家、人工智能研发师，还有的想当清华附小老师，甚至想当校长；更有一群学生特别好玩，答卷是"不确定"，38 人未来不确定。

从这个故事来看，孩子们已经被这样的理想影响着，今天的我们该怎么做？我们要和时代、学生共生，就需要有坚忍的力量，深入地反思，不断地调整。面向未来，教育变革迫切需要"坚韧的力量"。把研究儿童、研究工作当作教育的常态，用生命的本能去研究，才会内生生长；也不要把获得的什么荣誉拿出来炫耀，那不过只是对学校办学的一次体检，证明学校还可以继续改进与深挖。居安思危，时刻保持长远视野。清华附小虽然取得一定的成绩，但还有许多上升空间，压力与困惑并存。有一个想当校长的孩子，我把他的照片放在办公室，我告诉他那个时候的我白发苍苍早就退休了，但我在这里等你。只要赋予他理想，我就知道这个世界上还有一种等待。

无论时间把影子拉得有多长，它总是和梦想在一起。如果可能，到 2049 年，83 岁的我愿意在那里等待，和退休的老师们一起聊聊酸甜苦辣，我想那个时候，才知道什么叫共生。努力到无能为力，拼搏到感动自己，才能有理由说，为了更美好的中国，为了更美好的清华附小，为了更美好的教师，甚至自己，还在厚植着、激励着、共生着。

面向未来的教师成长，中小学这样谋篇布局

◈ 罗滨（北京市海淀区教师进修学校校长）

当今世界变化无处不在，世界格局在变，技术迅猛进步，人才培养目标也在升级。面向未来，很多学者、校长、教师在不断思考与行动，关于未来学校的探讨也越来越深入。

2021 年 11 月 10 日，联合国教科文组织第 41 届大会，面向全球发布了《一起重新构想我们的未来：为教育打造新的社会契约》的报告，探讨和展望面向未来乃至 2050 年的教育。报告说，世界正处于一个新的转折点，加剧的社会和经济不平等、气候变化、生物多样性丧失、资源利用超越地球的边界、以数字技术为代表的颠覆性技术，给教育带来了重大影响。教育作为解决世界不平等现象的重要支点，承载着人类的美好期许，需要回应关于重新构想"为何学、怎样学、学什么、在哪儿学和何时学"的迫切需求。

◯ 未来学生学习阶段

教育的发展进入高质量内涵发展，其基本特征是优质均衡，那么面对未来高度的不确定性，对于学生来讲什么最重要？我们国家育人目标不断升级，从中华人民共和国成立之初的"双基"，到三维目标，到现在的中国学生发展核心素养，特别是关注了超越知识和技能的素养：人性的善良，知道感恩，具有幸福的能力；保持好奇心，充满激情，能够主动地适应变化；积极的态度，面对未知敢于探索，能够为家庭、为单位、为社会做出贡献；在学习的过程当中，特别强调坚毅的品格和不断的尝试，还有接纳不确定性。

这些素养，学生怎样才能获得呢？我认为需要关注四个方面：

第一，学习要素更多元。在以知识为本的统一授课集体教学模式中，要素只有三个：教师、教材和教室；而以学生为本的深度学习模式中，则是学生、教师、资源和空间四个要素的相互作用。

第二，学习空间更立体。传统的教室空间升级，由固定形式变为可移动、可组合的形式；新颖的虚拟空间也在产生，在不同的时间空间范围内，师生、生生都可以交互；营造人文和谐的空间，让学生在这样的空间感到平等放松，可以全身心地投入学习；还有真实的社会生活空间，要连接学生的日常生活。

第三，学习内容更整合。学科内需要有大概念统领的结构化的内容，引领性的学习主题，还要有跨学科的内容整合。

第四，学习过程更互动。学生在挑战性任务中学习，这些任务由一系列有逻辑性的活动构成，学生经历全过程的体验，获得经验，经验再进行加工，这样才能更好升级为素养。聚焦提升质量的同时，我们还要避免四个误区：起跑线理论、培训刚需理论、漫灌高产和竞争论，这些都不利于孩子的全面健康成长。

未来学校应该是学生的学习中心，要突出的学习特点是主动学、做中学、议中学，还有一起学、相互学。这样的学习特点，则需要更加关注如下的学习：连接真实世界的学习：提供优质的学习体验；通过技术实现的学习：提供丰富的学习体验；穿越学科边界的学习：专题性、综合性、开放性学习；穿越校际边界的学习：学习资源共享、学习经验共享；穿越年级共同体的学习：混龄学习、协作、交往、调节。

○ 未来教师画像

未来学习是多样化、互动型、应用型、合作型和可选择的，要求老师以大教学观来对待学科教学。其中有两个思路要清晰：一是学校课程、课堂学习、课后作业、学习评价要整体考虑，形成一个闭环；二是要提供好的学习资源，有好的学习伙伴，在好的学习空间，有好的学习延伸，帮助学生素养得以更好发展。那老师如何指导支持学生的学习呢？可以从四个方面入手：一是研究学生、读懂学生；二是设计任务、组织指导；三是给予专业支持、心理支持；四是引领学生、陪伴学生。这就要求老师在提供资源和教学过程中，要满足学生的需求，引领学生的需求，激发学生的需求，让学生具备高学习动机。因此，未来教师的素养画像，就是更高更全面的专业素养。

如果说以前的老师是知识传授者、技能教练员、学习陪伴者、专业指导者，那么现在就要在原有基础上增加六个方面：课程育人的研究者、课堂教学的创新者、跨学科育人实践者、技术育人的探索者、家庭教育的指导者、顺应改革的学习者。

教师的专业，从画像上来看就是育人的专业，它有两条线索、三个逻辑。这两条线索，一是学科线索，二是学生线索；三个逻辑就是学科专业逻辑、学科教学逻辑和学生学习逻辑。没有学科专业当不好老师，有了专业知识不会教，也当不好老师，讲得再好学生没有学会，依然成不了好老师。

教师的专业，简而言之就是一个育人的全专业。全专业素养，就是指能够引导学生面向未来的素养。老师要能帮助学生连接生活、连接世界、连接未来进行学习。除此之外，老师自身的魅力和影响力也很重要，它会让学生愿意跟着他学，当然这对老师来说很难。要怎样才能做到呢？源于老师的责任与担当，源于对学生无条件的爱和积极阳光主动工作的心态。

◯ 未来教师发展

教师未来的工作会面临巨大的挑战，那么学校的谋篇布局就显得尤为重要，需要整体构建师生共同成长的生态系统。为此，我们需要考虑四个关键要素：学生、教师、教室和学校，包括学生的发展需求，教师的能力结构、专业结构、年龄结构、年级分布，教室的空间结构，以及学校的场所结构。

还要考虑到学校里不同角色的人，校长、副校长、主任等干部，年级组长、班主任、导师、教研组长、备课组长等相应岗位上的教师，还有保安、保洁、食堂人员等职工，校园里的每一位教职工对学生来讲都非常重要。还有校园文化环境，大门、道路、校园小径，树、花、草，以及办公室、橱窗、走廊，等等，所有这些构成了师生成长的一个生态系统。在这样一个系统，对老师的成长，要如何谋篇布局整体架构呢？

教师队伍建设要引入和培养相结合，引入可以调整老师的专业结构、学历结构、年龄结构。除了引入，学校自身的培养也很重要，可以从六个方面开展：

第一，集体学习。全体教职工一起学习，理解国家教育改革大势，对学校的育人理念达成共识。

第二，专题学习。不同学科、不同年级、不同部门的老师，进行与本部门工作密切相关的学习。

第三，岗位学习。每一位老师备好、上好每一节课，教好每一个学生，就是最重要的岗位学习。

第四，专项研究。就是日常的教研，研究学生、研究教学难点的解决、研究作业等。

第五，共同体学习。比如工作室里导师和学员的共同学习，备课组的日常校本教研等。

第六，私人定制。就是通过做访问学者、在附近高校旁听等形式来满足教师个性化发展需求，提升教师的整体素质，未来可能在这方面需要加强。

在谋篇布局整体架构的时候，干部团队心里还要有一个教师学习的路径，就是目标、课程、方式、评估和改进。也就是说，在干部心中对于整体的教师队伍建设要有目标，要以课程化的形式来支持老师的学习，选取相应的学习方式，知道如何评估，还有怎样改进。

另外，教师发展是需要有保障机制的，比如学习机制、研讨机制、工作机制、激励机制、决策机制等，这里特别说一下工作机制的重要性。

北京市海淀区教师进修学校的学科教研室设置，每一个纵向都是一个学科教研室，它是跨年级、跨学段的大学科教研室，纵跨小学一年级到高三。

进行教研室设置的调整，就是为了从工作机制上做好纵向的学段衔接和横向的学科综合。要想做好教师发展，关键人是校长。校长是让学校保持生命活力的那个人，是坚守办学价值观的那个人，是把学校带向未来的那个人。这就要求校长要用责任与担当、激情与投入，用专业与敬业、影响与连接，来引领与发展、创新与突破。

校长是关键人，谋篇布局干部团队则是关键团队，干部需要三种重要能力：规划能力、计划能力和策划能力，来实现学生、教师、学校共同发展。规划能力，是指学校面向未来的整体规划方案，也就是说要"干什么"，通常它强调整体性，比如三年到五年的规划。计划能力，是指落实规划的途径和举措，就是说"怎么干"，它具有阶段性的特点，比如某学期或某学年怎么干。策划能力，是指干好工作的方法与思路，也就是说"怎么干好"，它具有很实的操作性特点。如果校长和干部团队都具备这样的能力，那这所学校就一定能把学生和老师共同带向未来。

"从心所欲"，不逾"矩"

◈ 刘艳萍（北京市十一学校一分校校长）

作为教育者，肩负立德树人的根本任务，既要守正，又要创新。如何做到"从心所欲"而不逾"矩"呢？今天，我们一起去寻找答案。

不平凡的 2020 年，这些教育热词被此起彼伏地讨论着："鸡娃"、"教育内卷"、校外机构、课外班、心理问题、抑郁症等，每一番讨论都会引发新一波的焦虑。焦虑的源头最终均指向了那些悬而未决的教育问题，而这些问题恰恰是痛在我们心头的一块顽疾。怎么治？

2021 年的教育热词以前所未有的冲击力，迎面卷入我们的教育生活："双减"、"五项管理"、减负增效、课后服务、作业设计、教育评价、体育锻炼、劳动教育等。所有的学校都要回答"干什么""为什么干"和"怎么干"的问题。

仔细研究这些雷霆万钧的词汇，不难发现它们恰恰是学校育人实践中不可分割的重要组成部分，揭示着直切当今教育要害的解决方案。但这需要我们厘清实践背后的逻辑，系统设计育人体系，才能精准攻坚。其中，"立德树人，全面提升育人质量"，要作为学校育人体系的核心目标，明确地提出，坚定地落实。

本着以上的思考，我们一分校老师通过集体讨论，最后达成两点共识：解决问题的主阵地，在学校；立德树人的主责人，是教师。

◎ 图 4-1 2020 年度教育热词

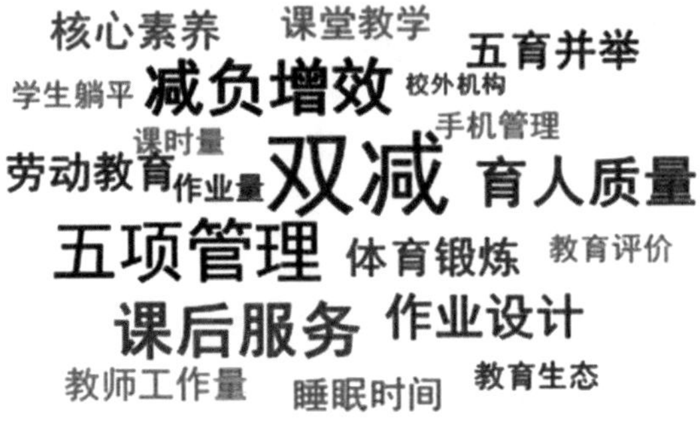

核心素养　课堂教学

学生躺平　减负增效　五育并举

校外机构　手机管理

课时量

劳动教育　作业量　双减　育人质量

五项管理　体育锻炼　教育评价

课后服务　作业设计

教师工作量　睡眠时间　教育生态

◎ 图 4-2　2021 年度教育热词

教师需要遵从哪些标准

立德树人，这是每一位教师都必须肩负起的教育使命。

我们鼓励教师的自由创造，因为育人不是制造标准件的过程，而是生命对生命的影响，教师需要与时俱进，研究学生的时代特点与成长需求，不断创新育人的途径与方法。但教育创新不能"随心所欲"，除了回归教育本质、尊重人的成长规律，更要拥有奉行不悖的教育价值观。在这个充满不确定的世界里，必须赋予教师群体一个确定的品格，能够引领和约束着我们以正确的方式做着真正的教育。

明确教育价值观

我们应该遵循什么样的核心价值观？它不是凭空而来的，而是一个组织的核心成员在实践当中不断萃取的结果。我们一分校的骨干教师花了整整六个月的时间，基于学校七年的教育实践，萃取出三条核心价值观。

第一条，学生的成长是教师最大的成就，是学校最大的成功。在这里，我们明晰了教师的职业成就观，学校和老师所有的努力都要指向学生的成长。

第二条，将世界化作学习的资源，一切课程与课堂均指向学习真实地发生。这一条约束我们，在课改的道路上不能走回头路，要千方百计把千姿百态的世界化作孩子们去学习和研究的对象，建立学生跟这个世界更为真实、紧密的连接。

第三条，保持努力，拥抱变化，竭尽全力为每位师生的个性化成长提供支撑和帮助。

核心价值观在学校的育人实践中将发挥重大作用，它首先是"北斗星"，

未来

388

能指引团队前行的方向，更关键的，它还是"紧箍咒"，约束着我们该做什么，不该做什么。

明晰愿景

有了核心价值观，接下来就要进一步明晰学校的办学愿景——建设一所受人尊敬、令人向往的好学校。在这个愿景之下，学校使命也更加清晰：创造适合学生发展的教育；以前瞻性的教育实践构建唤醒潜能、生长优势的学习社区；以高品质的育人课程，培养有智识、敢担当的国家栋梁。

制定目标

怎样实现这样的使命和愿景？需要面向未来六年制定战略目标。我们在四个方面明晰了努力的方向：

第一个方面指向课程与教学，进一步紧扣九大核心素养的培养目标，构建九年一贯的高品质课程体系，继续推进大概念统领的单元教学实践。

第二个方面指向教师队伍建设，要进一步打造以学习为中心设计课程与实施教学，并能为不同类型学生提供成长解决方案的教师队伍。

第三个方面指向学校的治理体系，要进一步构建以基于能够服务人、激励人、成就人为主旨的现代学校治理机构与运行机制。

第四个方面指向学生成长，要进一步提升中小学段的学生成长质量，坚持五育并举，实现学生全面而富有个性的发展。

以上这些关乎学校育人的顶层设计全部写进了一分校的行动纲要，系统回答了这些问题：为谁培养人？培养什么人？怎样培养人？由谁培养人？一切工作的核心指向学生成长。围绕学生成长，学校进行"顶天立地"的育人体系的设计。

顶层设计包括：核心价值观、使命愿景、战略目标、培养目标，以及围绕培养目标构建一套与之相匹配的课程体系。落地的实践包括师资队伍建设，这是重中之重。然后，不断推进课程设计实施，改进课堂教学，研究学生成长评价，并在实践中不断优化组织结构和运行机制，让组织能为人的成长服务。

在"顶天立地"的设计里，我们能看到，教师的成长发展是学校发展、学生成长的重中之重，是关键保障。学校构建了"139N8"教师发展课程体系。

"139N8"，即在追求学校核心价值观的前提下，不断开发每位老师自身成长的需求。在发展意愿引领之下，帮助每一位教师做好"三年成长规划"：第一年制定好发展规划，第二年是实践反思，第三年实现自我成长的迭代更新。

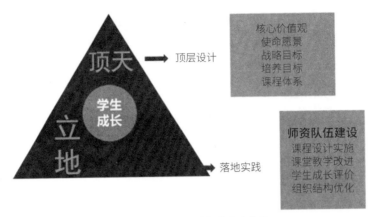

◎ 图4-3 "顶天立地"的育人体系

三年中每一位教师要精准把控好9项基本功的修炼，同时在N项学校提供的自选课程中，实现潜能的挖掘和提升。

教师的业绩，除了体现在学生成长上，也与教师个人的成长福利紧密挂钩。学校设置了一套包含8档校内职级进阶的薪酬体系，教师的学术水准、育人能力水平达到了哪个层级，就可以在双向聘任当中聘任该职级，实现个人待遇的提升。除此之外，学校还设立了包含"功勋奖""月度人物""党员风采""青年才俊"等称号的荣誉体系，以及解决教师后顾之忧、激励教师爱岗敬业的福利体系。

可以看出，这套教师发展课程体系，既有学校核心价值观的引领，更有一系列支撑制度作为保障，能够不断激励教师实现自我成长、自我迭代。

未来

390

"139N8"教师发展课程体系

成长目标：
追求学校使命愿景
开发自身成长需求

N项潜能力提升

9项基本功修炼

8个职级进阶
学带一级
学带二级
学带三级
骨干一级
骨干二级
骨干三级
基础一级
基础二级

1. 课堂观察
2. 成长夜餐
3. 诊断命题
4. 试卷分析
5. 自制课件
6. 过程性评价
7. 个别化辅导
8. 家校沟通
9. 课程研发

1. 教学沙龙
2. 名师讲堂
3. 德育沙龙
4. 读书沙龙
5. 年会分享
6. 外出交流
7. 课题申报
8. 项目研究
9. 专项工作室
10. 精品课程
11. 团队建设
……

3年成长规划

1年发展规划　　2年实践反思　　3年迭代更新

◎ 图4-4 "139N8"教师发展课程体系

○ 鼓励教师的自由创造

从价值观到方法论，一分校的每一位教师心有所属，行有所依。在遵循原则和标准的基础之上，学校更鼓励教师的个性化创造。

比如，在"双减"背景之下，让工作落地的有效路径是"向课堂要质量"，于是教师就要研究什么样的课堂是有效的，如何保证教学有效。

经过不断研讨、聚焦，最后我们明晰了有效教学的价值取向和基本原则：以学定教。要以学生的学来反观和反思教师的教，以学习感受和学习收获来判断教学效能。简单四个字，做起来需要付出巨大的努力。

基本视角

老师们明晰了一分校课堂观察的基本视角，围绕"学习目标、自主学习、问题设计、学习落实和个体关注"五个维度进行观察，并把它进一步细化分解为十个观察点。

学习目标：清晰适切、师生共识。

自主学习：提供支持、以终为始。

问题设计：激活思维、提炼利用。

学习落实：知识巩固、素养转化。

个体关注：创设条件、运用工具。

基本路径

在基本视角的指导之下，我们开始寻找向课堂要效能的基本路径，即推进大概念统领下的单元教学。图 4-5 是这套教学的实践逻辑，这套逻辑指向的是，由学科核心素养走向学生素养的落地，每一个环节都需要大量的智力付出。

基本措施

学生素养具体如何落地？我们找到两个基本措施，通过"研究课"的引领和"常态课"的不断优化，来落地教学品质，提升育人质量。

研究课

关于研究课，我们有这样的定位：其一，向全校教师开放，在课堂教学方面发挥引领示范作用；其二，骨干教师牵头，鼓励强弱联手，组成教师成长共同体，带动年轻教师发展；其三，通过研究课和圆桌论坛，不断精进课堂教学

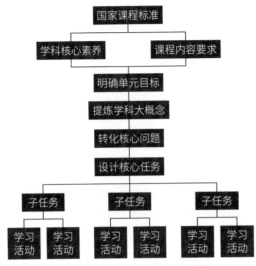

◎ 图 4-5 大概念统领下的单元教学

的研究，迭代优化。

每堂研究课之后都是非常热烈的圆桌讨论，大家不断研究得与失，为下一步的教学改进提供支撑。走进课堂的观察员也会基于他们的视角，提炼出课堂亮点，不断分享给所有教师。

常态课

研究课只是学校特殊的一种课堂样态，更重要的是要向常态课要质量，向45分钟要质量。关于常态课，我们也确定了工作原则：其一，注重日常教学，鼓励所有教师走进常态课堂；其二，领导干部团队也要走进常态课堂，但定位是诊断而不是评价，是帮助教师进步而不是选择批评的方式，是探讨课堂教学而不是行政要求；其三，在常态课上鼓励大家不断发现，不断分享，相互提升。

我们能够看到每一位教师教学能力水平的不断精进，看到孩子们在学习目标的引领之下，在核心任务的驱动之下去深入地展开学习。教师的角色在悄然发生改变，已经由课堂的掌控者，变成不断为孩子学习的发生提供工具、策略和脚手架的学习伙伴，是学生的成长合伙人。在这样的课堂上，我们鼓励学生自主学习，通过激励评价促进课堂落实，尤其注重对每个孩子的个别化指导。同时，每个学科开始重视实证研究，通过研究结果了解教学效果，再进一步改进课堂教学。

保证课堂教学质量，集体教研是根本保证，学习分享团队成长的法宝。在分享交流、彼此不断促进的过程中，成就了一位又一位教师。

◎ 图4-6　精力管理的金字塔模型

总会有人问我，一分校的教师总是活力四射，精气神十足，奥秘在哪儿？前几天，我看到这样一个"精力管理的金字塔模型"，与我心中的答案不谋而合。

这个模型告诉我们，一个人保持精力充沛需要具备四个要素：良好的体能；正向的情绪管理；在某个领域非常投入的注意力；更关键是心中要有意义感、有目标、有使命担当。

一分校的教师正是具备这四个要素的一个群体，所以我们总能看到他们活力四射、富有创意。从这个角度来说，我们已经不是普通的同事，而是一群事业合伙人。对学校有强烈的文化认同和团队归属感，能够在使命、愿景、价值观的引领下真做实干。每位团队成员对自己在这个组织中的未来有乐观的预期，才会动力满满地去不断成长、迭代。

最后，回到"从心所欲"，不逾"矩"，"从心所欲"是因为我们心中有教育的诗和远方，不逾"矩"是因为我们要遵循教育的规律和常识，好好教书，好好育人。

未来

393

当"分工绽放"成为这个时代教师的必然选项

◈ 孙先亮（海尔学校校长、山东省青岛第二中学原校长）

"分工"这个话题对于教育者而言并不陌生，从孔子的"六艺"——礼、乐、射、御、书、数，到今天的语、数、外等学科的分工，教育人一直都处在分工的环境当中。随着时代的发展和教育的变革，教育分工也在不断改变、不断迸发精彩。今天交流的话题就是"当'分工绽放'成为这个时代老师们的必然选项"。

其实，"分工绽放"是由很多因素构成的，一是教育自身的变革创新，二是人才培养的要求。面对今天的教师，学校需要从激发他们最大教育价值的过程中，挖掘出他们所适应的分工职能和条件。如何更好地用"分工绽放"激活教育，提高教育品质？

未来

394

○ 系统教育观引领下的教育再造

印度著名哲学家克里希那穆提说："教育的最大任务在于产生一个完整的人，能将生活加以整体地处理。……教育的另一个任务，是创造新的价值。仅仅将既存的价值置于孩子的心中，使他符合理论，这是将孩子加以限制，而非唤醒他的智慧。"

哲学家对我们的指引，让我们知道做教育、培养完整的人以及不断给孩子创造新的价值，这都是教育人必须承担的责任。

系统教育观是正确认识教育的世界观和方法论。今天我们必须用全新的教育观念、教育思考来认识和面对教育。

"系统论"是一套产生于 20 世纪的重要理论，它指导人们用系统的观点来认识事物、认识世界。我们也应该建立起教育的系统观——站在系统的角度去看待学生、看待老师、看待教育，去思考系统的整体性、关联性、开放性和动态性。我们应该把每一个人都当作一个系统来看待，教育要在完整人的视野当中不断地塑造人。"完整人"不仅仅是指心智健全的人，更重要的是在做人做事、适应未来环境以及创新方面，都要具备完整的能力。

我国提出了"五育并举"的教育发展要求。我以为，"五育"不只要并举，还要走向"五育"融合，把"五育"各自的内涵要素组合起来，从而产生更好的教育效果。

当下教育，需要颠覆传统的教育分工。传统教育的分工是以学科为基础，这种方式已经让教育感到枯燥，让学生失去了兴趣和动力。在"双减"的政策指导下，教育人应该思考如何减掉那些重复机械的训练，为学生在素质能力方面提供更多支持。

今天，我们要建设无边界的学校。2020 年，经济合作与发展组织在一份报告中对学校教育的新样态提出了四个认识：第一，学校教育扩展；第二，教育外包；第三，学校成为学习中心；第四，无边界学习。这些信息都指向无边界学校，也意味着传统的教学模式、教学方式、在学校的生活方式以及师生之间的关系等都要发生新的改变，并对教育分工提出新的要求。

○ 适应未来人才培养需要教育分工

德国教育家斯普朗格曾说："教育的最终目的不是传授已有的东西，而是把人的创造力诱导出来，将生命感、价值感唤醒。"那些伟大的教育家为我们在人才培养方面提供了大的格局和方向，使我们更清楚地看到，应当如何在塑造人才上下功夫，以便为孩子的健康成长保驾护航。现代技术和社会资源也决定了我们必须要有更高层次的教育分工。因为人工智能、大数据等现代技术为学校提供的支撑越来越多，甚至能够取代教师在一些重复、机械性劳动上的付出。

同时，现代技术和社会资源也为学校提供了更广阔的发展支持。当代教育不只是学校的事情，而是通过现代技术连接社会资源，通过资源的交互组合为孩子们营造更好的成长环境。

在当今的教育环境下，孩子们不仅要有学习学科知识的体验，更需要让他们发挥主观能动性，在认识世界的同时更好地改造世界，这也是 STEAM 教育和项目式学习给予我们的重要启示。也就是说，基于生活、创新所产生的各种课题和问题，正是支持学生把各种知识运用到实践中去更好地解决问题的一种模式。而这对当代学生的培养提出了更高的要求，对当代教师的分工也提出了更高的要求。在我看来，分工的重构让教育有了真正的活力。当学校有丰富的课程和实践活动为学生提供更多选择的机会的时候，每个学生的个性和潜质都会得到充分的彰显和更好的发展。在这种环境下，我相信每个孩子都可以在具有热情和激情的校园环境中彰显出自己的活力，也衬托出学校的整体发展活力。

分工绽放：激发教师最大教育价值

教育分工最大的承受者和支持者都是学校教师，所以，教育管理者应当激发出教师最大的教育价值，让他们充分发挥自己在教育过程当中，尤其是在新的分工环境下的动能。

陶行知先生曾经说过这样一句话："教师的成功是创造出值得自己崇拜的人。先生之最大的快乐，是创造出值得自己崇拜的学生。说得正确些，先生创造学生，学生也创造先生，学生先生合作而创造出值得彼此崇拜之活人。""教师要创造出自己崇拜的人"，这样的说法让我们耳目一新，也给我们提出了更高的要求。

未来

396

这一要求提醒教育管理者们，应该更多地站在教师的角度，思考当下的教育分工是否符合教师们的内在需求。教师的多元智能需要释放渠道。霍华德·加德纳的多元智能理论是面向所有人的、具有普适价值的一套理论。用这套理论看教育，我们会发现教师也是一个多元智能的组合体，他们也有自己的独特的优势。当下，很多时候教师只是把教育这份事业当作生活的需要，或者说是为了释放自己所受教育的能量。即便如此，我仍然相信，每个老师都希望能充分释放自身能量。从这个意义上来说，新的分工也会为老师提供更多释放自己的机会。

提升教育品质，需要教师创造价值

今天，有品质的学校会更多地培养那些能力素质较高、能够更好适应未来社会发展、具有创造力和领导力的学生。所以只有当学校教师都将自己的才智充分施展和发挥出来，学校才能聚合起更加丰富的课程，让学生有更多选择的机会，也让学校品质不断溢出来。当下教育，教师的幸福和成功不再使用单一的标准来定义。

从前，我们评价老师的教学水平高，因为他教的学生学习热情高，出来的高考成绩好。但如果让孩子来评价，很多孩子在谈到当年自己老师的时候，印象深刻的并非是他们让自己的学习成绩多么优秀，而是这些老师给了学生哪些在学习成绩、书本知识之外更多的知识维度。孩子们所期待的老师，应该是在知识、成绩之外对自己的能力素质培养有支持、对自己的人生发展有指引的教师。

未来教育，让教师角色发生转变

人工智能取代教师简单、重复的机械劳动，是极有可能发生的事情。未来的教师需要干什么呢？从这个方面说，未来老师需要转变自己的角色——可以成为学生的心理咨询师，可以成为学生的人生规划导师，可以成为现代教育教学方法的创新者，可以充当学生从今天连接未来过程当中重要的陪伴者，等等。这些角色的变化，其实也就意味着老师在传统的分工意义上、在新的分工平台上，要不断转变自己的认知。

对抗职业倦怠与高原期，需要激发教师

在学校发展过程当中，教师的职业倦怠和高原期是困扰学校发展的重要因素。从我的教育经验来看，解决这一困扰的有效办法就是不断地激发教师，让老师们在重复、机械、单调的教育教学之外，能有更多机会去发现自己、释放自己、展示自己，在这个基础之上，更好地帮助学生发展，支持学校发展。所谓的职业倦怠，究其原因，是因为我们长期在从事短期内帮助学生提升、从长远看却限制学生终身发展的职业。老师的高原期其实也是优秀教师在教育教学到达一定程度之后，没有真正去仰望高峰。

因此，当下教育需要我们激发老师，让教师自己能够走出职业倦怠，走出高原期。

构筑教师贡献学生发展的机制与平台

面对当下新的教育情境和教育模式，学校如何才能让教师真正在"分工绽放"的环境当中，让自己成为一个伟大的教师，成为一个如陶行知先生所说的

"让自己崇拜的人"呢？我认为，需要构筑教师贡献学生发展的机制与平台。

《教育未来简史》这本书提出了一个观点："教育要帮助下一代迎接明天的世界，而不是停留在今天的世界中。"教育要面向未来，重新审视今天应当或者正在做的所有事情。由此，教育走出的每一步才有可能踏在未来的节奏上。

在我自己做教育的这些年里总结出一些经验，借此机会和大家分享。

组织再造，让教育权力促进分工

著名的管理大师彼得·德鲁克曾经说过："使命决定战略，战略决定组织架构。"我在学校管理中采用了干部混合式管理以及项目式管理；在教研方面组建了学科学生发展研究室；在学生的管理当中采取了吸引力团队模式。实践下来，我发现这些模式都在不同角度促使干部和老师更好地分享权力，同时，更多地承担新的教育责任，不断进行教育创新。

丰富的课程和社会实践活动，需要分工

在这些年的发展当中，我们越来越认识到学生的个性化发展和全面发展需要学校提供丰富的课程。青岛二中建立了七大类三个层次的课程，此外，还有许多社会实践类课程，这些课程为学生提供了多样化、适合个体发展需要的成长支持。在引导学生更好地选择适合自己课程的过程中，学校教师需要主动承担起一些自身专业以外的课程教学任务，在授课中更多地去指导学生不断提高自身能力和素质。

创新人才的素质培养，激发分工

从 2010 年开始，青岛二中便开始探索创新人才素质培养的模式。在此过程中不仅发现了很多老师的独特才智，也为那些在教学方面表现不是特别突出的老师提供了更多机会和平台，让他们承担起社团建设、实验室管理、学术素养提升以及创新课程开发、开设等工作，从而让学校的每一位老师都获得成就感，真正激发出教师们的幸福感。

解放教师，让教师的优势智能迸发

要真正让"分工绽放"成为每个老师的必然选择，需要解放教师，让教师的优势智能充分地迸发出来。我们不要把老师逼到每天就知道加班加点，每天就知道去帮助学生强化知识、强化训练，频繁地组织考试，而是要让老师有时间去学习、有时间去研究、有时间去发展自己的个性特质。这样，老师们的优势智能才能被真正激发出来，进而为学校建设贡献自己的一份力量。

引导教师开展教育创新，探索现代教育方式

要让"分工绽放"成为每个老师的必然选择，还需要激发教师。学校要组织开展教育创新活动，探索更多让老师适应现代教学的方式。青岛二中建立了"教师创新创业平台"，学校很多老师通过这个平台，让自己的创新成果在分享、实践过程中发挥出很好的作用。

我相信每一位老师都具有创新的潜质，而"教师创新创业平台"刚好能让老师更好地把自己的才华、时间和精力利用起来，为学生的长期发展和学校的品质提升助力。

成就老师，贡献度评价让教师绽放价值

新时代的教育需要我们成就教师。在教育过程当中，评价是非常重要的一环。青岛二中采取了"1 + N"的评价办法，在课堂教学之外，为老师创造了更多渠道和机会，让他们不断绽放出自己的独特才智。无论是评优创先，还是评职称等，学校都会采用"1 + N"贡献度评价办法，让学校老师通在对学校建设、学生成长的贡献当中彰显自己的价值。

面对现代新技术带给我们的变革，教育的未来已来，我们不能等待。传统教育给我们留下了太多探索、思考和发现的空间，期望大家用自己的智慧让我们建立起真正的交流和互动。作为教育的同路人，希望大家一起探讨，一起为中国教育的未来、为培养出更多能适应未来发展和时代要求的优秀的学子共同努力。

399

让教师实现真正的改变，需要一个系统，一套机制

◎ 沈军（北京市八一中学校长）

我们在学校面向 260 位老师做了一项调查：

问题一：教师发生个人变革的动因是什么？ 67.79% 的老师选择"提升个人专业素养"。

问题二：教师最需要什么样的知识？79.75%的老师选择"任教学科专业与前沿知识"。老师们想要通过对前沿知识的了解，助力授课，同时获得对学生未来发展的方向指导上的储备。

问题三：教师最希望学习的内容是什么？大多数老师的答案是：如何处理师生、生生、家校等关系。

……

经过调研，我们认定，教师有很强烈的改变的愿望，并且不在少数。然而为什么真正改变的教师很少？我们需要先问问学校怎么了。

学校是一个系统，教师是这个系统里最重要一环——除了要具备一些基本功能外，还要与学生家长、学校领导、教学空间、课程体系以及各种激励机制产生联系。同时，教师也是一个生态系统，在平衡与摇摆之间转化。教师的发展需要外力，包括学校制定的政策、文化、变革机制以及成长模式，让教师产生激情，打破当下的平衡。从系统论的角度来讲，教师的个人发展，让稳态变成持续的不稳，需要学校持续的、巨大的且方向一致的作用力。由此可见，教师真正改变的本质是反人性的。实现真正的改变需要满足五个条件：动机、目标、策略、持续、不断地反思和反馈。

400

那么，校长如何从内在和外部对教师的变化产生积极且方向一致的可持续影响呢？

第一，系统模型。学校系统模型的"一环"应该围绕教师的个人精神追求、个人发展目标、个人学习力和个人的自我效能感来设计；"二环"是学校文化、发展模式、激励机制和发展途径。

第二，激励机制。学校要把评优评先工作与教师激励机制整合起来。在八一学校，评价机制分三个方向：量化绩效考核——对学生的满意度、教学业绩、教科研成果、德育工作成果和特殊贡献进行常态量化考核，与工资结构挂钩；荣誉体系评价——骨干评选机制和优秀评选机制，把全校所有渠道的奖项都包含进去了；在对教师的教学能力、教学水平提升愿望的外部激励里，中高考因素的影响是最强烈的，这就是第三个评价机制——对于达标、优秀和良好的，以学科进行评价，对于有特殊贡献的教师评价，有另外的激励。三种激励机制形成一套综合评价体系。

第三，教师的发展途径。我们都在说成长共同体，它可以基于一个共同目标、课题，形成一个跨组织、跨学科，甚至跨年段的、共同研究问题的教师项目组。我们有"启航工程"，针对青年教师进行引领、帮扶；有"青蓝工程"，针对成熟教师，促进他们质变；还有"卓越工程"，针对引领型的中年教师，提供更高发展目标和方向；最后是"名师工作室"，针对达到"双特"的教师，让他们带领更多青年教师专业成长。

这样的系统模型也催生了特别的行动路径：品质文化统领——历史传承和现代发展方向结合的文化体系；也形成了共同愿景：做"四有教师"，做学生的四个引路人，建设一流的科技高中。在这一目标之下，我们形成了一个立足点："立足课堂"，两个合力：课程与教学、教师发展两个部门之间的合力；三类实践的深度融合——深度学习、项目式学习和信息技术与教育；以及组织保障。

第四，课程建构。管理者在保障课程设计的科学性、完整性前，首先要基于一个高度，形成顶层设计，让教师据此寻找成长点、薄弱点和增值点，既提供教师成长的通识性机制，又满足个性化成长的需求点。我校的教师发展课程体系就有一个体系框架：

框架最内部，是教师角色在未来的四个胜任力——学习设计力、教学实施力、教育变革力、教师领导力。每种能力都设定了课程群。比如教学实施力下，有数字化技术素养，其下的课程群包括了 TPACK 应用、互联网 + 教育、AI + 教育和数据驱动四大方向。

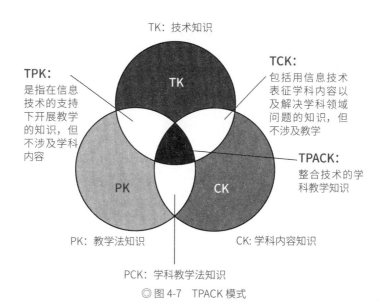

◎ 图 4-7　TPACK 模式

数字化技术素养非常重要，它是达成学科教学改进的一条重要的路径。既要在传统意义上把技术作为替代，也要把技术作为教学法增强的意义，更要在未来通过技术改造教学设计，创造新的教学设计任务的期许。替代、增强、改造和重建，原本也是我们的教学改革路径。

简单地叠加并不能推进教学设计的变革，所以我们引入"TPACK 模式"，形成清晰的思路。

图 4-7 右下角这个圈是学科知识内容 CK，左下角是教学法知识 PK，它们加在一起，就是最常见的一种教学设计。现在，把 TK 技术融合进来，追求的不是三个白色的纺锤形和合作区域，而是中间的重合区域。重合区域是我们 TPACK 教育理论中间追求的，叫作"整合技术的学科教学知识"，这就是我们现有的课堂教学发展的一个方向。

最后，分享一个基本策略。彼得·圣吉有一个观点，跟我们的思考和需求契合：第一，学习与工作的结合。学习和工作之间如何填补差距？答案是通过学习把两者结合起来。第二，变革一定要基于自身区域特色和发展基础作为起点。

未来

重建信任，底线管理，抱团成长：老名校的教师群体这样走出"酱缸"

◈ 薛法根（苏州市盛泽实验小学集团总校长）

俗话说，上有天堂，下有苏杭。苏杭的中间有一个好地方，叫吴江；吴江有一扇南大门，叫盛泽，是著名的丝绸之乡；盛泽有一条弄堂，叫观音弄；弄堂里面有一所小学，学校里有一块石碑，碑文上刻着这所学校的历史，始建于清乾隆九年，也即 1744 年。

盛泽实验小学是一所百年老校，我在这所学校工作了整整 32 年。当我们探讨百年老校，它有文化，有传统，但也有挑战。如何走出困境，赢得新的发展？这是一个很有现实价值的命题。

这个命题有一个关键词叫"酱缸"，这是一个文化隐喻。柏杨先生说，任何一个民族的文化，都像长江大河，滔滔不绝地流下去，但因为时间久了，长江大河里的污秽肮脏，像死鱼、死猫、死耗子，开始沉淀，使水不能流动，变成一潭死水，愈沉愈多，愈久愈腐，成了一个酱缸，一个污泥坑，发酸发臭。

同样，一所学校的文化，也可能堕落成"酱缸"，让身处其中的每一个人无法逃离，有一种无奈感、无力感、无助感。但是，如果有一天，你突然听到酱缸里有人大声抱怨太臭了。你看到了什么？我看到的是希望。因为抱怨是对现状的一种觉醒，是对酱缸的一种抗争，是对改变的一种渴望。所以，作为校长，对于抱怨一定要有一颗敬畏之心。如果你在学校里连抱怨的声音都听不到了，那才是真正的危机，因为所有的人都绝望了。

○ 家访：重建信任

哪儿才能听得到抱怨呢？在私下里，在家里面。所以，我们学校用了整整一年去做了一件事——家访，走进全校 125 名老师的家里，听抱怨。听老师发牢骚，听老师吐苦水，听老师说委屈。怎么去呢？第一，三个人一组，校长和两位校级领导；第二，要带一份礼物，给老师的家人，老人或者孩子；第三，要谈一个小时，做好足够的话题准备和耐心准备，否则，连聊天都是一件很尴尬的事。

走进教师的家里，我们才发现，每个人都有自己的故事。有一天，我们走进一个女老师的家里，这个老师在学校里抱怨很多，所以我们特别想去看看，她为什么有这么多牢骚。到了才发现，这个女老师生了二宝，公公婆婆重病，爱人开了一个小厂，整天在外奔波，整个家就靠老师一个人支撑。在这一个小时的家访里面，我们几乎看不到她坐下来，不是照顾大宝就是照顾二宝。现在，我非常理解生二宝的女老师，理解她为什么在学校里常常抱怨，比如会议太多，不愿意参加各类培训，甚至骨干教师的评审，她也放弃了。抱怨的背后往往有一本难念的经。

校长如果用道德的高度去评价一个人，你的眼里会有很多坏人；如果用人性的角度去看待一个人，你的眼里没有一个纯粹的坏人。家访，重建了人与人之间的信任，有信任，才会有真正的教育。以前，一位老师看到我在校门口值班，他会绕着走，从另外一个门进学校。家访以后，他看到我就主动打招呼了。当老师和你主动说话的时候，校长才有了教育的影响力。

军训：底线管理

人与人之间有了良性互动，酱缸里的水就开始流动了。但是，要让渣滓沉淀排除，还需要一种刚性的力量。于是，我们在一个暑假做了第二件事情，带领老师们来到军营，参加为期两天的封闭式军训。

烈日下练军姿、走正步，每一项训练都有人晕倒。第一个半天晕倒了二十几位老师，但是军令如山，允许落后，绝不允许脱离队伍，必须重新训练，即使校长也是普通一兵，无人例外。于是，再也无人晕倒。最难改的是迟到，一群人迟到，常常法不责众。于是教官定了一条军纪，连队有人迟到，连长受罚10个深蹲。结果，有一个连队迟到5个人，连长当众受罚50个深蹲。从此以后，再没有一个人迟到。

于是我就想，同样的制度，同样的纪律，为什么在学校里成了纸上谈兵？因为在学校里，校长是执行者，教师是守法者，制度罚的是教师而不是校长。这种对立，让制度和纪律成了导火索。如果教师犯错，校长受罚；校长犯错，加倍受罚，那么，校长和教师就能站在同一条战壕，消除对立，形成共识。所以，制度守住的是一条是非的底线，而纪律执行的是一种底线的管理。

签约：相互需要

马斯洛的需求层次理论告诉我们，当一个人有更高级的需要时才会产生创造的力量，这种高级的需要，就是自我实现甚至超越自我。如何点燃教师内心的梦想之灯？我们用一个月时间做了第三件事，和每一个老师签约，签订一份三年的成长合同。结果，有一天下午我接待了一位45岁的女老师，她拿出了三年来的体检报告，指着上面的箭头说：校长，你看，我的体检报告的箭头不是向上的，就是向下的，我争取能活着退休，这份合同可不可以不签了？

我问她：你每天的日子怎么过的？她说她唯一的乐趣是和镇文化站的一些老头老太听听戏剧、唱唱越剧。我说，很好，我们学校观音弄校区正好有一个儿童剧团，你一个人唱太孤单，我给你 30 个孩子和 3 个老师，你们一起唱，行不行？老师说那就试试。结果一个学期下来，他们已经排演了两个剧目，艺术节上最后还演出了 10 分钟的节目，赢得了全校师生的掌声。现在，这个老师再也不说"我要活着退休了"。所以，被人需要是一种幸福。校长要和老师一起寻找相互需要的共同利益，一起定一个小目标。有梦想的人，心才会飞翔。心变大了，事情就变小了。

○ 支持：抱团成长

有人说，教育是一群人才能完成的事业。当每一个教师都把教育当成事业的时候，学校的文化就有了源头活水。迈克尔·乔丹曾经说，一名伟大的球星，最突出的能力，是让周围的队友变得更优秀。那么，校长如何让身边的伙伴变得更优秀呢？我有三点体会：

第一，是让自己永远优秀。一个校长要有定力，在自己的学科专业上要奉行这样一句话，一生只做一件事，做到极致，方显本色。就像我在小学语文组块教学上研究了整整 30 年，才能形成自己的教学风格、教学特色、教学理论，才能够带出三名小学语文特级教师，才能真正帮助老师改变自己的课堂。所以，校长一定得是最优秀的教师。

第二，要让别人更加成功。韦尔奇曾经说，在你成为领导之前，成功只和你个人有关；在你成为领导者之后，成功只和别人的成功有关。作为校长，最光荣的应该是教师的发展，教师的成长，校长的精神境界就是成人之美，我们要的是水涨船高，而不是水落石出。

第三，让人自愿追随。校长不是影视明星，但一定要有人格魅力。优秀的校长总是能让你的老师、学生自愿追随你，你的一举一动都会成为他们的榜样。优秀的学校文化，应该常常写在追随者的表情上，那种表情叫自豪，而自豪，折射的是一种集体的尊严。

学校要用"心"方式去赢得教师

◎ 赵桂霞（蒲公英教育智库实验联盟总校长、山东潍坊歌尔教育集团原总校长）

什么样的学校能够赢得教师呢？本质的路径是一样的。

2016年我到广文中学做校长，这是一所由两所学校的初中部合并而成的学校。2017年，组织上来学校进行年度考核，其中有一项指标是教职工对学校班子以及学校工作的满意度。那一年的得分很惨——71.48%，满意度逼近了组织上允许的极限值。一所不能赢得教师的学校是没有前途的。这一年我和我的团队做了什么？

因为这是一所合并的学校，在做好常规工作的同时，我们确立了学校的定位和发展愿景，决定要建设一所理想学校，它是学生喜欢、教师幸福、家长满意、社会认可的学校，这没有问题。一所新的学校必须先做好定位，而且在做好定位的基础上，我们进行了大量的研究，倾听学生、教师、家长、社会各界的声音，特别是在全国倾听了20位专家的声音，找到理想学校的内涵，并确定了八个战略目标，也没有问题。因为是第一年，又从八个战略目标当中发现关键要素，确立了第一个五年发展规划，解决至关重要的五个要素：课程、课堂、学生、教师和管理，这也没有问题。

第一年是教师发展年。我们开始组织大量培训、沙龙，让老师写随笔，组织读书，看上去这些路径也没有问题，但是方式出了问题。所有的老师培训，全员参加并进行考核，教师沙龙参加者获得学分，纳入年度奖励之中。教师的随笔每天可以上交，每周进行评选，登在广文教师发展简报上，而教师读书是要进行考试的。

是的，方式出了问题，我们把所有教师发展的内容都放到"你必须做，你要做"，而不是让他主动做事上。当整个教师发展变成了"要我做"的时候，老师虽然得到了成长，但是负面情绪在不断积淀，最后就以这种不认同的方式表现了出来。这样一个反思给我带来了非常大的启迪——原来方式如此重要。

就像《正面管教》里面的一句话："我们做了什么永远不如我们怎么做

406

的更重要!"我又想起 1911 年有两位争相到达南极点的人——阿蒙森和斯科特，阿蒙森选择了狗，斯科特选择了矮脚马。尽管斯科特也非常勇敢顽强，但他最终因为方式的错误付出了生命的代价。教师发展必须从"要我做"回到"我要做"。正所谓"一个鸡蛋从外面打破是食物，从内部打破是生命"。

问题是，内力从哪里来?《汤姆·索亚历险记》中汤姆·索亚粉刷栅栏的故事给了我很大启发。一份极其枯燥的粉刷工作，但在汤姆·索亚的计划里却成了一个充满兴奋点的游戏。另外，大家熟知的一位老人，院子里经常有孩子来玩，特别吵，于是他决定每天给小朋友 1 美金，过了几天，只给 25 美分，再后来只有 1 美分，孩子们就不干了，不来玩了。本来是基于内动力的游玩，因为外力的干预，消失殆尽。

于是我想到教育。当老师给一个小孩贴上小红花、小五星，用更复杂的评价方式来引导孩子的时候，是在扼杀孩子的内动力。孩子们不再是为了学习而学习，成人也不再是为了满足自己而工作。钱理群先生说的"精致的利己主义者"是谁带来的?是过度的外在评价带来的。

研究发现，如果老是处于"要我做"的状态，他最多能够释放自己能量的10%，剩余能量沉积在身体里面。根据熵增定律，"任何被忽略的事物在经过一段时间之后都会退化"。就像一条道路，如果不去行走，它一定会杂草丛生。汤姆·索亚一直在更换技巧和计算调动这批人，这是一种能力欲：他成功地召集了伙伴，完成了一个任务，获得了巨大的成功；他赢得了伙伴的关注，因为每个人都有被认可的欲望；最后，他相信这个办法能够成功，这才是人内心最多、最大的欲望。

○ 教师发展的新方式

汤姆·索亚需要，小伙伴需要，教师不需要吗?学生不需要吗?内在欲望是人的天性。想明白这些，教师发展也就不难做了。还是要培训、沙龙、读书，但换一种方式，比如教师发展的平台怎么做，让老师参与决定，你想怎么办我们就怎么办。

还可以进一步激发老师的占有欲，教师沙龙不再统一安排，由老师自己报名，自己主持，自己发送海报，占有某些东西让人感觉特别好，有安全感。买书非得学校买吗？老师出差看到好书可以买，上网发现了可以买，别人推荐了可以买，读完写上推荐语交到图书馆进入报销的程序。

教师发展也不再是单一形式，是组团，一群人一起走，当看到别人生长的时候，他的生长欲望也被激发起来。虽然现在有人说可以独立工作，但是调研发现只有7%的人愿意自己在家里工作。

还有每年举行颁奖典礼，让老师的成长看得见。每个人心中都有一颗要被认可的种子，还要用各种方式认可老师。正如马克·吐温说的："一句称赞的话，可以让我活两个月。"于是校园里广泛地贴出了一些海报，这些海报都是某一个老师在某一方面得到的认可，他跟学校的价值观匹配，这样的方式很简单。如何坚定老师对教育职业的信仰？组织学生回校日，让老师看到他的培养在孩子身上已经有了效果，组织到高中学校进行毕业生回访，等等。

○ 学校工作的新方式

何止是教师发展，整个学校的工作都可以这样开展，比如分布式领导，人人都是领导者。每人负责一个项目，或者参与项目。这是让老师拥有权力，得到能力锻炼，更是占有某个东西很好的方式。

又如，过教师节，总是要倾听教师的心声，把它们转化为"实事实办"。老师的声音在这里被看见，需求得到了满足，他有参与的感受。

再如，广文中学一年一度的"战略发展研讨会"，每次都邀请教师代表参加，老师的想法在方案落地，在年度规划落地，又让老师得到呈现。各种点燃老师小宇宙的方法实在太多了。

欲望是人性最基本的表达，它给人带来主动高效和极大的创造力，把人的能量百分之百释放出来，由内而外才有力量。给老师归属感和价值感的学校，最终就能够赢得教师。

建设港湾，搭设阶梯：让教师奋斗在有安全感的校园

◈ 蔡敏胜（广东省东莞市松山湖第一小学校长）

如果我们把时间推回到旧石器时代就会发现，从原始社会开始，恶劣的天气、匮乏的资源还有凶猛的野兽，所有的力量都是人类的威胁——周围环境不断发生变化，其实是一种常态。相较之下，人们是否共同抵御危险，是否营造"安全圈"一起生活与协作，才是真正的变量。

人一直是社会性动物，群聚而居，个体的成长大多有赖于所在组织的运转，反过来，组织的发展也离不开个体的努力。回到教育现场来看，教师是学校运转的核心与基础，他们影响着整个学校的教育气象。学校发展必然要回归一个母题：构建有安全感的校园。他们的安全感从何而来？如何给予？

○ 管理者先行，为教师执行护航

当下，教师群体既要忙教研教学，又要承接"机动"任务，长此以往，教师将累积疲倦情绪，学校管理需要建立良性的秩序。

一、让教师各行其事而非向上服务

教育教学工作的有序展开有其自身的规律，每个岗位都应该建立起对自己特定角色的认知和能力，稳定的"各行其事"才能建立积极互赖的团队关系。

从建校以来，学校产生的分享和交流的 PPT、文稿等材料有好几十个。作为校长，我从来没有安排下属或老师们去完成。并非他们的能力不行，而是我知道，当老师们不再忙于向上服务的时候，才能全心投身于教学，免除后顾之忧。

二、建立领导带头示范的管理文化

建立领导先行的管理文化非常有必要，一方面既可以消减教师对于学校事务的抵触，另一方面则是以高品质的完成示范促进教师工作的参与积极性。我所在学校实行扁平化管理，成立了"一室、四中心、六级部"的管理架构，即

校长室、行政服务中心、教育教学管理中心、学生成长指导中心、教师发展中心和一至六年级级部教研中心，每位行政管理人员都需要独当一面。而我和中层、领导班子达成了一个共识：品控代替管理，示范代替命令的管理文化。要求老师们做到的事情，我们自己先要高标准完成。

学校开始启用官方微信公众号的时候，我们明确了撰文的品控标准：只写自己，不评论别人；能写学生就不写老师，能写老师就不写校长，能写校长就不写学校；既要描述现象，又要写出方法和策略等，以增强文章的可读性、影响力和传播力。

运营上，我率先执笔，中层干部跟着写，随着学校的发展，参与的人越来越多，质量标准却从来没有降低，如今已经成了老师们的一种习惯，变成了大家的一种行动自觉。

领导带头干，树立了好榜样，老师们没有理由不做好自己的事情。"核心价值观就是'领导力影子'，职位越高，投射的影子就越长"。管理者应该践行学校的核心价值观，带头示范，走在教师的前面，护航教师奋斗的安全感。

○ 专业是立身之本，为教师成长设好阶梯

专业素养是教师的立身之本，自身的专业成长则是教师获得自信和安全感的重要途径，帮助教师专业成长也成了构建安全感校园的有力抓手。在落地执行的路径上，我们可以在四个方面作为。

一、切实了解教师工作状态和需求，给予支持

组织的成长要以个人的成长为基础，学校在做顶层规划的时候，要尊重教师的成长规律，根据教师的不同特点，确立学校发展目标，制定学校发展方案，当教师发现自己的成长与学校成长同频的时候，自然而然就会产生安全感。

每年，我们会对教师的专业成长进行规划，开设"名师大讲堂"活动，邀请名师进入校园为教师开展相应的讲座，比如"教学论文写作专项培训讲座""信息化教学专项培训"等，这些讲座着眼教师群体的整体，根据各学科的发展需要和时代教育趋势所策划。

一名普通教师，他们面临的工作往往更加琐碎和复杂。但无论是什么状态

的教师，专业成长都是个人成长目标中非常重要的部分。例如开学后不久，一位教师在问卷中提出：班级学生评价与反馈制度需要了解一下其他班级的做法，借鉴一下。

那么，年级负责人在带领团队成员规划共同愿景的同时，要努力让每位成员的个人目标与团队愿景紧密结合起来。所谓上下同欲者胜，同舟共济者赢。一个团队有了普遍认可的共同愿景，团队成员才能"上下同欲""同舟共济"。

所以，级部发展目标一定要经历确立、公示研讨、实施、评价四个步骤。

我和老师们就以"个体成长""组织发展"两大板块为基准，基于级部教师的专业特征与发展需求，顶层设计系列关键任务及其评价标准、及时评价任务完成效果的展示活动等为教师提供"发展平台"，教师以"完成任务"为载体，接受基于标准的专业指导，不断实践与反思，从而获得业务成就、精神或物质奖励来促进个体成长，达成级部整体目标。

具体来说，学期初，我们会向每位教师发放调查问卷，收集几个问题的答案：目前，我在学校中的角色是什么？未来，我期待在学校中承担的角色是什么？我的个人成长目标是什么？我希望在学校中得到或收获哪些？

411

从问卷数据中清晰地了解每一位老师的工作状态，以及对自己的认知和规划，再有针对性地设计成长方案。

在"个人成长目标"一栏中，曾有一名入职不久的教师是这样写的：希望专业方面能有提升并有展示的地方。一名资深的教师写道：争取在本学科相关的专业比赛中获得市级荣誉。因此，在级部成长方案中，专注教研，致力于班主任管理能力的发展不可或缺。

在"我想在级部生活中收获什么"一栏中，不少教师表达了这样的观点：希望得到一些具体专业的指导；任课老师之间相互合作，共同完成教学任务。在一个团队中，理解与合作是前提，具体的专业指导是需求，那么，这也是级部成长方案中需要达到的目标。

学期内，定期在教师群发布问卷，以便了解老师们的工作状态和工作需要。

在了解到班级学生评价与反馈制度的分享需求后，我们以级部为单位发起了"一间生态教室评价体系构建"的微分享活动。每个班级提前一周梳理分享内容，制作 PPT，拥有 3—5 分钟的分享时间。每位倾听的老师都将记录下自己收获的内容和产生的问题，随后进行沙龙分享。

这样一来，当外在环境条件并不具备的情况下，每位教师也能寻找身边的资源，创造出一个又一个的小环境，进行自身少部分的迭代，用小步快跑的方式，直至创造出一个更大的平台助力成长。

二、促成团队合作，相互赋能

独行快，众行远。应努力创造条件、提供平台，帮助每一位老师找到适合自己的生态位。当每位老师都进入主人翁角色，互帮互助，与级部共同成长，就能切实减轻教师"单打独斗"的孤独感，营造团结协作、轻松愉悦的工作氛围。比如，开展各项活动，可以从整体出发，开展项目式合作，避免教师单打独斗。

每个活动开始之前，以学校、学科组或级部为单位成立项目小组；每个项目组的组建，都要经历委派负责人、制定项目计划、组建项目组、项目研讨、项目实施、项目反思六个步骤，负责人全权负责该项目。

更好地发挥、发展每一位教师的专业技能，也可以级部为单位进行课程项目制合作。同时也要将权力下放至级部，实现级部管理和教研组管理双轨并行的模式，级部也更能接近一线老师的需求和课程发展的需要。

412

2021年初，一个级部教研中心就以语文教学为主线设计并开展了"正月里来逛庙会"传统文化课程——融合了语文、数学、科学、劳动实践、体育、美术、音乐等学科的跨学科项目式课程。

在这个过程中，我们将权力下放到专业素养高的老师手中，卷入其他老师参与执行，获得了超出想象的效果。他们先结合教学资源进行梳理总结，委派一位语文教师做项目负责人，负责设计项目课程的框架，确立课程驱动问题：如何举办一场新年庙会？

随后，负责人在每个学科中征集一名成员，组建"正月里来逛庙会"项目组。课程实施前，项目组成员聚集在一起，细化与解读课程框架，确立本学科课程内容，明确项目成果"举办一场新年庙会"。确认定稿后，级部教研中心向全员发布项目课程实施框架，每位老师以学科组为单位进行集体备课。

课程实施的过程中，项目负责人会随时监督课程的授课进度，项目组成员会在线上实时交流课程实施中的收获与遇到的困难。接近尾声时，项目负责人将召开项目组会议，布置与安排项目结项的所有事宜。

　　一些创造性解决方案就出现了：音乐学科组在传统儿歌《看花灯》教学方式上，采用创编歌曲的方式引导学生感受传统歌曲的魅力；科学组将课程内容与传统玩具不倒翁结合起来，决定带学生制作不倒翁；在这场活动中，孩子们的课程作品就是庙会的商品，而孩子们在课程中体验的传统歌曲、舞狮活动，都成为庙会表演的经典曲目。

　　课程结束后，项目组成员召开了项目反思会，总结项目课程实施的基本路径，反思项目课程应注意的问题，最后绘制了一份课程思维导图。

　　这样的项目制合作，不仅拉近了学科教师之间的距离，也让教学目标变得更加明确、易于落实，达成深度的课程融合。更重要的是，可以推动每一位教师拥有"主动由无序走向有序，由低级有序走向高级有序"的能力，走向"自组织"，让每个老师都能在级部与学校的各项活动中找到归属感、价值感。

三、让优秀老师被看见

　　挖掘、发现每一位优秀老师，并让他们被更多人看到，对提升教师的自信心和安全感尤为重要。

　　我们从建校伊始就有意识地打造了一个把教师放在中心的舞台：学校每学期都会开展"TED 主题演讲活动"，至今已经坚持了 6 个学期。

　　在操作形式上，每个学期学校会共创本学期的重点研究主题，老师们通过一个学期的研究和实践，在期末通过主题演讲的形式进行呈现。如之前开展的"后疫情时代，教育何为？""不忘初心，牢记使命——我的教育故事！"和这个学期即将开展的"'双减'之后，如何做最好的自己！"等，我们会从这样的演讲中发现一些默默无闻、勤于耕织的优秀老师和项目团队。

　　我们还邀请专家现场指导，将老师的汇报成果进行转化，结集出版或推荐发表、对外汇报交流和展示。一些老师因此走向了全国的舞台，如全国"全课程"年会、第 3 届全国最美课程发布会、第 16 届全国学校品牌大会……

　　教育，不是一个人的冲锋，而是一群人的朝圣。TED 演讲，把老师们从幕后推向了前台，让他们的努力被真正看见，收获职业幸福感。

于日常细微处创造温暖港湾

　　亚里士多德说，幸福就是"最高的善"，幸福就是人的生存与发展获得满足的现实感。在一所学校里感知到幸福，是教师安全感的重要来源。

我询问了身边很多教师："在校园里你何时会感觉到幸福？"很多答案都指向一些微不足道的小地方。比如教学楼每一层布置温馨的小水吧，里面有咖啡机、微波炉、冰箱、按摩椅等。每一天，学校的保健医生都会根据季节煲好特调的保健饮品，老师们可以前去休息、饮茶，而大家聚在一起放松的片刻时间，也许就是幸福感萌芽生长的时候。

又比如学校为每一位教职员工定制的"校园卡"，持有这张卡，除了学校的档案室、财务室，大部分学校公共空间都可以使用。健身房、乒乓球馆、茶室、图书馆、体育馆等"生活与学习"空间不仅开放给教师，老师们还可以带着家人朋友来校唱歌、品茶，无须任何审批和申请。无论是水吧还是校园卡，对于每一个生活在学校的老师来说，就是那些微小而又确定的幸福感和安全感。

从提出问题到解决问题，走近教师的真实内心，引导师生主动寻求驱动发展，才能给予每位教师安全感，最终让他们获得自我完善和提升的力量。

未来

这样设计显性和隐性的教师评价

⊕ 张珩（成都市天府第七中学副校长）

显性和隐性的教师评价如何设计，怎样生长？

先从一个被"拦腰斩断的"主任导师职级制说起。学校建校之初，我分管德育工作，为了更好推进主任导师队伍的专业化成长，我和团队设计了一套看上去很完备的评价体系。这套体系三年一评，主任导师从优秀到杰出，再向首席进阶。

当然，这套评价体系参考了很多传统学校对班主任工作的评价方式，比如工作年限、带班业绩，以及个人成就等。当我把这份评价体系放到校长面前时，却引发了他一连串的"灵魂拷问"——

学校现在处于什么阶段？我们的发展定位是什么？学校的主任导师"老人"多一些还是"新人"多一些？你更希望什么样的人来担任主任导师？所有的主任导师工作时长一样吗？标准一样吗？主任导师们工作的效果一样吗？有没有哪些无法评价的效果？"三年一评"的依据是什么？在这三年中，这些主任导师能一直保持这个状态吗？……

这一系列的连环追问让我陷入了深深的沉思。我认识到，应该追求适合的而非全面的评价，设计出的评价体系要有可以生长的空间。评价体系是为了鼓励、带动更多老师参与学校的教育教学变革，教师评价系统需进行校本化的构建。学校教师评价的三个维度带着这样的思考，再回到评价的概念。什么叫作评价？简单来说，评价就是价值的判定。价值判定有两个对象：主体和客体。主体是评价者，客体是被评价的对象。主体与客体之间的关系，是客体对主体需要的满足，也就是价值。这也就意味着，关注评价有三个维度：主体、客体、价值。在学校教师评价中，谁是主体？谁是客体？价值又是什么？很显然，评价客体是教师，评价主体包括校长、同事、学生，不同的评价主体有不同的评价价值。

以天府七中为例，因为是一所改革创新中的学校，所以校长更看重教师不仅能胜任个人的教育教学工作，更能适应学校教育改革发展的需要。于同事而言，是能成为身边值得学习的榜样，能处理好人际关系。于学生而言，是能尊重学生，能支持学生成长，能做好家校共育。于教师个体而言，是能胜任学校的工作，能协调工作与家庭的关系，能处理坚守与发展的关系。

○ 教师评价的设计原则

不同的设计，必然会引发人不同的行为，甚至会导向不同的文化。

一所学校对教师的评价，应该秉持怎样的基本原则？我认为有两点：一是激励原则，二是评价的精准和模糊的平衡原则。

评价首先应该是扬善激励的，而非消极导恶的。为此，在评价的过程当中，我们需要处理好评价集体与评价个人之间的关系，甚至很多时候我们要把个体荣誉归功于集体功劳。

我们不希望评价"状元之父"和仅仅通过分数评出教学能手，因为这必然会带来相互竞争，从而导致教师彼此拒绝合作。此外，激励原则还要处理好评判与诊断的关系，促进教师们及时反思改进，发现身边成长的镜子。

另一方面，评价还面临两个问题：是否都可量化？是否都精准？考试成绩、论文数量、课题等级看得见，可这些就代表了一个老师的全部吗？何况"双减"之下已经不能再以考试成绩作为教师的评价依据了。

再者，敬业精神、创业团队、责任担当、关爱学生、师德高尚又如何量化？因此，评价的另一个基本原则应追求评价中精准（客观证据）与模糊（价值导向）的平衡。

○ 设计一套可生长的评价系统

我们希望一份好的教师评价是激励人的，是能够平衡好精准和模糊之间关系的，是一套可生长的系统。而一套可生长的教师评价系统的一级指标是解决教师的价值问题。天府七中评价系统的一级指标即为办学理念——"全景立人"，要求教师底线牢固，底色亮丽，底蕴丰厚。

底线牢固是内在系统，包含守师德、爱学生、善协作；底色亮丽是动力系统，包含会生活、负责任、正能量；底蕴丰厚是行为表现，包含专业精、师能强、科研好。

解决了教师的价值问题，也厘清了评价要素之间的逻辑关系，但在进行下一步设计的时候，我们又出现了新的难点：

第一，如何实现隐性评价向显性指标的"转化"？虽然有方法可以把那些不易看见、不易摸到、不易感知的东西，通过显性的行为转换，但在教师评价当中，具体的行为表现要点有哪些？我们如何通过表现性的标准去指向隐性的评价内容？

第二，要不要用分数来量化？其实，用分数量化是非常简单的一种形式，但问题是到底用负分制、加分制还是加减分制？

第三，精准解决不了的问题如何化解？是交给个人意志，比如校长抉择，还是把最终裁量权交给集体？值得一提的是，针对这一难点，天府七中的做法是交给学校学术委员会进行最终裁量。在突破了这些难点后，往下梳理我们会发现，每项二级指标都能找到相关联的行为关键词。比如，守师德，需要关注的是教师的基本道德和教师的公共道德；爱学生，需要引导学生形成正确的三观，促进学生的全面发展，五育并举；善协作，需要处理好人际关系，拥有好的沟通能力和团队的合作能力；会生活、负责任、正能量、专业精、师德优、科研好，都可以和相关的行为关键词建立连接。

再比如科研好，我们提出的行为关键词是为改善教学而进行的科学研究。很多学校做课题更多的是为了实现教师个人专业化成长，而我们认可的科研价值是课题能否有效解决学校教育教学中的实际问题。

可仅仅有行为关键词还不足以触摸到评价更显性的表现。所以在行为表现评价上，我们制定了内容更加丰富的行为表现要点。

拿负责任指标举例，其包含的两个行为动词：一是工作积极性，二是职业认同感。相应地，工作积极性的行为表现要点是"全勤""工作量超标""学生研学竞赛外出带队"等。职业认同感，除了守住"安全""节约"的防线之外，还体现在对身心特质学生的特别关爱、金点子突出贡献，以及是否愿意为学校广纳优秀的人才等行为表现上。

评价体系建立后，如何构建评价流程？我们分为四步：自主申报、评价合议、公示奖励、一票否决。教师们先对照指标完成一份自主申报，然后学校通过集体评价进行合议，最后公示结果，并给予相应荣誉的奖励。如果教师出现了安全或师德的问题，将对荣誉积分一票否决。

每年，天府七中都会举行一场隆重的"教师荣誉积分表彰仪式"，对当年度获得较高荣誉积分的老师进行集体表彰。年末，每一分的荣誉积分都会对应成老师们的专项奖励，而每一年的荣誉积分在第二年起始时又将全部清零。这样的一份对教师荣誉的积极认可，必然激发教师行为的变革。仅仅 2020 年这一年，学校立项的省市级课题就超过了 28 项，超过 140 人次的论文发表获奖和著作出版。不管是作业，还是学生激励，抑或是家校联系，教师们都把它们变成了一个个值得研究的课题。

○ 行为标准

当一份隐性的价值导向变成显性的，当教师有价值的言行被得到充分的认可，当评价不仅是一套冷冰冰的数据，还拥有了可以生长的空间，那么这样一份可被触摸的评价，必然会带来教师自发的成长。不只是教师的评价方式，天府七中其他教育变革也在持续不断地研究和创生之中。愿在中国教育改革创新的道路上，有更多的伙伴和我们一起携手前行。

我的"人生告别会"

◈ 殷涛（常州市实验初级中学党总支书记）

有人亲自操刀，策划自己的人生告别会吗？我们是忌讳死亡的民族。鲁迅写过：一家生了男孩，合家欢乐，满月的时候，抱出来给客人看，一个说"这孩子将来要发财的"，于是得到一番感谢。一个说"这孩子将来要做官的"，于是收到几句恭维。一个说"这孩子将来是要死的"，于是得到一顿大家的痛打。但是，再暴力的殴打也赶不走死亡。人生七十即古稀，46亿年地球，500万年人类，多少代人来了又走了？作为唯物主义者，自打出生，就没打算活着回去。关键是怎么过这一生？

有一份报告显示，68.6%的中国人在生前不曾交代过身后事。多数人是在没有任何准备的情况下离开人世。作为教育人，我在思考地球和人类的同时，必须思考自己的生命，包括葬礼。我在策划自己的告别会时，想问问万能的搜索引擎，居然无可奉告，这真是一片希望的蓝海、朝阳的产业啊。也对，我的告别会本应由我做主。

首先是参加人员。

我的至亲，尤其是我的爱人，从青枝绿叶走进我的生命，到脸上丛生痛苦的皱纹，都是我、孩子、工作和岁月的馈赠。我本希望让她走在前头，不忍心让她悲伤，但又希望她多活，替我多看看这个世界，陪陪老人，等等孩子。

对于我的孩子，没能给她财富、地位，甚至任性的生活，这是她的不幸。但也给她和谐民主的家庭关系、正直的品性，以及对她梦想的支持，她也是幸运的。当然，一切尊重她自己的判断，她其实也不是我的孩子，是她自己对于生命的渴望诞生的。

现场会有我的学生。我不会去邀请他们，我信奉"你记得也好，最好你忘掉，在这交汇时互放的光亮"。但他们肯定会来，就像教师节，总会有简约而坚持多年的祝福，就像2015年在我的作品签售现场，已过而立之年的他们悄悄出现在了现场，花丛中是他们的贺卡。"虽说青春躲不过岁月这把刀，在我们每个人的青春岁月里，都有这么一位文采飞扬、充满理想和能量的精神导师。"

在我的花圈上，他们又会写着怎样的话呢？如果孩子们同意，我最想放的照片是这张。

某年教师节，我跟孩子们在门口给老师献花。结束后大家就散了，一个孩子把最后一束花献给我，悄悄问：涛哥，能合个影吗？当然可以啊。走远的同学看见了，也凑过来，人越来越多，"咔嚓"一声定格了，就成为我办公室的镇宅之宝。

告别会上一般会有生平简介，也许会写着这样的话：

这是一个还算正直善良的人，外表温和，但一直保持愤怒。最大的幸运是在年富力强时发现了自己人生的使命。他爱自由，爱创造，爱一切的美好，所以热爱生命，他热爱自己的生命，所以爱别人的生命，他爱每天的朝阳，所以爱朝阳般的孩子。他坚信每个人都很精彩，只是暂时被遮蔽，就像泉眼被堵塞，他的使命就是把塞子拔掉，让泉水自在奔涌。他为此付出了一生，辛苦，也快乐，他挺知足的。总而言之，他是个理想主义者，到死都没有改变过。

出于礼节，我应该说一些话。但现场肯定不能讲了，我会提前录下来。我说的话是：

曾经，我从远方赶来，恰好你们也在；现在，我向西天而去，你们不离不弃，感谢一路陪伴。作为教师，特别要感谢我的学生，从教一生，我的生命之流渐渐流逝，但一路留下了星星点点的绿意，与无数年轻河流的相遇让我保持丰润。你们到远方，就把我的生命也带去了，替我走到了更远的地方。教育是我的初恋，在最热血最浪漫的时候，身无片瓦，手握教鞭，把汗水投入了进去，时间投入了进去，黑头发投入了进去，慢慢地，生命都投进去了。而她回馈了我更多：那些工余的休闲，那些自由的寒暑假，那份清白的良心，是能夜夜安眠的枕头。还有那些澄明的眼睛、稚气的表达、热情的问候，那些生命的纯粹与美好，我见证了，并享受着。

我看到孩子的变化，一阵风吹过来，他们摇摆；一阵雨落下来，他们吮吸。过了一个假期，哇，这么大了。过了几年，哇，是当年的臭小子、黄毛丫头吗？

时间哭着笑着，不断地变着魔术，不断地夺走，又悄悄地回馈；狠狠地毒打，又深深地安慰。这一切，付出的只是让皱纹爬上脸庞，让头发染上白霜。用苍老兑换了这么多奇迹，值得吧。

差不多了，教师都读过《渔夫和金鱼》的故事，不要贪婪，只要还能讲，能写，能走，就行啦。到讲不出了，走不动了，只要能笑，就在丛中笑吧。我在丛中笑，就像现在这样。亲友们，这是一场为了告别的聚会，人生有小聚会，也有大聚会。我爱你们，我等着你们，我不急，愿意久等。

未来

420

我会安葬在哪里？

如果可以，我要回到我的家乡。那是我生命起源的地方，颠沛半生，落叶归根，回到安静的老镇。那几间百年老屋，迎接了几代人降临的哭声，和他们离别时别人的哭声。包括我的奶奶，那个世上最疼爱我的人。我在外地工作，却不能久陪……现在终于可以陪着奶奶了，哪儿也不去了。

墓地不用刻意修饰。记得有这么一个墓，"它只是树林中的一个小小长方形土丘，上面开满鲜花——没有十字架，没有墓碑，没有墓志铭，连托尔斯泰这个名字也没有"，却不妨碍它成为世界最美的坟墓。如果可以，就借一段枯木，写上几个字"教育行者"。墓志铭上写：一个热爱朝阳的理想主义者，一位踏遍青山的教育行者。树木跟教育最像，十年树木，百年树人，阳光雨露，风吟鸟唱。教育还需要行走，教育之远，漫漫征途，走了一辈子还只刚上路；教育之广，浩浩沧海，终其一生只是在海边捡拾了一两个贝壳。

如果能放几本陪葬的书，就选五本：一是《诗经》，二是《理想国》，三是《忏悔录》，四是《死亡诗社》，五是《爱弥儿》。自己的几本小书也可以垫一垫骨灰盒，作为教育人生的小结，还有一些散文小品，是我浅唱低吟的精神小屋。

如果能放音乐，放一首班得瑞的《寂静山林》吧，来自寂静，归于山林。

其实我也胆战心惊。对于我的离别，一定会有人拍手称快，我不在意别人的脸色，但其中会不会有我曾经的学生？我希望没有，但也许有。因为在教育生涯中，我肯定误伤过，还打着为你好的旗号。这是所有老师的遗憾和痛苦。自由啊，多少罪恶假汝以行！教育啊，多少伤害假汝而行！此生，我还有改正的机会吗？后半生，我确信不会造成新的伤害？再退一步，我的策划能够顺利实现吗？

我国人均寿命 78 岁，自信点，我能活到 90 岁，可已经用去了一半。睡眠占去三分之一，工作应酬、琐事发呆、生病上厕所花去三分之一，还剩三分之一，15 年。不对。75 岁往后，基本是走向痴呆，告别思考。这样还剩 10 年了。过程中常有意外，明天的太阳，确定能见到吗？不妨默念一下，这些年有多少平辈或晚辈离开。忍看朋辈成新鬼，越看越想心越累。还不包括意外，时代的一粒灰尘，到了每个人头上，都是一座山啊！

想到这里，不禁冷汗涔涔。控制不了别人，更控制不了命运，只能试着控制自己。这大概也是我策划自己人生告别会的真正意义。那就是回到终极之问：我是谁？为何而来？我该往何处去？如何去？

瞿秋白说过："为民众辟一条光明的路"。鲁迅先生说过："最重要的事是'救救孩子'"。对我而言，就是为孩子辟一条光明的路。因为今天的孩子就是未来的我们，他们的样子就是我们国家的样子。

乔布斯霸气地说，"为改变世界而来"；陶行知低调了一点，"人生为一大事而来"；我只敢说，"谢谢教育能让我来"。可以让人更好，让世界更好的，除了教育，还有什么？

在我的身边，也有人掰着指头算还有几年退休。但是有教育界长者说：要把工作时间拉长到 65 岁、70 岁来规划。譬如成尚荣先生，退休后依然活跃在教育界。他说，我要在更大的坐标上讲自己的故事。

有一句话说：音乐家永远不退休，不再有灵感的时候才停止工作。

我想，教育者也永不退休，不再有激情的时候才停止工作。我希望自己永远拥有激情。最后用马克思青年时的一段话共勉：

如果我们选择了最能为人类福利而劳动的职业，那么，重担就不能把我们压倒，因为这是为大家而献身；那时我们所感到的就不是可怜的、有限的、自私的乐趣，我们的幸福将属于千百万人，我们的事业将默默地、但是永恒发挥作用地存在下去；而面对我们的骨灰，高尚的人们将洒下热泪。

让教研组赋能教师成长

⊗ 马骉（华东师范大学附属杭州学校校长）

教研组的组织属性是什么？教研组的功能应该是什么？黑格尔说过："熟知并非真知。"很多我们貌似熟悉的事物都逃过了理性的反思，反而成为一种障碍与麻木。我们对教研组的认识其实也存在很大的迷惑性。

未来

422

○ 教研组功能不清的原因何在

教研组是舶来品。1947 年，俄罗斯教育部发布《学校教学法研究工作规程》提出，中学按学科设立"各学科的研究指导组"。五年以后，我国教育部颁发了《中学暂行规程（草案）》，明确中学各学科设教学研究组。

这么多年过去了，教研组的功能却发生了巨大的变化。调查研究显示，一般的学校每月都会进行一次教研组活动，就具体活动内容而言，排名前四的都与布置任务和检查相关。排在最后两位的是专题研讨本组学科建设的重难点和学科发展趋势的学习研讨，该两项作为当初设定的"学科教学研究功能"只占15% 和 7% 的比重。那么，在我们一线教师的眼里，教研组的现实功能到底是什么？

73% 的教师认为是行政功能，它排在第一位。第二位是学科功能，占35%，这里的学科功能被大部分教师理解为常规的"学科工作的布置、落实与检查"，将其视作教学研究功能的只占 18%。为什么会发生这样的变化？我再次做了一个调查，也咨询了专家，得出以下四点结论：

其一，研究的缺乏。我们虽然早在 1952 年就提出了教研组的概念，但教育研究部门对其组织属性、功能缺少对应的研究。

其二，指导的缺位。虽然学校的科研室、教研室必须对一线重要的教学内容进行研究和指导，但对教研组这一组织的具体指导是缺失的。

其三，管理的缺失。大多数学校对教研组建设的系统制度设计和监督是缺失的。

其四，经验的缺少。要说杭州的名校，大家可以报出不少，如杭州第二中学、杭州学军中学。但你有没有听说杭州哪个教研组特别出名？其实是有的，但我们对这种组织可以借鉴的经验总结得不够，推广得不够。

在一线教师的眼里，教研组的现实功能到底是什么？

第四届中国教育创新年会的主题是"重构学校"，教研组也需要重构。如何重构？要倾听一线教师期待的声音。

第一个期待，提高自身的学科教学实践能力和智慧，确保职业安全。第二个期待，能学习借助其他组织人员的资源，丰富提高自己。这两条都是从教师自身出发，他们特别关心自身学科能力的提升，保证自己的职业安全。第三个期待，希望自己也能成为其他组员的资源，为团队增光。前三条都围绕着学科能力，一个核心的问题是他们要有安全感。第四个期待，52% 的教师希望学校能对教研有具体、易操作、可评价的制度规范。这四条教师的心声为教研组的功能找到一个落脚点：学科共同体。

学科共同体有哪些特质呢？

其一是学科愿景确立，即教研组每个成员应该有共同的学科价值观，方向明确。其二是学科制度建立，教研组要想围绕学科建设进行运作，需要全体成员制定并遵守其学科规范和制度规范。其三是学科资源通用。我们在调查期间感觉到，很多教师不知道自己也是资源。实际上，好的教研组、教师之间应互为资源。其四是学科平台共建，这是指组织形式和平台载体的建设。其五是学科任务分合。其六是学科成果共享，建立捆绑式的评价制度，建立集体反思和集体奖励制度。

如此，学科共同体建设的目标就明确了，即提高学生的学科核心素养，提升教师的学科教学能力，后者无疑是前者达成的保障。

学科共同体建设三步走

学科共同体建设的主要内容不宜过多或过高，总结起来就三条：以学科建设为中心，以学科教师培养为重点，以学科研修培训为手段。我希望未来的教研组能以学科建设为主要功能。具体而言，有以下几方面的内容亟待开展：

其一，制定学校学科规划。很多校长热衷于请专家讨论制订学校的发展规划。我建议各位，等学校的发展规划做好以后，要在附件里加上一个小规划——"学科规划"。学科规划不用你来制订，而是由教研组的教师参与制订，明确教研组的发展和方向。

其二，制定学校学科标准。国家课标我们一定认真地研读、贯彻落实，但国家课标是普适的，到了学校，这个标准可否根据学校的实际情况对它进行适度地生发和细化？是可以的，但操作难度大。

其三，制定学校的学科计划，尤其要注意规范和创造性。

其四，构建学校学科内容框架，北京市十一学校将小学一年级到高三的知识点、能力点和素养点全部进行梳理，让小学教师也知道初中、高中在学什么。但现实是，很多初一老师不知道初三教什么，甚至不知道下学期教什么，对学科架构不熟悉。于是，我在新学校里提出了一个"年段备课"的概念，让三个年级的老师共同参与。

此外，以学科建设为中心的教研组还包括执行学校的学科计划，评估学校的学科质量，形成学校的学科特色。以下几点是我以切身体悟总结来的——

在方向上，实现学科价值观的认同；在趋势上，实现学科与新技术的融合；在境界上，完成学科教学智慧和风格的生成；在氛围上，共建学科教师文化；在思路上，形成学科专业发展的规划。这其中，学科教学能力的锤炼是重点。

教师全方位成长的校园密码

◈ 李蓓（成都市实验小学校长）

　　每天行走在雅园，我想成为老师和孩子成长的"关键他人"——也许，没有"园丁"的比喻更适合我了。

　　什么是"园丁"？怎样去建"园子"？如何培育"花草林木"？"园丁"的本义，是指负责栽培、护理园区生态的人。我认为校长要像园丁一样，能够建立一个生态的组织环境，平等对待每一个园子里的生命，维系良好的组织氛围——放松、舒适、高效、可选择、有支撑，等待不同物种的自然生长……

　　如何当好园丁？最重要的是要明晰教师成长的"横向生长体系"——他们主动、积极、自主、自在吗？要厘清教师成长的"纵向管理体系"——上级主管部门、校长、教师、学生的相互连接与支撑关系。当好园丁，校长必须营造适合教师自然生长的"生态系统"，阳光大气、自由人文、宽松和谐、疏密有致；要准备个体需要的"营养套餐"，按需定制、支撑扶持；要有推动团队成长的"光谱系统"，协作互动、共创共享。这样的园丁，他有人文情怀和温度，懂爱；有文化修为和宽雅，专业；有创造思维和突破，创新。

425

建设一座园子

　　园丁，一定需要一个园子。我们成都市实验小学（以下简称"实小"）有一个爱称，叫雅园。

　　雅园，需要文化厚植。这个园子有文化厚植，有老师与园景融为一体的教育信仰——我们有四季轮回的雅园小景，时光让雅园变得愈发美好，每年12月银杏飘黄，雅园就特别美。我们还有个性活泼、充满活力的未来师生，浓浓的文化氛围浸润着师生成长。置身这样的校园，我们剥离喧嚣，安心教育。

　　所以，教师成长需要的第一个条件，就是视觉化、具象化的校园文化表达，以及温馨、安宁、雅致、大气的校园氛围，引导着老师在学校自由生长。

　　雅园，需要时间润养。实小建于1918年，至今已100余年，从未搬迁过。100 多年润养了不变的校训：堂堂正正做人，勤勤恳恳做事。润养了一直以来的使命：实验研究，辅导地方。所以无论老校还是新校，教师成长需要一片被时间慢慢浸泡的沃土，一种被时间洗涤的文化，一些被时间慢慢萃取的精华。

雅园，也散发出生长的魔力。实小被称为教师成长的"黄埔军校"，20 多年间培养了 20 多名特级教师，50 多名校级及以上干部；连接了 140 多所远端学校，3700 多名教师；和大学通联，和 16 所优质学校共同研发未来小学全科教师的培养机制……

有一天，我找到了教师成长的第三个条件，就是把"人"放在园子的正中央，关注教师的培养机制——以事育人、以文化人、因人设岗、关键事件等，去聚焦成长类型的研发——泡菜式的浸润、互助式的共创、自动式的生长。

园子有了教师成长的环境、文化、机制这三个条件，我又在思考，如何厚养每一个"物种"，带好每一位老师去找到成长密码？所以我们要"对园子进行深耕"。

○ 深耕一座园子

未来

426

深耕的总体策略是：向下扎根，向上生长；阳光大气，雨露滋养；整体规划，个体培养。

首先是提供教师自主生长的基本条件。教师如不同种类的植物，有不同的生存之道、栽种方式、营养供给，需要不同的培植呵护。我们供应了肥沃的土壤、人文的环境、健全的机制，让其自动地生长；匹配了精准的分析，了如指掌的个体把握，因人而异的发展方略，以及细致耐心的成长陪伴。

更重要的是，我们需要研究一套赋能系统。在实小，我们有"HR 三中心的管理体系"：教师发展学校，一个教师们自主管理、自主发展的加速器；课程研发中心，专业提升的引擎轴；也有科研助推的校园智库，它是学术研究的导航站。我们还有"GU 三节点支撑系统"，学校职能设置的重心，逐渐走向为教师自主成长提供想法支持、困惑引导与问题解决。

除了赋能系统，还要找到教师自主生长的触"点"，这里用三个故事来分享。

故事一："吵"出来的小岛课程和课程研发中心

三年前，白雪老师来到我办公室，她说想要带着学生到自然学校展开三天两夜的"小岛课程"。我支持她的想法，但为了安全，建议她可不可以把三天两夜拆成三个周五。白雪老师坚决不同意，她说我不做支离破碎的课程研发，必须是三天两夜地持续学习。我们就这样坚持、协商、僵持，最后我退让了，并派了 7 名行政人员到"自然学校"去监护三天两夜的学习。

就这样，我们成全了一个班的小岛课程，成就了一所学校的研发生态。现在，实小成立了课程研发中心，白雪老师成了中心的主任，成长为耀眼的未来教师。

白雪老师说，她就是一株野草，要给她自由的时空，自主打拼的场所，实在的支持，承担责任的态度，试误的勇气，以及革故鼎新的助力。

在她的身上，我得到了第一个启示：抓住"试"点——以校长之退成就教师之进。校长要有敏锐的视角，要看到教师的成长可能；要有宽广的心胸，支持教师的变革方略；要有退让的勇气，铺陈教师的成长路径。我似乎真的开始希望，每位教师都成长得比我还优秀。

故事二："逼"出来的活动总监

实小百年校庆，我们想搞一场盛大的庆典。由于策划公司的方案并没有说出实小的精神和文化脉络，我决定找音乐教师、学科大组长琳子老师来策划。她有深厚的专业知识，土生土长在实小，也有很强的执行力。虽然她有压力，很焦虑，但还是答应了。

于是，就开始了设计方案、组织、内联、协调、外联……带着全校师生进行节目排练、音乐剪辑、舞美布置等。10 月 20 日的活动现场，实小呈现了 13 个原创节目，得到了一致好评。后来，这位"活动总监"一发不可收拾，组织了红歌比赛、国际诗歌节、舞动 70 全校舞蹈大赛等活动。一场挑战下来，学校收获了一位活动总监，活动质量上了一个台阶。

琳子老师就像园子里的那朵"绣球花"，平时默默成长，开花时无比惊艳。

从琳子身上我得到了第二个启示：抓牢"拐"点——以校长之弱成就教师之强。所以我觉得校长要会识人，给予信任，激发潜能；要会示弱，赋予权力，背后助力；要会欣赏，发现优势，给予他们平台。我越来越希望，每个人都能在园子里吐露各自迷人的芬芳。

故事三："闹"辞职的特级教师

实小有一位数学特级教师，是实小数学学科的定海神针。四年前，在未来学校建设智慧教室培训现场，我收到她的一条短信：变化太快，要求太高，适应太难，请求辞职！她的家境非常好，所以她给爱人也发了一条信息：变化太快，要求太高，适应太难，请求回家！

我跟她说："智慧教室非常好，可以试试，连我这个技术白痴都会了，你培训完了再做决定好吗？"李老师说她很焦虑，很无助，还是辞职算了。最后培训试用完了之后，她发短信说：用过了，很好用，收回上条短信。李老师像园中的"蔷薇花"，略带刺，但定能绽放美丽。

从李老师身上我得到第三个启示：抓紧"节"点——以校长之新变革教师之故。校长要有前瞻眼光，适时引领创新，带领教师起跑，要有这种自信；还要有管理自信，提前预见危机；还要能以身作则，安抚教师的情绪，做到榜样示范。

未来